# REVISTA TRIMESTRAL DE

# *DIREITO PÚBLICO*

**37/2002**

MALHEIROS EDITORES

*Revista Trimestral de Direito Público*
Órgão do

INSTITUTO GERALDO ATALIBA
IDEPE — INSTITUTO INTERNACIONAL
DE DIREITO PÚBLICO E EMPRESARIAL

INSTITUTO DE DIREITO ADMINISTRATIVO PAULISTA
IDAP



*RTDP*
Publicação trimestral de
MALHEIROS EDITORES LTDA.
Rua Paes de Araújo, 29, cj. 171
CEP 04531-940 - São Paulo, SP - Brasil
Tel.: (011) 3078-7205 - Fax.: (011) 3168-5495

Diretor responsável: Álvaro Malheiros
Diretora: Suzana Fleury Malheiros

Assinaturas e comercialização:
CATAVENTO DISTRIBUIDORA DE
LIVROS S.A.
Rua Conselheiro Ramalho, 928
CEP 01325-000 - São Paulo, SP - Brasil
Tel.: (011) 3289-0811 - Fax.: (011) 3251-3756

Supervisão Gráfica: Vânia Lúcia Amato
Editoração Eletrônica: Letra por Letra Studio

# SUMÁRIO

***DOUTRINA***

RESPONSABILIDAD EXTRACONTRACTUAL DE LOS CONCESIONARIOS Y DEL ESTADO ... 5
— Augusto Durán Martínez

CONCESSÕES URBANÍSTICAS ... 13
— Adilson Abreu Dallari

A ÉTICA NA ADMINISTRAÇÃO PÚBLICA E OS DIFERENTES MODELOS DE ESTADO ... 22
— Cármen Lúcia Antunes Rocha

SUPREMO TRIBUNAL FEDERAL: DESCOMPASSO SOCIAL E ILEGITIMIDADE ... 52
— Francisco Gérson Marques de Lima

A RELAÇÃO JURÍDICO-ADMINISTRATIVA ... 67
— Toshio Mukai

REFLEXÕES DA TEORIA DA EMPRESA E DO DIREITO PÚBLICO NO CÓDIGO CIVIL BRASILEIRO ... 71
— Heraldo Garcia Vitta

A MITIGAÇÃO DO FORMALISMO NO JULGAMENTO DA HABILITAÇÃO E DAS PROPOSTAS EM LICITAÇÕES ... 83
— Fábio Barbalho Leite

O PROCESSO DE LICITAÇÃO, A LEI 9.784/1999 E O PRINCÍPIO DA LEGALIDADE ... 107
— Egon Bockmann Moreira

CONTRADITÓRIO E INVALIDAÇÃO ADMINISTRATIVA NO ÂMBITO DA ADMINISTRAÇÃO PÚBLICA FEDERAL ... 118
— Vladimir da Rocha França

***PARECERES***

LEI ESTADUAL QUE AUTORIZA A VENDA DAS AÇÕES REPRESENTATIVAS DA TOTALIDADE DAS AÇÕES REPRESENTATIVAS DO CAPITAL SOCIAL DE EMPRESA ESTATAL ESTADUAL — ELETROBRÁS, BNDES — INVALIDADE DE NEGÓCIO SIMULADO ... 140
— Eros Roberto Grau

EMPRESA DE TELECOMUNICAÇÕES — PASSAGEM DA INFRA-ESTRUTURA — USO DO SOLO URBANO ... 150
— Lúcia Valle Figueiredo

SERVIDOR PÚBLICO — GRATIFICAÇÃO DE DESEMPENHO — NECESSIDADE DE QUE SEJA REGULADA EM LEI DE MODO COMPLETO ..... 169
— Celso Antônio Bandeira de Mello

## *ESTUDOS E COMENTÁRIOS*

REFLEXOS DA LEI DE RESPONSABILIDADE FISCAL NA LICITAÇÃO PÚBLICA E NO CONTRATO ADMINISTRATIVO ..... 175
— Joel de Menezes Niebuhr

IMPORTÂNCIA DA NOÇÃO DE PARTE PARA O CONCEITO DE FUNÇÃO ADMINISTRATIVA ..... 195
— Letícia Queiroz de Andrade

O REGIME JURÍDICO DA REMUNERAÇÃO DO SERVIÇO CONCEDIDO DE ABASTECIMENTO DE ÁGUA E ESCOAMENTO DE ESGOTO ..... 210
— Marcus Vinícius Filgueiras Júnior

A PROBLEMÁTICA DOS ATESTADOS DE CAPACIDADE TÉCNICA PARA FINS DE HABILITAÇÃO NOS PROCEDIMENTOS LICITATÓRIOS ..... 219
— Cynara Monteiro Mariano

O CONTRADITÓRIO PRELIMINAR NA LEI DE IMPROBIDADE ADMINISTRATIVA ..... 227
— Francisco Octavio de Almeida Prado Filho

*JURISPRUDÊNCIA* ..... 234

# RESPONSABILIDAD EXTRACONTRACTUAL DE LOS CONCESIONARIOS Y DEL ESTADO

Augusto Durán Martínez

Decano Emérito y Profesor Titular de Derecho Administrativo
de la Facultad de Derecho de la Universidad Católica del Uruguay.
Profesor de Derecho Público de la Facultad de Derecho de la Universidad de la República

## I

*1.* A los efectos de encuadrar exactamente nuestro tema debo comenzar por determinar con precisión el alcance de los términos *Estado* y *concesionario* aquí empleados.

*2.* Tomo la palabra *Estado* en el sentido de Estado-aparato en la acepción amplia de Sayagués Laso. Es decir, comprende la totalidad de las llamadas personas jurídicas públicas estatales, tanto la persona pública estatal mayor, el Estado en sentido estricto, como las personas públicas estatales menores: Gobiernos Departamentales, Entes Autónomos y Servicios Descentralizados.[1]

*3.* Tratándose el presente un trabajo de Derecho Público me referiré a las concesiones de Derecho Público y no a las de Derecho Privado.

Y también aquí parto de Sayagués Laso en cuanto definía la concesión "como el acto de derecho público que confiere a una persona un derecho o un poder que antes tenía, mediante la trasmisión de un derecho o del ejercicio de un poder propio de la administración".[2]

Comprendo así todo tipo de concesiones estatales: nacionales, departamentales o locales; contractuales o unilaterales; generadoras de derechos subjetivos perfectos o debilitados; de actividades (servicios públicos en sentido estricto, servicios sociales o actividades privadas a cargo del Estado) o de uso de bienes (materiales o inmateriales, del dominio público o privado del Estado) o de actividades y a la vez de uso de bienes como, por ejemplo, una concesión de obra pública.

Desde esa perspectiva entiendo por *concesionario* el destinatario de cualquiera de esas concesiones de Derecho público.

Dado la amplitud del término *concesionario* aquí empleado, efectuaré comentarios muy generales en cuanto a la respon-

1. E. Sayagués Laso, *Tratado de Derecho Administrativo*, t. I, Montevideo, 1953, pp. 157 y ss.

2. E. Sayagués Laso, *Tratado...*, t. I, p. 421.

sabilidad sin atender a las particularidades de cada una de las concesiones.

*4.* Con esas precisiones aclaro que nuestro tema referirá a la responsabilidad extracontractual de los concesionarios por daños causados por sus actos, hechos u omisiones en el ejercicio de la concesión y a la responsabilidad extracontractual del Estado por el daño causado por los concesionarios. No analizaré en cambio la responsabilidad del Estado respecto a los concesionarios.

## II

*1.* La responsabilidad extracontractual de las personas privadas está regulada por los artículos 1319 y siguientes del Código Civil.

*2.* El primer inciso del artículo 1319 citado establece: "Todo hecho ilícito del hombre que causa a otro un daño, impone a aquel por cuyo dolo, culpa o negligencia ha sucedido, la obligación de repararlo".

Por eso Peirano Facio afirmó que "en la estructura de nuestro Código Civil, así como en aquella de los demás códigos civiles de corte napoleónico, la culpa es, en general, un supuesto básico de la responsabilidad, y sigue constituyendo el fundamento último de la misma".[3]

*3.* Nuestro Código concibió así un sistema de imputación de responsabilidad de tipo subjetivo.

No obstante, el propio Peirano Facio advirtió una tendencia en doctrina y jurisprudencia hacia un sistema de tipo objetivo, sobre todo en materia de responsabilidad por hechos de los dependientes o de las cosas de que uno se sirve o están a su cuidado (art. 1.324). Tanto que parecería que el sistema de imputación subjetivo ha quedado atrincherado a la responsabilidad por hecho propio.[4]

## III

*1.* La responsabilidad patrimonial del Estado está prevista en el artículo 24 de nuestra Constitución. El artículo 25 prevé la posibilidad de que el Estado se resarza de lo que ha pagado repitiendo contra el funcionario que provocó el daño obrando con culpa grave o dolo.

*2.* Estas disposiciones provienen, con la misma redacción, de la Constitución de 1952.

Pero no es la primera vez que el Constituyente incursiona en el tema. Ya lo había hecho en la Constitución de 1934 aunque de manera diversa.

Con anterioridad a 1934 — en ausencia de disposición constitucional expresa — para la responsabilidad del Estado se aplicaba el Código Civil.[5]

Después que Francisco Suárez demolió con su "Defensio Fidei" las pretensiones absolutistas del rey Jabobo I de Inglaterra[6] no se puede sino considerar la responsabilidad del Estado como algo que pertenece a la esencia del Estado de Derecho.

La responsabilidad patrimonial del Estado, inherente al Estado de Derecho, encuentra su fundamento en el principio de igualdad, o más precisamente en el de igualdad ante las cargas públicas.[7] Por eso cabe admitir la responsabilidad del Estado aun sin texto constitucional que expresamente la prevea. Y por eso se admitió en nuestro país con anterioridad a 1934.

*3.* El artículo 24 de la Constitución vigente establece: "El Estado, los Gobiernos Departamentales, los Entes Autónomos, los Servicios Descentralizados y, en general, to-

3. J. Peirano Facio, *Responsabilidad Extracontractual*, Bogotá, Editorial Temis, 1979, p. 304.

4. J. Peirano Facio, "Responsabilidad del Estado", en *Anales del Foro* 111-112/63, 1992/1993.

5. A. Durán Martínez, *Casos de Derecho Administrativo*, v. I, Montevideo, Universidad Católica del Uruguay — Ingranusi Ltda., 1999, p. 189.

6. F. Suárez, Selección de *Defensio Fidei* y otras obras, *El Pensamiento Político Hispanoamericano* 1/31 y ss., Buenos Aires, Depalma, 1966.

7. A. Durán Martínez, *Casos*..., v. I, p. 195.

do órgano del Estado, serán civilmente responsables por el daño causado a terceros, en la ejecución de los servicios públicos, confiados a su gestión o dirección".

*4.* Los primeros comentaristas de este artículo se inclinaron por sostener que consagra un sistema de imputación de tipo subjetivo. Fue el caso de Sayagués Laso[8] y Martins.[9]

Sin embargo, la doctrina posterior evolucionó hacia la responsabilidad objetiva en criterio que he compartido,[10] lo que incluye la responsabilidad por daños por actividad legítima.[11]

La jurisprudencia permaneció en cambio en general sosteniendo la tesis subjetiva para determinar la responsabilidad del Estado, acudiendo fundamentalmente a las opiniones de Sayagués Laso y Martins. No obstante, la Suprema Corte de Justicia con una integración especial, por sentencia de 1º de febrero de 1996, optó por la tesis de la responsabilidad objetiva acorde a la doctrina mayoritaria[12] lo que permite vislumbrar un cambio jurisprudencial en un futuro no muy lejano hacia la tesis objetiva.

*5.* También se discutió si este artículo 24 de la Constitución refería únicamente a la responsabilidad por la actividad administrativa o incluía también la responsabilidad por la actividad jurisdiccional y legislativa.

Sayagués Laso sostuvo que este artículo refería únicamente a la responsabilidad del Estado por su actividad administrativa.[13] Pero la doctrina evolucionó en el sentido de comprender allí también la responsabilidad por la actividad jurisdiccional y la legislativa.[14]

*6.* Finalmente fue asimismo objeto de polémica el determinar si el artículo 24 de nuestra Constitución comprendía la responsabilidad del Estado por acto de los concesionarios.

Así Sayagués Laso escribió: "La responsabilidad de la administración establecida en este artículo tampoco se extiende a los actos o hechos de los concesionarios de servicios públicos o de sus empleados. La circunstancia de que la parte final del artículo se refiera a servicios públicos confiados a la 'gestión o dirección' estatal, si bien permite la duda, debe considerarse como un giro de lenguaje que alude a los casos de administración directa".[15]

En cambio Jiménez de Aréchaga, al comentar este artículo 24, expresó: "Este distingo entre gestión o dirección de las personas públicas podría hacer suponer, también, que el caso de daños causados por empresas concesionarias o por empleados de empresas concesionarias está comprendido en el régimen de responsabilidad".[16]

La doctrina se inclinó mayoritariamente por la posición de Jiménez de Aréchaga. Es el caso al parecer de Cajarville Peluffo,[17] Delpiazzo[18] y con más claridad de Risso Ferrand.

8. E. Sayagués Laso, *Tratado* ..., t. I, p. 660.

9. D. H. Martins, "La responsabilidad de la Administración y de los funcionarios en la Constitución uruguaya", en D. H. Martins, *Constitución y Administración*, t. 1, Ingranusi Ltda., 1997, p. 260.

10. A. Durán Martínez, *Casos*..., v. I, pp. 122 y ss.; caso 12.929 de la Justicia Uruguaya, t. 112, año 1995, pp. 308 y ss.

11. Por cierto que aun en los casos de responsabilidad objetiva no siempre que hay daño aparece la obligación de reparar; tiene que existir un nexo causal y, además, el damnificado no debe estar obligado a soportar el daño.

12. Caso 13.041 de la Justicia Uruguaya, t. 113, año 1996, pp. 266 y ss.

13. E. Sayagués Laso, *Tratado*..., t. I, pp. 658 y ss.

14. A. Durán Martínez, *Casos*..., v. I, pp. 190 y ss.

15. E. Sayagués Laso, *Tratado*..., t. I, p. 660.

16. J. Jiménez de Aréchaga, *La Constitución de 1952*, Montevideo, Cámara de Senadores, 1995, p. 203.

17. J. P. Cajarville Peluffo, *Sobre reforma del Estado y Derecho Administrativo*, Montevideo, Editorial Universidad, 1996, p. 22.

18. C. Delpiazzo, "Responsabilidad del Estado de los concesionarios de servicios públicos", en

Este último, al adherir a la posición de Jiménez de Aréchaga, expresó:

"a) La referencia a los servicios públicos confiados a la gestión o dirección de las personas jurídicas de derecho público, parece ser clara en cuanto a que refiere a la acción directa del Estado o indirecta a través de la figura del concesionario. Debe tenerse presente a su vez que la figura del concesionario de servicios públicos no es ajena a la Carta, como surge por ejemplo de la referencia que encontramos en el artículo 51.

"b) En segundo término, la aplicación del método lógico sistemático teleológico, impide atribuir a las expresiones de la parte final del artículo 24 de la Constitución la condición de 'mero giro de lenguaje'. Por el contrario el intérprete debe atender respetuosamente al texto establecido por el constituyente que no es otro — en el Uruguay — que el propio cuerpo electoral que ratificó plebiscitariamente el texto en análisis.

"c) Por último, y a diferencia de los dos argumentos anteriores que son válidos sea cual sea el criterio de imputación de la responsabilidad que se considere aplicable, para quienes consideren que el criterio correcto de imputación es el objetivo, la inclusión de los daños ocasionados por los concesionarios en el régimen de responsabilidad de las personas de derecho público, es totalmente lógica, presentando exactamente el mismo fundamento: el principio de igualdad ante las cargas públicas."[19]

Los argumentos de Risso Ferrand me parecen convincentes, por lo que pese a haber compartido en algún momento la tesitura de Sayagués Laso me he inclinado finalmente por la posición de Jiménez de Aréchaga.

7. En la doctrina argentina, Hutchinson, reflexionando sobre estos temas, efectúa una observación muy inteligente como lo son todas las que él realiza.

En tal sentido indicó:

"Hay quienes tratan de llegar en el caso de daños sufridos por los particulares que utilizan un servicio concesionado a la misma solución que en el caso de los agentes del Estado, esto es a la configuración como responsabilidad directa del Estado por las acciones u omisiones de los concesionarios o sus dependientes, en lo que hace a la actividad desarrollada mediante la concesión. Así se ha dicho que debe prescindirse de la naturaleza de la responsabilidad, pues tanto el Estado como el concesionario son solidariamente responsables por los daños y perjuicios que sufra el usuario, siempre que ellos deriven del incumplimiento de obligaciones por parte del concesionario.

"Si estamos ante el propósito de sacar el mayor provecho de las determinaciones de nuestro ordenamiento para incrementar las garantías patrimoniales de los ciudadanos, ello parece meritorio como objetivo final. Pero no siempre es necesario ni justificado convertir el patrimonio público en asegurador universal de todos los daños que los ciudadanos sufran en una sociedad compleja; un sistema de seguro político general de este tipo no era justificable ni en los mejores tiempos en que campeaba el Estado de bienestar. De manera que probablemente habría que moderar la vieja manía (muy presente aun en la doctrina argentina de esta década, a pesar de predicarse un modelo 'liberal') de convertir al Estado en indemnizador de todo daño, o sea una especie de asegurador de cuanto daño ocurra en alguna actividad en que el Estado tenga alguna relación por más mediata que sea."[20]

*Anuario de Derecho Administrativo*, t. VII, Montevideo, FCU, 1999, pp. 56 y ss.

19. M. Risso Ferrand, "Responsabilidad del Estado por actos o hechos de los concesionarios", exposición aún inédita en el *Primer Congreso Internacional de Derecho Administrativo de la Universidad Católica del Uruguay*, celebrado en Montevideo del 10 al 12 de noviembre de 1999.

20. T. Hutchinson, "La responsabilidad del Estado por los daños producidos a terceros debido a la conducta de los concesionarios de corredores viales en Argentina", exposición aún inédita en el *Primer Congreso Internacional de Derecho Administrativo de la Universidad Católica del Uruguay*, cit.

Aclara luego Hutchinson que por el hecho de la concesión el concesionario no se transforma, como por arte de birlibirloque, de modo ordinario, en un órgano de la Administración ni actúa como tal[21] y precisa enseguida el sentido de la concesión.

Al respecto indicó: "Responde al deseo de separar de la organización propia de la Administración (no en vano la concesión es una forma de gestión indirecta de los servicios públicos) la atención de algunas necesidades de interés general. La técnica concesional implica la separación de la Administración del funcionamiento corriente de la actividad concedida, pues este desdoblamiento tiene un sentido organizativo que ahorra a la Administración un montaje burocrático propio. Justamente la idea de concesionar los corredores viales — como la de privatizar — surgió a los efectos de desvincular al Estado de todas las actividades que se consideraron no esenciales".[22]

De esa manera restringe el citado administrativista los supuestos de responsabilidad del Estado por los daños provocados por los concesionarios en el Derecho argentino.

*8.* Lo expuesto precedentemente no puede ser trasladado sin más al Derecho uruguayo. En virtud de nuestras disposiciones constitucionales, algunos de los conceptos de Hutchinson pueden ser recibidos pero otros no.

Se puede compartir el fundamento de la concesión enunciado por Hutchinson. También es claro que el concesionario no pasa a constituirse en un órgano del Estado ni en un funcionario público. Pero no se puede perder de vista que la titularidad de la actividad o bien concedido permanece siendo del Estado, por lo que el Estado no puede desentenderse sin más por los daños que cause el concesionario en el ejercicio de la actividad o por el uso del bien concedidos.

Al no ser el concesionario un funcionario público no resulta beneficiado del escudo que en principio significan los artículos 24 y 25 de nuestra Constitución.

En efecto, por el juego armónico de estas disposiciones en principio responde el Estado directamente y solo indirectamente el funcionario. Es decir, en principio el damnificado acciona contra el Estado y el Estado puede repetir contra el funcionario que ha actuado con dolo o culpa grave.

Esto no se aplica respecto de los concesionarios. En este caso – como enseguida se verá — estos responden directamente por los daños que causen, pero ello no quiere decir que el Estado no sea también responsable.

Se debe tener en cuenta que el artículo 24 de nuestra Constitución, tantas veces citado, se ubica en la Sección II, titulada "Derechos, Deberes y Garantías".

Y por ese motivo hacía notar con acierto Risso Ferrand: "La ubicación del artículo 24 en la Sección II, influye necesaria y trascendentemente en la tarea del intérprete, en la medida que la responsabilidad del Estado no puede ni debe ser encarada desde el punto de vista del Estado o persona jurídica de derecho público involucrada, sino desde el punto de vista del particular que sufrió un daño por la actividad estatal. Las normas constitucionales que consagran derechos no pueden ser interpretadas en sentido estricto (y mucho menos restrictivo), sino que por definición tienen un alcance expansivo, general, informador de todo el ordenamiento jurídico y sólo ceden frente a excepciones (claras) expresas".[23]

Es pues desde la perspectiva de quien sufre el daño y no desde la perspectiva del Estado que hay que interpretar el artículo 24 de la Constitución.

Eso refuerza nuestra conclusión en el sentido de que el criterio de imputación de

21. T. Hutchinson, ob. cit.

22. T. Hutchinson, ob. cit.

23. M. Risso Ferrand, "Constitucionalidad del artículo 4º de la Ley 15.859", en *Revista Uruguaya de Derecho Constitucional y Político* 63-66/431, t. XI, oct. 1994-may. 1995. 63-66/431.

responsabilidad aquí previsto es el objetivo y que este artículo incluye la responsabilidad del Estado por acto o hechos de los concesionarios.

*9.* El Estado responde por cierto si el daño producido por el concesionario se produjo como una consecuencia en una falencia en los controles, es decir, si no se controló, o se controló mal o se controló a destiempo. La subjetividad existente en estos casos diluye la duda.

Pero también estimo que el Estado responde aunque no exista esa falencia en los controles puesto que al otorgar la concesión generó la situación propicia para que el concesionario produjera el daño.

Pero en definitiva, pienso que el Estado responde porque sigue siendo titular de la actividad o cosa que produjo el daño. No se trata de una responsabilidad por el hecho de un dependiente, puesto que el concesionario no lo es; se trata de una responsabilidad por el daño provocado por una actividad o por una cosa que pertenece al Estado, que produjo un particular posibilitado por una concesión otorgada por el Estado.

Por cierto que el Estado puede repetir contra el concesionario en determinadas circunstancias y sin necesidad de que exista dolo o culpa grave del concesionario como exige el artículo 25 de la Constitución para los funcionarios públicos. Y es bueno que en los contratos que se celebren se prevea la cuestión de la responsabilidad directa del Estado en la materia a fin de deslindar la responsabilidad que le incumbe a cada parte.

## IV

*1.* La responsabilidad del concesionario también plantea problemas delicados.

*2.* Aquí procede distinguir la situación del usuario de la situación de un tercero.

En el caso de daño sufrido por un tercero no hay duda de que la responsabilidad comprometida es la extracontractual.

El usuario normalmente se vincula con el concesionario en virtud de una relación contractual, por lo que en caso de existir daños la cuestión se regula por las normas y principios de la responsabilidad contractual, lo que escapa a nuestro tema.

Pero no siempre existe un contrato entre el concesionario y el usuario y a veces se dan en la realidad situaciones muy dudosas.

Veamos algunos ejemplos.

*Ejemplo 1.* Un accidente protagonizado por un ómnibus utilizado para la prestación del servicio público de pasajeros por líneas regulares.

En dicho accidente hay dos lesionados: un pasajero y un peatón.

En el caso del pasajero no hay duda de que estamos en presencia de una responsabilidad contractual con relación al concesionario, puesto que entre éste y el pasajero existe un contrato de transporte. Pero en el caso del peatón, al no existir contrato alguno, la cuestión se resuelve conforme a los principios y normas de la responsabilidad extracontractual.

*Ejemplo 2.* Un accidente ocurrido en una autopista administrada por un concesionario de obra pública.

En virtud de un defecto de la carretera un automovilista que circulaba por ella vuelca y, además de dañarse el vehículo, destruye una casa construida al borde de la ruta.

El dueño de la casa es un tercero; para resarcirse del daño debe acudir a las normas de la responsabilidad extracontractual. El conductor del vehículo, en cambio, es un usuario. En estos casos cierta doctrina estima que hay un contrato entre el conductor del vehículo y el concesionario, por lo que se compromete aquí con relación a éste la responsabilidad contractual.[24] Si se estima que en este caso no hay contrato, sería un caso de responsabilidad extracontractual.

*Ejemplo 3.* Un accidente protagonizado por un usuario forzoso.

24. T. Hutchinson, ob. cit.

Pensemos en el caso de una terminal de autobuses en régimen de concesión de obra pública de la cual deban obligatoriamente partir y a la cual deban llegar todos los ómnibus que prestan el servicio de transporte colectivo de pasajeros por líneas regulares por rutas nacionales, y ello según lo dispuesto por acto unilateral de la Administración.

Si como consecuencia del mal funcionamiento de la terminal se provoca un daño a un vecino, no hay duda de que se compromete la responsabilidad extracontractual del concesionario de la terminal.

Pero ¿qué ocurre si el daño se provoca al ómnibus que necesariamente debe utilizar la terminal? Se trata de un usuario forzoso. No hay aquí un contrato entre el concesionario y el usuario puesto que falta el consentimiento. Aquí entonces habría responsabilidad extracontractual.

*3.* Aclaro que en los casos en que existe un contrato entre el concesionario y el usuario la responsabilidad que puede existir aquí es contractual con relación al concesionario; pero es extracontractual con relación al Estado.

Con relación al Estado en esencia no hay diferencias entre el usuario y el tercero; en ambos casos estamos en presencia de una responsabilidad extracontractual.

*4.* Centrémonos ahora en la situación del tercero con relación al concesionario.

No hay duda de que se trata de una responsabilidad extracontractual. Se trata de una responsabilidad extracontractual por un daño producido por un particular en ejercicio de una actividad o en uso de un bien que el Estado le concedió. ¿Se rige entonces esta responsabilidad por el Derecho Público o por el Derecho Privado?

Estimo que en este caso se rige por el Derecho Privado puesto que el daño es causado por un particular y a él se reclama su resarcimiento. Y con esta respuesta daría por terminada mi exposición pues el Derecho Privado no entra en el ámbito de mi especialidad ni en el de este Congreso que es de Derecho Público.

Pero no puedo dejar de plantear el problema de si rige aquí el sistema de imputación objetiva de responsabilidad que a mi juicio consagra el artículo 24 de nuestra Constitución o el criterio subjetivo que, como ya se vio, impera según Peirano Facio en nuestro Código Civil.

Romeu Felipe Bacellar Filho, al analizar la Constitución brasileña, señaló que al regular la responsabilidad del Estado la misma optó por un sistema de responsabilidad objetiva e incluyó en este sistema a las empresas privadas prestadoras de servicios públicos.[25]

Bacellar justifica esta solución porque el Estado continúa siendo el titular de la actividad. De no existir esta solución por el solo acto de la concesión se cambiaría una responsabilidad objetiva en subjetiva, lo que constituiría un verdadero fraude Constitucional.[26]

Parece buena la solución de la Constitución brasileña, pero esta no es la solución de la Constitución uruguaya.

Ya vimos que a mi juicio el artículo 24 de nuestra Carta Magna preveía un régimen de responsabilidad del Estado de tipo objetivo en el cual quedaba incluida la responsabilidad del Estado por los actos o hechos de los concesionarios.

Pero la responsabilidad de los concesionarios por sus actos no se rige por el artículo 24 de la Constitución sino por el Código Civil, que consagra un sistema de tipo subjetivo. En efecto, el artículo 24 de la Constitución refiere a la responsabilidad del Estado y no de los particulares, y el conce-

25. R. F. Bacellar Filho, "Responsabilidade civil do Estado e das pessoas jurídicas de direito privado prestadoras de serviços públicos", exposición aún inédita en *Primer Congreso Internacional de Derecho Administrativo de la Universidad Católica del Uruguay*, cit.

26. R. F., Bacellar Filho, ob. cit.

sionario, por el solo hecho de ser tal, no deja de ser una persona privada.[27]

Pero entonces, ¿por el solo hecho de la concesión se produce un fraude a la Constitución contra el cual nos advertía Bacellar Filho?

En nuestro Derecho a nuestro juicio no, porque si bien el concesionario responde en base a un sistema de responsabilidad subjetiva el Estado continúa siendo responsable y lo hace en un sistema objetivo.

De manera que el damnificado podrá optar por demandar al concesionario conforme al Código Civil en un régimen de imputación subjetivo de responsabilidad, o demandar al Estado conforme al artículo 24 de la Constitución basándose en un sistema objetivo o demandar a ambos. Si opta por demandar a ambos podrá hacerlo separadamente. Más difícil es la cuestión de si puede hacerlo conjuntamente pues la determinación del Juez competente en este caso no es clara a la luz de nuestro Derecho Positivo; pero este es un tema ajeno al presente que pretende ser de derecho sustantivo que tal vez pretexte otro trabajo.

27. Por supuesto que me estoy refiriendo al caso en que el concesionario es una persona privada. Pero teóricamente, puede ser también una persona estatal. En este ultimo caso, no se plantea el problema ahora analizado puesto que no hay duda alguna de que su responsabilidad se rige por el artículo 24 de la Constitución.

# CONCESSÕES URBANÍSTICAS

ADILSON ABREU DALLARI

Professor Titular de Direito Administrativo da PUC/SP

*I — Introdução. II — Desapropriações urbanísticas. III — A concessão urbanística. IV — Operações consorciadas. V — Conclusões.*

## *I — Introdução*

Diversos autores conceituam o urbanismo como a atividade do Poder Público voltada para a organização conveniente dos espaços habitáveis. Em apertadíssima síntese, caberia à Administração Pública disciplinar a atuação dos particulares, no tocante a empreendimentos imobiliários, com vistas à salvaguarda do interesse público.

Tal conceituação remonta aos tempos em que as normas legais e as ações administrativas concretas em matéria de urbanismo estavam contidas em um segmento do Direito Administrativo normalmente designado como Poder de Polícia. Atualmente, a disciplina jurídica da atuação urbanística passa a ser enquadrada em uma província do Direito Público que caminha no sentido de ganhar autonomia, qual seja, o Direito Urbanístico.

Mas essa talvez não seja a transformação mais significativa. Parece mais importante destacar que, nessa linha de evolução, ganha corpo uma tendência a eliminar a oposição rígida entre o interesse particular e o interesse público, especialmente com a consagração, no texto da Constituição Federal, dos chamados direitos de terceira geração: os direitos coletivos e difusos.

Especialmente após a promulgação da Emenda Constitucional 19, de 4.6.1998, que serviu como ponto de partida para a reforma do aparelho do Estado, ou Reforma Administrativa, a doutrina tem destacado a necessidade de se atentar para a mudança havida naquele tradicional enfoque:

"A diversificação dos interesses protegidos pela ordem jurídica já não mais se enquadra na clássica *summa divisio* entre privados e públicos. A caracterização dos interesses coletivos e dos difusos, interpenetrando-se e compondo-se com aqueles tradicionais, tem apagado a confortável nitidez que existia e criado perplexidades classificatórias.

"Não obstante, mesmo sem profunda reflexão, é inegável que há grandes coincidências entre o interesse difuso e o público, como as há entre este e inúmeros interesses coletivos. A sociedade, tomada em seu conjunto ou considerada em segmentos diferenciados, porfia em assumir distintas posturas e de se expressar por variadas formas de atuação direta quando se trata da sustentação de certos interesses, que refletem valores particularmente mais sensíveis para ela, ou para aquelas frações.

"Por isso, observadores argutos como Umberto Allegretti concordam que 'o interesse público não pertence à própria Administração como seu próprio, mas ao corpo social (...)', levando publicistas desbravadores, como entre nós destacadamente Odete Medauar, a concluir que 'Após uma concepção da Administração detentora do monopólio do interesse público, emerge entendimento de que a Administração deve compartilhar tal atribuição com a sociedade'" (Diogo de Figueiredo Moreira Neto, *Mutações do Direito Administrativo*, Renovar, 2000, pp. 127, 137 e 138).

O foco da atuação da Administração Pública em matéria de urbanismo não está mais centrado no proprietário do imóvel, como alguém que precisa ser contido para não comprometer o interesse público, mas, sim, está mais disseminado pelo corpo social, pela coletividade, pelo conjunto indissolúvel da população urbana, tomando o investidor imobiliário privado não mais apenas como um inimigo, mas considerando o relevante papel que este pode e deve desempenhar como coadjuvante efetivo da atuação governamental.

Por força de expressas disposições da Constituição Federal (arts. 5º, XXIII e 170, III) a propriedade privada está totalmente vinculada ao cumprimento de uma função social. Tal característica é ainda mais acentuada com relação à propriedade imóvel urbana, em razão das disposições sobre política urbana delineadas pelo art. 182.

Não obstante textos constitucionais anteriores já tivessem expressado alguma preocupação com a função social da propriedade, é inegável que a Constituição Federal, atualmente em vigor, consolidou e deu maior positividade a esse princípio, mudando o perfil jurídico tradicional da propriedade imobiliária urbana: "Outro elemento condicionante da ruptura do modelo tradicional da propriedade privada é o condicionamento da propriedade urbana à política urbana, que será executada pelo Poder Público Municipal, tendo por objetivo ordenar o pleno desenvolvimento das funções sociais da cidade e garantir o bem estar de seus habitantes" (Nelson Saule Júnior, *Novas Perspectivas do Direito Urbanístico Brasileiro. Ordenamento Constitucional da Política Urbana. Aplicação e Eficácia do Plano Diretor*, Sérgio Antônio Fabris Editor, 1997, p. 58).

Essa nova configuração qualitativa da propriedade, que deve cumprir uma função, que deve ser utilizada pelo seu proprietário em benefício também da coletividade, abriu ensejo para uma utilização mais acentuada do instituto da desapropriação como meio de obtenção do uso conveniente da propriedade.

## *II — Desapropriações urbanísticas*

Tradicionalmente, a desapropriação sempre foi entendida como um instrumento por meio do qual o Poder Público adquire a propriedade privada, para lhe dar uma destinação de interesse público ou social. O resultado primeiro e essencial da desapropriação sempre foi havido como o ingresso de um determinado bem no patrimônio de uma entidade pública.

Em trabalho escrito há mais de vinte anos já salientamos que, em matéria de urbanismo, para finalidades urbanísticas, para dar ao imóvel uma utilização socialmente conveniente, nem sempre era necessário que o bem passasse a integrar o patrimônio público:

"É preciso observar, porém, que nem sempre a satisfação do interesse público depende da aquisição do bem por parte do Poder Público. Ou seja, não é estritamente necessário que o bem desapropriado passe a integrar o patrimônio público para se alcançar o fim qualificado pela lei.

"Muitas vezes os outros instrumentos de que dispõe o Poder Público para condicionar o uso de um bem por seu proprietário (regulamentação, parafiscalidade) são insuficientes, restando apenas a sua aquisição, por via da desapropriação, se necessário, para uma subseqüente entrega a quem lhe dê a utilização socialmente conveniente" (Adilson Abreu Dallari, *Desapropriações para Fins Urbanísticos*, Forense, 1981, pp. 43 e 44).

Para que determinado imóvel passe a ter uma utilização urbanisticamente conveniente, muitas vezes basta mudar o seu uso, sem retirá-lo do domínio privado. O papel do Poder Público se ressume em fazer com que um particular interessado em dar ao imóvel a utilização conveniente para a coletividade possa adquirir a propriedade, tendo como condição dessa aquisição exatamente a específica destinação assinalada pelo Poder Público.

Essa preocupação primordial com o uso futuro (e não com a detenção do título de propriedade pela Administração Pública) está claramente presente em diversos dispositivos da legislação vigente, ao cuidar de planos de urbanização ou de renovação urbana, conforme já foi salientado pela doutrina:

"A desapropriação para urbanização ou reurbanização prevista na alínea *i* do art. 5º do Decreto-lei 3.365, com a redação dada pela Lei 6.602, de 7 de dezembro de 1978, foi complementada pelo art. 44 da Lei 6.766, de 19 de dezembro de 1979, que autorizou a expropriação de áreas urbanas ou de expansão urbana para reloteamento, demolição, reconstrução e incorporação, ressalvada a preferência dos expropriados para a aquisição de novas unidades.

"A utilidade pública assenta-se na própria urbanização ou reurbanização.

"Com essas novas determinações legais, as desapropriações para fins urbanísticos ficaram expressamente autorizadas, inclusive a possibilidade de revenda, para satisfação dos próprios objetivos da urbanização.

"A noção de urbanização e reurbanização envolve múltiplos aspectos, desde a implantação de novos núcleos urbanos, à modificação da malha viária, ao alargamento de vias, renovação de bairros, remanejamento de espaços livres, remoção de atividades, o zoneamento e rezoneamento, tudo enfim que assegure a funcionalidade desejável, o bem-estar da coletividade. A desapropriação constitui instrumento jurídico eficaz e imprescindível à obtenção desses resultados. Sem desapropriação não se urbaniza praticamente nada (...)" (Joaquim Castro Aguiar, *Direito da Cidade*, Renovar, 1996, p. 122).

Tem-se entendido na doutrina, com perfeito respaldo jurisprudencial, que, nos casos expressamente previstos na legislação que disciplina a desapropriação, é perfeitamente possível que o Poder Público desaproprie um bem, pague o valor correspondente à indenização e, depois, subseqüentemente, entregue o mesmo bem a outro particular, que lhe dará a destinação que serviu de fundamento para exercício da competência expropriatória.

A distinção entre a desapropriação tradicional e a desapropriação urbanística, bem como o mecanismo pelo qual esta se efetua, são detalhadamente descritos no estudo doutrinário que se transcreve em seguida:

"A desapropriação tradicional é o procedimento administrativo através do qual o Poder Público compulsoriamente despoja alguém de uma propriedade e a adquire para si, mediante indenização, fundada em um interesse público. Assim, a desapropriação administrativa visa a bem determinado, que atenda a finalidade exposta pelo expropriante, calcada nos requisitos de utilidade pública ou de interesse social. Distingue-se a desapropriação urbanística naquele primeiro ponto, pois esta não atinge bem específico, incidindo, sim, genericamente, sobre áreas delineadas num plano urbanístico, instituído por lei, cuja existência constitui-se em verdadeiro pressuposto de sua viabilidade.

"Somente se admite a desapropriação urbanística se utilizada como instrumento desse plano urbanístico, geral ou parcial, que deverá prever expressamente as áreas e os objetivos da intervenção que se pretende implementar, sem o que se a descaracteriza, restando ao poder público a utilização da desapropriação tradicional.

"Efetivada a desapropriação e implantado pelo expropriante o plano urbanístico que a ensejou, com a execução das obras necessárias, via de regra os imóveis envolvidos serão postos em mercado, alienados novamente a particulares. Se na desapropriação tradicional a alienação posterior do imóvel pelo poder expropriante representa verdadeiro desvio de finalidade, ensejador de sua reversão ao antigo proprietário, na desapropriação urbanística essa alienação pode se demonstrar imprescindível ao atingimento da finalidade; não há, nesta hipótese como naquela, um interesse específico do expropriante na utilização do bem; a utilidade pública é a própria urbanização, de forma que, após efetuada, a permanência do bem no patrimônio público é desnecessária e nada obsta a sua alienação àqueles que aceitem utilizá-lo em conformidade com o estabelecido no plano. Ressalte-se que somente a recusa dos antigos proprietários em dar ao imóvel o uso estipulado pelo plano urbanístico é que justifica a desapropriação" (Edésio Fernandes, *Direito Urbanístico*, Del Rey, 1998, p. 30).

O que já se aceita com certa tranqüilidade é que o bem, após regularmente desapropriado (depois de paga a indenização correspondente pelo Poder Público expropriante), seja alienado a um terceiro particular que lhe dará o uso de interesse público ou social. O que se questiona, o que não é absolutamente pacífico, é a possibilidade de que a desapropriação já seja feita em favor desse terceiro, que já arcaria com o ônus da indenização.

Sobre isso também já tivemos oportunidade de nos manifestar, há cerca de quinze anos passados, em manifestação que se apresentava como verdadeira heresia, na qual se sustentava a possibilidade de ser a desapropriação efetivada, pelo pagamento da correspondente indenização, diretamente pelo terceiro particular, comprometido com a destinação urbanisticamente conveniente do imóvel:

"A desapropriação em favor de terceiros também é um caso sério. É possível desapropriar em favor de terceiros? O Poder Público tem que desapropriar para si o bem desapropriado? Ele necessariamente deve integrar o patrimônio público? Não vejo exigência constitucional nesse sentido. Diz a Constituição que a desapropriação tem como condição a prévia e justa indenização em dinheiro, mas ela deve se destinar a um fim de utilidade pública ou interesse social. Ora, nada impede que essa destinação de utilidade pública, necessidade pública e interesse social seja dada por um outro particular.

"Há casos de desapropriação que necessariamente contêm o benefício a um terceiro, um particular: as desapropriações para renovação urbana, para a constituição de distrito industrial.

"Tomo um caso específico de desapropriação que já deu muita discussão e vai dar ainda mais: um dos casos que a lei prevê a utilidade pública ou aceita como utilidade pública é a construção de estádios. O estádio é um equipamento urbano. E eu pergunto: pode ser feita uma desapropriação para que um clube de futebol construa um estádio? O estádio sendo feito por um clube deixa de ser um equipamento urbano? Deixa de cumprir uma finalidade de utilidade pública?

"Se o Poder Público desapropriar uma área para que uma cooperativa habitacional ou uma empresa imobiliária desenvolva um projeto de habitação popular, pode ou não pode? O que a Constituição exige é a finalidade pública. Hoje, o que parece um completo absurdo para nós (desapropriar em favor de um particular) é comum em sistemas jurídicos estrangeiros, que já atentaram para isso.

"O importante na desapropriação não é quem vai ficar com o bem, mas o destino, o uso que vai ser dado ao bem. O que está no cerne da desapropriação é a mudança do uso, não de proprietário. Isto não tem sentido. Portanto, vejo amplas possibilidades de se desapropriar em favor de terceiro, desde que se observe uma outra regra constitucional, que é o princípio da isonomia. Asseguradas iguais possibilidades de participação a todos os eventuais interessados, não vejo problema algum em se desapropriar em favor de terceiro, para que o particular dê ao bem a destinação de interesse da comunidade" (Adilson Abreu Dallari, "Desapropriação: conceitos e preconceitos", in *Curso de Direito Administrativo*, Ed. RT, 1986, pp. 44 e 45).

Na verdade, essa manifestação nada tinha de herética, dado que estava respaldada nos expressos termos do art. 3º do vetusto Decreto-lei 3.365, de 21 de junho de 1941, há sessenta anos, pois: "Art. 3º. Os concessionários de serviços públicos e os estabelecimentos de caráter público ou que exerçam funções delegadas de poder público poderão promover desapropriações mediante autorização expressa, constante de lei ou de contrato".

É bem verdade que essa possibilidade de que um particular, ele mesmo, efetivasse a desapropriação (desde que o Poder Público decretasse a necessidade ou utilidade pública) estava restrita a entidades privadas que exercessem alguma função pública, por concessão ou delegação. Não ficava claro que a função pública em questão poderia ser, exatamente, a função urbanística, consistente em dar a uma determinada área a utilização julgada conveniente pela Administração Pública competente.

O que se quer ressaltar é que a tese da efetivação da desapropriação, pelo pagamento da indenização correspondente diretamente pelo particular beneficiado, não é aberrante, nunca foi havida como incompatível com a disciplina constitucional do instituto da desapropriação.

## *III — Concessão urbanística*

É pacífico no direito brasileiro que um concessionário de serviço público, por exemplo, uma empresa privada concessionária de serviços de geração de energia elétrica, pode desapropriar, ou, mais exatamente, pode protagonizar o processo expropriatório, desde que a declaração de utilidade ou necessidade pública seja feita pelo Poder Público.

Neste passo, convém perguntar: o que é uma concessão de serviço público? A resposta usualmente dada pela doutrina é no sentido de que se trata da delegação feita pelo Poder Público a um particular, mediante contrato, para que este explore um serviço público por sua conta e risco, ou seja, que faça os investimentos necessários para implantar e fazer funcionar um serviço público, remunerando-se, normalmente, por meio da cobrança de tarifas pagas pelos usuários desse serviço.

O Poder Público nada paga ao concessionário. Este é que deverá, por sua conta, proceder às desapropriações eventualmente necessárias, realizar as obras indispensáveis para a instalação do serviço e cuidar da sua prestação. O particular concessionário faz todos os investimentos necessários e, depois, ao longo do tempo, obtém o reembolso do que despendeu (e mais a remuneração do capital investido) diretamente das pessoas beneficiadas pelo serviço implantado.

Esse mesmo processo pode ser utilizado quando o "serviço" for, exatamente, a implantação de um projeto de urbanização ou renovação urbana, por meio da outorga ao particular interessado em desenvolver tal projeto de uma concessão urbanística.

Essa possibilidade já era sustentada por um dos mais autorizados doutrinadores brasileiros, em obra escrita antes do advento do Estatuto da Cidade (Lei 10.257, de 10.7.2001), com apoio na doutrina e na prática estrangeiras e não obstante a ausência (até então) de regulamentação normativa específica, enxergando a concessão urbanística como uma modalidade de concessão de obra pública:

"A concessão urbanística consiste numa espécie de concessão de obras públicas não para a exploração de serviço subseqüente e ressarcimento mediante a cobrança de tarifa. Tratar-se-á, então, de uma concessão pura de obras públicas, não concessão mista de obras e serviços, figura que desponta na Dogmática Jurídica ainda muito timidamente. O já citado Francisco Lliset Borrell dá-nos o essencial de sua configuração, quando preleciona nos termos seguintes: 'A concessão pura de obra pública tem por objeto a transferência de faculdades próprias da Administração a um particular para a execução de obras de uso e aproveitamento gerais e de construções destinadas a serviços que se achem a cargo do Estado, Província ou Municípios, de cujo custo o concessionário se integrará não através de tarifas de prestação de serviços ou de oferecimento de bens ao uso público, mas através da exploração de mais-valias ou subprodutos da obra mesma'. É o caso, por exemplo, de o Poder Público municipal elaborar um plano de reurbanização ou de renovação urbana de alguma área; sendo esta de propriedade privada, será desapropriada para a execução do plano — execução, esta, que poderá ser feita diretamente pelos órgãos da Prefeitura ou por empresa pública desta, como a EMURB (Empresa Municipal de Urbanização de São Paulo), ou por via de concessão; por esta, o concessionário assume os encargos da execução do plano, com o direito de venda de parcelas ou de novas edificações da área urbanificada. O concessionário, portanto, cobrirá seus custos e terá seus lucros precisamente com as vendas de lotes ou de edificações (conforme os termos do instrumento de concessão) que sobrarem em conseqüência da execução do plano de urbanificação da área delimitada. No sistema brasileiro ainda não há regulamentação dessa forma de concessão, como, de resto, também não há na Espanha. Daí por que sua aplicação exige cuidados especiais, para não resvalar para a ilegitimidade, especialmente tendo-se em mente que o concessionário somente poderá ser escolhido mediante licitação" (José Afonso da Silva, *Direito Urbanístico Brasileiro*, 3ª ed., Malheiros Editores, 2001, pp. 313-314).

Antes mesmo da promulgação do Estatuto da Cidade, já era comportada pelo sistema jurídico brasileiro a outorga de uma concessão urbanística, por meio da qual poderia um particular promover a desapropriação de uma área, indenizando os proprietários dos imóveis nela existentes, para, depois, implantar um plano de urbanização de renovação urbana, remunerando-se pela alienação das novas unidades imobiliárias, delineadas de maneira a melhor atender ao interesse público, dando concreção ao princípio da função social da propriedade.

Mais recentemente, mas também ainda antes da promulgação do Estatuto da Cidade, em estudo monográfico com o qual obteve o título de Mestre pela Pontifícia Universidade Católica de São Paulo, Paulo Lomar desenvolveu esse assunto, sustentando que o Poder Público pode transferir a particulares a execução de planos de urbanização e de renovação urbana, mediante concessão urbanística, também considerada por ele como espécie de concessão de obra pública, apontando a legislação que, em seu entender, pode supedanear a aplicação desse instituto:

"A concessão urbanística, espécie de concessão de obra pública destinada à realização de atividades de urbanização ou de reurbanização previstas no planejamento urbano, consiste na transferência de sua execução a empreendedor privado, a ser remunerado mediante a exploração da obra considerada no seu conjunto, conforme este tenha sido delimitado na lei do plano.

"A utilização deste instrumento jurídico encontra-se autorizada no ordenamento jurídico brasileiro, especialmente nos arts. 1º e 2º da Lei Federal 8.987/1995, sendo-lhe aplicável o regime jurídico da concessão de serviço público previsto nesta lei, com as adaptações adequadas às suas peculiaridades. Aplicam-se também, subsidiariamente, no que couber, as normas gerais da

Lei Federal 8.666, de 21 de junho de 1993, com as modificações que lhe foram introduzidas posteriormente. No Estado de São Paulo, são também aplicáveis à concessão urbanística as normas da Lei 7.835, de 8 de maio de 1992.

"O uso da concessão urbanística, em geral, supõe a desapropriação para fins urbanísticos, realizada com base na lei do plano, para viabilizar a transformação de áreas privadas em áreas públicas mediante a conseqüente mudança de localização da infraestrutura, dos demais equipamentos urbanos e comunitários e das demais áreas destinadas a usos privados. Cabe, ao Poder Público, neste caso, a decretação da utilidade pública e, ao concessionário, a promoção da desapropriação e a indenização aos expropriados" (Paulo José Villela Lomar, *A Concessão Urbanística*, Dissertação de Mestrado em Direito Urbanístico apresentada à Pontifícia Universidade Católica de São Paulo, 2001, p. 97).

Concordando quase integralmente com os Autores citados, entendemos, entretanto, que a concessão urbanística não configura exatamente uma modalidade de concessão de obra pública, mas, sim, consiste num instituto específico do Direito Urbanístico, que, conforme foi salientando, vem ganhando corpo e autonomia, tendo, agora, após a edição da Lei 10.257, de 10.7.2001 (Estatuto da Cidade) um início de unidade normativa, apresentando institutos e princípios próprios.

A concessão urbanística está fortemente respaldada no princípio da subsidiariedade, "pelo qual se confere preferência aos particulares na implementação do planejamento urbanístico, desde que estes possam fazê-lo de maneira adequada e suficiente;" conforme afirma Regina Helena Costa em notável estudo monográfico sobre a principiologia do Direito Urbanístico ("Princípios de Direito Urbanístico na Constituição de 1988", in *Temas de Direito Urbanístico* 2, Adilson Abreu Dallari e Lúcia Valle Figueiredo (coords.), Ed. RT, 1991, p. 127).

Como se pode notar, no moderno tratamento jurídico das questões urbanísticas, o investidor privado passa ser até mais que um simples coadjuvante, cabendo-lhe desempenhar um papel de destaque na organização conveniente dos espaços habitáveis.

## *IV — Operações consorciadas*

Se dúvidas e resistências havia com relação às concessões urbanísticas até bem pouco tempo, isso agora tende a receber outro tratamento, dado o seu acolhimento entre as disposições da Lei 10.257, de 10.07.2001 (Estatuto da Cidade).

A nova Lei, em seu art. 2º, elenca entre suas diretrizes gerais a cooperação entre o Poder Público e os particulares, dando positividade ao princípio da subsidiariedade apontado pela doutrina acima referida:

> Art. 2º. A política urbana tem por objetivo ordenar o pleno desenvolvimento das funções sociais da cidade e da propriedade urbana, mediante as seguintes diretrizes gerais:
>
> (...).
>
> III — cooperação entre os governos, a iniciativa privada e os demais setores da sociedade no processo de urbanização, em atendimento ao interesse social;

Não há menção expressa à subsidiariedade, mas apenas à cooperação. Todavia, é preciso lembrar que o Estatuto da Cidade surge como mais um instrumento do processo de transformação dos costumes, práticas e valores na Administração Pública brasileira, deflagrado pela Emenda Constitucional 19/1998, que tem como um dos vetores exatamente a maior participação dos particulares na vida pública, passando aos investidores privados, primordialmente, tudo aquilo que eles podem levar adiante, reservando para o aparelho estatal as atividades indelegáveis.

A fundamentação legal para a utilização de concessões urbanísticas figura no Estatuto da Cidade na parte que cuida da disciplina das operações consorciadas:

> Art. 32. Lei municipal específica, baseada no plano diretor, poderá delimitar área para aplicação de operações consorciadas.
>
> § 1º. Considera-se operação urbana consorciada o conjunto de intervenções e medidas coordenadas pelo Poder Público municipal, com a participação dos proprietários, moradores, usuários permanentes e investidores privados, com o objetivo de alcançar em uma área transformações urbanísticas estruturais, melhorias sociais e a valorização ambiental.

A participação dos investidores privados poderá ser maior ou menor, conforme as circunstâncias do caso concreto, mas deverá sempre observar a orientação firmada pelo Poder Público.

Cada operação urbana consorciada deverá ser aprovada por lei específica, que poderá autorizar a outorga da concessão urbanística, definindo seus termos e cuidando de tudo mais que consta do art. 33 do Estatuto da Cidade:

> Art. 33. Da lei específica que aprovar a operação urbana consorciada constará o plano de operação urbana consorciada, contendo, no mínimo:
>
> I — definição da área a ser atingida;
>
> II — programa básico de ocupação da área;
>
> III — programa de atendimento econômico e social para a população diretamente afetada pela operação;
>
> IV — finalidades da operação;
>
> V — estudo prévio de impacto de vizinhança;
>
> VI — contrapartida a ser exigida dos proprietários, usuários permanentes e investidores privados em função da utilização dos benefícios previstos nos incisos I e II do § 2º do art. 32 desta Lei;
>
> VII — forma de controle da operação, obrigatoriamente compartilhado com representação da sociedade civil.

Não é o caso de se proceder, aqui, a um estudo detalhado de todos esses requisitos. O que se pretende sustentar é que, mediante lei específica, que atenda aos requisitos estabelecidos pela norma geral federal, é juridicamente viável a utilização da concessão urbanística como instrumento de implantação de planos urbanísticos, por ser uma forma de cooperação entre o Poder Público e a iniciativa privada, que é uma das diretrizes dessa mesma legislação.

## *V — Conclusões*

A figura do investidor imobiliário urbano durante muito tempo foi até confundida com a do reles especulador, que se locupletava a custa dos esforços da coletividade e para quem o princípio da função social da propriedade não fazia qualquer sentido e era desprovido de qualquer positividade. Com a promulgação do Estatuto da Cidade ficou bastante dificultada a especulação imobiliária, que tende a desaparecer.

Neste novo cenário legal deverá destacar-se o investidor imobiliário correto, cioso de seu relevante papel no processo de urbanização e consciente de suas responsabilidades perante o corpo social. O lucro honestamente obtido pelo desenvolvimento de projetos imobiliários que atendam ao princípio da função social da propriedade é garantido pela Constituição. Investir no mercado imobiliário é uma atividade de profunda relevância social.

No campo da atuação urbanística é perfeitamente possível viabilizar a cooperação entre a Administração Pública e a iniciativa privada, desde que, conforme se espera, o empirismo, a improvisação, o descaso e, até mesmo, a corrupção sejam substituídos pelo planejamento urbano, elaborado e implantado de maneira participativa, conforme manda a Constituição.

Um importantíssimo instrumento de implantação dessa nova ordem é, exatamente, a concessão urbanística. Mediante sua utilização será possível urbanizar áreas anteriormente reservadas à especulação e, também, promover a renovação de áreas degradadas existentes em meio ao espaço urbanizado, otimizando-se os investimentos em equipamentos urbanos e sociais.

Esses objetivos podem ser atingidos sem que o Poder Público tenha que aplicar recursos do erário. Caberá ao concessionário de determinado projeto urbanístico fazer os investimentos necessários, inclusive o pagamento das indenizações, remunerando-se com a venda ou locação dos novos espaços imobiliários criados de acordo com as prescrições estabelecidas pela lei autorizadora específica.

O que se tem hoje, especialmente nas grandes cidades, é o caos urbano, o predomínio da violência, da poluição e, em síntese, da má qualidade de vida. Tal estado de coisas pode e deve ser revertido com o auxílio da iniciativa privada.

Aos descrentes cabe lembrar o descalabro até pouco tempo reinante no setor de telecomunicações, onde as carências, decorrentes da falta de investimentos, serviam para que alguns se locupletassem. Hoje, graças aos investimentos privados, a situação foi totalmente modificada para muito melhor, não obstante algumas falhas existentes.

Em matéria de desenvolvimento urbano é preciso aproveitar as experiências levadas a efeito em outros setores, facilitando a atuação adequada dos investidores privados e redobrando os meios de controle, para evitar eventuais desvios.

A concessão urbanística, conforme foi visto, pode ser um importantíssimo instrumento desse processo, mas para isso será necessário repensar certos conceitos e eliminar preconceitos profundamente enraizados depois de séculos do predomínio de uma concepção individualista da propriedade.

São Paulo, setembro de 2001.

DOUTRINA

# A ÉTICA NA ADMINISTRAÇÃO PÚBLICA E OS DIFERENTES MODELOS DE ESTADO

CÁRMEN LÚCIA ANTUNES ROCHA

Professora Titular de Direito Constitucional da Faculdade Mineira de Direito da PUC/MG.
Advogada

*"Mundo delirante,*
*sou teu habitante,*
*o mais frágil vôo, asas, colibri,*
*Mundo delirante,*
*sou teu prisioneiro,*
*vero cativeiro, ai de mim (...)"*
(Abel Silva).

*Introdução. I — Os modelos contemporâneos de Estado. II — Estado e globalização: discurso e realidade na política e no direito. III — A Administração Pública nos diferentes modelos de Estado. IV — Ética no Estado contemporâneo. Conclusão. Bibliografia.*

## *Introdução*

São tempos difíceis estes que vivemos agora. Se é que já houve algum tempo que possa ter sido fácil! Viver é sempre difícil. Ou perigoso, segundo a fórmula de Guimarães Rosa. Mas para nós, cidadãos deste efervescente início de século XXI, a dificuldade está em que não é apenas o olhar que se move com rapidez assustadora, mas principalmente o que é visto e se refaz e se recria a cada instante. Já se viveram tempos de renascimento, de construtivismo, parece que a nossa geração assiste (ou prepara) ao tempo do destrutivismo. O ser humano dignifica a vida em direitos, mas, paralelamente, assume uma corrida louca pela sua destruição e a de seus semelhantes em guerras que não cessam, em belicismo que não se interrompe e que é mesmo erigido como mercados de vidas nos quais se negocia o homem a preços cada vez mais vis e apresentados em moedas. O ser humano perdeu o maravilhamento/angústia diante da vida. Comporta-se como se tudo fosse plastificado, banalizado, insensível. As dores são esquecidas à base de remédios e os gozos são lembrados na forma de sucessos que se contam.

Os conceitos não se enquadram nas instituições vigentes, que, por sua vez, não adotam mais os parâmetros de identidade e qualificação minimamente coerentes com o que antes prevalecia.[1]

Modelos de Estados mudam. Mudanças são da vida. Os Estados antigos adotaram pluralidade de modelos que os tornavam singulares, não destoando, assim, do que ocorreu na Idade Média. O medievo é estudado a partir da referência a *Estados*, no plural, a indicar que não havia características que enfeixassem, num mesmo quadro conceitual, as diferentes experiências político-estatais havidas.[2] Do final do século XV até meados do século XX as características estatais afinaram-se, de tal modo que a Teoria do Estado propiciou condições para uma conceituação estatal contida numa perfeita caracterização dos princípios com base nos quais se classificavam os modelos de Estado. A tipologia dos Estados mostra que a sociedade estatal moderna tem uma identidade que aproxima, na essência e forma de organização, todos os modelos adotados.

Deve ser realçado que pelo amadurecimento da Teoria do Estado se criaram as condições para uma melhor teorização sobre a Constituição, o que permitiu a classificação dos regimes políticos, formas de governo, formas de Estado e sistemas de governo a identificar e distinguir, conforme os pontos de aproximação e de distinção, os Estados segundo os sistemas jurídicos acolhidos nos quais se cuidavam das opções políticas de cada povo.

A partir da segunda metade do século XX e, principalmente, a partir da década de 70 daquela centúria se teve uma inversão das expectativas quanto aos modelos de Estado que prevaleciam e do seu encaminhamento histórico. Modelos estatais que se considerariam exauridos, como o teocrático, ou o Estado guerreiro e dominador, imposi-

1. "Oú que l'on se tourne, on sent des frémissements, des tremblements, des ouvertures. Tout bouge. Ceux qui ont vécu un tremblement de terre ont experimenté cette sensation très particulière, qui ne peut se d'écrire, de perte de tout appui. Les uns courent comme des fous à la recherche de la stabilité, d'autres sont comme recroquevillés sur place, incapables de faire un mouvement. D'autres, enfin, moins nombreux, ne pensent pas à eux-mêmes et, cherchant à protéger leurs voisins, ont un comportement rationnel et efficace. (...) La recherche du sens est tellement aigué que l'on n'a pas besoin de se demander de quel sens il peut s'agir. Rechercher le sens, sans avoir besoin de spécifier de quoi, devient un objectif vital" (Jean-Loup Dherse e Dom Hugues Minguet, *L'Éthique ou le Chaos?*, p. 9).

Eric Hobsbawn chama os anos 70 e 80 do século XX de "décadas de crise universal ou global". Segundo esse historiador, a queda dos regimes comunistas "produziu uma enorme zona de incerteza política, instabilidade, caos e guerra civil (...) também destruiu o sistema que havia estabilizado as relações internacionais por cerca de quarenta anos (...) e revelou a precariedade dos sistemas políticos nacionais que se haviam apoiado essencialmente nessa estabilidade. (...) As próprias unidades básicas da política, os *Estado--nação* territoriais, soberanos e independentes, inclusive os mais antigos e estáveis, viram-se esfacelados pelas forças de uma economia supranacional ou transnacional e pelas forças infranacionais de regiões e grupos étnicos secessionistas, alguns dos quais — tal é a ironia da história — exigiram para si o *status* anacrônico e irreal de *Estado-nação* em miniatura. O futuro da política era obscuro, mas sua crise, no final do Breve Século, patente. (...) Ainda mais óbvia que as incertezas da economia e da política mundiais era a crise social e moral, refletindo as transformações pós-década de 1950 na vida humana, que também encontraram expressão generalizada, embora confusa nessas décadas de crise. (...) Para o poeta T. S. Elliot, 'é assim que o mundo acaba — não com uma explosão, mas com uma lamúria'. O Breve Século XX se acabou com os dois" (Eric Hobsbawn, *A Era dos Extremos*, p. 20).

2. Georg Jellineck teoriza: "la historia de la Edad Media principia con formaciones políticas rudimentarias, que lentamente van ascendiendo hasta llegar a ser lo que hoy denominamos Estado en el pleno sentido de la palabra" (Georg Jellineck, *Teoría General del Estado*, Buenos Aires, Albatroz, p. 238, s/d). O autor refere-se a três únicas características que aproximam os diferentes modelos de Estados medievais, a saber, o feudalismo na base da organização estatal, a proximidade (e quase integração) entre Igreja e Estado e a influência das invasões bárbaras a introduzir novo regime na formação estatal (idem, ibidem).

tivo de seus valores a todos os demais Estados, numa expansão do poder e da utilização dos resultados da dominação que seriam impensáveis trinta anos atrás, passaram a ser o dia-a-dia assistido (nova forma de se experimentar a vida) pelas telas que abrem janelas em nossas existências sem que precisemos abrir as portas de nossas casas e de nossas almas.

O fenômeno rebatizado hodiernamente de *globalização*,[3] ao qual se acresceu, perversamente, práticas denominadas *neoliberais*, não apenas trouxe uma inversão de expectativas quanto à democratização do processo político e do respeito às diferenças com base na igualdade internacional entre Estados, como, ainda, e o que é mais grave, determinou, de um lado, uma uniformização sem uniformidade e, de outro, o restabelecimento do domínio pela força, especialmente a econômica e a militar-nuclear de um sobre outros Estados. Divulgou-se o mote do *politicamente correto*, ditado externamente e independente das peculiaridades de cada indivíduo ou de cada povo, para que todos os pensamentos convergissem para um ponto previamente definido e este era de interesse específico dos mercados (coisas), não dos homens (seres). Melhor teria sido, como ensinava Milton Santos, a consciência universal, que não perde nas diferenças o que há nas individualidades nem desconhece a igualdade que repousa na humanidade.

O predomínio da máquina e o domínio de quem a detém, a alterar a relação de trabalho — base da organização civilizatória ocidental — e mesmo a exterminar espaços de emprego, gerou modelos novos não apenas na economia, mas também na política.

Poder-se-ia afirmar que o quadro político mudou. Mas o turbilhão de acontecimentos sociopolíticos e econômicos não cabe num quadro. Mais parece uma carroça conduzida alucinadamente, já com as rodas se soltando e sem que se saiba onde vai dar o caminho. Impossibilitado de descer, o condutor e os conduzidos nesta corrida louca tentam sobreviver e controlar o que parece, pelo menos no momento, de difícil comando. A única certeza é que o instinto de vida do ser humano centra-se em sua essência para buscar transpor esta fase da jornada. E é nessa essência humana que habita a ética, como força de encontro/reencontro do homem consigo mesmo.

## *I — Os modelos contemporâneos de Estado*

*1.* De Estado Social ao Estado Mercatorial. De Estado-Empresário ao Empresário-Estado: de Estado do povo ao Estado S/A. A sociedade quer cidadania, o Estado passou a ter sócios. Da sociedade e suas demandas ao mercado e seus interesses. De escravo o homem passou a súdito, de súdito a cidadão, de cidadão querem torná-lo já agora consumidor.

Na primeira metade do século XX, estatizaram-se mercados. Nos últimos momentos do século XX se *mercadorizaram* Estados. Primeiro o Estado assumiu funções antes liberadas para os empreendimentos privados; depois, os empresários assumiram as funções antes reservadas aos Estados. Inicialmente, estatizaram o que antes era privado. Finalmente, privatizaram o que antes se fizera estatal não particular.

Do Estado liberal (presente apenas para os poderosos econômica e politicamente) passou-se ao Estado social, intervencionista na sociedade para equalizar, quando não fosse possível igualar, os desigualados

3. Agora sob o pomposo nome de globalização, o processo de extensão dos poderes econômicos e políticos de imposição uniforme de valores e procedimentos de mercado e de dominação tem origem remota. O ser humano busca a liberdade para si pelo agrilhoamento do outro. A influência exercida sobre outrem é o quanto se tem de comum na história da humanidade, sendo disto exemplo inegável o imperialismo romano, a impor a língua latina a todos os vencidos, os seus costumes, os seus governantes, a sua moeda, numa expansão contínua e que somente cedeu pela ruína do Império.

a menor, jurídica, econômica e socialmente. O Estado social faz-se como uma conquista do povo, necessitado em suas demandas materiais, políticas e sociais, imprescindíveis para o seu desenvolvimento individual e coletivo.

Mas, num processo histórico não esperado pelo povo, deu-se, ao final do século XX, um vigoroso retorno do Estado social ao modelo anterior, o liberal. Não se teve uma retomada decalcada no quanto antes experimentado. A nova experiência marca-se por incontestável interesse mercadológico, ou superior e primariamente mercadológico, muito mais do quanto anteriormente conseguira ser.[4] É que o mercado consumidor, a saber, o número de pessoas dispostas (ou possíveis de serem levadas a se dispor) a adquirir bens, serviços e capitais e a pagar por isso, avolumara-se fantasticamente e, com ele, os lucros dos que o comandam e que, portanto, passaram a vender homens a troco de moedas, guerras a troco de dólares, armas a troco de ouro.

*2.* Todo o discurso sobre a mudança drástica e vertiginosa dos modelos de Estado adotados desde o setecentos (com as suas temporizações e contemporizações mutantes numa progressão sensível e esperada a cada fase) parte de uma tipologia em sua formalização jurídico-constitucional com alta dose de identidade dos paradigmas acolhidos. Essa tipologia de Estados modernos, modelados sob o título de Estados-nação, parece ter sido posta em questão no final do século XX.

Constituídos juridicamente segundo princípios e formas classificáveis, preferencialmente, segundo os regimes políticos abrigados e praticados (democráticos ou não democráticos), o Estado moderno chegou à era contemporânea sem que se observassem grandes distinções em suas práticas segundo uma ou outra vertente (democrática ou não).

Especialmente após a Segunda Guerra Mundial, os Estados tiveram como critério de classificação segundo a adoção dos princípios e prática dos procedimentos democráticos ou a sua negação.

As democracias — assim mesmo, no plural — tinham os mesmos fundamentos, sendo o seu princípio magno e intransponível o respeito aos direitos fundamentais dos homens (não apenas aqueles classificados como individuais, mas os sociais, os políticos de incidência interna e os de incidência externa, a saber, o direito à participação política nos governos dos Estados e também o direito à democracia, à paz, às conquistas culturais, históricas e tecnológicas dos povos).

Não obstante tal embasamento, a história política dos povos provou que a prática da democracia não é fácil, mas também não é prescindível.[5] As agressões aos direitos hu-

4. Não há, verdadeiramente, dissenção ou separação insuperável entre Estado e mercado, como bem observa Víctor Flores Olea, segundo o qual "en realidad es falso el dilema entre Estado y mercado que plantean las nuevas doctrinas liberales. El Estado y el mercado capitalista, aunque enfrentadas e ciertos aspectos, son entidades que tienen elementos esenciales comunes. Ambos funcionan como espacios de confluencia y confrontación de intereses particulares diferentes: de grupos sociales y políticos, en un caso; de compradores frente a vendedores, en el otro. Ambos constituyen espacios de legitimación del predominio de los más fuertes y eficientes sobre los más débiles e ineficientes y, por consiguiente, de la concentración de poder político, en un caso, y económico, en el otro" (Victor Flores Oleas, *Crítica de la Globalidad*, México, Fondo de Cultura Económica, 1999, p. 275).

5. Pesquisa elaborada pela Freedom House divulgou que, em dados relativos ao ano de 2001, em 192 Estados Nacionais examinados, 85 entre eles poderiam ser considerados "livres", neles se encontrando 2,5 bilhões de seres humanos, quer dizer, 41% dos habitantes da terra; 59 Estados são considerados *parcialmente livres*, ali tendo-se 1,46 bilhões de seres humanos ou 24% dos habitantes da terra (nesses, há corrupção, o respeito à lei é frágil, há segregações étnicas e religiosas e a democracia é mera retórica ou o regime é uma fachada sem lastro político); 48 Estados são tidos como não livres, quer dizer, 2,17 bilhões ou 35% dos habitantes do planeta (nesses, não se respeitam direitos fundamentais e as liberdades são inexistentes).

manos são flagrantes e constantes em todo o mundo. A reação contra tais afrontas também. O tema deixou de ser questão afeta apenas aos comandos e procedimentos internos dos Estados. Estendeu-se a todo o mundo e passou-se a gerar uma solidariedade firmada e afirmada no direito internacional e na cooperação dos Estados e das instituições internacionais, como a ONU, as Cortes de Justiça internacionalmente instaladas, entre outras entidades encarregadas de zelar pelo respeito e pela eficácia dos direitos fundamentais.

A tipologia das formas de governo (monarquia ou república), dos sistemas de governo (presidencialismo ou parlamentarismo) e das formas de Estado (unitarismo, federalismo ou confederação) perderam importância em termos de definição dos Estados para a questão da adoção formal e cumprimento prático dos regimes políticos com os seus princípios assecuratórios dos direitos fundamentais e do respeito ao direito do cidadão ao governo honesto, quer dizer, a um governo ético.

Tais os modelos que dominaram as formas de entendimento quanto à organização e dinâmica dos Estados, seus governos e administrações públicas no curso do século XX. Os objetivos específicos de cada Estado (uma vez que os fins genericamente adotados situam-se na afirmação e atendimento do bem público) foram lançados à decisão dos povos que formalizaram as suas peculiares condições e necessidades em seus documentos constitucionais.

O princípio democrático do fundamento do poder no povo de cada qual dos Estados dominou as práticas políticas desde o século XVIII, sendo a forma iluminista de se racionalizar a organização estatal e assegurar o pleno respeito ao homem e ao quanto por ele considerado justo.

Isto é o que iria ainda mudar e surpreender no final do século XX, quando modelos teocráticos passaram a ser comuns, especialmente em Estados Orientais e do Médio Oriente, em cujo espaço os deuses são fontes não apenas de direito, mas de restrições a eles, sem que nada racional fosse apresentado, a não ser a vontade de Alá.

No Ocidente, entretanto, a organização estatal não trazia grandes diferenças formais entre os Estados, conquanto, material e socialmente, dúvida alguma deixam os dados apurados quanto às profundas distinções que havia entre os povos. Enquanto alguns andam de Concorde, outros há que continuam a usar jumentos como transporte; uns jogam restos de caviar fora, outros morrem de fome. Não há apenas uma democracia, porque também não há apenas um mundo feito pelos homens.

*3.* Tem-se acentuado, geralmente, o momento simbólico do colapso ou da agudeza da crise experimentada pelos modelos de Estado moderno a partir da mudança significativa havida na ordem mundial, simbolicamente datada na primavera de 1989, quando se assistiu à queda do Muro de Berlim. Todavia, salienta Noam Chomsky, apenas para ficar numa voz que se alteia com ressonância clara e independência de dentro do império norte-americano, "a queda do Muro de Berlim na primavera de 1989 pode ser tomada como o fim simbólico de uma era nas relações mundiais na qual os maiores eventos ficaram à sombra ominosa da Guerra Fria, com sua constante ameaça de aniquilação nuclear. Este retrato convencional não é certamente falso, mas é, contudo, parcial e enganador. Ao adotá-lo de modo acrítico, confundimos seriamente o passado recente e não estaremos bem situados para compreender o que se encontra à frente. A estrutura convencional de interpretações tem servido muito bem aos interesses daqueles que manejam as rédeas".[6]

As duas guerras mundiais do século XX serviram como palco para embates latentes e, até mesmo, estampados nas sociedades estatais na busca de novos direitos — os sociais e os que se seguiram em conquis-

6. Noam Chomsky, *Novas e Velhas Ordens Mundiais*, p. 11.

tas humanas e humanitárias — que demandavam novos atores estatais e novos procedimentos político-econômicos ancilares às necessidades buscadas e dependentes da intervenção estatal. A seqüência dos modelos estatais no sentido da socialização das políticas estatais fez-se natural e a sociedade seguia um rumo que parecia tão inexorável no sentido da ampliação dos direitos fundamentais quanto das participações estatais em sua garantia.

Após a Segunda Grande Guerra, a Guerra Fria serviu de argumento para uma dinâmica política nos Estados que se justificava pelo apoio internacional com que cada qual contava pelo lado daquele belicismo branco em que se posicionavam. Guardava-se coerência no plano internacional com aquele quadro político. As instituições econômicas e políticas, como o Fundo Monetário Internacional — FMI, o Banco Mundial, criadas ao final do movimento bélico mundial e sob a égide dos Estados vencedores, em especial, os Estados, serviram como instrumentos para a eficácia das políticas adotadas.

Entretanto, é ainda Noam Chomsky que, lucidamente, alerta que "a confrontação da Guerra Fria forneceu fórmulas fáceis para justificar ações criminosas ao nível externo e o entrincheiramento do privilégio e do poder do Estado em casa".[7]

Os Estados nacionais tiveram a sua classificação não apenas se considerando os paradigmas internamente acolhidos, na forma acima mencionada, mas também foram rotulados e tratados internacionalmente segundo uma classificação que considerava a situação decorrente do cotejo entre as diferentes economias encontradas em cada qual deles. Assim é que se cogitaram de Estados desenvolvidos e subdesenvolvidos, Estados de primeiro, de segundo ou de terceiro mundo, chegando-se nos últimos tempos à formulação de Estados do centro ou periféricos.

Com o final da Guerra Fria, os poderosos, econômica e politicamente, do mundo, perderam o recato para questionar os modelos (plurais, diversos e, portanto, sem um domínio facilitado, uma vez que não tinha tipologia uniforme) acolhidos precedentemente. Esses foram postos em xeque, incluídos os prevalecentes na organização e composição jurídica da ordem mundial. Os entes e instrumentos da ordem mundial vigente baseavam-se numa idéia de direito que pensava a política e o político como formas de experimentar a vida estatal segundo princípios bem estabelecidos.[8] Merece destaque a afirmativa feita em setembro de 1993 por Anthony Lake, assessor de Segurança Nacional do Presidente norte-americano Bill Clinton, no sentido de que: "durante a Guerra Fria nós contivemos a ameaça global contra as democracias de mercado; agora deveríamos cuidar de ampliar o alcance delas".[9]

Nem no plano interno dos Estados nem nas relações havidas entre eles prevaleceram, com margem aceitável de certeza, os paradigmas anteriormente adotados. O Primeiro Mundo às vezes está no Terceiro, o

7. Idem, ibidem.

8. Entre os apelos dirigidos por uma nova e mais justa ordem mundial cita Noam Chomsky aquele emanado da Comissão Sul, presidida por Julius Nyerere e que inclui importantes economistas, entre os quais aqueles do denominado Terceiro Mundo, líderes governamentais e sociais, dentre outros. Em 1990 "a Comissão reavaliou o registro histórico recente das relações Norte-Sul, que culminaram na catástrofe do capitalismo que varreu os domínios coloniais tradicionais nos anos 80, à parte a esfera japonesa no Leste Asiático, onde os Estados são fortes o suficiente para controlar não somente o trabalho, como é a norma, mas também o capital e, desta forma, isolar as economias da devastação do mercado. *Para mencionar um aspecto, o capital flutuante da América Latina aproximava-se de sua dívida escorchante, o que não era um problema no Leste Asiático, onde a hemorragia foi estancada por controles severos*" (idem, ibidem, destaques nossos).

9. *Apud* Noam Chomsky, "Democracia e mercados na nova ordem mundial", in *Globalização Excludente*, Petrópolis, Vozes, 2000, p. 7.

Terceiro vista o Primeiro, e já não se sabe o que é — se é que algum é — o Segundo. Estados há que fazem conviver as características políticas e materiais do que se inseriria como qualidades do Primeiro Mundo com situações adjetivadas como próprias do Terceiro.[10]

*4.* O final do século XX demonstra a existência de pelo menos três modelos praticados de Estado classificados segundo os fundamentos e os procedimentos decorrentes do quanto posto como base política e formulação jurídica, a saber, os *Estados democráticos* fundamentados no direito do povo de organizarem-se e formularem o seu modo de vida em comum, os *Estados autocráticos* (antidemocráticos), nos quais são formalizados documentos jurídicos que se referem à democracia, mas sem que se cogitem dos instrumentos necessários à sua concretização e os *Estados teocráticos*, presentes, principalmente, em experiências do Oriente Médio, nos quais o fundamento do poder é a vontade de Deus, que determina a conduta das pessoas, incluídas aquelas que contrariam todas as conquistas de direitos humanos aceitas por todos.

No primeiro modelo, qual seja, o Estado democrático, pode-se constatar que há diferenças sutis, porém significativas, entre os tipos aproveitados. Assim, *a democracia baseada na experiência norte-americana* dispõe de uma articulação institucional e de uma prática que podem ser surpreendidas pelas diferenças acentuadas na forma de se conduzir interna e externamente quanto ao político, com garantia dos direitos fundamentais dos norte-americanos, vacilando, ligeiramente, a política econômica e social adotada segundo o grupo que esteja no poder. Não difere muito a adoção das políticas porque a América norte-americana foi criada pela Constituição, na qual se contém inegável apreço ao individualismo e ao norte-americanismo, ou seja, à garantia dos norte-americanos contra tudo e contra todos e à noção da pátria. A *democracia baseada no modelo europeu* dispõe de maior compromisso com o elemento social, com o bem de todos não obtido pela soma do individualismo acarinhado, mas, tal como se contém em Rousseau, no público que se realiza diversamente da mera soma dos indivíduos e das vontades particulares. Já a precária prática de democracia nos Estados terceiro-mundistas pode ser havida como o respeito mínimo — não a obtenção máxima, como se busca nos Estados europeus — dos direitos fundamentais, máxime os sociais. O único dado que é deixado em aberto como uma fresta democrática nos Estados latino-americanos é o que se refere à participação popular, a qual, entretanto, restringe-se a tomar parte nos processos eleitorais, independente das condições sócio-econômicas que efetivam, ou não, as democracias. O mundo latino-americano ou o africano ainda não chegaram a obter — conquanto busquem — a democracia, especialmente a social, sem a qual a liberdade é privilégio e a igualdade uma quimera, não uma realização.

*5.* Qualquer que seja a condição interna do povo de cada qual dos entes estatais, tem-se por certo que um dos itens de qualificação do modelo estatal moderno havido no curso dos séculos XVII a XX foi o da soberania do poder do Estado.

Teorizado, inicialmente, por Jean Bodin, no século XVI, o princípio da soberania do Estado cumpriu um papel significativo e indiscutível na formulação do Estado moderno.[11] Na história dos Estados antigos,

10. Cf. neste sentido Michael Hardt e Antonio Negri, *Império*, p. 13.

11. Jean Bodin formulou o princípio da soberania do Estado em 1576 (conquanto a primeira vez que tenha sido apresentado em Paris tenha sido em 1583), em sua obra *Les Six Livres de la Republique*, numa fase histórica em que a Igreja concorria com o Estado no exercício e predomínio sobre a sociedade. Aquele princípio serviu, em parte, para justificar a separação dos poderes do Estado daqueles que eram reconhecidos à Igreja Católica. Durante o Medievo, as funções do Estado e da Igreja confundiam-se, de tal modo que a consolidação do poder

o conceito de soberania não existia e, no período contemporâneo, igualmente, se põe em guarda a característica absoluta que lhe foi outrora atribuído. A relatividade do conceito de soberania estatal passou a ser admitida[12] e a sua titularidade deslocou-se, distintivamente, do Estado para o povo titular do poder do Estado.[13]

Nem por isso se poderia afirmar que a soberania como princípio tenha morrido ou que tenha deixado de cumprir papel de atributo fundamental, determinante e distintivo do poder do Estado, tanto mais que, na fase contemporaneamente experimentada, há uma proliferação de pessoas e organizações políticas intra e supra-estatais a desempenhar funções políticas, mas atuando em parceria ou até mesmo contra os governos. As organizações ditas não-governamentais (verdadeiramente elas são não-estatais, por não fazerem parte do Estado, atuando em seu interior ou até mesmo no plano internacional) têm, às vezes, poder político (como, por exemplo, as defensoras dos direitos humanos, dos direitos difusos, como os ambientais, entre outros). Esse, entretanto, é não-estatal, pelo que não se dota da qualidade soberana, não compartilhada entre o Estado e qualquer outra organização.

A soberania qualifica superiormente o poder do povo de um Estado, o qual, no exercício de suas funções, determina a coercibilidade do Direito estabelecido pelo ente estatal ou por ele reconhecido. No plano do direito internacional — e com todas as limitações que o caracterizam — é a soberania do Estado que pode determinar a igualdade entre todos quantos pretendam conviver no plano das relações planetárias.

Se, por um lado, a soberania pode constituir embaraço para a união estável dos Estados, por assegurar a cada qual o direito de se retirarem dos tratados internacionais e desobrigarem-se em relação aos demais, por outro é identicamente certo que a soberania resguarda as identidades nacionais e a supremacia dos direitos de cada povo de se conduzir segundo as suas próprias opções, necessidades e aspirações. O respeito nacional perante outros Estados segura-se, grandemente, no exercício soberano dos direitos dos povos vistos isoladamente e em conjunto. O ponto de supranacionalidade ou de supra-estatalidade é o ponto que se refere aos direitos humanos, os quais não conhecem outras que não as fronteiras da humanidade e do humanismo.

A geopolítica do poder desenha fronteiras de direitos e responsabilidades estatais tanto quanto a geopolítica dos direitos humanos traça a superação de todos os limites que não sejam os da própria condição humana da pessoa.

Não se tenha como acertado, portanto, que o conceito de soberania esteja em de-

estatal, sob o manto da soberania, acabou por permitir o enfeixamento de poderes absolutos e absolutistas nas mãos dos monarcas.

12. Cf. Paulo Bonavides, *Ciência Política*, pp. 129 e ss. Gerson Bóson ensinava, em suas lições de Direito Constitucional Internacional, que "(...) assim entendida a soberania, não é exagero dizer-se que o inimigo da paz é o Estado soberano. A soberania era (...) um conceito de elaboração metafísica que vinha, historicamente, sofrendo *deslocamento* na atribuição de sua titularidade, pela necessidade de adequar-se à realidade política dos povos em cada etapa da cultura. (...) O chefe de cada povo era soberano *erga omnes*, como único portador da verdade cósmica de suas deidades incontrastáveis. Em conseqüência, o Estado haveria de ser, necessariamente, Estado guerreiro" (Gerson Boson, *Constitucionalização do Direito Internacional*, Belo Horizonte, Del Rey, 1996, p. 134).

13. Tanto assim é que foi utilizada a referência à soberania como fundamento da República Federativa do Brasil pela Constituição de 1988, em seu art. 1º, I, remetendo-se à titularidade do poder pelo povo no parágrafo único do mesmo dispositivo e, ainda, tendo-se a remissão expressa à soberania popular como desdobramento daquela definição aproveitada no art. 14 da mesma Lei Fundamental da República. Para a situação de igualdade juspolítica de condição internacional do Estado brasileiro e seu respeito aos demais preferiu o constituinte de 1987/1988 referir-se à independência nacional (art. 4º, I).

clínio fatal ou tenha se tornado inaproveitável contemporaneamente. Bem diferente disso, o conceito vem mudando de pólo, ou, camaleonicamente, vem se transmudando em suas versões para conferir novos contornos aos atributos do poder político exercido por ou no Estado.[14]

Ao anunciar, em fevereiro de 1998, ao lado de Bill Clinton, que juntamente com este Presidente norte-americano iria convocar uma reunião internacional para discutir e criar um novo modelo mundial de centro-esquerda, permitindo a trilha divulgada como *terceira via*, a fim de que se palmilhasse uma vertente intermédia, entre o neoliberalismo e a esquerda na forma tradicionalmente concebida e praticada, Tony Blair, líder trabalhista inglês no exercício do cargo de Primeiro-Ministro britânico, defendeu, em perfeita coerência e com a aquiescência do anfitrião que o recebia em Washington, uma nova guerra contra o Iraque (a primeira tinha ocorrido em 1990) e a aprovação de um Acordo Multilateral de Investimentos, segundo o qual a soberania do capital financeiro internacional teria respaldo jurídico e político em documentos para prevalecer acima do poder dos Estados Nacionais.[15]

A denominada *terceira via*, assim preconizada, não representou qualquer *onda* a assolar economias e políticas como se dera com o liberalismo revestido de referência de novidade (o prefixo *neo* que se lhe acrescentou não chegou a iludir muito, ficando claro tratar-se da retomada do liberalismo após a queda do contraponto socialista que dominou parte do mundo até a década de oitenta do século XX). Todavia, a segunda parte da apresentação de Tony Blair trazia o que de real importava para os locutores da entrevista dada pelos governantes: a formalização da transferência do pólo de exercício da soberania estatal, do povo pelo povo, como se caracterizava na formulação do Estado social, para a soberania do mercado para os seus agentes, como se passava a buscar na formulação do Estado Mercatorial. A soberania já não seria, portanto, público-estatal, mas privado-mercatorial.

A soberania que passava a interessar e a desempenhar o papel de dominação tinha como núcleo o capital internacional (que fundamentava o fenômeno divulgado como globalização), desprezando-se aquela que era reconhecida e conferida ao povo. Ao invés de o povo dizer o seu sentido e sentimento de justiça a embasar as instituições sob as quais e com as quais pretendia viver, passou-se a ter o mercado a ditar o que o povo teria de pensar e sentir.

Da soberania do povo exercida no Estado chegava-se, melancólica, à soberania do mercado sobre o povo, e até mesmo a formar (ou deformar) perversamente e segundo o interesse do dinheiro o que era o povo. Quem achava que os homens queriam o dinheiro e por ele tudo entregariam (a história mostrou que Cristo foi vendido a troco de trinta moedas, mas não registrou quantos Cristos os traidores negociam) não percebiam que o dinheiro é que queria o ho-

14. Segundo Michael Hardt e Antonio Negri, "o declínio da soberania dos Estados-nação, entretanto, não quer dizer que a soberania como tal esteja em declínio. Antes das transformações contemporâneas, os controles políticos, as funções do Estado, e os mecanismos reguladores continuaram a determinar o reino da produção e da permuta econômica e social. Nossa hipótese básica é que a soberania tomou nova forma, composta de uma série de organismos nacionais e supranacionais, unidos por uma lógica ou regra única. (...) A soberania declinante dos Estados-nação, e sua crescente incapacidade de regular as permutas econômicas e culturais, é certamente um dos sintomas primários da chegada do Império. A soberania do Estado-nação era a pedra angular do imperialismo que as potências européias construíram na idade moderna. (...) Onde quer que deitasse raízes, a soberania moderna construía um Leviatã que cobria como um arco seu domínio social e impunha fronteiras territoriais hierárquicas, para fiscalizar a pureza de sua identidade e para excluir tudo que representasse o outro" (Michael Hardt e Antonio Negri, ob. cit., p. 12).

15. É o registro, específico e literal, de José Luis Fiori, na obra *60 Lições dos 90*, p. 18.

mem e fazia do negócio não o seu balcão/ meio, mas o seu fim.

Ora, a justificativa do Estado é a pessoa humana. O fim do Estado é o homem. A soberania popular legitima o Estado e define o rumo de suas decisões e de suas proposições juspolíticas.

A soberania do capital internacional não se desprende do Estado, diversamente do que poderia parecer à primeira vista, mas alija o povo e pretende uma legitimação na qual o povo seja discurso ou ícone, distante do poder, nunca o seu centro e a sua diretriz. A soberania do capital precisa do Estado porque as parcerias políticas são facilitadas pelo domínio do poder estatal pelo capital interesseiro.

A democracia passa longe desta soberania porque o autoritarismo do capital é sem limites morais e não precisa de justificativa ética. Legitimidade não é seu tributo, tampouco a sua necessidade. Sob tais condições, quem não tem legitimidade a compra.

O Leviatã político teria sido sobrepujado pelo Leviatã econômico nesta ótica de interesses e materialismo. O Estado leviatânico concebido por Hobbes teve o seu paralelo no Mercado leviatânico.

Com o predomínio dos ganhos materiais sobre os valores humanos, as formações políticas passaram a ser ditadas por novos paradigmas sem a correspondência humana que os legitimariam. As organizações políticas dos Estados tiveram deslocado não apenas o discurso que o conduzia, mas a principiologia ética e humana que as caracterizava.

Deve ser realçado que a mudança promovida pela expressão daquilo que vinha sendo tramado nas coxias do poder econômico transnacional (e que somente se continha pelo temor que o contraponto socialista impunha e determinava como concessões necessárias, inclusive em termos de direitos fundamentais sociais) aliada à telemática propiciadora da ilusão da superação das fronteiras estatais determinou modificações na concepção da geopolítica vislumbrada e cuidada pelo Direito.

O conceito de fronteiras nacionais — resguardadas como limites ao exercício das soberanias e assecuratórias do controle de atuação de poderes externos em detrimento de um povo soberano — passou a ser não apenas repensado como até mesmo questionado. Certo, o questionamento sempre foi erigido pelos detentores dos que detêm poder militar e nuclear e que, portanto, são potenciais agressores, não agredidos em seus espaços nacionais. As fronteiras continuam sendo imprescindíveis como elemento que assegura a eficácia jurídica e política tanto do princípio da territorialidade, quanto da soberania do poder do povo do Estado. Por meio delas é que se demarca o espaço de exercício de competências soberanamente desempenhadas pelo povo, materializando a sua geografia política.[16] Por isso é que a desterritorialização, a sublimação ou menosprezo pela questão do espaço geográfico[17]

16. Acentua Georges Burdeaux que é por meio da definição do território do Estado que "le pouvoir inscrit la nation sur le plan des réalités concrètes: il permet de réaliser cette synthèse d'un sol et d'une idée qui est l'essence même de la nation (...). Politiquement le rôle du territoire ne se réduit pas à cette fonction négative de délimitation d'une sphère de compétence. Il est aussi, positivement, un moyen d'action de l'État (...) qui tient le sol tien l'habitant" (Georges Burdeaux, Francis Hammon e Michel Troper, *Droit Constitutionnel*, Paris, LGDJ, 1993, p. 27).

17. Ensina Octávio Ianni que "aos poucos, ou de repente, o mundo se torna grande e pequeno, homogêneo e plural, articulado e multiplicado. Simultaneamente à globalização, dispersam-se os pontos de referência, dando a impressão de que se deslocam, flutuam, perdem. Mesmo os centros decisórios mundiais mais fortes nem sempre se afirmam absolutos, inquestionáveis. Podem ser levados a omitir-se, declinam, devido ao jogo das forças que operam em escala mundial. (...) A verdade é que declina o Estado-Nação (...) globalizam-se os centros decisórios por diferentes lugares, empresas, corporações, conglomerados, organizações e agências transnacionais (...). São nítidos os indícios de que os aparelhos estatais nacionais são tam-

— que somente tem ensejo entre os países poderosos econômica, militar e nuclearmente —, não guarda qualquer apreço pelo princípio da territorialidade, menos ainda pelo atributo soberano do poder de um povo. Não guarda qualquer respeito ao povo, como o conjunto de pessoas humanas com medos, alegrias, fantasias, tristezas, angústias, encantamentos, tudo o que é do homem.

Para os globalizantes, povo é retórica, *muito bom "visto do palanque"*, conforme dito de velho político mineiro. Não é o povo quem faz o poder, o poder — econômico — faz o povo, faz do povo o que quer, para o que quer. E, no capitalismo globalizante (misto de global e delirante), o que se quer é o lucro, para o que o homem serve como meio.

*6.* Vale a pena enfatizar também significativa transformação no quadro das organizações e processos estatais havidos na derradeira quadra do século XX decorrentes da mudança política havida na sociedade. É que o povo passou a organizar-se e a institucionalizar-se, atuando por meio de suas entidades particulares no sentido de agir em conjunto ou ao lado do Estado, dentro dele, mas sem com ele confundir as organizações por ele criadas.

Após a Segunda Guerra Mundial constatou-se — primeiramente na Europa — que as práticas de democracia representativa frustravam, parcialmente, os fundamentos do regime. A soberania popular somente era exercida no momento do voto e entrava em recesso durante o prazo que corria até o processo eleitoral subseqüente.

Daí porque instrumentos de participação direta passaram a ser introduzidos nas Constituições e oferecidos aos cidadãos para que se revertesse o quadro de insatisfação democrática gerada. *Referendum*, plebiscito, *recall*, iniciativa popular, veto popular, entre outros, foram abrigados constitucionalmente no pós-guerra garantindo o surgimento contemporâneo da democracia semidireta. Combinaram-se, então, elementos da democracia representativa com outros de participação direta, o que foi o primeiro passo para a organização social a institucionalizar novos comportamentos políticos.

O surgimento do denominado *terceiro setor* fez com que houvesse não uma diminuição das funções estatais, mas o repensamento daquelas então existentes e operantes. A sociedade já não se confundia com o Estado nem dele se distanciava por contingências políticas antidemocráticas (o que, historicamente, era comum), mas, diversamente do quanto antes sucedera, combinava-se com o Estado para permitir a ampliação e a colaboração, sem substituição, no seu desempenho.

As organizações não-estatais modificaram o pólo de discussão e ação. Num primeiro momento, o debate passou a ser as relações entre o público-estatal e o privado. Cunhou-se, no plano da retórica aproveitada pelo político, a necessidade de deslocamento do público estatal para o público social. Tanto serviria, a partir do final da década de 1970, para a tomada de posição do neoliberalismo, que apregoava o afastamento do Estado das questões fundamentais, uma vez que o socialismo não se capitalizara. Todavia, o que se buscava não era a discussão sobre o público ou sobre o estatal, mas sobre o privado-não estatal ou social e o privado mercatorial. Em efeito. O público — de povo — não muda quando se cuida do Estado ou da sociedade voltados ao atendimento de fins inerentes a todos os cidadãos ou a todas as pessoas humanas. O privado muda inteiramente quando se cuida do particular voltado para interesses sociais ou o particular que tem como pátria o lucro. Os grandes negócios são resolvidos em Alto-Mar, onde não habita o Direito. É que o capital tem como pátria o lucro e como irmão o ganho.

*7.* Neste quadro não é apenas a política, mas o direito — em especial o Constitucional — que recebe o influxo e o impacto

bém agências da economia política mundial" (Octávio Ianni, *A Sociedade Global*, p. 89).

das mudanças aceleradas e confusas no mesmo momento em que a sociedade vê por terra os princípios que fundamentavam as elaborações anteriormente adotadas, incluídas aquelas celebradas sob o título da democracia.

Nesta semana de início de inverno brasileiro (nem muito inverno, nem mais peculiarmente brasileiro), a Europa prepara o texto final de sua Constituição. Essa vem a ser elaborada sem poder constituinte na forma teorizada e praticada desde os oitocentos e o que é mais distante do quanto até aqui doutrinado e experimentado — sem participação prévia do povo no sentido específico de se constitucionalizar como Estado soberano, também aqui nomeado nos moldes tradicionalmente aceitos até agora.

## *II — Estado e globalização: discurso e realidade na política e no direito*

Os modelos de Estado vigentes — ou, pelo menos, a sua dinâmica — parecem ter sofrido o influxo das teorias e, principalmente, dos procedimentos globalizantes, tal como praticados a partir das décadas de 80 e 90 do século XX. O fenômeno da globalização tomou todas as preocupações e permeou, quando não direcionou, os debates para a defesa ou para a contraposição ao processo.

*8.* É de se atentar, entretanto, preliminarmente, para o que seja a globalização e, em especial, o que ela não deve ser considerada.[18] Talvez uma das palavras mais divulgadas na última década do século XX, globalização não era referência aproveitada até então. O que nela genericamente se expressa não guarda correspondência vocabular específica em todas as línguas. Para o mesmo

18. Alertando que globalização pode ter vários significados John Gray ensaia alguns dos sentidos que podem se conter na palavra, tais como "de um lado, é a difusão mundial das modernas tecnologias, de produção e de comunicação de todos os tipos através das fronteiras — no comércio, capital, produção e informação. (...) Globalização implica também que quase todas as economias estejam interligadas com outras economias ao redor do mundo. (...) A globalização é um processo histórico. Não exige que a vida econômica no mundo seja intensiva e igualmente integrada. (...) *Como afirmou um estudo embrionário sobre o assunto, 'a globalização não é uma condição singular, um processo linear ou um ponto final de mudança social'. A globalização tampouco é um estágio final para o qual todas as economias convergem. Uma situação universal de integração eqüitativa na atividade econômica em nível mundial é exatamente o que a globalização não é. Ao contrário, a crescente interconexão da atividade econômica através do mundo acentua o desenvolvimento desigual entre diferentes países. Ela exacerba a dependência dos Estados em desenvolvimento 'periférico', como o México, em relação aos investimentos originários de economias mais próximas do 'centro' como os Estados Unidos.* Embora uma das conseqüências de uma economia mais globalizada seja subverter ou enfraquecer relacionamentos hierárquicos econômicos entre Estados — entre países ocidentais e a China, por exemplo —, ela simultaneamente fortalece algumas relações hierárquicas já existentes e cria novas" (Raymond Gray, *Falso Amanhecer*, p. 38).

Segundo Octávio Ianni, "a globalização do mundo expressa um novo ciclo de expansão do capitalismo como modo de produção e processo civilizatório de alcance mundial" (Octávio Ianni, *A Era do Globalismo*, p. 11).

O que se pode constatar é que, indubitavelmente, não há clareza e precisão na referência feita à globalização, mesmo entre os estudiosos do tema. Ora se aproveita um conceito, ora outro, sem que haja equívoco nisto. É que a globalização designa processos diversos. O autor pode priorizar o aspecto econômico do fenômeno — seu perfil mais claramente mostrado, mas nem por isso único —, os dados políticos que são informados pela opção pelas decisões globalizantes, as conseqüências sociais etc. Por isso é que salienta Anthony Giddens que "dada sua súbita popularidade, não nos deveria surpreender que o significado do conceito nem sempre seja claro, ou que ele tenha provocado uma reação intelectual. A globalização tem algo a ver com a tese de que agora vivemos num único mundo — mas exatamente de que maneira, e é essa idéia realmente válida?" (Anthony Giddens, *Mundo em Descontrole*, São Paulo, Record, 2000, p. 18).

fenômeno (contendo um conjunto de processos, procedimentos, normas, atos) os franceses preferem se valer da palavra *mondialisation* e os alemães *Globalisierung*.

Não se imagine, entretanto, seja a globalização (ou como quer que lhe chamem) apenas um processo econômico específico ou histórico. Sequer pode ser considerado *um* processo, senão que um conjunto de processos que se conjugam dando vida a um fenômeno buscado.

Também não se imagine que seja uma conjugação harmoniosa. Antes, operam eles muitas vezes de forma contraditória e distinta em suas aplicações e desdobramentos. Se, por um lado, tem-se a redução do poder estatal, de outro permite o acirramento do poder social local que resiste para sobreviver e ampliar-se em luta contra o que é imposto e restringe a liberdade. Fortalece relações entre as economias privadas e enfraquece economias públicas, especialmente dos Estados chamados periféricos. Se esfacela relações entre alguns Estados — os que impõem e os que não querem obedecer servilmente —, permite, paralelamente, que novos blocos estatais se formem fortalecendo uniões políticas e econômicas de Estados em concertos regionais.

*9.* Cuida-se, ainda, deve ser salientado, de um fenômeno racional, premeditado, movido por interesses que não desligam política, economia, direito e moral. A combinação destes elementos deságua ou promove uma sociedade, ou um modelo previamente desejado de sociedade. E quem pode desejar, meditar e premeditar é, como óbvio, quem está no comando. Mas quem está no comando — no regime político-econômico capitalista — nunca aparece, apenas permite que assim aparente quem não está, ou aquele que pode parecer e aparecer impunemente.

A globalização é uma fábrica ilusionista que quase nunca deixa perceber, sequer vislumbrar os dados da realidade. Assim, não é incomum ter-se a referência a que aquele fenômeno teria sido decorrente, dentre outros fatos históricos recentes, do esfacelamento da União Soviética, quando ele é causa do quanto se passou naquela Confederação. Até o início da década de 1970, os Estados soviéticos e do Leste Europeu, em geral, dispunham de condições de concorrência econômica com outros Estados, praticantes do capitalismo ocidental. O estrangulamento daquelas condições é que empurrou os Estados do Leste Europeu ao resultado que facilitou e amplificou a ruína dos modelos ali adotados, incluído o caso soviético. O capitalismo é sutil, feérico, sedutor. Não se pense ou deixe de pensar em sua capacidade para atrair. A vitrine não mostra os defeitos do produto. E a embalagem atrai sobre o conteúdo porque é o que atinge primeiro o olhar humano.[19]

Por isso é que se pode dar como acertado que o processo político-econômico-social denominado globalização transforma a realidade, submete-a aos interesses dos que efetivamente têm o mando e que nem sempre são humanistas ou humanitários. Moeda é valor que se toca. O humano é valor de dignidade, é o que não se pode tocar por ato exterior determinante e definitivo.

Por conta daquele fenômeno de globalização passa-se a pensar diferente, falar-se diferente; comporta-se diferentemente, diferentemente se age e, até mesmo, aceitando-se a observação de Octávio Ianni, se sente diferente.[20]

19. Ao apresentar a globalização como fábula, Milton Santos afirma que "É como se o mundo se houvesse tornado, para todos, ao alcance da mão. Um mercado avassalador dito global é apresentado como capaz de homogeneizar o planeta quando, na verdade, as diferenças locais são aprofundadas. Há uma busca de uniformidade, ao serviço dos atores hegemônicos, mas o mundo se torna menos unido, tornando mais distante o sonho de uma cidadania verdadeiramente universal. Enquanto isso, o culto ao consumo é estimulado" (Milton Santos, *Por uma outra Globalização*, Rio de Janeiro, Record, 2000, p. 19).

20. Adverte o eminente pensador que "A descoberta de que a terra se tornou mundo, de que o

*10.* A gravidade desse fenômeno — pela sua presença tocando a vida das pessoas — é indiscutível. Entre discursos bem montados, divulgações (poder-se-ia mesmo afirmar propaganda) profissionais, ilusões, seduções e armadilhas, a globalização vem impondo o ônus da mudança do pólo das relações havidas no Estado do homem para as coisas. Quem mais tem e pode ter vale mais. A igualdade tem preço. O consumidor conta mais que o cidadão. Aliás, a cidadania é uma face do consumo. Há que se poder pagar até mesmo pelos direitos fundamentais, sem o que não se tem saúde, educação, previdência, chega-se ao absurdo de se transferir ao consumidor-pagante a possibilidade de contar, ou não, segundo possa pagar pela segurança física individual.

*11.* Sendo o Estado uma entidade de direito — e, como tudo o que é estatuição jurídica, criação do homem — parece incontestável serem o pensar e o querer humanos determinantes em suas elaborações. Pelo que, mudada a forma de pensar, de querer e de agir, recriam-se a organização e o desempenho estatais.

A globalização influencia, portanto, direta e imediatamente, as atuações estatais e incide sobre o modo de agir do povo tomado em sua feição coletiva e como o conjunto de individualidades. Mas como as histórias, as culturas, as condições dos povos são distintas, a globalização também não tem um padrão identicamente aplicado em todos os Estados. Como as democracias são plurais, também a globalização não é um processo uniforme, que tenha incidência igual, menos ainda de conseqüências idênticas para todos os Estados e para todos os povos. O que se tem único é o discurso, a causa e o que se busca, não assim os métodos utilizados nos diferentes povos nem o que se pretende ganhar — e obter — em cada país. O formato da globalização é único; a sua substância, não.

A globalização abole a liberdade pela imposição — subliminar, ilusionista e sedutora do pensamento único. A produção tem o padrão Ford, a comida é *mcdonalizada*, até as estórias, que fazem das fábulas as lições que marcam, na infância de ontem, os homens do dia seguinte têm cara de *Harry Potter*. O mesmo filme dita a moda em Nova York e em Quixadá, o mesmo gosto enfeita a mesa de Natal ideal em Londres e em Porto Velho, a mesma imagem é noticiada em Melbourne e em Ananindeua. O que entra pela mente e pelo corpo do ser humano dita o que ele é. Se se deixa ao homem apenas uma única via segundo a qual pensar, querer e ser, enfim, parece óbvia a frustração da liberdade e, com ela, de todos os direitos fundamentais que nela têm o seu pressuposto. Por isso é que se pode asseverar que, como praticada, a globalização é autoritária: quem não se insere no círculo previsto pelos globalizantes não anima o grande teatro político conectado igualmente como peça única para todo o mundo assistir. Na democracia o povo não assiste, não é assistência para o processo do poder; é autor e principal ator do que se põe em cena de vida e morte das pessoas. A participação livre também serve para garantir a igualdade das pessoas pela sua condição humana. A globalização econômica, a determinar a uniformidade política segundo paradigmas econômicos fixados em

globo não é mais apenas uma figura astronômica, e sim o território no qual todos encontram-se relacionados e atrelados, diferenciados e antagônicos — essa descoberta surpreende, encanta e atemoriza. Trata-se de uma ruptura drástica nos modos de ser, sentir, agir, pensar e fabular (...). Daí a impressão de que se romperam modos de ser, sentir, agir, pensar e fabular" (Octávio Ianni, *Teorias da Globalização*, p. 14).

No mesmo sentido, Anthony Giddens: "É errado pensar que a globalização afeta unicamente os grandes sistemas, como a ordem financeira mundial. A globalização não diz respeito apenas ao que está 'lá fora', afastado e muito distante do indivíduo. É também um fenômeno que se dá 'aqui dentro', influenciando aspectos íntimos e pessoais de nossas vidas. O debate sobre valores familiares que está se desenvolvendo em vários países, por exemplo, poderia parecer muito distanciado de influências globalizantes. Mas não é" (ob. cit., p. 22).

escaninhos fechados e estabelecidos pelos que mandam no mundo, desiguala, porque se tem o tratamento e o reconhecimento de direitos segundo a capacidade material de cada pessoa e de cada povo. E os povos não podem sequer ditar suas regras para dispor de melhores condições materiais segundo o seu potencial e as suas peculiares formas de ser, de produzir e de transformar-se. Aliás, a transformação não é o que interessa: para trás, futuro! Eis o que convém aos que já obtiveram todos os meios para fruir suas liberdades e impedir que novos movimentos libertadores restrinjam os direitos de quem tudo pode com base na carência dependente daqueles que nada têm.

A globalização é como um gens introduzido no organismo vivo das sociedades estatais, que lhe modifica a essência e se demonstra nos gestos, na forma de sentir, de pensar e de agir. Nada lhe fica imune ou insujeito à transformação. É como o enxerto feito em plantas — organismos vivos — pelo qual se introduz muda de outra e fica-se a ver florescer, numa mesma árvore, frutos de raízes desencontradas e coexistentes no mesmo tronco, mas com a original já tendo perdido a sua força para ceder vida à que se inseriu.

*12.* O mais grave naquele fenômeno é que se injeta na sociedade uma nota de descrença no Estado pela fé que se passa a divulgar ser melhor e mais eficaz no mercado e no que ele pode. É tão eficiente o poder impositivo das idéias a partir das quais se faz germinar a aceitação do globalismo como possibilidade imediata de melhoria e garantia melhor de vida — materialmente vendida e a alcance do consumidor que por ela pagaria em suaves prestações de vida ou que somente viria no cartão de crédito da liberdade — que se erigem mandamentos do processo e se faz dos *shoppings* o novo templo da experiência social. A fragilização do Estado passa pela diluição da fé e confiança no Estado na qual se sustentam as organizações democráticas. O que não é objeto de crença humana não é verbo de ação e luta do homem pela defesa e persistência. É preciso, assim, na perversa lógica dos que mandam, que se retire a fé no Estado Democrático, fundado na crença e realização dos direitos humanos, e, de outro lado, que se retire a consciência crítica dos homens em valores que não são resgatáveis por moedas ou pelos brilhos que elas enganosamente podem demonstrar. Como na obra de Saramago, "(...) no meio da avenida (...) a frase, Você é o nosso melhor cliente, mas não o vá dizer ao seu vizinho, traçava com descaro irônico o diagrama relacional em que se consumava a cumplicidade inconsciente da cidade com o enganamento consciente que a multiplicava e absorvia (...) passo a que se seguirá em pouco tempo a subida dos valores de troca, imposta pela argúcia do produtor a um comprador a quem foram sendo retirados pouco a pouco, subtilmente, as defesas interiores resultantes da consciência da sua própria personalidade, aquelas que antes intacto, lhe proporcionaram, embora precariamente, uma certa possibilidade de resistência e autodomínio".[21]

*13.* Em agosto de 1990, ao se divulgar a invasão do Kwait pelo Iraque, plantou-se a idéia — passada, sutilmente, em todos os noticiários que são, agora, apresentados simultaneamente em todo o mundo — que a reação que se lhe seguiu no ano seguinte pela guerra contra o Iraque seria uma nova forma de atuação interna e externa dos Estados. Tanto iria ter lugar e aplicação para garantia dos direitos humanos.

Em março de 2003, ao insistir na invasão do Iraque, já preparada desde o final da guerra de 1990, verificou-se que o direito internacional dos direitos humanos, que poderia estar na base de uma consciência universal legítima e legitimadora, não era senão mais uma falseta de uma política pensada e praticada pelos poderosos para a expansão do seu poder.

21. José Saramago, *A Caverna*, São Paulo, Cia. das Letras, 2000, p. 240.

A fraude havida nos fatos informativos de detenção de poderio nuclear patenteou-se aos olhos de todos os que, com um pingo de capacidade crítica, verificassem que o guerreador era o principal detentor de armas nucleares do planeta. Dúvida alguma: não se queria o fim das armas, apenas a não concorrência em sua detença e possibilidade de uso. Afinal, poderio não se divide e comando não gosta de cumplicidade, mas de subserviência.

Não apenas o direito internacional não se tornara mais humano e garantido pelas inserções de um Estado em território de outro, como se mostrara ele ineficaz e servente às ações de força dos poderosos.

O Estado guerreiro que se acreditara extinto ou, pelo menos, superado após a Paz de Westfalia em 1648, não se condenara ao extermínio.

A democracia no plano das nações e na ordem internacional perseverava, então, uma perspectiva a ser buscada. A luta não apenas não acabara, mas se acirrara em face das novas técnicas a solapar as dignidades humanas sob véus mais traiçoeiros e ilusionistas.

O Estado democrático estava ameaçado como sempre. Talvez até mais que antes por causa da sutileza das novas formas de ação das forças político-econômicas que lhe são contrárias ou que o menosprezam.

A invasão do Iraque em março de 2003 pelas tropas norte-americanas e seus aliados, especialmente os britânicos, demonstrou o que já se deixara ao vislumbre dos mais atentos: montava-se o espetáculo-Estado para substituir o Estado-espetáculo. Neste o espetáculo era o meio para que o Estado fosse melhor apresentado; naquele, o Estado é o meio para que o espetáculo não receba vaias ou não tenha contraditas. E o espetáculo é o do poder.

A invasão foi apresentada em todos os noticiários do mundo segundo uma rede de televisão norte-americana, cuja montagem de quadros, discursos, efeitos especiais deixavam indolor e inconsciente as suas causas e conseqüências. Os vinte e cinco milhões de iraquianos não eram descritos, não apareciam. Sob o efeito de luz néon, mostrado segundo os ângulos melhor escolhidos e oferecidos ao mundo, o mandante direto da invasão penteava-se em frente às câmaras de TV, para mostrar o personagem que melhor parecesse aos telespectadores alheados. A mortandade foi apenas uma estória, não tinha sentido de vida. E o sangue, que chocara nas guerras anteriormente mostradas no século XX, já não mais aparecia. *Instituiu-se o Estado acético, uma vez que o aético já lhe tinha precedido em práticas de domínio.*

O Estado-*game* permite ao espectador-ex-cidadão parecer que participa interativamente do processo do poder. Se não podia, ainda, participar das decisões apenas com o uso de uma máquina Microsoft, poderia ter a sensação de que o jogo tinha dois lados num dos quais ele estaria: o do John Wayne do século XXI, a salvar da ameaça de bombas nucleares, e o dos obcecados seguidores de seitas mulçumanas, que não se vestiam, agiam ou pensavam de forma politicamente correta.

Mais do que a inconsciência que a tela de TV propiciava naquela longitude plástica mostrada sem abalos aos mais mornos de vida tentou-se formular, pela primeira vez, a possibilidade concreta de uma cidadania virtual. Apresenta-se um faz-de-conta no qual se tem o telespectador. Esse se pensa respeitado, pois sobre tudo lhe é informado e conta-se com o seu aplauso e a sua ação/omissão.

Não se combinou, entretanto, com a humanidade.

As praças não tinham sido bombardeadas e o mundo fez-se praça. Não de guerra, mas de paz. Os apelos não sensibilizaram, é certo, pois para ser sensível a algo há que se contar com a capacidade de sentir. E quem já vendeu sua alma e adormeceu sua consciência à base de sedativos encontrados a cada esquina, nos botequins de emplastros para a psique, não fica vulnerável aos argumentos da sensibilidade. Afinal, esses não têm sentimentos, têm interesses.

Não obstante a falta de sensibilidade dos poderosos parece óbvio que se estampou que a combinação globalizante não tem acerto final. É, ainda, Saramago que alerta a que "não vai ser fácil, uma pessoa não é como uma coisa que se larga num sítio e ali se deixa ficar, uma pessoa mexe-se, pensa, pergunta, duvida, investiga, quer saber, e se é verdade que, forçada pelo hábito da conformação, acaba, mais tarde ou mais cedo, por parecer que se submeteu aos objectos, não se julgue que tal submissão é, em todos os casos, definitiva".[22]

O Estado foi concebido, modernamente, como sociedade voltada para a totalidade dos seus nacionais-cidadãos e para a garantia de todos os habitantes postos sob a sua responsabilidade política e jurídica.

O Estado moderno foi pensado e organizado, assim, como uma força de integrar as pessoas, não se propiciando mecanismos para segregar ou permitir a segregação de grupos ou de pessoas.

A conquista de direitos fundamentais, o alargamento da compreensão conceitual do princípio da igualdade voltaram-se mais e mais à negativa da exclusão social e à necessidade de se postular e garantir a inclusão de todos nos processos políticos para a obtenção de uma justiça social concretamente fruível.

Chegou-se ao final do século XX com maior sensibilidade quanto à exclusão de grupos, historicamente, em agressão que se seguiu sem interregno em séculos de dominação de uns por outros povos.

O grito contra a exclusão faz-se ouvir em todo o mundo.

Mas a ação pela inclusão vem sendo frustrada reiteradamente, mudando-se, em algumas ocasiões, apenas o conjunto ou a qualificação dos excluídos, para entre eles se fazer conter os que não poderiam aceder aos bens apreçáveis, logo, mudando-se a faixa dos excluídos de questões de sexo, raça e religião para os consumidores e não-consumidores.

Pior ainda é que se cuidou da exclusão como conseqüência das políticas globalizantes e neoliberais, quando ela é elemento que as compõe, elemento intrínseco que as determina. A vida humana banalizou-se, pode ser contada em dinheiros. Logo, o seu combate como conseqüência deixa de lado a sua natureza verdadeira de causa e de dado presente na formulação das políticas adotadas.

Ademais, considerar-se contrário da exclusão social, a inclusão é desconhecer que essa tem aspecto formal, insuficiente, portanto, para se garantirem direitos fundamentais tal como se aspira pelo que se luta.

*O contrário da exclusão haverá de ser a integração social.*

A inclusão de negros foi garantida, por exemplo, no Brasil com o advento da Lei Áurea, pela qual foi abolida a escravatura. Claro, foi um passo necessário e determinante de nova fase brasileira. Mas não foi suficiente. Incluiu-se, mas não se integrou o antes escravo à sociedade brasileira, mantendo-se ele em guetos que prosperam e ensejam os preconceitos mais e mais fortes.

Mais grave: ao lado da segregação racial, frustrou-se o discurso que explicava a luta pela integração. Afinal, se livres eles já eram, a eles competia "buscar o seu lugar ao sol", não ao Estado, que já teria "feito a sua parte".

Ademais, a falta de integração gerou o subemprego, o cidadão de segunda classe, o trabalhador desqualificado, portanto, sempre mais pobre, sempre sem acesso igual aos direitos, ao conhecimento dos direitos, à certeza do seu espaço digno e legítimo. Gerou o preconceito do negro contra o negro (tal como se dera, historicamente, em relação à mulher).

O padrão *politicamente correto* tem um modelo: o homem branco, ocidental, médio,

22. Idem, ibidem.

com fé em um Deus que lhe seja conhecido e que não exija seja "*feita a Sua vontade*", mas seja feita "*a vontade de quem Nele acredite*".

Esse padrão leva aos desarranjos conceituais, mentais, principalmente dos mais jovens e vira a vida das pessoas. Assim é que se tornou exemplo gravíssimo e da maior perversidade prática de crime ocorrido em Brasília-DF por estudantes de classe média contra um índio e que, indagados sobre o seu cometimento estranharam: "*era um Índio? Pensamos que fosse **só** um pobre...*". A esses não faltaram informações ou valores ensinados: sobraram paradigmas de desumanidade com força que superaram os princípios humanos que lhes deveriam ter sido passados para a experiência de vida com respeito aos demais seres de sua igual condição de pessoas.

O Estado não está em questão. A Democracia faz-se mais necessária que nunca. A luta pela humanização do homem nunca foi tão urgente, conquanto tenha sido uma constante histórica. O turbilhão de mudanças contemporâneas, entretanto, nem sempre deixa à vista o que está ocorrendo, a dimensão da realidade, do realizado e dos ideais ou idéias em questão.

Modelo é forma e o que importa para que se lhe possa considerar legítima é a substância de humanidade que nele se contenha e segundo ele se concretize. Se não é fácil, também não é impossível que com os mesmos ou com novos paradigmas se busque chegar a uma terra que seja de todos os homens e para todos os seres do planeta em condições de igual dignidade e respeito.

### *III — A Administração Pública nos diferentes modelos de Estado*

*14.* A segunda metade do século XX viu conceber-se uma nova formulação de Administração Pública. Não mais apenas um conjunto de órgãos apolíticos, aéticos e fechados nos estreitos limites dos guichês de repartições públicas pouco conhecidas, mas uma das faces mais importantes do Estado, aquela que fala com o cidadão, que o recebe ou o nega, que realiza, ou não, em sua materialidade, os serviços dos quais ele depende para ter condições dignas de vida, com um mínimo de conforto, senão físico, o psíquico de se saber respeitado.

A constatação de que a Administração Pública é a parte do Estado que convive com o cidadão, a face mostrada ou escondida em cujos corredores se concretizam as decisões, lícitas ou ilícitas, legítimas ou ilegítimas, tomadas por políticos em nome da política democrática, determinou a constitucionalização daquela matéria.

Essencial para o funcionamento do Estado como sempre fora, não tivera a Administração Pública, no constitucionalismo mínimo dos oitocentos e novecentos, a atenção constituinte que a erigisse em cuidado da Lei Fundamental. É compreensível. O Estado liberal não era um prestador de serviços como o Estado contemporâneo. Ademais, a soma de funções relativas à segurança nacional que passou a ter lugar após as guerras mundiais e que foram conferidas basicamente ao Poder Executivo, encarregado de desenvolver as funções inerentes a tais deveres públicos, determinou uma nova estrutura estatal e um novo perfil administrativo. A Administração Pública passou a ser reconhecida, inegavelmente, como a face do poder político estatal que encontra ou desencontra o cidadão em suas demandas mínimas e máximas, em sua crença no que o Estado é e no que pode e deve ser segundo o quanto estatuído juridicamente.

A segunda metade do século XX absorveu, pois, esta natureza de matéria constitucional contida na Administração Pública em seu constitucionalismo e a Administração Pública passou a compor o sistema jurídico fundamental de cada Estado.

Daí que essa tem a face, os contornos e os fundamentos do Estado que ela componha. Os princípios que marcam e embasam o Estado estendem-se, inexoravelmente, à Administração Pública.

No Estado Democrático os princípios que legitimam a estrutura e o exercício do poder aplicam-se, necessária e rigorosamente, à Administração Pública. O Estado Republicano baseia-se em princípios e preceitos que se distinguem, em sua aplicação administrativa, daqueles que são inerentes ao Estado monárquico. O princípio da igualdade não tem o mesmo conteúdo nos dois casos e a imparcialidade administrativa não é própria da monarquia, na qual as partes distinguem-se diante da Administração segundo condições pessoais diferenciadas e privilegiadas.

A organização administrativa de um Estado onde se adote o sistema presidencialista diferencia-se, em substância, daquela própria de um no qual se tenha acolhido o parlamentarismo. Nem poderia esse sistema prosperar e cumprir a sua peculiar condição se não dispusesse de uma Administração Pública cuja estabilidade é o sinal propiciador do acatamento do modelo. A Administração Pública do presidencialismo baseia-se na crença de que as mudanças funcionais seguem o rigorismo dos mandatos e a vinculação das políticas tem duração identificada com os prazos fixados eleitoralmente. Conquanto falsa esta característica, não se pode afirmar que, em sua concepção, dote-se de equívoco.

O patrimonialismo que dominou (e ainda se sustém) nos Estados latino-americanos, com a indistinção entre os espaços públicos e privados (esses muito apegados aos interesses dos comerciantes, agora pomposamente denominados empresários, dominantes) impregnou (e ainda não se superou) todas as estruturas e práticas administrativas.

Apregoada como princípio, a impessoalidade, a pessoa dos Presidentes, Governadores e Prefeitos enfeitam paredes e órgãos administrativos dos países latino-americanos e fazem com que a pessoalidade dos monarcas romanos, com suas faces nas moedas, *não seja apenas uma lembrança de uma situação já extinta na história da humanidade*.

*15.* O Estado social gerou um novo modelo administrativo, coerente com as concepções que lhe estavam subjacentes de um Estado prestador de serviços públicos essenciais para a socialização dos meios públicos, coletivos de se obterem as condições materiais necessárias para o exercício dos direitos e conquistas.

As denominadas prestações positivas do Estado que os direitos sociais fecundaram como deveres públicos não poderiam passar ao largo de uma Administração Pública concebida com o intuito de materializar as condições necessárias para uma cidadania efetiva.

O Estado socializou as prestações, publicizou serviços antes deixados à atuação dos particulares em sua liberdade comercial, democratizou a Administração Pública. O Estado Democrático pós-Segunda Guerra cresceu em deveres públicos, responsabilidades sociais e deveres cidadãos. A Administração Pública acompanhou-lhe a caminhada.

Parece que o capitalismo não se socializara, como pretendido na Europa, nem o socialismo se capitalizara, como desejado no Leste Europeu e em alguns parcos locais do mundo.

E também, é bom não se esquecer, o capitalismo não dorme. As bolsas de valores, os comércios bancários não freqüentam bares à noite: mantêm-se todos em seus postos diante de números que se sucedem, abstrata e alucinadamente, em telas de computadores que não se desligam. O capitalismo é paciente. O capitalista não tem fome e sabe que suas confortáveis acomodações o esperam para o momento preciso.

Não assim o socialismo. A luta não cessa, mas a vida é também prazer que não tem preço. A fraternidade é presença, não presente. O socialista sossega para curtir cada pequeno passo enfrentado.

O socialismo discute idéias, faz versos. O capitalismo sabe que a alma não tem preço, logo não é negócio que lhe interesse.

Quando, na década de 1970, um ministro do Governo brasileiro afirmou que o Estado é aético provocou indignação entre aqueles que, nos duros momentos de silêncio, tinham coragem para se expressar contra tal assertiva. Hoje sabe-se que aquele administrador falava o que fazia. Administrava segundo os dados do capitalismo e esse tem um único e mesmo princípio e fim: o lucro, que garante riquezas, ainda que apenas para uns poucos e à custa de todos os outros. Mas os outros, ora os outros... Já não se disse que o inferno são os outros. Ora, o capitalismo promete o paraíso. E paga o remédio que leva ao esquecimento do inferno.

O capitalismo deu a sua estocada de ocasião quando os serviços, mesmo os públicos-estatais, tornaram-se lucráveis. E passaram a ser objeto de desejo. De mais lucros, como é certo.

Ao lado do fenômeno da globalização passou a operar o que se designou como neoliberalismo. Um ideal novo de Estado? Não, o mesmo Estado dos oitocentos. *Laissez faire, laissez passer, que le monde va de lui même.* O que era esse mundo por si mesmo? O mercado. E esse quem é? Alguém que promove encontros em Alto-Mar. Espaço de todos e de ninguém, sem pátria juridicamente definida, sem compromissos seriamente acertados.

Para que as novas investidas liberalizantes tivessem lugar o Estado teria que ceder espaço antes assumido aos empresários. Os serviços públicos, tidos como fundamentais e por isso mesmo prestados e prestantes antes de se perguntar o nome e o número da conta corrente do interessado, passaram a ser novamente cuidados como atividade economicamente contratada, segundo as condições dos contratantes.

O Estado assim pensado e organizado definhou-se. Ou propôs-se à diminuição.

Voltou-se à formalização da democracia sem o correlato comprometimento da garantia dos direitos necessários para a sua concretização. A liberdade foi tida como liberação, estática, pretérito perfeito. Quem a detinha, exercia-a. Quem por ela não podia pagar, sem os direitos a ela inerentes ficavam. E quanto mais se restringem direitos sociais, mais se asseguram as condições atuais e impede-se a mudança.

O Estado neoliberal diminuiu a Administração Pública. Pois se é certo que os serviços públicos prestados restringiram-se, privatizaram-se as entidades estatais antes suas prestadoras, é também certo que a atividade administrativa minguou-se, fez-se, para ser coerente com o Estado, mínima.

Para tanto, mudaram os organismos administrativos que passaram a ser mínimos. E como a principiologia e a organização política não é pouco inteligente, cunharam-se discursos não apenas aceitáveis, mas, à primeira vista, perfeitamente ajustados ao quanto desejado.

Assim é que, por exemplo, a descentralização administrativa que — em sua concepção dos anos 1980 e 1990, no Brasil — buscava aproximar o cidadão da Administração, chegou ao final da década de 90 como uma prática, como se tem na proposta formulada e divulgada para a saúde. Todavia, passa-se ao Município — um dos entes federados — as funções, desobriga-se o Estado nacional, mas não se transferem os recursos necessários. Repartem-se, formalmente, competências sem a correspondente condição material para a concretização da prestação. O cidadão fica órfão do Estado. O serviço sem titularidade expressamente definida. A Administração a salvo de culpas ou responsabilidades. E o empresário do remédio é o único que lucra. A sociedade imobiliza-se no espaço mesmo do Direito. E o empresário, esse não procura mesmo hospital público. Voa, em primeira classe, para o melhor hospital da especialidade que precisa e que exista no mundo.

Isto é o Estado mínimo. Parco para o necessitado é o máximo — como sempre foi, especialmente na América Latina, para quem dele necessita como única instância de pleitos legítimos. Isto é o neoliberalismo. Sem ideologia? Não. A sua ideologia é o lucro, que se confunde com o seu fim, que se vincula ao seu meio de ação.

Sem espaço resguardado ao comando único ou prioritário da sociedade, que contém o pobre e o rico, o saudável e o doente, o negro e o branco, a criança e o idoso, o Estado dispensa parcela do que antes lhe compôs a Administração Pública. Sangram-se recursos humanos, demitem-se funções públicas, financiam-se discursos sob a conta de publicidade oficial.

O espaço público-social e o privado-mercadológico nunca foram tão ligados. Sua ideologia? O lucro. Sua pátria? O ganho. Sua ética? O preço.

O Estado mínimo poderia — e busca contar — com uma Administração Pública mínima. O mais grave, entretanto, é que para a imposição restritiva de direitos antes reconhecidos e assegurados pelo Estado há que se alterar o regime político, que de democrata passa para um regime autoritário. Pensamento único é compatível com uniformidade, mas essa destoa de democracia e distancia-se do princípio da legitimidade jurídica e política. Por isso é que a Administração Pública do Estado mínimo é antidemocrática, porque se baseia no silêncio do servidor e na conformação do administrado.

A democracia que perpassara e assinalara a maneira de ser do Estado contemporâneo compromete-se com uma Administração Pública agora mínima em direitos para os que mais precisam da presença e da ação positiva do Estado em todos os setores da vida, especialmente dos mais carentes.

Tudo daria certo não fosse o fato de que a Administração Pública mínima ainda tem como personagem, de um lado, o servidor, com suas dúvidas, seus problemas, suas questões, seus pequenos e diários desejos humanos a sabotar a informação que plasma verdade inventada e sem humanidade a dispensar o Estado dos serviços que tornam menos difícil viver; de outro, tem-se o administrado, que tem no atendimento de suas demandas a única alternativa para viver em condições de humanidade aceitáveis. Como diria o humanista Garrincha, os interessados esqueceram de combinar com o *adversário*...

## *IV — Ética no Estado contemporâneo*

*16.* O homem, dizia Nietzsche, é o único ser que pode prometer. E constrói ele as suas relações sociopolíticas fundamentado nesta sua capacidade de prometer, de acreditar e de fazer-se crível, de ter fé — boa-fé — em si e no outro; enfim, de agir com ética. Por isso é que ele cria o Estado como resultado de uma construção elaborada pelo seu espírito e fundada numa idéia ética. Por ele é que o ser humano propõe-se a engajar-se com os outros na forma coletiva de vida que garante a individualidade e a realização das potencialidades humanas em consonância com os valores que o grupo de que faça parte tente para que todos possam viver em paz e segundo o ideal do bem que torne justa esta convivência. É seguindo e segundo esta condição do seu espírito e da sua mente que o ser humano pode elevar-se acima de si mesmo, situando-se além do mundo que a realidade lhe oferece, transformando-a e transformando-se por ela e dando-se a aperfeiçoar segundo novos olhares e vivências experimentadas.[23]

*17.* Desde a obra de Aristóteles se constata óbvia relação entre ética, política e economia.[24] É que o homem pergunta-se (e responde-se) sobre as direções do progresso, a fim de tomar decisões políticas e promover o que melhor lhe pareça para o que pretende ser o seu aperfeiçoamento.

A utilidade do que se obtém — ou do que se pode obter por meio de determinadas práticas — não pode ser legítima se não estiver em consonância com os valores morais acatados socialmente.

Por isso é que o Direito — cuja relação com a ética sempre foi estreita — pas-

23. Cf. Gerson Boson, ob. cit., p. 23.

24. Aristóteles, *Ética a Nicômano*.

sou, no Estado moderno, a acolher os valores morais como princípios jurídicos que se dotam, então, de normatividade insuperável. A pergunta sobre o porquê e para quê cada gesto é praticado na política embute a questão ética como fundamento e como busca legítima dos fins a serem por ele obtidos.

No Estado contemporâneo, os fundamentos da democracia passaram a conter a ética entre os seus princípios, e a perspectiva sob a qual se vislumbra e se verifica a legitimidade do processo político é exatamente a democrática.

Como a democracia é o paradigma de legitimação hodiernamente adotado e nem por isso a sua concretização mostra-se, historicamente, fácil, a ética é um dos princípios que fundamentam a democracia e a justiça social, que se põe em sua base, mas nem por isso as sociedades estatais estão livres da corrupção. Ela visita — quando não habita — todos os regimes políticos, tendo se tornado, por força do processo de internacionalização das relações econômicas e políticas contemporâneas, um tema global, e impôs, no plano internacional, a conjugação de esforços na busca de sua prevenção e de sua punição.[25] A facilidade que a tecnologia propiciou ao sistema internacional comercial e bancário incentivou, se não a corrupção, a transferência de recursos obtidos com os seus gestos. Mas a reação contra todas as formas de corrupção também ultrapassou as fronteiras. E a Administração Pública, em cujos nichos repousam os vírus que fazem proliferar no organismo estatal aquela doença, mais e mais precisa ser repensada, reorientada e reorganizada para fazer frente ao pensamento, à (des)orientação e à organização de corruptores e corruptos.

### *18. Corrupção e antidemocracia*

*18.1* De um total de 192 Estados nacionais pesquisados pela Freedom House, em trabalho antes mencionado (nota 4), foi constatado que 59 são considerados parcialmente livres, ali se tendo 1,46 bilhões de seres humanos ou 24% dos habitantes da terra, exatamente porque nesses há corrupção, o respeito à lei é frágil, além de segregações étnicas e religiosas e a democracia não passa de mera retórica ou a referência ao regime democrático é apenas uma fachada sem lastro de legitimidade política. Em outros 48 Estados não se pode sequer considerar sejam livres, ou seja, 17 bilhões ou 35% dos habitantes do planeta vivem sem que haja respeito aos direitos fundamentais e as liberdades são inexistentes, além de inexistir Administração Pública que possa ser considerada responsável, vale dizer, sem que predominem cenários de corrupção.

A ruptura com os padrões morais socialmente acolhidos, os governos ilegítimos — estudados desde a Antiguidade — e que podem ser associados à corrupção, tal como então cogitada e praticada, não são novidades dos Estados modernos. Os homens pecam. O pecado capital, em termos de governos, na atualidade, é a corrupção.

Em todos os recantos do planeta, qualquer que seja o Estado, nada agride mais o administrado que a corrupção. Quanto menor for a comunidade, mais acintoso e comprovado fica o resultado da corrupção.

Todavia, embora todos estejam de acordo quanto à necessidade de se tomarem medidas contra a corrupção, esta, feito erva daninha, se espalha com instrumentos cada

25. Observam Michael Hardt e Antonio Negri que "no Império a corrupção está em toda parte. É a pedra angular e a chave mestra da dominação. Reside em diferentes formas no governo supremo do Império e em suas administrações vassalas, nas mais refinadas e nas mais podres forças policiais administrativas, nos *lobbies* das classes dominantes, nas máfias de grupos sociais emergentes, nas igrejas e seitas, nos autores e perseguidores de escândalos, nos grandes conglomerados financeiros e nas transações econômicas corriqueiras. Pela corrupção, o poder imperial estende uma cortina de fumaça sobre o mundo, e o comando da multidão é exercido nessa nuvem pútrida, na ausência de luz e de verdade" (ob. cit., p. 412).

vez mais sofisticados. A corrupção é racional, organizada e rápida.

*18.2* O que se põe como indagação fundamental, neste ponto, é se se podem indicar as causas da falta de ética havida na Administração Pública e se a sua demonstração, a saber, a corrupção, atua diferentemente segundo o regime político a caracterizar as instituições e práticas políticas nos Estados.

***19.*** A regra de que todo cidadão tem direito ao governo honesto, que se impõe como fundamento da aceitação do Estado pelo ser humano, não é suficiente para fazer (*a*) com que todo ser humano se conduza honestamente no exercício dos cargos públicos ou para ter acesso a eles; (*b*) que as estruturas institucionalmente preparadas tenham se mostrado, até aqui, eficientes para evitar, controlar e punir eficientemente os desvios éticos praticados na gestão da coisa pública.

A ética pública posta como fundamento do Estado (vislumbrado em sua perspectiva democrática, que é a única que se dota de legitimidade para ser aceita) cunhou a sua versão jurídica formalizando-se no princípio da moralidade (que, no caso brasileiro, tem sede constitucional — art. 37 da Lei Fundamental da República). A moralidade administrativa expressa, portanto, a observância da ética pública, que é inerente ao princípio de Justiça sob cujo influxo se aceita viver em sociedade.

A imoralidade no trato da coisa pública agride o conceito e o ideal de Justiça, infirma-lhe os valores, corrói a crença na possibilidade de sua realização.

Valor moral socialmente acatado, a ética passa a dotar-se de normatividade quando tem o seu conteúdo expresso em princípios que se formulam em normas do sistema jurídico positivo.[26]

A moralidade é buscada em todos os Estados, porque é a ética o fundamento moral que conduz, conforme antes assinalado, a confiança do cidadão na vida política. Todavia, a corrupção está em toda parte. Por que um princípio, que é unanimemente aceito e buscado em sua concretização, é desacatado em toda parte? O homem é um ser ético e cerca-se de corrupção em sua construção estatal. Qual a causa deste desarranjo moral?

Segundo Michael Hardt e Antonio Negri "as formas pelas quais a corrupção aparece são tão numerosas que tentar relacioná-las é como verter o mar numa xícara de chá".[27]

A corrupção parece ter como razão o desvirtuamento da busca do ganho que é substituído pelo termo que tem a sua mesma e idêntica raiz: a ganância. E essa pode se referir a *poder individual* (a capacidade de influenciar outrem e de impor a sua vontade sobre o outro, mostrando-se aquele que influencia superior ao outro), a *poder político* (a capacidade de influenciar decisivamente as decisões estatais, empresariais e de qualquer natureza em ampliação ao poder de pressão), a *poder econômico* (a capacidade de obter ganhos materiais que dêem a sensação de superioridade ou meramente que represente a ganância do mais pelo mais, a acumulação como fim) e a *poder social* (a imposição de capacidade de influir perante a sociedade).

Toda forma de imoralidade praticada no setor público, ou na área de atuação empresarial (não estatal), tem a ver com (*a*)

26. No sistema constitucional brasileiro, não apenas o princípio da moralidade vem expresso como fundamento da Administração Pública (art. 37 da Constituição da República) como, ainda, o constituinte deixa implícito no sistema o princípio da boa-fé, bem como a obrigação de probidade administrativa, cuja inobservância tipifica o crime de responsabilidade do Presidente da República (art. 85 da Lei Fundamental da República). Exige-se, portanto, não apenas a moralidade dos comportamentos públicos, que se afeiçoa ao dever de honestidade no trato da coisa pública, mas a honradez na conduta dos agentes públicos, o se vincula ao dever de se comportar de maneira adequada, moral e socialmente, enquanto se estiver no exercício de cargo público.

27. Michael Hardt e Antonio Negri, ob. cit., p. 413.

poder e (*b*) abuso. Ruptura da ética pública aceita, a corrupção é a expressão mais acabada da agressão cometida pelo arrombamento, físico ou figurado, dos cofres públicos em benefício ilícito de alguém. Qual o tipo de benefício haverá que ser verificado em cada caso.

Qualquer que seja a causa da corrupção no Estado sabe-se que: (*a*) a prática na qual ela se contenha se estabelece por uma relação. Numa das pontas está alguém do governo ou da administração pública e, na outra, um outro membro do governo ou da Administração Pública (pessoa física ou jurídica) ou um particular; (*b*) a prática beneficia, irregularmente, as duas partes da relação, conquanto uma sempre mais que a outra; (*c*) a prática retira da sociedade algo que lhe é lícito esperar e obter (tanto em relação a recursos públicos, que são desviados, não utilizados ou conferidos a uma pessoa especificamente, quando teria de ser de todos; quanto em relação a bens, serviços ou a cargos, empregos, desempenhos, que, pela corrupção, passam a beneficiar, desigualadamente, alguém que tem nisso o seu interesse); (*d*) a prática não é, em geral, mostrada claramente, ficando, normalmente, subliminar. Bom corrupto é o que é invisível. Por isso o corrupto mostra-se, em sua generalidade, simpático e amável. Difícil é acreditar não seja ele *igual a nós*, que não participamos deste ou daquele comportamento. E se assim não fossem, dificilmente teriam *sucesso na carreira*; (*e*) a corrupção não conta apenas com grandes gestos. Os menores atos, em sede de Administração Pública, tais como *esquecer* um processo numa gaveta por mais tempo do que deveria, *esquecer* de verificar e atestar determinada falta na relação de documentos de licitantes, *relevar* pequenas faltas de servidores contra os quais não se atente, *não entender* o que lhe foi oferecido por um gentil empresário, enfim, nos pequenos gestos pode haver uma engrenagem de benefícios a favor de alguém.

Também seja dito que não há corrupto sem corruptor. Todas as normas que se preocupam, corretamente, aliás, com os corruptos não podem se deter nos umbrais da Administração Pública. Sem parceria corruptora a imoralidade não tem êxito. Mas se não se extingue a causa, não se cura a doença.

A corrupção influencia a política governamental e o comportamento administrativo tanto quanto a política determina os contornos da corrupção. É na aceitação de subornos, propinas ou agrados de qualquer natureza que brota a corrupção. A intransigência com qualquer forma de influência exterior ao serviço público é extremamente difícil. Aquele que não transige é considerado antipático, inacessível, intolerante, enfim, é alguém que não *gosta de colaborar*. Em geral, o não participante paga preço alto pela sua *falta de colaboração*.

A corrupção tem um perfil interno na Administração Pública e uma *parceria* para os grandes casos, valores e atos de corrupção. O político que, docemente, apresenta uma preferência por um determinado comportamento, tal como a transferência de determinado servidor a fim de deixá-lo aos seus cuidados, ao invés de mantê-lo no desempenho das atividades para as quais se concursou e foi nomeado, a submissão de uma grande idéia, a ser concretizada em parceria com o setor privado, quando não se sabe qual o interesse específico, probo, claro do que pretende apenas *ajudar* a sociedade, a um parecerista público que passa a requerer explicações, o outro que pretende que um seu amigo, que o ajudou na campanha política, seja recebido melhormente para se explicar sobre determinado projeto de interesse pessoal, mas que também beneficia o público, enfim, são milhares de exemplos que o dia-a-dia de um servidor público deixa ver como frestas do setor público à corrupção.

No setor de contratações — para o que se pretende seja precedida a licitação — os casos crescem em número e em valores. E atingem todos os setores da vida administrativa. Setores como o da educação e o da saúde são vulneráveis à corrupção permanentemente. Em parte porque a urgência e a imprescindibilidade destes serviços não deixam margem para se cuidar, como se deveria, com a atenção e a profundidade que qualquer assunto público requer, de todas as condutas adotadas para a sua prestação. De outro lado, porque o parceiro privado nestes setores conhece bem a demanda social e aposta no crescimento da exigência social a forçar as contratações. Ainda porque o parceiro privado dispõe, quase sempre, de melhores condições para o desempenho das atividades e apresenta estes dados como elementos de cômputo na avaliação administrativa do seu serviço.

A urgência e a imprescindibilidade dos serviços são elementos de mensuração do valor dos serviços para a sociedade e disso bem sabe o particular interessado.

Os especialistas administrativos tornam-se, com freqüência cada vez maior, futuros consultores do setor privado da mesma área de prestação. A conivência é cada vez mais patente. O acanhamento da distância entre espaço público estatal e espaço privado de interesse específico e personalizado é óbvio.

*Serviços públicos corrompidos saem, sempre, muito caro para a sociedade.* Não importa a moeda.

Qualquer que seja o motivo ou a causa pessoal ou até social da corrupção (se é que esta efetivamente possa prevalecer), o que se tem como certo é que ela é pessoal, não pública, e que a sua concretização atenta contra a sociedade, especialmente aqueles que não têm amigos no poder, que não têm voz e ficam, por conta da corrupção, sem vez na sociedade. Corrupção não tem benefícios sociais, pelo que com ela não se há condescender.

***20.*** A adoção de um ou outro modelo estatal altera a ética? Os regimes políticos influenciam na existência, ou não, de práticas corruptas e corruptoras?

Tem-se comprovado: (*a*) que a ética tem a representação dos valores morais do bom e do honesto nos quais o ser humano acredita em sua busca de ser feliz, mudando a forma de sua realização ou de se pensar e conceber tais elementos, não a sua composição essencial; e, (*b*) que, em geral, a corrupção grassa em todos os Estados. Em maior ou menor grau ou freqüência, todos os Estados sofrem com a agressão ética praticada em todos os espaços de relações humanas, políticas ou particulares, em grupos maiores ou menores. Dizia, aliás, Santo Agostinho que "os grandes reinos são apenas projeções aumentadas de pequenos ladrões". Mas, como anotam, ao lado desta remissão, Michael Hardt e Antonio Negri, "Agostinho de Hippo, entretanto, tão realista em sua idéia pessimista do poder, perderia a fala diante dos pequenos chefes do poder monetário e financeiro de hoje".[28]

Deve ser relevado, contudo, que a carência de controle e punição dos comportamentos éticos se põe mais freqüentemente em um ou outro Estado conforme as instituições sociais, jurídicas e políticas que neles se estabeleçam para a fiscalização e apenação das condutas que corrompam.

Muitas vezes se ouve, mesmo no Brasil, que a corrupção teria aumentado após o fim do período ditatorial experimentado, no país, a partir da década de 1960 e que prevaleceu até a de 1980. Não se tem qualquer demonstrativo disso. Ao contrário. O que se toma como acertado é que a democracia prejudica a corrupção. Não lhe é, ainda, um fator de extinção. Mas, parece fora de dúvida, que dificulta a sua expansão ou o seu sigilo. O que aumentou, inegavelmente, foi a divulgação dos casos de corrupção. A uma, porque, na democracia, a sociedade estampa os casos e a imprensa os divulga. Não há imprensa livre no autoritarismo. Logo, sequer se sabe o que ocorre nos bastidores do poder. A duas, porque a democracia permite que a sociedade não apenas participe, indiretamente, mas que atue no poder, direta ou indiretamente, e crie mecanismos de con-

28. Idem, ibidem.

trole social dos gastos públicos, das contratações de bens e serviços de particulares para o atendimento de demandas sociais.

Certo, o financiamento de campanhas políticas para o provimento de cargos eletivos tem se mostrado uma das fontes de corrupção contra a qual o mundo todo se volta. Japão, Espanha, França, Brasil, Rússia, enfim, em qualquer quadrante do globo, o que se constata é ser este um problema que precisa ser enfrentado e resolvido jurídica e politicamente. Não apenas a corrupção compromete o governo que se assenta em processo assim formalizado, como, ainda, se tem que a cobrança, nestes casos, não pode ser denunciada pelo beneficiário, porque colocaria em risco a credibilidade do processo eleitoral, numa visão superficial que é a que domina a visão cidadã sobre a escolha dos governantes.

O único limite da corrupção é, exatamente, a participação do cidadão como controlador dos atos do poder público. E para tanto haverá que se ter a intolerância quanto a todas as formas de corrupção e a atenção permanente quanto a qualquer desvio. Não se pode ter uma Administração Pública moralizada se a sociedade não for — e praticar — a ética em suas relações pessoais. Afinal, o corrupto não difere de qualquer ser humano tranqüilo, normal, que acorda, procura realizar seus interesses, tenta ser simpático em suas relações pessoais, quer atravessar o dia para chegar a uma noite em paz. Não se imagine que o corrupto tenha uma tarja contendo a sua identificação. Ele come à nossa mesa e freqüenta os mesmos lugares que o cidadão honesto. E, o pior, ele racionaliza todos os seus comportamentos. E justifica-os para se justificar. E há quem neles acredite. Afinal, corruptos são *simpáticos*.

Os números da corrupção correm em paralelos com aqueles relativos ao subdesenvolvimento das atividades essenciais para a sociedade. Desimporta a condição geral do povo. A corrupção existe mesmo nos Estados de maior índice de desenvolvimento social e econômico. Aliás, Estados há que se fizeram e progrediram à custa do dinheiro de todas as formas de corrupção praticadas modernamente. Bancos que tiveram nos governos a sustentação de suas condutas de sigilo quanto a recursos depositados por corruptos, se não incentivaram a corrupção, o que parece certo, garantiram a sua impunidade.

Quanto maior a corrupção menor a chance de a sociedade servir-se dos recursos que deveriam ser voltados para a prestação dos serviços, e esses, ser oferecidos igualmente para todos.

Nem se diga que o princípio da eficiência administrativa é elemento que pode superar a corrupção. Muitas vezes, é exatamente a eficiência (que nem é princípio, mas avaliação da qualidade positiva, ou não, dos fins buscados e realizados) ou em seu nome que são ofertados a particulares, em condições moralmente heterodoxas, o que se suprime ou se retira do povo.

A transparência na Administração Pública — tomada aquela palavra no sentido do que ultrapassa, supera a aparência e mostra a essência das coisas — é essencial para que se tenha a mostra da qualidade moral dos comportamentos estatais e, desta forma, é que se pode considerar que, conquanto não extinga, parece indubitável que a democracia — em especial a social — pode, se não dominar, arrefecer a ganância em suas manifestações estatais. E, pela punição dos atos de corrupção se pode ter o aperfeiçoamento institucional e a participação da sociedade no processo de controle do poder.

*21.* A corrupção tornou-se patenteada, pela impossibilidade de se manter em segredo a sua existência.

Todavia, se a democracia não aumenta a corrupção — ao contrário, conduz no sentido de diminuir ou de permitir a punição dos corruptos e corruptores —, parece certo que a globalização econômica e o processo liberalizante que se pretendeu reinstalar nos Estados a partir da década de 70 do século XX, determinou uma explosão da corrupção. Paralelamente, a divulgação simultânea de casos e ações corruptos também determinou a expansão das reações contra todas as formas de corrupção.

A legitimação dos governos e administrações públicas passa, hoje, pela ética pública.

A globalização econômica facilitou o curso dos bens financeiros e de qualquer outra natureza angariados com as práticas corruptas e, desta forma, estendeu a centopéia os seus tentáculos de modo a escorregar dos sistemas jurídicos nacionais e regionais.

Cientes todos do significado dessa internacionalização da corrupção, os governos de todo o mundo buscaram levar a efeito mudanças em seus sistemas que ultrapassassem, identicamente, a retenção, em escala nacional, das medidas necessárias para fazer frente à ação dos corruptos.

As medidas dos Estados europeus, unidos na luta contra a corrupção, a afirmação de tratados internacionais, a permitir a atuação conjunta e conjugada de busca de corruptos, de apuração e devolução de recursos fugitivos dos seus Estados de origem, a instituição de organismos internacionais — como, por exemplo, o Transparência Internacional —, encarregados de exercer atividades de conhecimento, divulgação e controle social da moralidade pública são comportamentos que bem demonstram que se a corrupção não conhece fronteiras estatais, também não o pode nelas se ater o encarregado de fazer a sua fiscalização e exercer, quando for o caso, a sua punição.

A globalização da corrupção é um dos principais fatores de globalização da pobreza. E a atuação estatal, neste caso, demonstra a corrupção não apenas de particulares, mas de empresas privadas que atuam por meio de governos interessados em fortalecer os seus comércios e o que com eles se obtém.

O neoliberalismo rendeu ensejo a que, nos processos de privatização, levados a efeito em Estados ditos periféricos, fossem tomados como interesses preferenciais de empresas estatais dos Estados do centro e, para que se chegasse às conclusões desejadas pelos privatizadores, a corrupção não teve pechas de investir o que parecia necessário.

As denúncias de corrupção, nesses casos, pelo menos no exemplo brasileiro, quase nunca foram objeto de qualquer denúncia formal ou apuração detalhada levada até o final. Bens, serviços, empresas do povo foram entregues a interessados, muitas vezes internacionais, transferindo-se para o setor privado o que era estatal, sendo que estatais de outros povos é que vieram rifar o que antes ao povo brasileiro pertencera.

Essas trocas não ficaram bem explicadas. E o apelo à melhoria dos serviços a serem prestados, então, pelos novos empresários — agora particulares — não se fez sentir. Antes, o povo passou a se ressentir da busca do lucro — que é legítima no setor privado, mas que é secundária no setor público — como alcance necessário para que se tenha o serviço. O cidadão tornara-se consumidor. E quem não pode pagar pelo consumo não pode ser parte da relação que tem neste empreendimento e fim a sua justificativa.

A corrupção grassou em todo o denominado Terceiro Mundo, Estados periféricos, ou que nome lá tenha, em benefício dos mais ricos. O mundo passou a ser classificado, de fato, entre o centro dos que vendem e compram segundo a sua capacidade de pagar pelo que querem para obter o pagamento dos que, na periferia, não têm capacidade para reagir contra compradores e vendedores segundo o preço que lhes pedem.

A neoliberalização aumentou a corrupção. Os dinheiros fizeram empresas mudarem de donos, povos virem-se retirados de seus bens, valores morais serem menosprezados, e, o que é mais, tudo ficar pouco explicado. A ausência de transparência, apuração e, se fosse o caso, de punição reforçou o não valor moral para o Estado liberal, cuja ética é posta como discurso a serviço do poder e não o poder a serviço dos valores éticos da sociedade.

A globalização neoliberal amplia espaço para a corrupção. Mas a mundialização tecnológica estende possibilidades para a comunhão contra todas as formas de imoralidade administrativa.

Afinal, a ética é o novo fundamento da legitimação e novo fundamento do Estado Democrático. E como afirmam Jean-Loup Dherse e Dom Hugues Minguet "L'éthique est un chemin d'humanisatian qui se joue à chaque instant et qui finalement nous canduit à nous prononcer sur la transcendeance et le caractère unique de l'identité de l'homme. (...) L'éthique réquiert du courage, plus généralement être homme requiert du courage et même parfois de l'héroisme, dans la discrétion, au sein du triomphe apparent des égoismes (...). Le destin de l'homme est dans nos mains à chacun: vers la servitude ou l'espèrance. L'éthique est la clé de l'espérance".[29]

## *Conclusão*

Em 1014, o Arcebispo Wulfstan, em sermão proferido em York, afirmava que "o mundo está numa correria, e está chegando perto do fim".[30]

Hoje, por todo o lado se fala em crise, se vive em crise, sem nem ao menos saber-se o que venha a ser exatamente esta condição de crise. Se é uma ruptura com o quanto antes experimentado e a busca de novos modelos pode-se pelo menos tomar como ponto de partida que a insegurança é geral e é a única certeza.

Formalmente os Estados se mantêm como referência. Mas eles não têm mais as mesmas referências, sequer as mesmas respostas para os problemas que surgem como novidades inéditas.

Não se nega que o mundo entrou em rede telemática, mas não em rede jurídica. Mas sabe-se que há um fio a conduzir as relações políticas, os ideais e ideários a fecundar os gestos da sociedade em benefício de todos: os direitos humanos constituem o fundamento ético a fundamentar o Estado contemporâneo, qualquer que seja o modelo constitucional por ele adotado, o seu sistema e forma de governo.

O Estado contemporâneo vive momento de incertezas. Fala-se e pratica-se o processo de globalização, mas sequer se pode considerar que o Ocidente tenha uma única palavra, nem mesmo uma única voz.

A globalização muda a política, que é transformada por interesses econômicos, tecnológicos, incidindo as mudanças sobre as sociedades e sobre cada uma e sobre todas as pessoas. O falar, sentir, pensar mudaram. A globalização é introjetada, vira uma pele cívica que se enxerta e passa a figurar como se fosse o natural. Não é. Para os Estados cujos povos não obtiveram o mínimo do Estado implantar-se o denominado Estado mínimo é um estelionato juspolítico. É retirar do carente o que se afirmava lhe seria reconhecido. Não se reduzem apenas direitos, diminuem-se possibilidades de realizar potenciais dos homens.

Antes, falou-se em liberdade; agora se cogita de liberação. Esvazia-se por esta a dimensão humana da primeira. Não é a liberação que importa, tanto quanto o é a libertação do homem. A libertação do homem pelo homem, a superação de todos os grilhões que o acorrentam, máxime os sociais; busca-se a transcendência dos seus limites internos e externos. A libertação saiu de pauta por um discurso globalista e neoliberal sem substância, pelo menos sem a substância dos marcos que assinalam as direções políticas a serem tomadas pelo cidadão. Mas o humanismo não se acaba porque para tanto seria necessário extinguir o homem. E em sua seqüência é que o capitalismo aparenta, mas não substitui ou aniquila o socialismo. O socialismo não morre porque ele é a poética na política e o ser humano não é apenas a

29. Jean-Loup Dherse e Dom Hugues Minguet, *L'Éthique ou le Chaos?*, p. 375.

30. Cf. Anthony Giddens, *Mundo em Descontrole*, cit., p. 13.

matéria, mas o espírito que preside e assinala as condições da convivência entre os homens.

A ética na Administração Pública é a possibilidade da cidadania responsável e verdadeiramente democrática. É ela que assegura a dignidade da pessoa do administrado e a honra dos agentes públicos em sua condição profissional.

Não se vive um momento de tranqüilidade na história da humanidade. Nem sei se algum momento foi assim. Mas não se deseja que a inquietação humana seja amordaçada pela perda da capacidade de ousar e, principalmente, de lutar pelos direitos que podem traduzir melhor a condição humana dos povos. Aliás, é, mais uma vez, a palavra de Saramago a alertar a que "Seja ousado, sonhe (...) viva a ousadia de sonhar (...). Há momentos assim na vida, para que o céu se abra é preciso que uma porta se feche".

Experimenta-se mais uma desordem que uma ordem mundial. O novo já nasceu sem aviso e o velho ainda não se acabou. Não adianta desconhecer o turbilhão. Nem vale perder a esperança. Ela não pode ser deixada fora. Porque o que nos angustia está dentro de cada um e de todos. E a humanidade é sempre uma possibilidade de vida: como no verso do poeta popular brasileiro:

"Eu não espero pelo dia em que todos os homens concordem

"Apenas sei de diversas harmonias possíveis sem juízo final,

"Alguma coisa está fora da ordem

"Fora da nova ordem mundial (...)" (Caetano Veloso).

### *Bibliografia*


ARRIGHI, Giovanni. O *Longo Século XX*. São Paulo, UNESP, 1996.

_____, e SILVER, Berverly J. *Caos e Governabilidade no Moderno Sistema Mundial*. Rio de Janeiro, Contraponto, 2001.

BOXBERGER, Gerald, e KLIMENTA, Harald. *As Dez Mentiras da Globalização*. São Paulo, Aquariana, 1999.

CALAME, Pierre, e TALMANT, André. *A Questão do Estado no Coração do Futuro*. Petrópolis, Vozes, 2001.

CAPUTI, Maria Claudia. *La Ética Pública*. Buenos Aires, Depalma, 2000.

CASELLA, Paulo Borba. *Direito Internacional: Vertente Jurídica da Globalização*. Porto Alegre, Síntese, 2000.

CHOMSKY, Noam. *Novas e Velhas Ordens Mundiais*. São Paulo, Scritta, 1996.

CHOSSUDOVSKY, Michel. *A Globalização da Pobreza*. São Paulo, Moderna, 1999.

COCO, Giuseppe, e HOPSTEIN, Graciela. *As Multidões e o Império*. São Paulo, DP&A, 2002.

DHERSE, Jean-Loup, e MINGUET, Dom Hugues. *L'Éthique ou le Chaos?* Paris, Presses de la Renaissance, 1998.

DUPAS, Gilberto. *Ética e Poder na Sociedade da Informação*. São Paulo, UNESP, 2001.

ELLIOT, Kimberly Ann *et alii*. *A Corrupção e a Economia Global*. Brasília, Ed. UnB, 2002.

FIORI, José Luis. *60 Lições dos 90: uma Década de Neoliberalismo*. Rio de Janeiro, Record, 2001.

FORRESTIER, Vivianne. *Uma Estranha Ditadura*. São Paulo, UNESP, 2001.

FURTADO, Celso. O *Longo Amanhecer*. São Paulo, Paz e Terra, 1999.

_____. O *Capitalismo Global*. São Paulo, Paz e Terra, 1999.

GENTILI, Pablo *et alii*. *Globalização Excludente*. Petrópolis, Vozes, 2000.

GIDDENS, Anthony. O *Estado-Nação e a Violência*. São Paulo, UNESP, 2001.

GRAY, John. *Falso Amanhecer*. Rio de Janeiro, Record, 1999.

HARDT, Michael, e NEGRI, Antonio. *Império*. Rio de Janeiro, Record, 2001.

HELLER, Agnes *et alii*. *A Crise dos Paradigmas em Ciências Sociais e os Desafios para o Século XXI*. São Paulo, Contraponto, 1999.

HENDERSON, Hazel. *Além da Globalização*. São Paulo, Cultrix, 2003.

HOBSBAWN, Eric. *A Era dos Extremos*. São Paulo, Cia. das Letras, 1995.

IANNI, Octávio. *A Era do Globalismo*. Rio de Janeiro, Civilização Brasileira, 1999.

_____. *A Sociedade Global*. Rio de Janeiro, Civilização Brasileira, 1997.

_____. *Teorias da Globalização*. Rio de Janeiro, Civilização Brasileira, 2001.

KOHLER, Peter, e SCHAEFER, Thomas. *O Direito pelo Avesso*. São Paulo, Martins Fontes, 2001.

KUTTNER, Robert. *Tudo à Venda*. São Paulo, Cia. das Letras, 1998.

MARTIN, Hans-Peter, e CHUMANN, Harald. *A Armadilha da Globalização*. São Paulo, Globo, 2000.

MORIN, Edgar. O *Paradigma Perdido*. Mem Martins, Publicações Europa-América Ltda., 2000.

PERELMANN, Chaïm. *Ética e Direito*. São Paulo, Martins Fontes, 1996.

SANTOS, Boaventura de Sousa. *A Crítica da Razão Indolente*. Porto, Cortez Editora, 2000.

SEN, Amartya. *Desenvolvimento como Liberdade*. São Paulo, Cia. das Letras, 2000.

_____. *Sobre Ética e Economia*. São Paulo, Cia. das Letras, 1996.

SOARES, Laura Tavares. *O Desastre Social*. Rio de Janeiro, Record, 2003.

STIGLITZ, Joseph E. *A Globalização e seus Malefícios*. São Paulo, Ed. Futura, 2002.

# SUPREMO TRIBUNAL FEDERAL: DESCOMPASSO SOCIAL E ILEGITIMIDADE

Francisco Gérson Marques de Lima

Doutor, Mestre, Professor de Pós-Graduação.
Procurador do Trabalho da 7ª Região

*1. Apresentação: vicissitudes do STF. 2. Perspectivas da sociedade em torno do STF. 3. Legitimidade. Evolução conceitual e repercussão no Judiciário. 4. Critérios de legitimação do Judiciário e do STF: um descompasso. 5. Conclusão. Referências bibliográficas.*

## *1. Apresentação: vicissitudes do STF*

Trazemos a lume discussão enfrentada por nós em Tese de Doutorado defendida perante a Faculdade de Direito da Universidade Federal de Pernambuco (UFPE): o Supremo Tribunal Federal (STF) tem, de fato, especialmente na vigência da Constituição Federal de 1988, cumprido o seu papel social e constitucional? Possui ele legitimidade perante a sociedade e a nação brasileiras?[1]

Na chamada *crise das instituições* e ante a forma como o país tem sido conduzido, ultimamente, impera averiguar esta realidade.[2] Embora o assunto seja examinado ao longo deste texto, tomamos a liberdade, no entanto, de antecipar que os anseios sociais têm decaído ao desamparo também do STF.[3]

1. A tese foi transformada no livro *O Supremo Tribunal Federal na Crise Institucional Brasileira.*

2. Há cerca de 60 anos, João Mangabeira, analisando os golpes de Estado e o autoritarismo, afirmara dever-se o malogro da democracia presidencialista no Brasil ao Supremo Tribunal Federal. Em 1973, a ele se contrapôs Aliomar Baleeiro, para quem o Tribunal "desempenhou como lhe foi possível sua missão política, protegendo as liberdades e direitos individuais, assegurando o equilíbrio federativo e impondo a supremacia da Constituição e das leis federais. Ainda não se apagaram as recordações dos atritos tormentosos do Supremo com Floriano, Prudente e Hermes da Fonseca" (*O Supremo Tribunal Federal*, p. 14).

3. Nossa pesquisa se refere ao período pós-CF/1988, cujo início correspondeu exatamente à época em que o país saía de vez da ditadura militar e adotava novas fórmulas democráticas e de respeito ao Estado de Direito. Nesta transição, foi incumbida ao STF, como, de resto, a todo o Judiciário brasileiro, a atribuição de assegurar as novas conquistas sociais, os direitos e garantias fundamentais, e de garantir a real consolidação da nova realidade (abertura política, participação democrática, submissão à legislação do país, segurança do regime etc.). Imensa responsabilidade, portanto, a do Judiciário e, especialmente, a do STF. Deveras, a CF/1988 depositou especial confiança no Judiciário e lhe outorgou sublime papel na consolidação no novel regime.

Anota Sálvio de Figueiredo Teixeira que, de um modo geral, o Judiciário brasileiro, alentado em várias desculpas, "pouco tem feito de efetivo para transformar o quadro em que se insere, em posição cômoda e irreal, quando notórias são as falhas que poderiam ser superadas com determinação e criatividade".[4]

Longe está de nosso intento, todavia, denegrir órgão que, em outras oportunidades, acolheu os reclamos populares contra atos que mortificavam os direitos do cidadão. Dentre elas citam-se a questão do IPMF, tendo o STF proibido sua cobrança em 1993;[5] e o pagamento integral dos vencimentos dos servidores postos em disponibilidade pelo Governo Collor.[6]

Importante decisão tomou o STF, também, em 1992, quanto ao reajuste dos aposentados, contestado mormente ante o art. 58, ADCT-CF, e o art. 7º, IV, CF, referente à proibição de vinculação do salário mínimo para qualquer fim. Inicialmente, chegou a claudicar,[7] mas, depois, assegurou aos inativos o direito ao reajuste de 147,06%, pertinente a agosto de 1991.[8]

Louvável, depois, foi a postura do STF perante as Comissões Parlamentares de Inquérito (CPI) do Legislativo Federal, quando este, sob o pálio da investigação, submetia os acusados a tratamento desrespeitoso e degradante, expondo-os à execração pública e ofendendo primados basilares do devido processo legal, consagrados constitucionalmente. Assim foi que a Corte Judiciária: *a)* vedou a possibilidade de a CPI investigar e anular decisões judiciais, por ofender o primado da separação e independência dos Poderes;[9] *b)* definiu que a CPI, ao exercer a competência investigatória prevista no art. 58, § 3º, da CF, está sujeita às mesmas limitações constitucionais que incidem sobre as

4. "O Judiciário brasileiro e as propostas de um novo modelo", p. 7. O renomado autor defendia que o Judiciário brasileiro, nos últimos meses de 1999, vinha procurando mudar esse panorama de alheamento social através do Presidente do STJ (Ministro Paulo Costa Leite) e do Presidente do STF (Ministro Carlos Velloso). A este grupo acrescentamos o reforço do Juiz Tourinho Neto (empossado em 17.4.2000 na Presidência do TRF-1ª Região). E, mais recentemente, a posse do Ministro Marco Aurélio na Presidência do STF (abr. 2001), em torno do qual se alimentam expectativas as melhores possíveis, em razão da sua postura de vanguarda e serenidade nos julgamentos da Corte.

5. STF, Pleno, ADIMC 949-DF, Rel. Ministro Sydney Sanches, *DJU* 12.11.1993, p. 24.023; STF, Pleno, ADIMC 939-DF, Rel. Ministro Sydney Sanches, *DJU* 17.12.1993, p. 28.066; STF, Pleno, ADIn 939-DF, Rel. Ministro Sydney Sanches, *DJU* 18.3.1994, p. 5.265.

6. Cf.: *a)* STF, Pleno, ADIMC 326-DF, Rel. Ministro Sydney Sanches, un., *DJ* 14.9.1990, p. 9.423, emen. v. 1.594, p. 36; *b)* STF, Pleno, ADIMC 325-DF, Rel. Ministro Sydney Sanches, j. 17.8.1990, un., *DJ* 14.9.1990, p. 9.423, emen. v. 1.594, p. 56; *c)* STF, Pleno, ADIn 316-DF, Rel. Ministro Ilmar Galvão, j. 31.10.1991, un., *DJ* 22.11.1990, p. 16.845, ement. v. 1.643, p. 13; *d)* STF, Pleno, ADIMC 309-DF, Rel. Ministro Sydney Sanches, m.v., *DJ* 14.1.1992, p. 1.164, emen. v. 1.649, p. 5, *RTJ* 136/981; *e)* STF, Pleno, MS 21.126-DF, Rel. Ministro Carlos Velloso, j. 8.11.1990, un., *DJ* 14.12.1990, p. 15.109, emen. v. 1.606, p. 48; *f)* STF, Pleno, MS 21.125-DF, Rel. Ministro Carlos Velloso, j. 8.11.1990, *DJ* 14.12.1990, p. 15.109, emen. v. 1.606-01, p. 40; *g)* STF, Pleno, ADIn 313-DF, Rel. Ministro Paulo Brossard, j. 21.8.1991, *DJ* 30.4.1992, p. 5.722, emen. v. 1.659-03, p. 514, *RTJ* 137-03/984.

7. Ex.: STF, Pleno, AGRSS 471-DF, Ministro Sydney Sanches, j. 13.4.1992, m.v., *DJ* 4.6.1993, p. 11.011, emen. v. 1.706-01, p. 1 (suspendendo o pagamento aos aposentados).

8. STF, Pleno, RE 147.684-DF, Ministro Sepúlveda Pertence, j. 26.6.1992, m.v., *DJ* 2.4.1993, p. 5.623, emen. v. 1.698-08, p. 1.388. Vejam-se, também: ADIn 264, ADIn 311, ADIn 365, ADIn 450, ADIn 570, RP 754, *RTJ* 50/218, RP 1.419, RP 1.425, *RTJ* 125/975, RP 1.426, RP 1.429, *RTJ* 125/982, AGRAG 70.709, *RTJ* 84/119, RE 72.959, *RTJ* 60/294, RE 79.197, *RTJ* 74/813, RE 80.601, *RTJ* 75/909, RE 92.264, *RTJ* 94/462, RE 101.757, *RTJ* 122/648, RE 121.125, *RTJ* 132/1332, AGRAG 125.934, *RTJ* 132/455, RE 129.392.

9. STF, Pleno, HC 79.411-DF, Rel. Ministro Octávio Gallotti, j. 15.9.1999, *Informativo STF* 172, de 22 a 26.11.1999.

autoridades judiciárias, devendo, dessa forma, fundamentar as suas decisões (CF, art. 93, IX);[10] *c)* garantiu a presença ativa do advogado do indiciado perante as CPIs, na defesa do seu constituinte;[11] e *d)* assegurou que, por traduzir direito público subjetivo afiançado a qualquer pessoa que deva prestar depoimento perante órgãos dos Poderes Legislativo, Executivo ou Judiciário, o privilégio contra a auto-incriminação é invocável perante as CPIs, de sorte a ser respeitado o direito ao silêncio, não podendo ser dispensado qualquer tratamento que implique restrição à esfera jurídica daquele que regularmente utilizou esta prerrogativa fundamental.[12]

Mais recentemente, em 24.4.2001, na ADIO 2061, o STF concluiu ser inconstitucional a omissão do Presidente da República em não enviar ao Congresso Nacional Projeto de Lei tendente a reajustar os vencimentos dos servidores públicos, congelados há mais de seis anos.

Ficam registrados, assim, alguns momentos felizes, senão históricos, em que o STF pôs fim aos abusos do Poder Público. Outros poderiam ser citados,[13] mas, em face do objetivo deste trabalho e da sua natureza sucinta, ficam para pesquisas futuras e de terceiros, até mesmo porque tais casos encontram maiores divulgadores, inclusive virtuais.[14] Ficamos com a lacuna remanescente, por dever científico.

Ultimamente (após outubro 1988), em várias ocasiões o Supremo Tribunal deixou de atender aos reclamos da população em questões de altíssima relevância. Eram assuntos da mais alta importância, imprescindíveis para a condução do país e para o asseguramento dos direitos e garantias fundamentais. As decisões do STF afastaram-se dos anseios populares, revelando um descompasso do órgão com a sociedade, penalizando-a e pondo em xeque o *pacto da nação*. Assim sucedeu nas alterações da Constituição Federal, na Emenda da Reeleição, nas privatizações das paraestatais, no blo-

10. STF, Pleno, MS 23.452-RJ, Rel. Ministro Celso de Mello, j. 16.9.1999, *Informativo* STF 162, de 13 a 17.9.1999. O aresto mencionou precedente da Corte: MS 23.454-DF, j. 19.8.1999, *Informativo STF* 158.

11. STF, MS 23.576-DF (medida liminar), Rel. Ministro Celso de Mello, *Informativo STF* 174, de 6 a 10.12.1999.

12. STF, Pleno, HC 79.812-8-SP (medida liminar), Rel. Ministro Celso de Mello, *Informativo STF* 174, de 6 a 10.12.1999.

13. P. ex.: no MS 21.239-0-DF, impetrado pelo Procurador-Geral da República contra o Presidente da República, o STF anulou, em 5.6.1991 (*DJU* 23.4.1993), a nomeação do Procurador-Geral do Trabalho (Antônio Carlos Roboredo) pelo Chefe do Executivo, por entender que o ato ofendia a autonomia do Ministério Público, eis que a nomeação do PGT era da alçada do PGR (*RTDP* 3/241-288, 1993).

Também digno de menção foi o amparo do STF ao reajuste dos 28% dos servidores públicos civis federais. Este percentual houvera sido concedido somente aos servidores militares pelo governo do ex-presidente Itamar Franco, em janeiro de 1993, o que levou os servidores civis a ingressaram com várias ações, inclusive no STF, postulando a extensão do reajuste.

14. O *site* do STF, na internet, registra uma página sobre Julgamentos Históricos da Corte, constando, em sua abertura, o seguinte trecho do Ministro Luiz Gallotti: "(...) a Corte Suprema soube sempre cumprir a sua alta missão constitucional, impávida e serenamente, mesmo nas horas mais difíceis e de maior perigo, usando, na falta de outra, de sua imensa força moral, e jamais desertando ao seu nobre dever de guarda impertérrito da Constituição e das leis". A primeira decisão coletada ali, intitulada *Estado de Sítio. Presos Políticos de 1892 — HC 300*, tratava-se de um *habeas corpus* impetrado por Rui Barbosa em favor do Senador Almirante Eduardo Wandenkolk e outros cidadãos, indiciados por crimes de sedição e conspiração, presos ou desterrados em virtude de decretos expedidos pelo Vice-Presidente da República, Marechal Floriano Peixoto, no exercício da Presidência. Estava-se no estado de sítio. Mas o STF denegou a ordem, em 27.4.1892.

Enaltecendo o trabalho desenvolvido pelo STF nos anos 1964-1975, v. Osvaldo Trigueiro do Vale, *O Supremo Tribunal Federal e a Instabilidade Político-Institucional, passim*.

queio dos cruzados pelo Governo Collor, na reedição desmesurada de medidas provisórias, no depauperamento do mandado de injunção, na chancela das altas taxas anuais de juros (constitucionalmente limitadas a 12% ao ano), no processo legislativo de revisão constitucional, na questão da crise elétrica (o *apagão*), etc. Submetidas tais matérias ao Supremo Tribunal, concluiu ele de forma danosa à população, apesar da plausibilidade jurídico-dogmática de suas sustentações.[15] Houve, é certo, o emprego de argumentos políticos, mas a opção eleita não foi das melhores.[16]

O descompasso do STF com a sociedade agrava sua crise de legitimidade, além de consistir em órgão cujo acesso se distancia das regras democráticas, mediante nomeação política de membros vitalícios que desempenham funções predominantemente jurídicas. Daí a necessidade de uma Corte Constitucional que o substitua, inspirada no modelo alemão (contudo, adequada à realidade brasileira), mais apta a tutelar os direitos e garantias fundamentais, para o resgate dos princípios constitucionais e dos direitos dos cidadãos.

Estas considerações, cujo escopo não é o de denegrir o STF, objetivam despertar na sociedade jurídica e, principalmente, nos próprios membros da Corte um repensar no seu atuar, a fim de aproximar o Supremo Tribunal da base democrática e dos anseios do povo brasileiro. Pois é trilhando este caminho que, no nosso entender, a Corte se tornará mais forte, o que muito desejamos, para o resgate dos direitos fundamentais e para a preservação do pacto da nação. Em tempo de mau governo, o STF é fundamental para a preservação destes valores.

## *2. Perspectivas da sociedade em torno do STF*

Correlacionando as ambigüidades do STF à crise crônica do próprio federalismo, cuja essência lhe tem cabido garantir, Nelson Saldanha assevera que "a opinião nacional tem sempre tido uma expectativa política em face do Supremo, em certos momentos cruciais".[17] Deveras, a sociedade aspira encontrar no STF o órgão assecuratório de seus direitos constitucionais e, mais do que isto, numa perspectiva meta-jurídica, que o STF tenha a sensibilidade social, conhecendo as necessidades do povo, de escoimar todo e qualquer ato que o empobreça ainda mais ou que lhe tolha os direitos fundamentais, os direitos econômicos e o acesso ao desenvolvimento. É nesta ótica que o povo nele deposita suas esperanças. Tais expectativas da população, lastimavelmente, têm sofrido fundados abalos, especialmente nos últimos anos. As vicissitudes apenas serviram para afetar o nível de confiança do povo no Supremo Tribunal Federal.

Se, teórica e institucionalmente, o Supremo Tribunal está talhado para atender às expectativas do povo, fazendo valer o seu bom direito, conforme as normas constitucionais e infraconstitucionais e a justiça social, na prática tem-se verificado um distanciamento deste papel.

Por trás da alegativa de ser *neutro* (e o argumento da *neutralidade*, por si só, além de ideológico é insustentável), o STF faz, com certa freqüência, ouvidos moucos à população, deixando de dar crédito a suas rei-

15. O estudo de casos é feito por nós no livro *O Supremo Tribunal Federal na Crise Institucional Brasileira*, *passim*.

16. Estas más escolhas políticas pelo Judiciário brasileiro nos faz entender que a teoria da *argumentação política* de Dworkin, como fórmula de interpretação jurídica, não se mostra adequada à realidade do Brasil, considerando a mentalidade dos aplicadores da norma. A teoria só serviria para aumentar a insegurança jurídica e justificar a prevalência das opções políticas menos desejáveis ou menos suportáveis pela população, em detrimento do Direito propriamente dito. O Judiciário brasileiro não está preparado para ela.

17. *Reflexões sobre a História do Supremo*, p. 99.

vindicações, apesar de esta observá-lo à distância, esperando que a ampare ante a violência do Poder Público, quando o Estado não cumpre o seu papel e exige mais do que oferece. Há um fosso abissal, quase intransponível entre o povo e o STF; um distanciamento deste órgão, mais atento aos problemas políticos do Planalto e do Congresso Nacional (as brigas — domésticas — de partido, de gabinete e de pastas) do que com a população em si.[18] Um argumento *ideológico* de *imparcialidade* (pior, de *neutralidade*) que, na realidade, implica em sujeitar a sociedade às vicissitudes da vez.

Esta postura justifica uma consideração específica sobre a legitimidade do Supremo Tribunal, a qual, apesar das reivindicações democráticas atuais, é inexistente. A tão falada *crise da legitimidade do Judiciário* é agravada na Corte que o pontifica.

### *3. Legitimidade. Evolução conceitual e repercussão no Judiciário*

Comecemos pela análise da *legitimidade*, numa perspectiva social e política. De um modo mais preciso, vejamo-la num contexto *democrático.*

Focalizar a legitimidade é compreender a justificação do poder, do direito de comandar, "porque entre todas as desigualdades humanas nenhuma tem conseqüências tão importantes e por isso mesmo tanta necessidade de justificar-se quanto a desigualdade derivada do poder. Salvo algumas raras exceções, um homem equivale a outro: por que então um deve ter o direito de comandar e os outros o dever de obedecer? Os princípios de legitimidade respondem a esta objeção", conforme sustenta Ferrero.[19] Inseparável da ideologia, a legitimidade não pode ser suprimida da reflexão filosófica e da análise sociológica, "tratando-se de examinar os fundamentos do poder numa sociedade política em crise".[20]

O princípio democrático, insculpido no art. 1º, CF, quer dizer, em essência, que o exercício do poder nas instituições estatais, e até em algumas não estatais, mas de relevância pública, como escolas e universidades particulares, sindicatos, partidos políticos etc., "deve ser legitimado democraticamente pelo reconhecimento de seus destinatários, pois não há poder legítimo sem que aqueles que estão sujeitos ao poder o reconheçam".[21]

Após qualificar o poder como "imposição real e unilateral de uma vontade", Salvetti Netto proclama que, embora sustentando-se principalmente na força, ele só se legitima, porém, quando consentido seu exercício por quem lhe deva obedecer. Centralizando a importância do consentimento para a legitimação, o autor acrescenta que o exercício arbitrário é irracional, desqualificado, caótico, informe, sem adequação a uma ordem de convivência pretendida em determinado grupo.[22]

Nelson Saldanha assegura que o sentido de legitimidade se encontra freqüentemente preso a um dado formal (p. ex., à lega-

18. Quanto à distância entre Estado e Sociedade, Robles aventa ser preciso um novo pacto social: o pacto que nos impulsione à contemplação da humanidade como um todo e nos permita salvarmo-nos juntos: "No un pacto a favor del Estado, como los modernos, sino un pacto a favor de la humanidad" (*Los Derechos Fundamentales y la Ética en la Sociedad Actual*, p. 185).

19. *Apud* Bonavides, *A Constituição Aberta*, p. 36. Segundo Höffe, o Judiciário detém um "mandado para exercício da coerção" (*Justiça Política*, p. 58). E, na coerção, o poder de obrigar o cidadão. Este poder coercitivo precisa ser justificado, especialmente no Judiciário, cujos atos não admitem discussão por outros poderes, em face da *coisa julgada* de suas decisões.

20. Paulo Bonavides, *A Constituição Aberta*, p. 35.

21. José de Albuquerque Rocha, "Poder Judiciário: o que conservar e o que inovar", *Revista de Direito Processual Civil* 15/29.

22. *Curso de Teoria do Estado*, p. 155.

lidade ou a algo equivalente), mas em princípio a exigência de legitimidade vai além e aponta para um nível mais profundo.[23]

Nos modelos políticos antigos, conquanto ainda não se conhecesse o termo, a legitimidade se fundava na idéia de um poder teocrático. Era a origem divina dos reis e governantes, cujos atos se diziam inspirados no alento dos céus. A transfiguração dos deuses nos governantes, na primitiva fase teocrática, impossibilitava qualquer desenvolvimento de uma teoria dos direitos fundamentais, por exemplo, pois ante Deus só existem obrigações; o que se recebe d'Ele é um ato de benevolência de Sua parte e não se pode exigir d'Ele nenhum direito.[24] Tudo girava em torno do governante, cuja vontade bastava por si mesma.

A partir do século XII, essa doutrina caminhou para o seu superamento, com o *Policraticus* de João de Salisbury, as obras de Dante e Marsílio de Pádua, a concepção de La Boétie e a pregação de Hobbes. Mas a ruptura investigativa fundamental veio com Rousseau, confirmando-se na Revolução Francesa: a autoridade política só se justifica e se fundamenta na razão. Deste modo, a razão superou a legitimação carismática e tradicional.[25]

Max Weber aproximou a legitimidade da legalidade, apontando ser esta o fundamento do exercício do poder. Kelsen, por seu turno, cuidou da legitimidade sob os auspícios de uma regularidade requerida por um sistema de direito, de uma normatividade jurídica derivada da Constituição, aliada à efetividade.[26]

Luhmann afirma legítimas as decisões nas quais "pode-se supor que qualquer terceiro espere normativamente que os atingidos se ajustem cognitivamente às expectativas normativas transmitidas por aqueles que decidem".[27] Luhmann vincula a legitimidade ao *processo* e acaba aproximando-a da crença da *legalidade*. Com isto, tende a despolitizar o poder, ao eleger o ponto de convergência da discussão para a adequação ao procedimento de exercício do poder. A rigor, distancia a legitimidade da base racional-valorativa da democracia, que tivera relevante função para embasar o consenso democrático-representativo.[28]

Entendemos que a vinculação da legitimidade a mera legalidade significa anular política e socialmente a primeira, pois qualquer regime poderá se valer da segunda para justificar o poder, não importando o conteúdo de sua atuação, pois legal. A propósito, Paulo Bonavides leciona que a legitimidade subsumida à legalidade compõe a ideologia liberal.[29] Acrescentamos que a subsunção referida é típica de um positivismo normativista, de uma sociedade burocrática despreocupada com os valores de moral e justiça.

Apesar do sentido etimológico da palavra,[30] a noção de legitimidade precisa se des-

23. *Pequeno Dicionário de Teoria do Direito e Filosofia Política*, p. 172, verbete "Legitimidade".

24. Haim Cohn, *Los Derechos Humanos en la Biblia y en el Talmud*, p. 13.

25. Cf. Eusebio Fernandez, sobre esta superação, a partir de Weber (*Teoría de la Justicia y Derechos Humanos*, pp. 185 e ss.). Também, inclusive relacionando o tema às sociedades marginais, no Estado: João Maurício Adeodato, "Uma teoria (emancipatória) da legitimação para países subdesenvolvidos", *Anuário do Mestrado em Direito* 5/207-242.

26. *Teoria Geral do Direito e do Estado*, pp. 121-122. Esta parte histórica da legitimidade é muito bem exposta por Goyard-Fabre, *Os Princípios Filosóficos do Direito Político Moderno*, pp. 273-306.

27. *Sociologia do Direito*, v. II, p. 64.

28. V., neste sentido, Bonavides, *A Constituição Aberta*, p. 51.

29. *Teoria do Estado*, p. 216.

30. Legitimação vem do latim *legitimus*, isto é, "conforme ao que é estabelecido por lei" (Ávila, *Pequena Enciclopédia de Moral e Civismo*, p. 301, verbete "Legitimação"). Legitimidade vem de *lex*, lei (Goyard-Fabre, *Os Princípios Filosóficos...*, cit., p. 280; no mesmo sentido, Plácido e Silva, *Vocabulário Jurídico*, v. III, p. 61, verbetes "Legitimidade" e "Legítimo").

vincular do conceito de legalidade, porque esta, por si só, não a justifica nem é a mesma coisa. Que se entrelacem, parece-nos incontestável, pois se complementam; mas que se esgotem uma na outra, definitivamente não se nos afigura verdadeiro. Pendemos para uma aceitabilidade do poder fundado nos meios democráticos de participação, os mais diretos possíveis, numa perspectiva constitucional e de consenso social, segundo os valores comunitários da época, palmilhado no regime da legalidade (e não só nesta). Na seara constitucional, legítimos são os atos especialmente fulcrados no art. 1º, da CF/1988: união indissolúvel dos entes políticos (Estados, Municípios e Distrito Federal), Estado Democrático de Direito, soberania, cidadania, dignidade da pessoa humana, valores sociais do trabalho e da livre iniciativa e pluralismo político, e poder emanado do povo.

O conceito de *legalidade* é mais jurídico (técnico-jurídico), enquanto o de *legitimidade* é mais político (político-jurídico ou ideológico). Não são excludentes nem sinônimos. Complementam-se, de forma que uma ação do Estado pode ser legítima e não ser legal, ou vice-versa. A legalidade é um critério jurídico da legitimidade de um governo. Esta é a qualidade do poder do Estado, que dizemos legítimo ou ilegítimo, "conforme seja a expressão de valores com os quais estejamos ou não de acordo".[31] No Estado Democrático de Direito, legitimidade e legalidade entrelaçam-se, preenchem-se, uma dando sustentáculo e justificação política à outra.

Acertadamente, Celso Ribeiro Bastos diferencia legitimidade de legalidade, elucidando que a falta de legitimidade de uma norma jurídica não implica seja ela ilegal. Nada impede a um cidadão considerar ilegítima uma lei que, no entanto, obedeceu a todos os critérios processuais e substanciais para a sua elaboração. "Quando o indivíduo questiona sobre os valores que fundamentam a norma e se convence de que não representam a vontade da maioria, então falta legitimidade, o que não se confunde com legalidade".[32] Ademais, o princípio da legitimidade é utilizado tanto a favor quanto contra os governos, independentemente da legalidade de seus atos.

Na mesma linha, Ivo Dantas situa a legalidade ao processo de escolha do governante e a legitimidade ao exercício do poder, "casado com os ideais do grupo".[33] Para Eros Grau, o direito é, na dinâmica do Estado, a noção formal, e a legitimação seu aspecto material que, na produção capitalista, justifica a dominação de classe.[34] Sérgio Cademartori, tratando do garantismo como elemento legitimador, enuncia serem duas as fontes de legitimação de todos os poderes do Estado: *a)* a *legitimação formal*, assegurada pelo princípio da legalidade e sujeição do juiz à lei; e *b)* a *legitimação substancial*, recebida pela função judicial de sua capacidade de tutelar os direitos fundamentais. E adverte que esta depende daquela para ser satisfeita.[35]

Se o Legislativo, sem consultar as bases e contra a vontade popular, alterar, paulatina e sorrateiramente, a Constituição e a legislação eleitoral a ponto de permitir o Senador biônico, nomeado pelo Presidente da República segundo um procedimento estabelecido em lei, seria legítimo este parlamentar? E se o Congresso emendasse a Constituição em vigor para seus membros prosseguirem no mandato por mais uma ou duas legislaturas, seriam legítimos os congressistas nos novos mandatos? A resposta às duas indagações é negativa, pois a forma de acesso ao cargo não terá sido democráti-

31. Celso Bastos, *Dicionário de Direito Constitucional*, p. 97, verbete "Legitimidade".

32. Bastos, *Dicionário de Direito Constitucional*, pp. 97-98, verbete "Legitimidade".

33. *Teoria do Estado*, pp. 114-115.

34. *A Ordem Econômica na Constituição de 1988*, 2ª ed., p. 27.

35. *Estado de Direito e Legitimidade*, pp. 157-158.

ca nem contara com o consenso do povo, apesar de legal, regularmente procedimentalizada e, talvez, até constitucional. Mas, definitivamente, não terá sido legítima. Como também não teriam sido legítimas aquelas alterações, contrastantes com a pauta democrática, com a idéia de participação, de periodicidade, nem com a idéia de poder constituinte. E isto sem entrar na discussão doutrinária das leis injustas, de Michel Foucault, as quais também seriam ilegítimas.

Historicamente, cita-se o caso da Alemanha, da primeira metade do século XX, quando a exacerbação do dogma da legalidade serviu de justificação para pôr fim ao ordenamento democrático-representativo, pondo fim à República de Weimar, e, sob a forma de "revolução legal", levou a resultados catastróficos, em face do nacional-socialismo.

O princípio da legitimidade foi invocado *contra* o da legalidade pelos partidários de Luís XVIII, que defendiam, contra o direito positivo da Revolução e do Império, o valor da tradição dinástica.

Imaginemos, agora, o exemplo das normas sem eficácia, embora vigentes e formalmente válidas. Vejamos a seguinte hipótese: um determinado cidadão, fulcrado no art. 219, IV, do Código Civil/1916, vai a juízo na pretensão de devolver a recém-esposada aos seus pais porque constatara, na lua de mel, que ela não era mais virgem e ele não soubera do defloramento. O juiz competente julga, *contra legem*, o pedido improcedente, alegando o avanço social, a modernidade etc. etc. Certamente esta decisão seria legítima e aceitável, apesar de ilegal. E qualquer pessoa no exercício regular de suas faculdades mentais teria por acertada a decisão, porque ela veiculara o consenso social, o valor da comunidade moderna (ocidental). E, aqui, já se antevê o papel da interpretação da lei como fonte de legitimação do poder quer quando confere atualidade ao teor normativo, quer quando lhe precisa e define o alcance para atender aos reclamos da sociedade.

Estes exemplos são bastante para diferenciar os planos da legalidade e da legitimidade.

Mas, a seu turno, não é qualquer norma proveniente do Poder Legislativo que é legítima. Para passar pela instância da legitimidade, ela precisa atender pelo menos a duas condições: *a)* obedecer ao esboço de validade formal, no esquema fundamentante da norma superior, tendo ao cume a Constituição; e *b)* haver um liame axiológico, conformidade com os valores sociais e democráticos, pois os parlamentares não recebem mandato para legislar contra a própria sociedade nem para lhe castrar a participação, porquanto isto representaria um contra-senso. Decorrencialmente da observância aos dois fundamentos vem a *aceitabilidade* social e, portanto, a eficácia, a validez prática da norma. E terá logrado sucesso o *teste da legitimidade.*

Observa-se, dos exemplos coletados, que os critérios da legalidade e da legitimidade podem ser invocados, como de fato o foram em alguns momentos da história, um contra o outro. Logo, não se pode conferir-lhes a feição de um só ou único fenômeno sócio-político-jurídico.

Para Jorge Miranda, uma Constituição nascida na base de um determinado princípio de legitimidade "pode sofrer, no decurso da sua vigência, uma transmutação, por esse princípio vir a conjugar-se, entretanto, com outro princípio ou até a ser por este substituído — o que significará, claro está, uma alteração da Constituição material, embora permanecendo a Constituição formal ou a instrumental".[36]

Fernando Ruivo coloca que, "se a legitimação do poder é global, mergulhando as suas raízes numa imagem unificadora do mundo, esse mesmo poder atua num sistema de níveis, os quais, embora comunicantes, postulam em si (até porque são modos

36. *Manual de Direito Constitucional*, t. II, p. 76.

diferentes de exercício do poder) diferentes necessidades de legitimação, consoante as políticas estatais que os têm orientado e as respostas que a elas a sociedade tem dado".[37]

Logo, não seria improvável que o órgão máximo encarregado de interpretar a Constituição em última instância viesse a interpretá-la diversamente do consenso social, inclusive modificando-a na sua aplicação, até contrariamente ao estabelecido pelo Legislativo. Se o Judiciário e, em especial, o STF possuem este poder, é necessário justificá-lo; urge submetê-los ao teste da legitimidade.

Provém de um ranço autoritário apoiar todo o funcionamento do Judiciário na força, na coercibilidade, ao invés do consenso. A força será necessária, sim, mas no instante do descumprimento da ordem, que se espera justa e legal.[38] A composição, a organização e o funcionamento, em si, do Judiciário, porém, hão de alicerçar-se em sólida base democrática, para assegurar sua legitimidade e, portanto, a aceitabilidade popular dos órgãos, das autoridades e de suas decisões.

É necessário um Poder Judiciário — e, sobretudo, um STF — ativamente mais democrático e, neste sentido, mais social e político, a alcançar a participação popular, já que o povo não participa de outras etapas de composição e funcionamento do órgão. Afinal, mais do que jurídico, a *legitimidade* é tema sociológico e político.

Anota Nuria Martín que as leis foram feitas por um Poder diferente do Judiciário, o Legislativo. Portanto, também distinto será o espírito da lei que, em teoria, aplica-se, e o espírito das sentenças.[39] E, nesta perspectiva, como fica a interpretação atualizadora ou a criadora do juiz?[40] Onde a legitimidade? E quando o Judiciário revê o ato do legislativo por vício de inconstitucionalidade? Dizer que o fundamento é a CF não justifica plenamente a legitimidade. Pois se bastasse ela, qualquer órgão ou governo (despótico, democrático, autocrático, tirano), a quem aquela atribuíra poderes constitucionais, seria legítimo. Na verdade, no regime democrático, todos os poderes se renovam, arrastando consigo a cúpula estruturante. Daí vem a legitimidade inaugural. Porém, o Judiciário brasileiro não se submete a este *teste de legitimidade*.

André Ramos Tavares defende a legitimidade dos membros dos Tribunais Constitucionais e, mais especificamente, os do STF brasileiro, quando chegam à alta corte por nomeação presidencial, tornando-se vitalícios. Sustenta seu argumento na democracia indireta e no fato de a democracia respeitar, também, o governo das minorias. Em seguida, ressalta que a vitaliciedade afasta a partidarização dos integrantes do Tribunal. Para o autor, os magistrados do Tribunal podem, assim, manter-se afastados da política partidária e o envolvimento aberto com a atividade partidária é mesmo sentido por todos como ilegítimo. Neste diapasão, os grupos de interesses, na Corte, praticamente inexistem e as pressões só são admissíveis se publicamente transparentes, o que implica dizer que "só se admitem por via de argumentação, nas peças processuais, e por oca-

37. "Aparelho judicial, Estado e legitimação", p. 86.

38. E, aqui, deixamos para outra obra a análise da legitimidade de o cidadão descumprir a ordem ou sentença injusta; ou desobedecer a lei injusta, sob o argumento da inconstitucionalidade (Antônio Souza Prudente, "A Lei injusta e sua inconstitucionalidade substancial no Estado Democrático de Direito", *RIL* 30(119)/121-130). Sobre desobediência civil, v. Ronal Dworkin, *Los Derechos en Serio*, pp. 304 e ss.; Henry Thoreau, *A Desobediência Civil, passim.*

39. *El Control Democrático del Poder Judicial en España*, p. 57.

40. Dworkin acha um erro ver-se no juiz um órgão político criador do direito (*Los Derechos en Serio*, pp. 61 e ss.). Sobre função criadora do juiz: Mário Franzen Lima, *A Hermenêutica Tradicional e o Direito Scientífico*, pp. 211 e ss.; Juvêncio Gomes Garcia, *Função Criadora do Juiz, passim.* Vigo é favorável à criação do direito pelo juiz (*Interpretación Constitucional*, pp. 23 e ss.).

são de sustentações orais, embora com grande apelo a elementos extrajurídicos que, se não podem ingressar diretamente na motivação da decisão jurisdicional, certamente acabam repercutindo, de alguma forma, no processo de reflexão dos magistrados constitucionais".[41]

Não acompanhamos o autor citado, porque as idéias básicas de democracia repousam no governo da maioria, periodicidade dos governantes e participação popular, dentro de um ambiente de *aceitabilidade*. O modo de escolha dos membros do STF ofende, de uma só vez, todas estas idéias. Ademais, a sustentação é divorciada da realidade, porquanto é notória a existência de grupos de pressão sobre a Corte brasileira, especialmente provenientes do Planalto, de forma tanto velada quanto, em algumas questões, aberta. Basta lembrar-se da agitação do Planalto quando temas previdenciários, tributários e de processo constitucional são submetidos ao STF. E, nestas pressões, não raramente os Ministros nomeados por determinado ocupante da Presidência da República a ele se vinculam, acompanhando as suas diretrizes.

### *4. Critérios de legitimação do Judiciário e do STF: um descompasso*

José de Albuquerque Rocha, abordando o Judiciário brasileiro, opina que a legitimidade democrática da função judicial sustenta-se em duas bases: *a)* uma, de cunho material, decorrente do compromisso moral do juiz na atuação dos valores, princípios e regras da Constituição, que é o fundamento do ordenamento jurídico e seu postulado hermenêutico essencial, compromisso do qual deriva uma concepção do juiz como sacerdote do direito, defensor da Constituição, sobretudo dos direitos humanos, a desaconselhar sua eletividade. A eletividade, por sua natureza, o vincula de alguma maneira aos eleitores, o que contraria o seu compromisso moral com os direitos fundamentais, em defesa dos quais deve julgar até contra a opinião pública e, especialmente, contra os "governos de turno que, no Brasil, levantam a pretensão de amoldar a Constituição a seus desejos, como se suas vontades fossem unímodas" e fossem os donos da Constituição e do Direito; e *b)* outra, de âmbito formal, procedente da sujeição do juiz aos princípios e regras processuais em sua atividade, sobretudo aos princípios constitucionais do devido processo legal, como a imparcialidade, contraditório, ampla defesa etc.[42]

No Estado Democrático de Direito, o Judiciário não está apenas instituído e não é apenas controlado "conforme o Estado de Direito"; também está comprometido com a "democracia".[43] E não se pode qualificar de democrático um órgão que não presta conta à população, nem administrativamente nem judicialmente. Pode-se até sustentar a necessidade de os membros do Judiciário ingressarem por concurso público, para assegurar a imparcialidade e a firmeza da técnica. Mas o exercício das suas funções não pode passar ao largo dos controles democráticos, os quais não implicam na ingerência externa das pressões politiqueiras. Entra, aí, um importante papel relacionado ao valor

41. *Tribunal e Jurisdição Constitucional*, pp. 35, 71 e 84.

42. "Poder Judiciário: o que conservar e o que inovar", *Revista de Direito Processual Civil*, p. 31. O mesmo autor diferencia a legitimidade do *governo* da legitimidade *do Judiciário*, referindo-se ao âmbito interno, organizacional, da legitimidade da *atividade jurisdicional*, pertinente à função de julgar, à aplicação do Direito. No que respeita à primeira, o Judiciário é o oposto da democracia, já que o poder é exercido de maneira incontrolável por um pequeno grupo de pessoas, na medida em que os seus dirigentes (os magistrados dos tribunais) não são eleitos pela magistratura, mas, sim, apenas pelos próprios integrantes das respectivas cortes. Quanto à *atividade jurisdicional*, igualmente o autor sustenta a ilegitimidade do órgão quando não observa os dois fundamentos expostos acima, no texto a que se refere esta nota (idem, pp. 30 e 31).

43. Müller, *Quem é o Povo?*, p. 60.

*justiça*, como legitimador do poder. Qual a *responsabilidade política* do Judiciário, quando os outros poderes a possuem pelas eleições? Respondemos: encontra-se na entrega da justiça com segurança.

É preciso ter em mente que, numa realidade democrática, a legitimidade atrai a participação popular tanto na criação e diplomação do poder quanto no seu exercício.

No juízo ordinário há algumas formas de participação popular, *v.g.*, o tribunal do júri, e, a título de arremedo, os juizados especiais cíveis e criminais — pois os conciliadores, na prática, a exemplo dos extintos juízes classistas da Justiça do Trabalho, funcionam mais como cabides de emprego do que como representantes da população; e, no plano processual, a ação popular. Mas são tímidas caricaturas de democracia e participação popular.

Postas estas considerações, percebe-se que a ilegitimidade do STF se manifesta em três instâncias: *a)* no ingresso de seus membros no órgão; *b)* no exercício da jurisdição, mediante a proliferação de decisões distanciadas da população, impopulares e, por vezes, perniciosas; e *c)* na impossibilidade de controle eficaz de seus atos pela sociedade (além de ineficazes, os que existem — de cunho judicial — não são do conhecimento da população). Estas instâncias indissociáveis conformam o *teste da legitimidade* do Judiciário e de suas decisões. O STF não consegue passar por elas satisfatoriamente.

A acessibilidade à cúpula do Judiciário brasileiro depõe contra a democracia, pelas dificuldades apontadas. Num regime no qual a cúpula dos poderes é eleita *diretamente* (Presidente da República, Senadores, Deputados Federais e Estaduais, Governadores, Prefeitos e Vereadores), mantém-se, contraditoriamente, o STF com eleição *indireta* (nomeação pelo Presidente da República e aquiescência do Senado Federal), apesar de se lhe conferir competência para rever atos normativos e em geral de representantes do povo, portadores de mandato popular. Num país onde o acesso ao Judiciário se dá por concurso, ressalvado o caso dos representantes da OAB nos tribunais (e a indicação deles parte da própria Ordem), contrapõe-se o órgão máximo, com seus integrantes escolhidos por critérios meramente políticos, a romper toda a justificativa da escolha de juízes por certame público. Este modo de acesso ao STF situa-se no limbo: não é o critério adotado pelos demais poderes, nem é o do próprio Poder Judiciário. E pugna contra a regra da democracia direta, esposada pela CF/1988 (art. 1º, parágrafo único: "todo o poder emana do povo"). Além de tudo, ainda navega contra o modelo peculiar de acesso e permanência nas Cortes Constitucionais dos países que as possuem.

Destarte, a forma de ingresso no STF é das mais ilegítimas possíveis. O critério não é o do concurso público, mas também não é o da eleição. O Ministro do STF não se submete ao exame de competência intelectual via certame, aberto a outros brasileiros e profissionais da área (embora, reconhecidamente, a possua). Porém, sua escolha tampouco é submetida ao crivo da população, donde sua ilegitimidade. Este dado se agrava com sua vitaliciedade, ocasionando um descompromisso com o povo, cuja influência nessa Corte é nenhuma, pois não participa do processo de nomeação nem pode demitir ou concorrer para o *impeachment* do Ministro. Enfim, não dispõe de controle nenhum sobre o Tribunal. Vale dizer: a vontade popular representa um *nada* para referida Corte, sob o ponto de vista de participação e de democracia.[44]

Para aumentar a contradição, tem-se que, para a composição do STF, os transitórios (Presidente da República e Senadores) nomeiam os permanentes/vitalícios (Ministros da Corte). O critério é o político, con-

44. R. de La Charrière, indignado, lamentou, em um artigo, a impotência da vontade nacional frente aos juízes irresponsáveis: "la *volonté nationale* puisse être tenue en échec par des *juges irresponsables*" (*apud* Jacques Chevallier, *L'État de Droit*, p. 94).

quanto o Tribunal vá decidir questões jurídicas, embora de feições também políticas, umas mais, outras menos.

Andrei Koerner enfoca os critérios de nomeação de Ministro do STF nos anos 1900 a 1911. Noticia que a escolha dos Ministros pelo Presidente da República tinha o objetivo de garantir maioria favorável no tribunal, limitada apenas pelos compromissos da política dos governadores. A nomeação de um Ministro para o STF poderia ser uma retribuição do Presidente da República a um auxiliar por serviços prestados, ou parte de uma aliança entre facções. Em seguida, o autor estabelece as ligações dos Ministros com as facções a partir de alguns critérios: *a)* ligações pessoais, especialmente de parentesco, com os chefes políticos; *b)* cargos eletivos ou de confiança exercidos, e a facção dominante naquele momento; *c)* a facção do Estado de nascimento do Ministro aliada ao Presidente da República no momento da sua nomeação. No sustento de sua tese, nomina vários Ministros do período, indicando o critério da nomeação presidencial.[45]

Contribui sobremaneira, ainda, para esta ilegitimidade do órgão judicante o seu distanciamento das aspirações populares, o divórcio que apresenta frente às valorações sociais.[46] Consoante Antonio Carlos Wolker, a concretização da legitimidade supõe, antes de tudo, a "transposição da simples detenção do poder e a conformidade com as acepções do justo, advogadas pela coletividade".[47] E assim como foi meritório o trabalho de Max Weber em aproximar a legitimidade da legalidade (legitimidade legal-racional), também é ora de se aproximar a legitimidade da judicialidade, enfatizando a *justiça* das decisões do Poder Judiciário.[48]

Além da *justiça*, outros valores, coletados nesta pesquisa, têm sido olvidados pelo Supremo Tribunal Federal. Mencionamse, sem exaustividade, a violação às leis básicas da preservação da nação (ex.: o processo de entreguismo do patrimônio brasileiro ao estrangeiro), a aniquilação de instrumento hábil à defesa de direitos fundamentais (mandado de injunção), a ruptura da separação dos poderes e a quebra da segurança jurídica (reedição de medidas provisórias).

Por fim, a legislação não disponibiliza à população instrumentos hábeis para controlar as decisões e atos do STF. Os remédios processuais são inúteis (correição parcial, ação criminal, ação popular, ação de responsabilidade), pois serão julgados no Judiciário, perante órgãos subordinados à Corte, quando não no próprio STF.

A sociedade atual é complexa. Possui muitos grupos com interesses antagônicos, na luta pelo poder, cada qual procurando se impor aos demais. Devem, de toda sorte, ser preservados os interesses mais genéricos (defesa da nação, organização do país, coesão do povo) e mais justos (tópica). Contudo, não tem o Supremo Tribunal observado isto em muitas ocasiões, chegando, às vezes, a contrariar os interesses legítimos do próprio Judiciário. Muitas destas questões

45. *Judiciário e Cidadania*, pp. 187-190.

46. Embora reconhecendo uma certa dificuldade em determinar com exatidão as valorações da coletividade, Alexy acha plausível a idéia de que quem decide tem de se ajustar aos valores da coletividade ou de círculos determinados (*Teoría de la Argumentación Jurídica*, p. 30). O valor está presente na argumentação jurídica e deve orientar, indiscutivelmente, a decisão judicial (Chaïm Perelman, *Tratado da Argumentação*, p. 84; e, do mesmo autor, *Ética e Direito*, pp. 57-60).

47. "Uma nova conceituação crítica de legitimidade", *CDCCP* 5/26.

48. Eduardo Faria ministra que a falta de uma postura adequada do magistrado às contradições sociais, em face dos conceitos fechados e tipificantes dos sistemas legais vigentes, é responsável pela ilegitimidade do direito, levando ao progressivo esgotamento tanto da operacionalidade quanto do acatamento de suas decisões frente à expansão dos conflitos coletivos. E cita, a título desse *esgotamento*, no Brasil contemporâneo, o caso das ocupações de terras, em virtude da tendência dos ocupantes em desconfirmar a autoridade do Judiciário ("Ordem legal *x* mudança social: a crise do Judiciário e a formação do magistrado", pp. 108-109).

passam pela chancela da Procuradoria-Geral da República, que, por vezes, se queda inerte em momentos palpitantes (ex.: os escândalos envolvendo membros do Congresso Nacional; a máfia do orçamento; as denúncias sobre o alto escalão do governo, detectadas em telefonemas clandestinos; a corrupção no desvio de verbas públicas, sobretudo para salvar bancos privados). Sem um controle popular, o representante da Procuradoria-Geral da República se perpetua no cargo, tornando-se quase vitalício (como os Ministros do STF).

Provavelmente, os pronunciamentos desses órgãos tenham por causa o fato de seus *Chefes* não serem legitimados pela sociedade nem, por vezes, da própria categoria a que pertencem (magistratura e Ministério Público). Talvez essa ilegitimidade tenha contribuído em muito para a tomada de tais posturas: a falta de escudo legitimador da maioria dos membros das respectivas instituições e do povo. Ou conseqüência da forma como ingressam nos respectivos cargos o Procurador-Geral da República e os Ministros do STF, através de nomeação pelo Presidente da República e aquiescência pelo Senado Federal (critério político).

Na quase totalidade dos casos, a injustiça *não é da lei*, *mas da interpretação*[49] dada pelo aplicador da norma, da conferida pelo Tribunal. E, deste modo, rui por terra o último reduto capaz de legitimar o STF em suas decisões. Sim, pois as outras instâncias legitimadoras (v. acima), inexistem ou inoperam no ordenamento brasileiro. Sem a justiça da decisão, portanto, não se pode falar em legitimação. E quando o STF resgata a justiça, em outros feitos processuais, nem assim, por si só, ele adquire a legitimidade, exatamente porque não satisfaz aos demais *testes*, sobremodo quando desatende aos fundamentos da República Federativa e do Estado Democrático de Direito. Por vezes, a decisão, sob este critério, torna-se até legítima, mas deixa a descoberto as instâncias da "forma de ingresso dos membros da Corte" e da "possibilidade de controle eficaz de seus atos". Então, o órgão, em si, continua ilegítimo.

Portanto, sem atender a todos os testes de legitimidade (as *instâncias* de que temos tratado neste tópico) não se pode ter por legítimo o STF, apesar da sua conformação legal e constitucional.

### *5. Conclusão*

Ao lume do exposto, entendemos que falta ao STF legitimidade, entendida a palavra no seu sentido científico. Deveras, a forma de ingresso nessa Corte não atende aos padrões democráticos; a permanência — vitalícia — de seus integrantes é incompatível com a maioria dos sistemas de Cortes Constitucionais; o modo de composição do Supremo Tribunal não passa pelo crivo da população, a qual não possui nenhum poder de cobrar de seus membros responsabilidades ou posturas. Por outro lado, a par de históricas decisões benéficas aos anseios populares (sobretudo no início do século XX), registram-se vários posicionamentos do STF, tomados na vigência da CF/1988, que deixaram ao desamparo os direitos e garantias fundamentais, o pacto da nação e os mais profundos interesses da sociedade. Este distanciamento ou descompasso entre a Corte e o Povo leva a uma desconfiança natural do jurisdicionado no órgão, que passa a não incorporar suas decisões (exceto pela força — não se sabe até quando, ante o perigo da desobediência civil), acarretando a crise de legitimidade. O agravamento desta situação constitui perigo para as instituições, ante sua fragilização, decorrência da ilegitimidade que assumem.

### *Referências bibliográficas*

ADEODATO, João Maurício. "Uma teoria (emancipatória) da legitimação para países subdesen-

49. Hart, *O Conceito de Direito*, p. 174.

volvidos", *Anuário do Mestrado em Direito* 5/207-242, Recife, Universidade Federal de Pernambuco, Ed. Universitária da UFPE, 1992.

ALEXY, Robert. *Teoría de la Argumentación Jurídica*. Madri, Centro de Estudios Constitucionales, 1997.

ÁVILA, Fernando Bastos de. *Pequena Enciclopédia de Moral e Civismo*. Rio de Janeiro, Companhia Nacional de Material de Ensino, Ministério da Educação e Cultura — MEC, 1967.

BALEEIRO, Aliomar. "O Supremo Tribunal Federal", *Revista Forense* 69(242)/5-15, Rio de Janeiro, Forense, abr.-jun. 1973.

BASTOS, Celso Ribeiro. *Dicionário de Direito Constitucional*. São Paulo, Saraiva, 1994.

BONAVIDES, Paulo. *A Constituição Aberta*. 2ª ed., São Paulo, Malheiros Editores, 1996.

______. *Teoria do Estado*. 3ª ed., São Paulo, Malheiros Editores, 1995.

CADEMARTORI, Sérgio. *Estado de Direito e Legitimidade — Uma Abordagem Garantística*. Porto Alegre, Livraria do Advogado, 1999.

CHEVALLIER, Jacques. *L'État de Droit*. 2ª ed., Paris, Montchrestien, EJA, 1994.

COHN, Haim H. *Los Derechos Humanos en la Biblia y en el Talmud*. Barcelona, Riopiedras, 1996.

DANTAS, Ivo. *Teoria do Estado — Direito Constitucional*. v. I, Belo Horizonte, Del Rey, 1989.

DWORKIN, Ronald. *Los Derechos en Serio* (título original: *Taking Rights Seriously*). Barcelona, Ariel Derecho, 1995.

FARIA, José Eduardo (org. e colaborador). "Ordem legal *x* mudança social: a crise do Judiciário e a formação do magistrado", *Direito e Justiça — A Função do Judiciário*. 3ª ed., São Paulo, Ática, 1997.

FERNANDEZ, Eusebio. *Teoría de la Justicia y Derechos Humanos*. Madri, Editorial Debate, 1991.

GARCIA, Juvêncio Gomes. *Função Criadora do Juiz*. Brasília, Brasília Jurídica, 1996.

GOYARD-FABRE, Simone. *Os Princípios Filosóficos do Direito Político Moderno*. Trad. Irene A. Paternot (título original francês: *Les Principes Philosophiques du Droit Politique Moderne*). São Paulo, Martins Fontes, 1999.

GRAU, Eros Roberto. *A Ordem Econômica na Constituição de 1988 — Interpretação e Crítica*. 2ª ed., São Paulo, Ed. RT, 1991.

HART, Herbert L. A. *O Conceito de Direito*. 2ª ed. Trad. A. Ribeiro Mendes (título original inglês: *The Concept of Law*). Lisboa, Fundação Calouste Gulbenkian, 1994.

KELSEN, Hans. *Teoria Geral do Direito e do Estado*. Trad. Luís Carlos Borges (título original: *General Theory of Law and State*). São Paulo, Martins Fontes, 1995.

KOERNER, Andrei. *Judiciário e Cidadania na Constituição da República Brasileira*. São Paulo, HUCITEC/Departamento de Ciência Política, USP, 1998.

LIMA, Mário Franzen. *A Hermenêutica Tradicional e o Direito Scientífico*. Belo Horizonte, Oliveira, Costa & Cia, Officinas Graphicas, 1932.

LUHMANN, Niklas. *Sociologia do Direito*. 2 vs. Trad. Gustavo Bayer (título original alemão: *Rechtssoziologie I-II*). Rio de Janeiro, Tempo Brasileiro, 1985.

MARQUES DE LIMA, Francisco Gérson. *O Supremo Tribunal Federal na Crise Institucional Brasileira*. Fortaleza, Ed. ABC/Fortlivros, 2001 (aquisição: 0xx85-251-1152).

MARTÍN, Nuria Belloso. *El Control Democrático del Poder Judicial en España*. Curitiba, Universidad de Burgos, Moinho do Verbo, 1999.

MIRANDA, Jorge. *Manual de Direito Constitucional*. 4 ts. 2ª ed., Coimbra, Coimbra Editora, 1988.

MÜLLER, Friedrich. *Quem é o Povo? — A Questão Fundamental da Democracia*. Trad. Peter Naumann. São Paulo, Max Limonad, 1998.

PERELMAN, Chaïm. *Tratado da Argumentação*. Trad. Maria Ermantina Galvão G. Pereira (título original: *Traité de l'Argumentation*). São Paulo, Martins Fontes, 1996.

PRUDENTE, Antonio Souza. "A lei injusta e sua inconstitucionalidade substancial no Estado Democrático de Direito", *Revista de Informação Legislativa* 30(119)/121-130, Brasília, Diretoria de Informação Legislativa, Senado Federal, jul.-set. 1993.

ROBLES, Gregorio. *Los Derechos Fundamentales e la Ética en Sociedad Actual*. Madri, Civitas, 1995.

ROCHA, José de Albuquerque. "Poder Judiciário: o que conservar e o que inovar", *Revista de Direito Processual Civil* 15/24-32, Curitiba, Gênesis, jan.-mar. 2000.

RUIVO, Fernando. "Aparelho judicial, Estado e legitimação", in FARIA, José Eduardo (org.). *Direito e Justiça — A Função Social do Judiciário*. 3ª ed., São Paulo, Ática, 1997, pp. 66-94.

SALDANHA, Nelson Nogueira. *Pequeno Dicionário da Teoria do Direito e Filosofia Política*. Porto Alegre, Sergio Antonio Fabris Editor, 1987.

______. "Reflexões sobre a história do Supremo", *Arquivos do Ministério da Justiça* 157/96-101,

Rio de Janeiro, Ministério da Justiça, jan.-mar. 1981.

SALVETTI NETTO, Pedro. *Curso de Teoria do Estado*. 7ª ed., São Paulo, Saraiva, 1987.

TAVARES, André Ramos. *Tribunal e Jurisdição Constitucional*. São Paulo, Celso Bastos Editor, 1998.

TEIXEIRA, Sálvio de Figueiredo. "O Judiciário brasileiro e as propostas de um novo modelo", *Lex — Jurisprudência do STF* 250/5-10, Brasília, out. 1999.

THOREAU, Henry. *A Desobediência Civil*. Trad. Sérgio Karam. Porto Alegre, LP&M, 2001.

VALE, Osvaldo Trigueiro do. *O Supremo Tribunal Federal e a Instabilidade Político-Institucional*. Rio de Janeiro, Civilização Brasileira, 1976.

WOLKER, Antonio Carlos. "Uma nova conceituação crítica de legitimidade", *Cadernos de Direito Constitucional e Ciência Política — Instituto Brasileiro de Direito Constitucional* 5/25-31, São Paulo, Ed. RT, out.-dez. 1993.

# A RELAÇÃO JURÍDICO-ADMINISTRATIVA

TOSHIO MUKAI

Mestre e Doutor em Direito pela Universidade de São Paulo — USP.
Ex-Professor de Direito da Universidade Mackenzie/SP

*1.* Após muitos anos de procura, finalmente, tivemos a feliz oportunidade de adquirir o pequeno mas valiosíssimo livro de Ruy Cirne Lima, intitulado *A Relação Jurídica no Direito Administrativo*, publicado em Porto Alegre, em 1952.

Depois de lê-lo e estudar as lições inolvidáveis do Mestre Cirne e Lima, um pouco como uma homenagem ao grande administrativista e um pouco em função do entusiasmo que me causaram suas lições insertas nessa pequena obra-prima, resolvi transmitir aos que se iniciam na área, e aos que já se debruçam sobre os temas do Direito Administrativo, as idéias e lições centrais do Autor, que se iniciam com uma "Advertência" no sentido de que não é possível o estudo sistemático do Direito Administrativo, sem que lhe supra a Ciência Jurídica o que a dogmática lhe recusa: uma Parte Geral. E aduz, "o tema central de uma Parte Geral do Direito Administrativo há de ser, *ad instar* da do Direito Civil, a relação jurídica, analisada em seus elementos constitutivos".

E, assim, o Mestre desenvolve um trabalho magnífico, fixando e definindo a noção de relação jurídica administrativa, mostrando-nos sua estrutura fundamental, no Capítulo I, e nos Capítulos II, III e IV, delineia como a relação jurídica administrativa se manifesta e compõe três dos principais setores de estudo do Direito Administrativo, ou seja: as pessoas administrativistas, os bens públicos e os atos e contratos administrativos.

*2.* No Capítulo I mostra que a relação jurídica administrativa contém, em si, uma dualidade conceitual, ou seja, a par de uma relação jurídica clássica, *more subjectivo*, existe a relação de administração *more objectivo*.

Essa assertiva central do Capítulo é explicada lapidarmente pelo Autor, a partir da seguinte constatação: "a par do conceito clássico de relação jurídica (as coisas e os fatos se vinculam ao sujeito de direito *more subjectivo*, ligando-se, incondicionalmente, à vontade daquele) os romanos já tinham noção, embora menos precisa, de outra figura de relação jurídica (onde a ligação entre o sujeito de direito e as coisas e fatos se opera *more objectivo*, vinculando-se, estes, àquele, meramente, como órgãos ou instrumentos para a persecução de um fim)" (p. 9).

Em outro ponto leciona que as duas figuras da relação jurídica, a de que se estabelece *more objectivo* e a da que se forma *more subjectivo* não são, entre si, incompatíveis, ainda que, segundo a hipótese, uma necessariamente impeça e paralise a outra, e que, essa dualidade de relações jurídicas, sobre o mesmo *objectum juris*, deparâmo-lo analogicamente estendida, no sistema jurídico romano, às coisas do domínio público (pp. 15-16).

Quanto às coisas do domínio público, diz o Autor, a manifestação de ambos os tipos de relação jurídica distende-se, *quasi naturaliter*, às relações de direito das pessoas jurídicas, de cuja essência é precisamente a persecução de um fim, a cujo influxo todas as suas relações se estruturam.

Após (com base em Merkl) definir o que seja administração, afirmando que, "em todas as épocas, é elementar, no conceito de administração, a idéia de adequação ou tendência a um fim", diz, "de outra parte, essa fidelidade a um fim é própria daqueles que cumprem ordens alheias, como o inferior (*minor*) e o criado (*minister*) já que, para estes, ater-se ao fim designado, não é simples faculdade, sensível a razões de oportunidade ou conveniência — é dever".

Mais adiante assevera: "À atividade de administração, esses traços bastam para identificá-la, como a geratriz, na vida das pessoas jurídicas, da relação constituída *more objectivo*, coativamente vinculada a um fim".

Daí concluir: "Relação de administração é a que se cria às pessoas jurídicas, ao desenvolvimento de sua atividade finalística; relação da administração, a em que se encontram as coisas do domínio público enquanto ao fim a que são destinadas; relação de administração a que se inserem as mesmas coisas sagradas" (p. 26).

E, à p. 27, nos oferece o Autor uma observação fundamental: "A dualidade do conceito de relação jurídica é dado essencial à estrutura do Direito Administrativo. Este seria inconcebível, se a par da relação jurídica, classicamente firmada *more subjectivo*, não existisse a relação de administração, constituída *more objectivo*".

No Direito Privado, "as relações jurídicas consubstanciam, de regra, em direitos subjetivos, dos quais Windscheid disse que consiste em um poder de vontade conferido pela ordem jurídica. O Direito Administrativo, ao revés, disciplina, de regra, relações de administração. Nessa acepção, felicíssimo é o *dictum* de Otto Mayer, que o designa como o direito próprio da administração" (p. 27).

E faz, em seguida, uma diferenciação que, em princípio, é fundamental, dizendo que o contraste entre a relação de administração e o direito subjetivo, no Direito Privado, está em que este paralisa aquele, enquanto no Direito Público e no Direito Administrativo a relação de administração paralisa o direito subjetivo.

E, especificamente, sobre a relação de administração no Direito Público e no Direito Administrativo, ela, leciona o Autor, se constitui, independentemente de direito subjetivo, próprio ou alheio. Já existente sobre o *objectum juris*, que ela vem a vincular (p. 29).

A seguir, chama-nos a atenção para a possibilidade de um negócio jurídico, de Direito Público, essencialmente endereçado a criar uma relação de administração, afetar, *per accidens*, também o direito subjetivo privado coexistente. Exemplifica a hipótese com a concessão de uma via férrea, onde se pode, acidentalmente, inserir-se a transferência do solo necessário à implantação da linha, se aquele é propriedade do concedente (p. 30).

Mas, essa mesma hipótese pode não ser acidental e sim essencial, pois o Autor assevera que "pode o mesmo negócio jurídico, de Direito Público ou de Direito Privado, vir a criar simultaneamente relações de administração e direitos subjetivos, aquelas e estes com a mesma natureza, publicística ou privatística, segundo a hipótese". Nos fornece, como exemplo, no âmbito do Direito Público, a questão da natureza jurídica da concessão de serviço público, da qual defluem, simultaneamente, relações de administração e direitos subjetivos do concedente e do concessionário.

*3.* No Capítulo III, o Autor aborda as pessoas administrativas.

Aqui, sua primeira observação, totalmente procedente, é no sentido de que a relação de administração, de alguma forma, suscita e chama à existência a pessoa jurídica (p. 37).

E, da adequação específica das pessoas administrativas à atividade de administração pública, decorre como primeiro corolário o caber-lhes essa atividade de modo imediato, isto é, sem dependência de um negócio jurídico (p. 38) e, por isso, conclui que "a imediatidade da atividade da administração pública, com respeito à pessoa administrativa, marca-lhe a diferença específica, em confronto com todas as demais pessoas físicas ou jurídicas, que exercitam a administração pública. Ou seja, por definição, a pessoa administrativa tem, como lhe sendo conatural, a imediatez da atividade de administração pública" (p. 39).

Ao fim, o Autor conclui: "A relação de administração preside, assim, dominantemente, ao desenho e desenvolvimento da doutrina das pessoas administrativas. Na verdade, a vinculação cogente a uma finalidade, pela qual se caracteriza a relação de administração, haveria de operar os seus efeitos, como de resto, já ficou entrevisto, não somente quanto à explicação da atividade da administração, mercê da qual a relação se concretiza, senão, igualmente, quanto à disposição e aparelhamento do instrumento ou órgão da ação" (p. 42).

*4.* No Capítulo IV, o Autor trata dos bens nas relações jurídicas administrativas.

Inicia por esclarecer que a relação de administração se manifesta de duas maneiras em relação aos bens, no Direito Administrativo: a) referida às pessoas administrativas, órgãos ou atividades de administração pública, a relação de administração aparece-nos como um sistema de competências, completado por um sistema de vedações jurídicas. As competências são dadas pela lei e quanto às vedações, o Autor observa que se o bem há de permanecer vinculado à finalidade que lhe é designada, há de ser defendido contra a desvirtuação dessa finalidade (veja-se a inalienabilidade, a imprescritibilidade e a impenhorabilidade); b) a relação de administração prima sobre o direito subjetivo, acaso existente sobre o mesmo objeto. No Direito Administrativo, a relação de administração paralisa, inteiramente, o direito de propriedade, enquanto ao fim a que a coisa se vincula (p. 50).

*5.* No Capítulo V o Autor discorre sobre os atos e contratos administrativos.

Aqui, observa o Autor que "a dualidade das relações jurídicas que podem manifestar-se pelo ato administrativo, explica-nos a dificuldade notória e a variedade perturbadora que assinalam a conceituação do negócio jurídico administrativo". E acrescenta: "Entretanto, se, no mesmo ato administrativo se subsumem duas ordens distintas de relações jurídicas, nestas e não no ato, que lhes diz respeito, haverá de buscar-se a solução do problema" (p. 64).

E, observando que "a relação de administração e o direito subjetivo soem entrelaçar-se (aqui), e, se aquela não paralisa totalmente a formação e o exercício deste, governa-o, sem embargo, como a condição governa a obrigação. Ao demais, aduz, somente a presença, no ato administrativo, da relação de administração, permite qualificá-la como tal *quoad substantian*. Revela-o, e superabundantemente, a doutrina do contrato administrativo" (p. 65).

E, após dizer que o contrato administrativo não se caracteriza pelo fato de uma das partes contratantes ser pessoa administrativa ou pelo fato de se lhe atribuir como finalidade mediata um interesse conexo com a atividade da administração estatal (pp. 65-66), assevera que o que qualifica, na verdade, como tal, o contrato administrativo, é a relação de administração, que nele se manifesta, o fim que paralisa a relação de administração; a *causa finalis* não poderá faltar, sem dúvida, ao contrato administrativo; há de manifestar-se, porém imediatamente pela consumação do negócio jurídico, ainda que *ultima in executione*, de vez que *prima in intentione*.

Não descarta, também, a presença, como parte, de uma pessoa administrativa no contrato, mas essa presença deve traduzir uma exigência imediata da natureza mesma da relação de administração (p. 67).

Em suma, para o Autor, "o que haverá, realmente, de administrativo, nesse contrato, qualificando-o como contrato administrativo, será tão-somente o que concernir à relação de administração".

Conclui o Mestre o Capítulo e a obra, com duas assertivas certeiras:

"Plurilateral ou unilateral, o ato administrativo é a concomitância jurídica, *quoad actionem*, da relação de administração, no Direito Administrativo;"

"Como o domínio, o direito subjetivo por excelência, reclama para si um negócio jurídico e específico, o negócio jurídico real, assim, também, no Direito Administrativo, a relação de administração engendra o ato administrativo" (p. 71).

Eis aí, em síntese, as lições do Mestre Cirne Lima, tão importantes no passado e tão mais necessárias no presente, quando grande parte dos estudiosos do Direito Público se põe a escrever e a operar o Direito Administrativo sem ter o dar a mínima atenção para os fundamentos básicos deste ramo da Ciência do Direito.

E, essas lições não podem senão corroborar o melhor conceito sintético que já vimos do Direito Administrativo: "é o direito comum relativo à regulação e gestão subordinada de interesses coletivos" (Meilán Gil, *El Proceso de la Definición Del Derecho Administrativo*, Madri, ENAP, 1967, p. 85).

# REFLEXÕES DA TEORIA DA EMPRESA E DO DIREITO PÚBLICO NO CÓDIGO CIVIL BRASILEIRO

HERALDO GARCIA VITTA

Especialista em Direito Civil. Mestre em Direito do Estado pela PUC/SP.
Professor de Direito Administrativo na Universidade de Marília
e na Escola Superior da Magistratura do Paraná (Jacarezinho). Juiz Federal em Marília/SP

*Introdução. 1. Breves anotações históricas do Direito. 2. A unidade do Direito. 3. Dicotomia do Direito Privado. 4. Teoria dos atos de comércio. 5. Teoria da empresa. 6. Conceitos do Direito Público: 6.1 Fundações, concessionárias, organizações sociais e demais entidades; 6.2 Sociedades de economia mista e empresas públicas (estatais). Conclusões. Bibliografia.*

## *Introdução*

*1.* Com o advento do Código Civil brasileiro, alguns temas — como não poderia deixar de ser, quando se procura inovar no mundo — começaram a ser debatidos, sobretudo a provável unificação entre os dois ramos do Direito Privado, o Direito Civil e o Direito Comercial. Procura-se, no trabalho, explicar o significado da unidade do sistema normativo, sem prejuízo da dicotomia do Direito Privado (que não restou abalado pela nova lei) e da mudança, dogmática, da teoria dos atos de mercancia para a teoria da empresa, já adotada noutros países, como na Itália.

*2.* Pelo fato de o Código Civil seguir a tradição de realizar conceitos e divisões de alguns objetos próprios do Direito Público, teve-se o intuito, de neste esboço, trazer esclarecimentos teoréticos, baseados na boa doutrina, a fim de que não se desnaturem institutos do Direito Administrativo.

*3.* Evidentemente, outros argumentos talvez mais prósperos do que os aqui abordados poderão advir, em prol da ciência do Direito; contudo, isso somente enriquecerá o debate científico.

## *1. Breves anotações históricas do Direito*

*1.* A princípio, a economia era, fundamentalmente, fechada, e os homens não realizavam quase nenhum ato comercial. As tribos viviam sob a lei do mais forte, em especial do patriarca.

Em algumas sociedades arcaicas ou feudais aparecem cidades. Elas surgem de necessidades econômicas, resultado do desenvolvimento da economia de troca, pelo transporte de mercadorias, por comerciantes, de uma região para outra.

A economia fechada do regime dominial da época feudal é substituída pela economia de troca. As cidades têm papel importante no desenvolvimento econômico: aparece o direito urbano, "caracterizado pela igualdade jurídica dos membros da comunidade urbana (os burgueses) e pela formação de regras próprias das instituições novas nascidas do comércio e da indústria (direito comercial, direito industrial, direito social)".[1]

Essas cidades surgem, na Europa feudal dos séculos XI e XII, já com uma nova classe social, os comerciantes, que entram em conflito com a hierarquia feudal. A solidariedade étnica dos clãs, além da nobreza, desagrega-se nas cidades. Os bens móveis substituem os imóveis na hierarquia dos valores econômicos.

*2.* Nessa época, o Direito passa a ser escrito. Já não há o Direito fundamentado apenas nos costumes, com exceção dos países integrantes do *Common Law* (formado na Inglaterra).

No início do século XIX, em França, Napoleão Bonaparte edita o Código Civil (1804), seguido do Código Comercial (1808). Verifica-se novo enfoque para o entendimento do Direito; os jurisconsultos já analisam as normas jurídicas codificadas, deixando de lado o denominado "Direito Natural", cujo conceito era fruto de acirradas discórdias. A escola da exegese toma por base, para a ciência do Direito, as normas jurídicas, escritas e codificadas.

## *2. A unidade do Direito*

*3.* Como cediço, o Direito é um sistema normativo, ou seja, um conjunto de normas e princípios, interligados, numa conexão constante e atualizada, visando à paz social, à ordem na sociedade.

O Direito tem função; é funcional; possui finalidade, que é o bem-estar da sociedade. No conceito de Direito, insere-se o *fim* dele, razão de sua existência. Não é suficiente, desse modo, o conceito de Direito meramente orgânico ou estrutural; ele tem elemento funcional, finalístico, pois é meio ou instrumento para a realização da paz social. Basta ver-se, no Direito Positivo deste País, o art. 4º, da Lei de Introdução ao Código Civil brasileiro, segundo o qual o juiz, na aplicação da norma jurídica, atentará aos fins sociais dela.

*4.* O caráter *sistemático* do Direito faz com que ele seja *unitário*. Trata-se de um conjunto harmônico, em que as partes guardam relações de harmonia e equilíbrio entre si. Não há norma jurídica avulsa, isolada.[2-3]

*5.* Uma das características do Direito é o seu caráter *atributivo*. O Direito cria suas próprias realidades, qualifica-as, elabora conceitos, como de pessoa física, de pessoa jurídica, de bens etc. E o Direito Civil, é por essência, atributivo, conforme se vê das diversas disposições dele, ao conceituar objetos havidos universais do Direito.

## *3. Dicotomia no Direito Privado*

*6.* Apesar dessa unidade do sistema normativo, o Direito divide-se em dois grandes ramos, o Direito Público e o Direito Privado. Neste, segundo ensinamentos de Oswaldo Aranha Bandeira de Mello, baseados no Direito romano, as normas regulam as atividades dos particulares e as relações jurídicas conseqüentes por eles formadas; a ma-

1. John Gilissen, *Introdução Histórica do Direito*, p. 205.

2. Cf.Heraldo Garcia Vitta, *Aspectos da Teoria Geral no Direito Administrativo*, p. 24.

3. O fato de não haver normas jurídicas isoladas, em decorrência da unidade formal do Direito, não impede a separação, para estudo, do objeto do meio circundante. Na verdade, para o estudo de quaisquer objetos, faz-se necessário separá-lo do meio em que se insere. Depois de depurado, analisado, estudado, retorna às circunstâncias anteriores, agora com maior funcionalidade, com mais rigor científico. Nesse sentido, José Vilanova, *Elementos de Filosofía del Derecho*, p. 19, rodapé 2.

nifestação da vontade dos particulares se realiza no plano da igualdade, em que as partes acordam, livremente, sobre as questões de seus interesses. Já naquele, as normas regulam o Estado-poder, enquanto independente na ordem externa, e soberano na ordem interna; a manifestação da vontade dá-se em plano diverso, de superioridade, quando a outra parte tem posição social diferente, mais particular ou individual.[4]

*7.* Apesar de estarem imbicados no Direito Privado, o Direito Comercial e o Direito Civil diferem entre si. Com efeito, distinguem-se normas de *direito comum*, regular ou geral, das normas do *direito especial*. As primeiras constituem um sistema de princípios gerais destinados a impor-se universalmente a todas as relações que nele se formam e a todas as pessoas que destas relações participam; o direito especial regula relações particulares ou grupo de relações, ou se refere a determinadas pessoas, constituindo, em certo sentido, exceção aos princípios gerais.[5]

*8.* Portanto, o Direito Comercial e o Direito Civil inserem-se no âmbito do Direito Privado, mas suas normas, basicamente, não são intercambiáveis. Trata-se da dicotomia do Direito Privado.[6] O Direito Comercial, como direito especial que é, aplica-se somente a casos particulares, referentes a atos de mercancia, nos termos da vetusta *teoria dos atos do comércio*.[7] Mas, como se verá, com o advento do atual Código Civil, a teoria dos atos do comércio foi substituída pela teoria da empresa.

### *4. Teoria dos atos de comércio*[8]

*9.* O Código francês classificou as relações jurídicas privadas em civis e comerciais. Para cada regime, havia regras diferentes sobre contratos, obrigações, prescrição, prerrogativas, prova judiciária e foros. Pelo sistema adotado, quando alguém explorasse atividade econômica que o direito considerasse "ato de comércio", submetia-se às obrigações do Código Comercial e às proteções respectivas (por exemplo, direito à concordata).

Ocorre que na lista dos atos de comércio não se encontravam várias atividades, como as bancárias, seguro, indústria, negociações de imóveis, agricultura ou extrativismo.

4. *Princípios Gerais de Direito Administrativo*, v. I, pp. 24 e ss.

5. Vicente Ráo, *O Direito e a Vida dos Direitos*, p. 210, citando De Ruggiero. O autor brasileiro explica serem de direito comum o direito civil e o direito público interno; de direito especial, o direito comercial, o direito tributário, o direito do trabalho (ob. cit., p. 212).

6. Essa dicotomia do Direito Privado não leva à *autonomia absoluta* desses ramos do direito, devido à unidade do ordenamento jurídico; é uma autonomia meramente *relativa*, tanto que pode haver casos em que a norma de determinado ramo do direito seja aplicada a outro, por meio da analogia. Pode haver, ainda, a hipótese de um princípio geral de direito, extraído das normas e dos valores de determinado ramo do direito, ser aplicado em outro ramo, distinto daquele que o originou.

7. Tanto o direito comum quanto o direito especial comportam interpretação extensiva e analogia, desde que não ofendam a finalidade de sua existência.

8. É interessante notar que, nas antigas cidades gregas, todos os trabalhos que tivessem ou pudessem propiciar lucro monetário eram havidos indignos dos homens livres. As repúblicas gregas repudiavam todas as profissões praticadas com aquele intuito, inclusive a agricultura era havida uma profissão servil, realizada por povos vencidos. Para o exercício do comércio, era necessário que um cidadão prestasse serviços a um escravo, a um arrendatário, a um estrangeiro. Isso porque as repúblicas gregas tinham por finalidade as guerras; os cidadãos que trabalhassem no comércio, na agricultura e nas artes eram repudiados. Os gregos encontravam ocupação nos exercícios que dependiam de ginástica e nos referentes à guerra. Em contrapartida, a música tinha a incumbência de estimular as paixões dos gregos, tornando-os menos rudes, piedosos, suaves (cf. Montesquieu, *Do Espírito das Leis*, Livro IV, Capítulo VIII).

*10.* Assim, os países foram admitindo, gradativamente, novas atividades no rol concernente aos atos de comércio. Na Alemanha, em 1897, o Código Comercial alargou o conceito de atos de comércio, ao considerar comerciante todos os que o desenvolvesse na sua atividade. Já no Direito francês, a atividade econômica é regida pelo Direito Comercial, se explorada por quaisquer tipos de sociedades.

*11.* No Brasil, o Código Comercial de 1850 sofreu grande influência da teoria dos atos do comércio. O Regulamento 737 enumerou a relação de atividades econômicas de mercancia.[9]

Ora, o Direito Comercial tem, além de outras, uma característica fundamental, reveladora de sua proeminente evolução na sociedade, que é o *dinamismo*. Em todo momento, surgem novas relações jurídicas, as quais, ao menos em princípio, poderiam estar inseridas no âmbito desse ramo do Direito.

*12.* Logo se observa, a teoria dos atos de comércio estava fadada ao insucesso, ao longo do tempo. Embora útil no momento de sua criação, torna-se obsoleta e arcaica, exigindo nova concepção nas atividades econômicas modernas. Surge, desse modo, a *Teoria da Empresa.*

## *5. Teoria da empresa*

*13.* Os doutrinadores discutem a unificação do Direito Privado, por intermédio de um Código comum, que abarcaria o Direito Civil e o Direito Comercial. No país, vingou a tese intermediária, a partir da promulgação da Lei 10.406, de 10 de janeiro de 2002 (Código Civil brasileiro), cuja vigência ocorre desde o mês de janeiro de 2003.[10]

*14.* O art. 2.045 da referida lei federal estabelece: "Revogam-se a Lei 3.071, de 1º de janeiro de 1916 — Código Civil e a Parte Primeira do Código Comercial — Lei 556, de 25 de junho de 1850".[11]

Há revogação *expressa*, determinada no dispositivo, sem prejuízo de que as normas "antigas", incompatíveis com as atuais, consideram-se revogadas (revogação *tácita*), em virtude do *critério cronológico* de conflito de normas jurídicas, no qual a lei posterior revoga a anterior, exceto no caso de normas jurídicas especiais, as quais, como se sabe, continuam em vigor.[12]

*15.* Inexistiu preocupação de unificar o Direito Civil e o Direito Comercial,[13] houve, na verdade, *a unificação do direito das*

9. Cf. Fábio Ulhoa Coelho, *Manual de Direito Comercial*, pp. 7 e ss.

10. Art. 2.044: "Este Código entrará em vigor 1 (um) ano após a sua publicação". Cuida-se da conhecida *vacatio legis*, isto é, o intervalo entre a publicação da lei e a entrada em vigor dela.

11. A primeira parte do Código Comercial, revogado expressamente, referem aos seguintes títulos: Título I — *Dos Comerciantes*; Título II — *Das Praças do Comércio*; Título III — *Dos Agentes Auxiliares do Comércio*; Título IV — *Dos Banqueiros*; Título V — *Dos Contratos e Obrigações Mercantis*; Título VI — *Do Mandato Mercantil*; Título VII — *Da Comissão Mercantil*; Título VIII — *Da Compra e Venda Mercantil*; Título IX — *Do Escambo ou Troca Mercantil*; Título X — *Da Locação Mercantil*; Título XI — *Do Mútuo e dos Juros Mercantis*; Título XII — *Das Fianças e Cartas de Crédito e Abono*; Título XIII — *Da Hipoteca e Penhor Mercantil*; Título XIV — *Do Depósito Mercantil*; Título XV — *Das Companhias e Sociedades Comerciais*; Título XVI — *Das Letras, Notas Promissórias e Créditos Mercantis*; Título XVII — *Dos Modos por que se Dissolvem e Extinguem as Obrigações Comerciais*; Título XVIII — *Da Prescrição.*

12. Art. 2º, do Decreto-lei 4.657, de 4.9.1942: "Não se destinando à vigência temporária, a lei terá vigor até que outra a modifique ou revogue. § 1º. A lei posterior revoga a anterior quando expressamente o declare, quando seja com ela incompatível ou quando regule inteiramente a matéria de que tratava a lei anterior. § 2º. A lei nova, que estabeleça disposições gerais ou especiais a par das já existentes, não revoga nem modifica a lei anterior. § 3º. Salvo disposição em contrário, a lei revogada não se restaura por ter a lei revogadora perdido a vigência".

13. "É preciso, porém, corrigir, desde logo, um equívoco que consiste em dizer que tentamos

*obrigações*, além de ter sido introduzida, dogmaticamente ao menos, a *teoria da empresa*,[14-15-16] a qual, aliás, já vinha sendo adotada pelos tribunais, antes mesmo do advento do Código.[17] Do conceito de "atos do comércio", passou-se para o da "empresarialidade"; porém, permanece a dicotomia do Direito Privado, no país.[18]

### *6. Conceitos do Direito Público*

***16.*** Seguindo a tradição jurídica, o Código divide as pessoas jurídicas em dois grupos (a) de direito público interno[19] e (b) de direito privado. As primeiras seriam a União, os Estados, o Distrito Federal, os Territórios, os Municípios, as autarquias e as *demais entidades de caráter público, criadas por lei* (art. 41). Encartam-se nas pes-

estabelecer a unidade do Direito Privado. Esse não foi o objetivo visado (...)" (Miguel Reale, "As diretrizes fundamentais do Projeto do Código Civil", in *Comentários sobre o Projeto de Código Civil Brasileiro*, p. 13).

14. "No atual projeto [634-B, de 1975] foi criado um livro — o *Do Direito de Empresa* — que é resultante da fusão sem artifício do Direito Civil e do Direito Comercial. (Nesse livro foi disciplinado tudo o que se encontra estratificado no que diz respeito ao empresário e à empresa, incluindo também o seu substrato material: o estabelecimento. *Extinguem-se, portanto, a distinção entre obrigações civis e obrigações comerciais*.)" (Paulo Roberto C. Arnoldi, *Direito Comercial, Autonomia ou Unificação*, p. 27, destaques nossos).

15. Ao contrário do que se vem apregoando, a teoria da empresa não foi instituto criado pelo "novo" Código Civil brasileiro; ela surgiu na Itália, em 1942, no Código daquele país (cf. Fábio Ulhoa Coelho, *Manual de Direito Comercial*, p. 8). A respeito, o i. Desembargador Federal e Jurista Newton de Lucca assevera: "O Prof. Miguel Reale dizia: *Estaremos adotando a teoria da empresa, um dos primeiros Códigos a colocar a teoria da empresa. Data máxima vênia*, não é o primeiro. Foi do Código Civil italiano de 1942 que copiamos quase tudo (...)" ("Atividade negocial", in *Comentários...*, cit., p. 73; destaques no original).

16. Art. 966: "Considera-se empresário quem exerce profissionalmente atividade econômica organizada para a produção ou a circulação de bens ou de serviços. Parágrafo único. Não se considera empresário quem exerce profissão intelectual, de natureza científica, literária ou artística, ainda com o concurso de auxiliares ou colaboradores, salvo se o exercício da profissão constituir elemento de empresa". Quanto às sociedades por ações, serão *sempre* comerciais (art. 2º, § 2º, Lei 6.404/1976; art. 1.089, do Código Civil brasileiro). As cooperativas estão regidas na Lei 5.764/1971 e no Código Civil brasileiro, arts. 1.093 a 1.096, cujo regime jurídico é o de Direito Civil: não podem pedir concordata ou falência.

17. "Por exemplo, em matéria de renovação compulsória da locação, aplicou-se totalmente a teoria da empresa. Concedia-se a renovação compulsória para alguém que não se caracterizava como comerciante. Não era aplicada a teoria dos atos de comércio. O juiz não pedia o contrato social para saber se a pessoa possuía ou não direito à renovação compulsória. A jurisprudência queria saber se existia uma atividade econômica organizada para produção ou circulação de bens ou de serviço; concedeu para escolas, para hospitais, etc. Em matéria falimentar foi a mesma coisa. Não estava mais em causa saber se aquela empresa havia ou não praticado atos de comércio para, por exemplo, ter direito ao benefício da concordata. Esse benefício foi concedido a pecuaristas em Minas Gerais, porque se reconheceu que o que importava era a atividade econômica organizada e não a eventual prática de atos comerciais" (Newton de Lucca, "Atividade negocial", cit., pp. 73-74).

18. "A teoria da empresa não acarreta a superação da bipartição do direito privado, que o legado jurídico de Napoleão tornou clássica nos países de tradição romana. Altera o critério de delimitação do objeto do Direito Comercial — que deixa de ser os *atos de comércio* e passa a ser a *empresarialidade* —, mas não suprime a dicotomia entre o regime jurídico civil e comercial. Assim, de acordo com o Código Civil de 2002, continuam excluídas da disciplina juscomercialista algumas atividades econômicas. São atividades civis, cujos exercentes não podem, por exemplo, impetrar concordata nem falir" (Fábio Ulhoa Coelho, ob. cit., p. 15).

19. Neste estudo, não se perquire a respeito das pessoas jurídicas de direito público externo, definidas no art. 42: "São pessoas jurídicas de direito público externo os Estados estrangeiros e todas as pessoas que forem regidas pelo direito internacional público".

soas jurídicas de direito privado (art. 44), *associações* (união de pessoas sem fins econômicos — art. 53), *sociedades* (união de pessoas para o exercício de atividade econômica — art. 981) e *fundações* (dotação de bens livres, para fins religiosos, morais, culturais ou de assistência — art. 62).

*17.* Contudo, o que poderia parecer salutar, às vezes, torna-se extremamente inseguro e pode levar a incertezas e obscuridades no Direito. O inciso V, do art. 41, ao mencionar, dentre as pessoas jurídicas de direito público interno, "as demais entidades de caráter público, criadas por lei", tem o efeito de deixar aberta possibilidade de incluir-se outras pessoas jurídicas no conceito, sem as nefastas e enfadonhas mudanças legislativas; mas pode, talvez com a mesma intensidade, permitir conclusões precipitadas, e fora da realidade jurídica brasileira.

*18.* A expressão, utilizada pelo legislador (entidades de caráter público, criadas por lei), é um *conceito jurídico indeterminado*, fluído, plurissignificante, portanto, impreciso. Pode corresponder a diversas realidades, às vezes, totalmente distintas, em dado tempo e lugar.

*19.* Cada instrumento ou meio deve servir somente a um fim. Um Código, elaborado para regular relações jurídicas entre particulares, que têm posição de igualdade, não tem a mesma consistência técnica para estabelecer regras referentes a pessoas em posição de desigualdade,[20] o interesse público sobrepõe-se ao interesse do indivíduo. No Direito Privado, segundo Cirne Lima, predomina a autonomia da vontade; no Direito Público, a finalidade.[21]

Sem querer menosprezar os cultos civilistas deste país — aliás, sempre puderam trazer enormes contribuições científicas — e apesar da importância do Código Civil, sobretudo pelo seu caráter atributivo, como se ressaltou,[22] a partir do século XX, o Direito Civil deixou de ser "Sua Majestade o *Code Civil*" (expressão que denotava a importância do Código Civil francês de 1804, o qual teria influenciado o direito das nações romanistas). Outros ramos do Direito foram surgindo, sistematicamente, como o Comercial e o Direito Administrativo (e suas "ramificações", os Direitos Ambiental, Previdenciário, Urbanístico etc.).[23]

20. Por exemplo, na compensação de dívidas fiscais e parafiscais, o art. 374 *dispunha*: "A matéria da compensação, no que concerne às dívidas fiscais e parafiscais, é regida pelo disposto neste capítulo". Até no Direito Tributário, o legislador "civil" imiscuiu-se. Sobreveio a Medida Provisória 104, de 9.1.2003, nos seguintes termos: "Art. 1º. Fica revogado o art. 374 da Lei 10.406, de 10 de janeiro de 2002 — Código Civil. Art. 2º. Esta Medida Provisória entra em vigor na data da sua publicação" (*DJU* 10.1.2003). Ou seja, alguns dias depois da vigência do Código, ocorreu revogação expressa de norma específica contida nele.

21. "À relação jurídica que se estrutura ao influxo de uma finalidade cogente, chama-se relação de administração. Chama-se-lhe relação de administração, segundo o mesmo critério, pelo qual os atos de administração se opõem aos atos de propriedade. Na administração, o dever e a finalidade são predominantes; no domínio, a vontade" (*Princípios de Direito Administrativo*, p. 52). Há muito, a doutrina italiana acenava com os seguintes dizeres: "Più connaturale, come all'essenza, così alla partizione del diritto amministrativo si presenta l'idea dello scopo speciale. Il quale volontario e libero nel diritto privato è necessario e determinato nel pubblico. Come lo Stato esiste per lo scopo d'interesse generale, e l'azione amministrativa s'informa tutta a quello, così la regola sua che è il diritto amministrativo deve determinarsi nelle determinazioni dello scopo istesso (...)" (*Instituzioni di Diritto Amministrativo*, Lorenzo Meucci, p. 22: "Mais conatural à essência e à participação do Direito Administrativo, se apresenta a idéia do fim especial. Voluntário e livre no Direito Privado, necessário e determinado no público. Como o Estado existe pelo escopo de interesse geral, e a ação administrativa informa-se em vista desse interesse, a regra sua, que é o Direito Administrativo, deve determinar-se no mesmo escopo (...)").

22. Ver o item "2. Unidade do Direito" (supra).

23. "Em França e noutros países do mundo romanista, o ensino de outros ramos do direito não consegue destronar o do direito civil senão no decur-

*20.* Portanto, as noções, conceitos, divisões ou classificações de objetos do Direito Público (com algumas exceções, como no caso do Direito Urbanístico, pois ligado ao Direito de Propriedade) não precisariam constar no Código, ante o risco de uma considerável impropriedade técnica, porque os princípios, os dogmas, os costumes, as normas são diversas no Direito Público e no Direito Privado.

Por isso, há necessidade de alguns esclarecimentos, a fim de evitar-se, tanto quanto possível percalços nos conceitos já tradicionalmente admitidos na ordem jurídica.

### *6.1 Fundações, concessionárias, organizações sociais e demais entidades*

*21.* O art. 41[24] não menciona, no rol das pessoas jurídicas de direito público interno, as *fundações públicas*. Contudo, podem-se considerá-las incluídas na expressão "*entidades de caráter público, criadas por lei*" (inciso V), eis que elas dependem de lei para serem instituídas, e realizam serviços públicos. Reconhecidas *pela doutrina e jurisprudência pátrias*, pessoas jurídicas de direito público interno, as fundações assemelham-se às autarquias. Autarquias e fundações têm idêntico regime jurídico.[25]

*22.* Pergunta-se: como ficariam as concessionárias, permissionárias e autorizatárias de serviços públicos? A resposta é simples: elas não são criadas por lei, embora possam ter "caráter público", ante o fato de realizarem serviços ou obras públicos. Trata-se de pessoas jurídicas de *direito privado*, que firmam com o Estado — depois do procedimento licitatório, no qual se escolhe a proposta mais vantajosa para a Administração e se assegura o princípio da igualdade entre os concorrentes — de regra, um contrato administrativo, ou se submetem a um ato administrativo, nos termos da lei.

Apesar de omisso o Código Civil a respeito, os bens desses entes, *vinculados à prestação de serviços públicos*, não podem ser vendidos em hasta, devido à *continuidade do serviço público*. Basta imaginar a venda judicial de balsas de concessionária com atribuição de proceder travessias de veículos, pelo mar, de uma região litorânea a outra.[26] Se as balsas forem à leilão, o serviço público deixará de funcionar, pura e simplesmente.

Conforme ensina Ruy Cirne Lima, como a atividade da administração não se vincula a uma vontade (que é própria do Direito Privado), mas a um fim, este há de ser, igualmente, um dos atributos dos bens públi-

so do séc. XX; lenta, mas sistematicamente, o direito público e administrativo, o direito penal, o direito comercial, adquiriram mais importância, sendo agora acompanhados pelo direito econômico e financeiro, pelo direito judiciário e, sobretudo, pelo direito social" (John Gilissen, ob. cit., pp. 513-514).

24. Dispõe o art. 41: "São pessoas jurídicas de direito público interno: I — a União; II — os Estados, o Distrito Federal e os Territórios; III — os Municípios; IV — as autarquias; V — as demais entidades de caráter público criadas por lei. Parágrafo único. Salvo disposição em contrário, as pessoas jurídicas de direito público, a que se tenha dado estrutura de direito privado, regem-se, no que couber, quanto ao funcionamento, pelas normas deste Código".

25. Cf. Celso Antônio Bandeira de Mello, *Curso de Direito Administrativo*, pp. 160 e ss.

26. O mesmo se pode dizer dos famigerados radares eletrônicos, com incumbência de captar o excesso de velocidade de veículos nas vias públicas; servem para dar "suporte fático" ao exercício do poder de polícia da Administração. Embora, na prática, sejam meios ou instrumentos para arrecadar dinheiro aos cofres públicos, em flagrante *desvio de finalidade*, fora tal aspecto, os radares eletrônicos não podem ser excutidos, porque vinculados estritamente ao exercício de poder de polícia do Estado. Veja-se: poder de polícia *não é* serviço público, bem observa Celso Antônio Bandeira de Mello (*Curso*..., pp. 609-610). Portanto, esses radares ou aparelhos eletrônicos, porque vinculados a dada *finalidade pública* (e não *serviço público*, propriamente) não sofrem o mesmo viés da iniciativa privada. Ao menos em princípio, não podem sofrer constrições judiciais, para posterior venda em hasta pública.

cos.[27] Decorre a possibilidade de outros bens, a par dos pertencentes à Administração, poderem ser qualificados como públicos, uma vez afetados para determinada *finalidade pública*.[28-29]

*23.* E quanto às organizações sociais? Seriam pessoas jurídicas de direito público ou privado? Evidentemente, incluem-se nas últimas, eis que são alheias à estrutura governamental, *não são criadas por lei*; firmam acordos com o Estado, para realizarem atividades importantes à coletividade.[30-31]

*24.* Os cartórios extrajudiciais (de notas e de registros públicos), por força do Texto Constitucional (art. 236, *caput*[32]), são pessoas jurídicas de *direito privado*, embora realizem *serviços públicos*, pelo fato de o Poder Público ter-lhes delegado essa tarefa. Os bens essenciais, vinculados a essa atividade, *são considerados públicos*, conquanto pertençam a pessoas jurídicas de *direito privado*.

*25.* As denominadas agências reguladoras (ANEEL, ANATEL etc.), criadas sob a égide do "movimento" centralizador de riquezas, o neoliberalismo, do qual resultou na venda dos principais "ativos" do Esta-

27. *Princípios...*, cit., p. 75.

28. Conclui o autor: "Podemos dizer conseqüentemente, sem ofensa ao Código [o autor refere-se ao Código Civil anterior, de 1916] que formam o domínio público e o patrimônio administrativo todos os bens, *pertençam a quem pertencerem*, que participam da atividade administrativa e se acham, por isso mesmo, vinculados aos fins desta" (ob. cit., p. 76, destaques nossos). Lorenzo Meucci ensina: "Le idee stesse di personalità pubbliche e di proprietà e di modi di acquisto, che sono importanti nel diritto civile, diventano, nel diritto amministrativo, serve e ministre allo scopo; onde potranno al più pigliar parte nella sua partizione come *mezzio* al fine o come obbietti dell'azione sociale (...)" (ob. cit., p. 22 — destaque no original: "A idéia de personalidade pública e de propriedade e os modos de aquisição, que são importantes no direito civil, transformam-se, no direito administrativo, ao ministério de um fim; onde, pode-se compreendê-los como *meio* a um fim ou como objeto de ação social").

29. Celso Antônio Bandeira de Mello, expressamente acolhe as procedentes lições de Cirne Lima, elaborando conceito de bens públicos, nos termos seguintes: "Bens públicos são todos os bens que pertencem às *pessoas jurídicas de Direito Público*, isto é, União, Estados, Distrito Federal, Municípios, respectivas autarquias e fundações de Direito Público (estas últimas, aliás, não passam de autarquias designadas pela base estrutural que possuem), bem como os que, embora não pertencentes a tais pessoas, estejam afetados à prestação de um serviço público" (*Curso...*, cit., p. 768; destaques no original).

30. Acentua o preclaro jurista Celso Antônio Bandeira de Mello: "As 'organizações sociais' [Lei 9.637, de 15.5.1998] e as 'organizações da sociedade civil de interesse público' [Lei 9.790, de 23.3.1999], ressalte-se, *não são pessoas de Administração indireta*, pois, como além se esclarece, são organizações particulares alheias à estrutura governamental, mas com as quais o Poder Público (que as concebeu normativamente) se dispõe a manter 'parcerias' — para usar uma expressão em voga — com a finalidade de desenvolver atividades valiosas para a coletividade e que são livres à atuação da iniciativa privada, conquanto algumas delas, quando exercidas pelo Estado, se constituam em serviços públicos" (ob. cit., p. 200; destaques no original).

31. O mesmo se pode dizer das denominadas entidades paraestatais, como SESI, SENAI, SENAC, que são pessoas jurídicas de direito privado. Aliás, a Medida Provisória 106, de 22.1.2003 (*DJU*, de 23.1.2003) autorizou o Poder Executivo instituir o Serviço Social Autônomo Agência de Promoção de Exportações do Brasil — APEX —, conferindo-lhe no art. 1º: "É o Poder Executivo autorizado a instituir o Serviço Social Autônomo Agência de Promoção de Exportações do Brasil — APEX-Brasil, na forma de pessoa jurídica de *direito privado* sem fins lucrativos, de interesse coletivo e de utilidade pública, com o objetivo de promover a execução de políticas de promoção de exportações, em cooperação com o Poder Público, especialmente as que favoreçam as empresas de pequeno porte e a geração de empregos" (destaques nosso). Evidentemente, como ato normativo precário, a medida provisória depende de aprovação posterior do Congresso Nacional.

32. Art. 236, *caput*, da CF: "Os serviços notariais e de registros são exercidos em caráter privado, por delegação do Poder Público".

do, em prejuízo da soberania nacional e da dignidade dos brasileiros, constituem pessoas jurídicas de *direito público interno*, porque não passam de meras *autarquias*. Os bens das agências reguladoras enquadram-se na categoria de bens públicos, porque as autarquias são pessoas jurídicas de *direito público* interno.

*26.* Já as faculdades privadas têm natureza jurídica de *direito privado*: não se enquadram no conceito de Administração direta e indireta e nem necessitam de leis para serem criadas. Como atuam na *livre iniciativa* — por conta do Texto Constitucional, art. 209[33] —, em princípio, seus bens podem ser vendidos em hasta, eis que não são considerados públicos.

### *6.2 Sociedades de economia mista e empresas públicas (estatais)*

*27.* Embora criadas por meio de autorização legislativa, nos termos do Texto Constitucional (art. 37, XIX, com redação da EC 19, de 4.6.1998),[34] para conhecer-se melhor as sociedades de economia mista e as empresas públicas, urge separá-las nos dois grandes ramos em que se dividem: exploradoras de atividade econômica e prestadoras de serviços públicos.

*28.* As estatais que *exploram atividade econômica* têm regime jurídico peculiar. De acordo com o art. 173 do Texto Constitucional (com a redação da mencionada emenda), especificamente o § 1º, II, elas se submetem ao regime jurídico próprio das *empresas privadas*, inclusive quanto aos direitos e obrigações civis, comerciais, trabalhistas e tributários. Logo, são pessoas jurídicas de *direito privado*. Salvo algumas normas constitucionais, referentes ao Direito Público (por exemplo, concurso para arregimentar servidores — art. 37, II; sujeição ao Tribunal de Contas — art. 70 etc.), o regime jurídico é de direito privado. Atuam na livre concorrência, na atividade privada (art. 170, CF/1988).

*29. E quanto às estatais prestadoras de serviços públicos?* Poder-se-ia dizer que elas têm "*caráter público e são criadas por lei*", condições ou requisitos do n. V do art. 41 do Código Civil brasileiro, e, desse modo, seriam pessoas jurídicas de *direito público interno*. E, de fato, isso atinge o próprio cerne do problema: o regime jurídico é imposto de acordo com a finalidade para a qual a entidade foi criada. Se for pessoa jurídica (estatal) que atua na seara econômica, estar-se-á diante do regime jurídico de direito privado; se tiver sido criada para a prestação de serviços públicos, estar-se-á diante do regime jurídico de direito público. O regime jurídico delas variará conforme o fim de sua existência.[35]

*30.* Não tem lógica o Estado criar determinada entidade, por lei, para *prestar serviços públicos*, e estabelecer, na atividade dela, que é pública, o *regime jurídico de direito privado*. Pode ocorrer, e é a nossa realidade, de a *estrutura do ente e o regime jurídico dos "servidores"* serem regidos pelo direito privado. Mas se a atividade for a prestação de um serviço público, isto é, a mesma atividade do ente criador, o regime jurídico deve ser o mesmo: de Direito Administrativo.

33. Art. 209: "O ensino é livre à iniciativa privada, atendidas as seguintes condições (...)".

34. Art. 37, XIX: "somente por lei específica poderá ser criada autarquia e autorizada a instituição de empresa pública, de sociedade de economia mista e de fundação, cabendo à lei complementar, neste último caso, definir as áreas de sua atuação".

35. Acentua Celso Antônio Bandeira de Mello: "Saber-se se uma pessoa criada pelo Estado é de Direito Privado ou de Direito Público é meramente uma questão de examinar o regime jurídico estabelecido na lei que a criou. Se lhe atribui a titularidade de poderes públicos, e não meramente o exercício deles, e disciplinou-a de maneira a que suas relações sejam regidas pelo Direito Público, a pessoa será de Direito Público, *ainda que se lhe atribua outra qualificação*. Na situação inversa, a pessoa será de Direito Privado, mesmo inadequadamente nominada" (destaques nossos, ob. cit., p. 161).

*31.* Dispõe o parágrafo único do art. 99, do Código: "não dispondo a lei em contrário, consideram-se dominicais os bens pertencentes às pessoas jurídicas de direito público a que se tenha dado estrutura de direito privado".

Se for possível, juridicamente, a existência de pessoas jurídicas de direito público, com estrutura de direito privado, como deseja o legislador, problemas podem surgir, diante do dispositivo invocado, como se verá abaixo. Acresce-se que os argumentos a seguir podem aplicar-se, do mesmo modo, às estatais prestadoras de serviços públicos, pois, embora tradicionalmente conceituadas como pessoas jurídicas de direito privado, têm *estrutura* própria das sociedades de Direito Privado e, desse modo, por ilação da norma civil, os bens deveriam considerar-se dominiais.

*32.* Os bens dominiais ou dominicais, uma das categorias de bens públicos, segundo sua destinação, *podem ser alienados*, nos termos da lei (art. 101). Evidentemente, para fazer face ao princípio da continuidade do serviço público, inerente ao regime jurídico-administrativo, as estatais prestadoras de serviços públicos não poderão alienar bens que estejam afetados a determinado serviço público.

É que os bens das estatais que prestam serviços públicos e estejam afetados a eles, *não podem ser considerados bens dominicais ou dominiais*, enquanto estiverem ligados ao escopo para o qual eles foram instituídos. Inserem-se na categoria de bens de *uso especial*, como edifícios e terrenos destinados a serviços ou estabelecimento da administração, os quais, nos termos do mesmo Código, *não podem ser alienados*, enquanto conservarem sua qualificação, na forma que a lei determinar (art. 100).

O mesmo se pode dizer de suposta pessoa jurídica de direito público, que tenha estrutura de direito privado. Se os bens estiverem vinculados a dada finalidade pública, apenas mediante a sua *desafetação* (de uso especial para dominical) poderão ser alienados (art. 100).

*33.* A interpretação isolada do parágrafo único do art. 99, do Código Civil, pode levar a conclusões obtusas, incongruentes; como o sistema jurídico é formalmente unitário, as normas que o integram devem ser interpretadas no seu conjunto, extraindo-se, por meio dele, a razão que mais atenda à lógica do sistema.

*34.* Reforça esses argumentos o disposto no art. 2.043 do Código, segundo o qual "até que por outra forma se disciplinem, continuam em vigor as disposições de natureza processual, administrativa ou penal, constantes de leis cujos preceitos de natureza civil hajam sido incorporadas a este Código".

Verifica-se, por meio dessa norma, transitória, a preocupação do legislador de não obstruir os princípios e as normas relativos a determinados ramos do Direito, destacando-se o Direito Administrativo.

Como explica Oswaldo Aranha Bandeira de Mello, a *continuidade dos serviços públicos* é um princípio geral de Direito,[36] logo, deve ser observado na sua inteireza, observado pelo ordenamento jurídico. As funções dos princípios gerais do Direito, como bem anota Cassagne, importam: dar fundamento à ordem jurídica; orientar e informar o ordenamento; realizar tarefa corretiva ou extensiva das normas e integrar a ordem jurídica, em face da carência de normas a reger o problema.[37]

Portanto, a interpretação das normas, mesmo as mencionadas no Código Civil brasileiro, deve ser realizada de acordo com os ditames do Direito Público, em especial, do Direito Administrativo.

## *Conclusões*

Ao cabo da explanação, pode-se concluir com os seguintes pontos abaixo descritos.

36. Ob. cit., p. 361.

37. *Estudios de Derecho Público*, p. 13.

No conceito de Direito, conota-se a finalidade de sua existência: buscar a paz na sociedade. O art. 4º, da Lei de Introdução ao Código Civil brasileiro, determina, ao magistrado, observar os fins sociais da norma jurídica, evidenciando, assim, a função meramente instrumental do ordenamento.

O Direito, conquanto seja uno, divide-se em dois grandes grupos, o Direito Público e o Direito Privado. Em princípio, as normas de um e outro não se comunicam (dicotomia do Direito Privado).

O Código Civil brasileiro não refutou a dicotomia do Direito Privado, a qual permanece como regra no ordenamento jurídico. Mas essa autonomia — Direito Civil *x* Direito Comercial — é relativa, podendo, em alguns casos, haver intercâmbios das normas dos respectivos ramos do Direito.

Devido ao fato de estar ultrapassada a teoria dos atos do comércio, o Código Civil adotou a teoria da empresa, bastando, à pessoa, para ser qualificada como empresária, e submeter-se às prerrogativas e obrigações comerciais, exercer atividade econômica organizada para a produção ou a circulação de bens ou de serviços.

Como parte da tradição jurídica brasileira, o legislador civil elabora classificações ou divisões de objetos do Direito Público, como as de pessoas jurídicas de direito público e as referentes aos bens dessas entidades, atribuindo algumas conseqüências jurídicas.

Porém, não é de boa técnica legislativa uma lei, editada para regular relações jurídicas de particulares, imiscuir-se na área do Direito Público: enquanto no Direito Privado as partes encontram-se no mesmo plano (igualdade) e prevalece a autonomia da vontade delas; no Direito Público, ao contrário, o escopo ou o fim é determinante na relação Estado-indivíduo, estando o Estado numa posição jurídica de superioridade.

Desde o século XX, a lei civil deixou de ter a proeminência de outros tempos; surgiram diversos ramos do Direito, sistematizados, estudados pelos doutrinadores. Os princípios e as regras dessas áreas do Direito devem ser preservados.

As fundações públicas, embora não enquadradas no Código Civil, como pessoas jurídicas de direito público interno, constituem pessoas jurídicas dessa natureza, pois não passam de meras autarquias.

Os bens das concessionárias, permissionárias e mesmo autorizatárias de serviços públicos, especificamente afetados a finalidades públicas, não podem ser alienados, devido à continuidade do serviço público.

O mesmo ocorre quanto aos bens das estatais prestadoras de serviços públicos, pois, uma vez afetados a esses serviços, não podem ser excutidos, sob pena de ofensa ao princípio da continuidade do serviço público.

As agências reguladoras são autarquias e, nos termos da lei civil, constituem pessoas jurídicas de direito público interno.

Já os cartórios extrajudiciais, embora tenham a natureza jurídica de pessoas jurídicas de Direito Privado, atuam por delegação do Estado; logo, prestam serviços públicos: seus bens consideram-se públicos.

As faculdades privadas, contudo, são pessoas jurídicas de Direito Privado e atuam na livre iniciativa, na livre concorrência. Os bens dessas entidades não são públicos.

As estatais que exploram atividade econômica submetem-se ao regime jurídico de Direito Privado; as estatais prestadoras de serviços públicos estão jungidas ao Direito Público.

Mesmo que a pessoa jurídica — de Direito Público ou de Direito Privado — tenha estrutura de direito privado, seus bens vinculados a determinadas finalidades públicas não podem ser excutidos.

Fevereiro/2003.

## *Bibliografia*

BANDEIRA DE MELLO, Celso Antônio. *Curso de Direito Administrativo*. 14ª ed., São Paulo, Malheiros Editores, 2002.

BANDEIRA DE MELLO, Oswaldo Aranha. *Princípios Gerais de Direito Administrativo*. v. 1, Rio de Janeiro, Forense, 1969.

CASSAGNE, Juan Carlos. *Estudios de Derecho Público*. Buenos Aires, Depalma, 1995.

COELHO, Fábio Ulhoa. *Manual de Direito Comercial*. 13ª ed., São Paulo, Saraiva, 2002.

COLOMBO ARNOLDI, Paulo Roberto. *Direito Comercial*. São Paulo, Jalovi, 1989.

*Comentários sobre o Projeto de Código Civil Brasileiro*. v. 20, realizado no Conselho da Justiça Federal — CEJ, Brasília, CJF.

GILISSEN, John. *Introdução Histórica ao Direito*. Trad. A. M. Hespanha e L. M. Macaísta Malheiros. 3ª ed., Lisboa, Fundação Calouste Gulbenkian, 2001.

LIMA, Ruy Cirne. *Princípios de Direito Administrativo*. 6ª ed., São Paulo, Ed. RT, 1987.

MONTESQUIEU. *Do Espírito das Leis*. Trad. Jean Melville. São Paulo, Martin Claret, 2002.

RÁO, Vicente. *O Direito e a Vida dos Direitos*. 5ª ed., São Paulo, Ed. RT, 1999.

VILANOVA, José. *Elementos de Filosofía del Derecho*. 2ª ed., Buenos Aires, Abeledo Perrot, 1984.

VITTA, Heraldo Garcia. *Aspectos da Teoria Geral do Direito Administrativo*. São Paulo, Malheiros Editores, 2001.

# A MITIGAÇÃO DO FORMALISMO NO JULGAMENTO DA HABILITAÇÃO E DAS PROPOSTAS EM LICITAÇÕES

FÁBIO BARBALHO LEITE*

Mestre em Direito do Estado pela PUC/SP.
Professor de Direito Administrativo na Faculdade de Direito de Itu/SP. Advogado

*I — O sentido da formalidade nos procedimentos públicos. II — A formalidade na licitação. III — Contemporização do formalismo no julgamento de habilitação. IV — Contemporização do formalismo no julgamento de propostas: IV.a) As propostas devem ser sérias, certas, fundadas e seguras e vícios que retirem da proposta quaisquer desses atributos são relevantes e importam em desclassificação da proposta; IV.b) A discrepância para com as especificações técnicas do objeto postas no edital e para com o momento econômico prescrito para orçamentação da proposta constitui vício relevante da proposta dessarte ofertada e impõe sua desclassificação; IV.c) Se o vício só puder ser sanado mediante alteração do conteúdo da proposta por parte da Comissão de modo antiisonômico — i.é., com tratamento subjetivo especialmente vantajoso para o licitante cuja proposta apresenta falha —, tem-se uma inconsistência relevante, o que impede a classificação da proposta; IV.d) A contemporização com o vício formal da proposta não pode ocorrer se importar em alteração "substancial" do conteúdo da proposta pelo proponente; IV.e) Vícios irrelevantes na proposta e que tornam impositiva sua classificação são aqueles que não denotam afastamento dos parâmetros de definição do objeto licitado e da conjuntura econômica de sua orçamentação, nem impedem a clareza, certeza, fundamentação e exeqüibilidade da proposta, ensejando sua supressão mediante procedimento objetivo, não arbitrário e isonômico (i.é., que pode ser igualitariamente extensível aos demais licitantes). V — Conclusões.*

## *I — O sentido da formalidade nos procedimentos públicos*

Para os juristas e práticos do foro, a forma[1] pode até alcançar valor estético em si; e o floreado de tantos textos jurídicos bem o denota. No emprego da *forma e da*

* *E-mail* <fabiobl@manesco.com.br>. Para a conclusão deste trabalho, contei com a valiosa revisão e comentários de José Aníbal Freitas Marques, Advogado, Professor de vida, cujo gosto pela troca de idéias em direito só perde para os apuros e alerta vigilância em favor de nossa língua-mãe. Fique, pois, aqui o registro público de meu agradecimento e abraço.

1. Neste princípio de trabalho, a voz "forma" é empregada com referência o mais abrangente, a ponto de abarcar: (i) requisitos procedimentais para formação dos atos; (ii) modos peculiares de organi-

*formalidade*, há ainda o valor simbólico da linguagem (não só verbal e escrita, vide as vestes talares, a particular arquitetura dos tribunais) cifrada, esotérica, reveladora de relações de poder estabelecidas e resguardadas, entre outros modos, pelo domínio dessa mesma linguagem/forma por uns poucos e seu desconhecimento por muitos.[2]

Ao Ordenamento Jurídico, entretanto, a forma não tem valor estético, *vale enquanto instrumento e justifica-se, sendo exigível, na medida em que necessária como instrumento*.

O Direito positivo não é parnasiano.

Nas várias aplicações encontradas no Ordenamento Jurídico,[3] a formalidade serve para: a) *documento de fatos e atos jurídicos*, dando-lhes registro material e assim certificando sua ocorrência (os registros públicos, p. ex.), b) *segurança jurídica*, seja pela certificação de fatos e atos jurídicos (as atas de decisões tomadas por colegiados como os tribunais), seja pela razoável previsibilidade das ocorrências em um procedimento; c) *impessoalidade*, na medida que padroniza a conduta daqueles que lhe devem prestar observância (p. ex., as formalidades de um concurso público); d) *publicidade* (p. ex., a publicação na Imprensa Oficial); e) *prevalência de uma vontade qualificada* (p. ex., a exigência de quorum qualificado para aprovação de lei complementar); f) *objetividade* na medida que retira dados do plano da subjetividade (a instrução de processos judiciais ou administrativos constrói um conjunto de dados que limita o subjetivismo na decisão a ser produzida); g) *defesa de direitos* (assim, o requisito procedimental da prévia defesa à produção de qualquer ato sancionatório, bem como a exigência de determinação *judicial* para quebra de sigilo bancário); h) *identificação de autorias* (p. ex., na exigência de que os atos normativos administrativos tenham sua promulgação subscrita pelo concernente Chefe do Executivo e auxiliares das pastas pertinentes).

O rol não tem pretensão de ser exaustivo, mas claramente traça um panorama extenso das utilidades da *forma* no Direito, bem como deixa claro que *a relevância da formalidade encontra-se sempre atrelada a um dado bem/valor, o qual, instrumentado por ela, a justifica*.

Daí, todo o acerto de Weida Zancaner, em prestigiada monografia,[4] ao atentar que "Existem hipóteses em que a ausência de um ato, no curso de um procedimento, *por não desvirtuar a finalidade do próprio procedimento*, pode ser convalidada". Zancaner, nesse passo, faz eco de velho e sábio brocardo — *pas de nullité, sans grief* —, compreendendo-se "*grief*" como "*prejuízo*", em sentido lato, e assim significando *dano ao valor/fim tutelado pela formalidade.* Em termos mais amplos, mas sob mesma inspiração, assere Margarita Beladiez Rojo: "(...) lo que determina la invalidez de un acto no es haber incurrido en una ilegalidad, sino que esa ilegalidad impida alcanzar un fin que el Derecho considera merecedor de protección".[5]

zação gráfica de textos jurídicos; (iii) expressões performativas presentes em textos jurídicos (escritos ou verbalizados); (iv) gestos e ritualística da produção de atos jurídicos; (v) previsão jurídica para determinado procedimento (um dos sentidos mais amplos e vagos para "forma", entretanto, muito encontrado, como atesta a usual expressão: "na *forma* da lei") etc. Mais adiante, quando melhor particularizado o tema em foco, a expressão "forma" referirá genericamente as exigências editalícias para habilitação de licitantes e classificação das propostas em certames públicos.

2. Para uma apresentação a essas nuances do significado das formalidades na linguagem jurídica, v. Eric Landowsky, "Uma abordagem semiótica e narrativa do Direito", in *A Sociedade Refletida*, São Paulo, EDUC/Pontes, 1992, pp. 57-81.

3. Este estudo tem em mira o direito positivo brasileiro, conquanto daí não reste afastado, por si só, o acato a lições da doutrina estrangeira.

4. *Da Convalidação e da Invalidação dos Atos Administrativos*, São Paulo, Ed. RT, 1990, p. 69; destaque acrescido.

5. *Validez y Eficacia de los Actos Administrativos*, Madri, Marcial Pons, 1994, p. 71.

Essa também é a diretriz normativa e hermenêutica emanada de importantes e atuais leis de processo administrativo (a Lei Federal 9.784/1999 e a Lei Paulista 10.177/1998).

Por outro lado, se a quebra ou não atendimento de um requisito formal nem sempre traz qualquer dano ou abalo ao valor/fim instrumentado por aquela específica exigência, a anulação ou negação de eficácia a um ato jurídico como sanção ao descumprimento de um requisito *formal* que, *no caso concreto*, mostre-se ocioso ou desnecessário, provoca o mais das vezes grave prejuízo a valores/fins relevantes para o Ordenamento Jurídico. Vale uma ilustração: imagine-se negar efeitos a uma lei ordinária pelo fato de seu texto desrespeitar preceitos de técnica legislativa prescritos pela Lei Complementar 95, de 26.2.1998. O resultado de tal solução revelar-se-ia asinino, de inusitada insensibilidade ao sentido prático da operação jurídica, completamente despropositado por qualquer raciocínio que reflita um instante sequer sobre *custos e benefícios* da adstrição à regra formal.

A propósito, é o teor do art. 18 da referida Lei Complementar: "Eventual inexatidão formal de norma elaborada mediante processo legislativo regular não constitui escusa válida para o seu descumprimento".[6]

Essas considerações iniciais sobre processos públicos (nos mais variados âmbitos da atuação estatal) aplicam-se também aos procedimentos licitatórios. E é impossível negar à licitação, como todo procedimento, o caráter formal ínsito à externalidade de um rito. Aliás, entre nós, embora conceitualmente incorreta,[7] é a dicção legal: "O procedimento licitatório previsto nesta Lei caracteriza ato administrativo *formal*, seja ele praticado em qualquer esfera da Administração Pública".[8]

Porém, será que a peculiar formalidade ou formalismo dos procedimentos licitatórios permite afirmar em tom categórico como o faz Jesse Torres Pereira Júnior, quanto ao julgamento das propostas em certames, que "O primeiro motivo impositivo da desclassificação não suscita maior indagação. Para identificá-lo, bastará contrastar a proposta com o ato convocatório; no que aquela contrariar a este, terá de ser desclassificada. (...) *Tampouco pode nortear o julgamento comiseração de qualquer espécie* (por exemplo, a certidão vencida por apenas um dia, nem por isto autoriza que lhe seja relevada a caducidade)"?[9] Ou, *tout court*, sem nenhuma ressalva explícita, como escreve Maria Sylvia Zanella di Pietro:[10] "Também em qualquer das modalidades referidas, a Comissão de licitação ou autorida-

6. E o Supremo Tribunal Federal, pela relatoria da Ministra Ellen Gracie, já teve oportunidade de firmar, repisando precedente da mesma Corte, que a inconstitucionalidade de lei por desobservância de preceito magno referente ao processo legislativo *não* se configura inexoravelmente, mas, sim, somente ali em que restar configurado *um dano substancial* advindo com o vício formal, consoante o seguinte excerto de ementa: "2. Proposta de emenda que, votada e aprovada na Câmara dos Deputados, sofreu alteração no Senado Federal, tendo sido promulgada sem que tivesse retornado à Casa iniciadora para nova votação quanto à parte objeto da modificação. Inexistência de ofensa ao art. 60, § 2º, da Constituição Federal no tocante à supressão, no Senado Federal, da expressão 'observado o disposto no § 6º do art. 195 da Constituição Federal', que constava do texto aprovado pela Câmara dos Deputados em 2 (dois) turnos de votação, *tendo em vista que essa alteração não importou em mudança substancial do sentido do texto* (Precedente: ADC 3, Rel. Ministro Nelson Jobim). (...)" (STF, Pleno, ADIn 2.673-9-DF, Rela. Ministra Ellen Gracie, un., *DJ* 6.12.2002, <www.stf.gov.br>).

7. Porquanto evidente que *ato* e *procedimento* jurídicos são coisas conceitualmente distintas.

8. Lei 8.666/1993, art. 4º, parágrafo único; destaque acrescido.

9. *Comentários à Lei de Licitações e Contratações da Administração Pública*, 5ª ed., Rio de Janeiro, Renovar, p. 491; destaque acrescido.

10. *Direito Administrativo*, 9ª ed., São Paulo, Atlas, 1998, p. 290; primeiro destaque do original; o segundo, acrescido.

de responsável pelo convite deve *desclassificar* as propostas que não atendam às exigências do ato convocatório, *mesmo em se tratando de exigências apenas formais*"?

O entendimento aqui defendido é que *não*. A tese adiante exposta e fundamentada é a de que *há espaço — melhor, impositividade — jurídico para a contemporização do formalismo em tema de licitações*, não somente quanto à fase da habilitação (o que já consideravelmente aceito pela doutrina e jurisprudência atuais), como também quanto à fase do julgamento das propostas.

Sustentar dita tese pede antes a compreensão do sentido da formalidade nos certames públicos, tarefa enfrentada a seguir.

## *II — A formalidade na licitação*

Vimos que a formalidade legitima-se por estar em função de dado fim ou bem jurídicos considerados pelo Direito como algo positivo. Nos procedimentos administrativos, vige a *instrumentalidade das formas*, preconizando "que os atos processuais e as formas legalmente previstas para sua prática não têm valor absoluto. Ao contrário, as formas visam à ideal concretização de determinados escopos processuais que caso atingidos de outra maneira legítima produzem os efeitos jurídicos pertinentes. *A instrumentalidade 'quer que só sejam anulados os atos imperfeitos se o objetivo não tiver sido atingido* (o que interessa, afinal, é o objetivo do ato, não o ato em si mesmo)'".[11]

Cumpre, pois, identificar o fim da licitação. Basicamente, é em atenção ao (i) ganho econômico e técnico na contratação por parte do Poder Público, (ii) ao tratamento isonômico e impessoal dos particulares interessados em contratar com o Poder Público e (iii) à probidade administrativa que devem ser compreendidas as exigências *procedimentais e/ou formais* da licitação, bem como as questões jurídicas aí envolvidas.[12]

11. Egon Bockman Moreira, *Processo Administrativo*, São Paulo, Malheiros Editores, 2000, p. 148; destaques acrescidos.

12. Nisso, nada mais faço que seguir de perto achado que a doutrina já fez de há muito. Em seu clássico tratado, Themístocles Brandão Cavalcanti ensinava (*Tratado de Direito Administrativo*, v. I, Rio de Janeiro, Freitas Bastos, 1955, p. 352): "O sistema da concorrência para execução de obras ou fornecimento de materiais para o Estado decorre de três princípios fundamentais: a) uma restrição para a administração na escolha de seus fornecedores; b) o direito de todos ao fornecimento em igualdade de condições; c) a necessidade da escolha daquele que em melhores condições oferece o serviço ao Estado". Lê-se em Hely Lopes Meirelles (*Direito Administrativo Brasileiro*, 6ª ed., São Paulo, Ed. RT, 1978, p. 242; destaque acrescido): "Licitação é procedimento administrativo mediante o qual a Administração Pública *seleciona a proposta mais vantajosa* para o contrato de seu interesse. Como procedimento, desenvolve-se através de uma sucessão ordenada de atos vinculantes para a Administração e para os licitantes, o que propicia *igual oportunidade a todos os interessados* e atua como *fator de eficiência e moralidade* nos negócios administrativos". Em mesma tônica, Celso Antônio Bandeira de Mello (*Curso de Direito Administrativo*, 15ª ed., São Paulo, Malheiros Editores, 2003, pp. 479, 481; destaque acrescido): "Licitação — em suma síntese — é um certame que as entidades governamentais devem promover e no qual abrem disputa entre os interessados em com elas travar determinadas relações de conteúdo patrimonial, *para escolher a proposta mais vantajosa às conveniências públicas*. Estriba-se na idéia de competição, a ser travada *isonomicamente* entre os que preencham os atributos e aptidões necessários ao bom cumprimento das obrigações que se propõem assumir. (...). Destarte, atendem-se três exigências públicas impostergáveis: *proteção aos interesses públicos e recursos governamentais — ao se procurar a oferta mais satisfatória; respeito aos princípios da isonomia e da impessoalidade* (previstos nos arts. 5º e 37, *caput*) — pela abertura do certame; e, finalmente, *obediência aos reclamos de probidade administrativa*, imposta pelos arts. 37, *caput*, e 85, V, da Carta Magna brasileira". Remarcando o aspecto da proteção à probidade, Adílson Abreu Dallari (*Aspectos Jurídicos da Licitação*, 4ª ed., São Paulo, Saraiva, 1997, p. 7) enfatiza: "É preciso levar em consideração que a licitação não é feita em bene-

A garantia e atendimento ao Princípio da Isonomia pela licitação — o que se revela na aplicação imparcial do instrumento convocatório como fundamento para crivo de habilitação de licitantes e julgamento das propostas — volta-se não apenas aos participantes do certame (constituindo-lhes *direito*), mas também àqueles administrados que se ausentaram de um certame justamente por perceberem que não atendiam aos requisitos de participação previstos no concernente edital. A isonomia na licitação, portanto, enseja direitos — correlacionados com a observância fidedigna (o que não significa apego pedestre *à letra* do) do edital — tanto aos participantes do certame quanto *àqueles interessados ausentes do procedimento* (estes podem muito bem pretender a invalidação de uma contratação por defeito procedimental grave, configurado na não aplicação de regra editalícia *de relevância substancial* — o que, todavia, desde logo se avise, *longe está de se confundir com qualquer afastamento, relativização ou contemporização na aplicação das regras editalícias*).

Desde já, deve ser sublinhada a obviedade segundo a qual *a licitação não é um fim em si mesmo, mas, como toda forma, justifica-se unicamente na medida em que serve como instrumento ao alcance de um dado bem jurídico, configurado como interesse público a partir do ordenamento.* A finalidade, sim, é que preside a intelecção dos temas pertinentes à forma em Direito, pois essa é prevista em função de um dado *fim, jamais se podendo inverter a ordem dessa função, sob pena do fracasso no atingimento dos objetivos incumbidos ao administrador.*

Além de não poder exigir livremente no edital o que bem entenda que os interessados comprovem para se habilitar ou insiram em suas propostas para que as vejam classificadas,[13] a Administração Pública não pode inabilitar licitantes por motivos fúteis, nem, similar e coerentemente, desclassificar propostas por vícios anódinos. E essas afirmações nada mais fazem que sublinhar corolários os mais evidentes da prescrição constitucional posta no art. 37, XXI da Carta da República, bem como a determinação do art. 3º, § 1º, I, respectivamente *in verbis* (destaques acrescidos):

> Art. 37. (...).
>
> (...);
>
> XXI — ressalvados os casos especificados na legislação, as obras, serviços e alienações serão contratados mediante processo de licitação pública que assegure igualdade de condições a todos os concorrentes, com cláusulas que estabeleçam obrigações de pagamento, mantidas as condições efetivas da proposta, nos termos da lei, *o qual somente permitirá as exigências de qualifi-*

fício das empresas contratantes; *o destinatário da licitação é a coletividade, é o povo que aprendeu a ser organizar por meio de entidades da sociedade civil.* É a coletividade, *é qualquer um que deve ter acesso à documentação referente à licitação* (...)".

13. Floriano de Azevedo Marques Neto ("O edital: exigências possíveis e necessárias para licitar", in Maria Garcia (org.) e outros, *Estudos sobre a Lei de Licitações e Contratos Administrativos*, São Paulo, Forense Universitária, 1995, p. 101; destaque acrescido) assevera: "(...) *A Lei novel restringe bastante a liberdade do poder público para fazer exigências na habilitação.* Contudo, se há na lei regras quanto ao que se pode ou não exigir na habilitação jurídica, na qualificação técnica, na regularidade fiscal e na qualificação econômico-financeira, é certo que a exata medida do que é ou não exigência abusiva, *dependerá das peculiaridades de cada certame.* (...) Neste sentido, vale lembrar que o § 2º do art. 30 determina que o Edital deverá consignar quais parcelas do seu objeto possuem maior relevância técnica e valor significativo para efeitos de exigências para a qualificação técnica. (...) *Tal determinação, entrementes, não é arbitrária, devendo guardar um nexo inequívoco com o objeto licitado*". E Lúcia Valle Figueiredo (*Curso de Direito Administrativo*, 6ª ed., São Paulo, Malheiros Editores, 2003, p. 481) confirma, ao indicar com a grave conseqüência de eventual desproporcionalidade do edital: "Se a Administração exorbitar dos requisitos exigíveis para habilitação, excedendo sua faixa discricionária, estará ilegalmente restringindo a possibilidade de oferta. De conseguinte, ocorrerá nulidade".

*cação técnica e econômica indispensáveis à garantia do cumprimento das obrigações.*

Art. 3º. (...).

§ 1º. É vedado aos agentes públicos:

I — admitir, prever, incluir ou tolerar, nos atos de convocação, cláusulas ou condições que comprometam, restrinjam ou frustrem *o seu caráter competitivo* e estabeleçam preferências ou distinções em razão da naturalidade, da sede ou do domicílio dos licitantes ou de qualquer outra circunstância impertinente ou irrelevante para o específico objeto do contrato;

Com isto, obviamente, longe está de se afirmar a irrelevância da forma ou um desabrido informalismo. Absolutamente. Essas assertivas apenas indicam que, *quando se estiver diante de uma objetiva desobservância de estrita formalidade prevista para algum procedimento, a questão sobre se referido vício implica na nulidade ou imprestabilidade do ato jurídico produzido* ***não*** *pode ser respondida sempre afirmativa e necessariamente.*[14] *Em cada caso, há de ser investigada que finalidade era instrumentada por aquela* ***forma*** *não observada e se, ainda uma vez desobservada essa forma, o fim foi alcançado.*

Uma vez constatado o atingimento do fim instrumentado pela forma, nada obstante eventual desbordamento da formalidade, este vício ***não*** terá como conseqüência a anulação ou desconsideração do ato jurídico produzido. *Em tais casos, a forma* ***deverá*** *ser relevada, prestigiando-se o fim atingido, único fundamento da previsão daquela.*

Essa ordem de premissa principiológica não briga com outro relevante e consabido princípio das licitações: o da vinculação da Administração licitante ao instrumento convocatório (Lei 8.666/1993, arts. 3º, *caput*[15] e 4º, *caput*[16]). A contenda principiológica não se põe ou, quando menos, não caracteriza uma antinomia ou oposição inconciliável, porquanto o cânone da vinculação ao instrumento convocatório não tem por significado a adstrição à literalidade do texto normativo do edital, sob pena de atribuir-se-lhe o conteúdo absurdo de extirpar — ou empobrecer consideravelmente — da operação jurídica o que ela tem de mais

14. Falando especificamente aos atos administrativos viciados, a doutrina é forte em separar *ato viciado* de *ato inválido*, conseqüência indubitável desde o instante em que se admite que atos administrativos com objetivos descompassos no seu processo de produção ou no seu conteúdo frente ao ordenamento jurídico (viciados, pois) produzam efeitos, tenham até mesmo plena eficácia, possam ser convalidados. Na clássica lição de Seabra Fagundes (*O Controle dos Atos Administrativos pelo Poder Judiciário*, Freitas Bastos, 1941, p. 48, grafia do original): "A infringência legal no ato administrativo, si considerada abstratamente, aparecerá sempre como prejudicial ao interesse publico. Mas, por outro lado, vista em face de algum caso concreto, póde acontecer que a situação resultante do ato, embora nascida irregularmente, torne-se util áquele mesmo interesse". Apenas para mostrar seu acato, v. Celso Antônio Bandeira de Mello (*Curso...*, cit., pp. 428-434); Antônio Carlos Cintra do Amaral (*Extinção do Ato Administrativo*, São Paulo, Ed. RT, 1978); Edmir Netto de Araújo (*Convalidação do Ato Administrativo*, São Paulo, LTr, 1999, especialmente pp. 129-132); Carlos Ari Sundfeld (*Ato Administrativo Inválido*, São Paulo, Ed. RT, 1990); Jacintho de Arruda Câmara ("A preservação dos efeitos dos atos administrativos viciados", in Tatiana Mendes Cunha (org.), *Estudos de Direito Administrativo em Homenagem ao Professor Celso Antônio Bandeira de Mello*, São Paulo, Max Limonad, 1996, pp. 49-85). A quem interessar reflexão mais detida a respeito, cabe a *venia* para a remissão a trabalho de minha própria lavra *Os Regimes Jurídicos de Invalidação dos Atos Administrativos*, Dissertação de Mestrado, PUC/SP, 2001.

15. "A licitação destina-se a garantir a observância do princípio constitucional da isonomia e selecionar a proposta mais vantajosa para a Administração e será processada e julgada em estrita conformidade com os princípios básicos da legalidade, (...), da vinculação ao instrumento convocatório (...)."

16. "Todos quantos participem de licitação promovida pelos órgãos ou entidades a que se refere o art. 1º têm direito subjetivo a fiel observância do pertinente procedimento estabelecido nesta Lei, podendo qualquer cidadão acompanhar o seu desenvolvimento, desde que não interfira de modo a perturbar ou impedir a realização dos trabalhos."

inerente e enriquecedor: *a interpretação*. Não se podendo atribuir ao princípio em referência conteúdo antitético à própria noção moderna de norma jurídica,[17] a qual identifica esta última como produto da *interpretação*, deve-se entendê-lo como determinante da adstrição a uma exegese *razoável (e, para tanto, sistematicamente contextualizada), proporcional e finalisticamente conformada do edital*, bem como interditório de um edital com texto ambíguo, ensejador de subjetivismos arbitrários (impossíveis de fundamentação objetiva) por parte do ente licitante.

A possibilidade, melhor, *impositividade* da contemporização do formalismo dos certames licitatórios em homenagem ao fim público da obtenção da melhor proposta e seu concernente corolário do ensejo à ampla competitividade,[18] *todavia e certamente não pode ser confundida com uma absoluta ou de qualquer modo* ***indefinida*** *relativização do formalismo* (o que significa *ressalva à vinculação ao instrumento editalício) sob pena de o edital perder sentido como ato jurídico normativo e, mesmo,* ***a frustração de outra finalidade precípua da licitação: a garantia do tratamento isonômico dos interessados em contratar com o Estado. E de perpasso, o caminho aberto à improbidade administrativa.***

Urge, portanto, ter definidos limites claros e seguros a essa contemporização do formalismo. O primeiro destes limites está na compreensão de que *a regra é a adscrição ao edital.*[19] A *relativização do formalismo, construção de uma ressalva ou exceção ao edital, é, pois,* ***hipótese excepcional, conquanto não rara,*** *que merece* ***específica*** *justificativa.* Essa premissa, entretanto, ainda se ressente de grande abstração, pois, a dificuldade permanece em identificar que hipóteses *excepcionais* seriam essas em que não somente possível, mas *devida*, a contemporização do rigor formal.

Avancemos no tema, tentando identificar limites mais densos e precisos.

## *III — Contemporização do formalismo no julgamento de habilitação*

É certo e conformado a alentado ensinamento doutrinário que o formalismo concernente aos certames deve ser contemporizado, não se inabilitando licitantes nem se desclassificando propostas por vícios ínfi-

17. Paulo de Barros Carvalho é claro: "A norma jurídica é a significação que colhemos da leitura dos textos do direito positivo. Trata-se de algo que se produz em nossa mente, como resultado da percepção do mundo exterior, captado pelos sentidos" (*Curso de Direito Tributário*, 10ª ed., São Paulo, Saraiva, 1998, pp. 6 e 41-57). Em passagem mais extensiva e elucidativa, ainda Barros Carvalho magistra: "A lei, vista sob certo ângulo, representa o texto, na sua dimensão de prescrições jurídicas. Constituição, emenda constitucional, lei complementar, lei ordinária, medida provisória, resoluções, decretos, sentenças, acórdãos, contratos e atos administrativos *[ajuntaríamos: editais]*, enquanto suportes materiais de linguagem prescritiva, pertencem à plataforma da expressão dos textos prescritivos, e, como tais, são veículos introdutórios de normas jurídicas, constituindo a base do conhecimento do direito posto. *Já a norma jurídica é juízo implicacional construído pelo intérprete em função da experiência no trato com esses suportes comunicacionais. Por isso, não há que se confundir norma, como complexo de significações enunciativa, unificadas em forma lógica determinada (estrutura implicacional) e a expressão literal desses enunciados, ou mesmo os conteúdos de sentido que tais enunciados apresentem quando isoladamente considerados*" ("Isenções tributárias do IPI em face do princípio da não-cumulatividade", *Revista Dialética de Direito Tributário* 33/144, São Paulo, Dialética).

18. Lei 8.666/1993, art. 3º, § 3º, I: "É vedado aos agentes públicos: I — admitir, prever, incluir ou tolerar, nos atos de convocação, cláusulas ou condições que comprometam, restrinjam ou frustrem *o seu caráter competitivo* e estabeleçam preferências ou distinções em razão da naturalidade, da sede ou do domicílio dos licitantes ou de qualquer outra circunstância impertinente ou irrelevante para o específico objeto do contrato".

19. Lei 8.666/1993, arts. 4º: "Todos quantos participem de licitação promovida pelos órgãos ou

mos, pequenos, de nula ou minúscula repercussão *no conhecimento e na comprovação* (i) da qualificação jurídica, técnica e fiscal e econômica do licitante[20] ou (ii) do exato conteúdo da sua proposta.[21]

Exemplos não faltam: a) a ausência de assinatura do representante legal do licitante no balanço da empresa, quando exigida tal formalidade no edital, não é óbice para reconhecer sua qualificação econômica *se nenhum vício de conteúdo — quanto aos dados inclusos no balanço — comparece*; b) a ausência de uma folha de uma planilha de custos da proposta comercial quando encaminhada a proposta juntamente com versão eletrônica integral inserta em disquete (por exigência editalícia) é vício que não enseja a desclassificação da proposta comercial, dado que essa mesma folha ausente pode ser fácil e indiscutivelmente recuperada mediante impressão da versão eletrônica. São apenas exemplos, outros tantos poderiam ser indicados, mas, por enquanto, pare-se aqui.

Celso Antônio Bandeira de Mello, como de seu uso, faz a precisa e elegante exegese:

"A habilitação, por vezes denominada qualificação, é a fase do procedimento em que se analisa a idoneidade dos licitantes. Entende-se por idoneidade a aptidão dos licitantes, indispensável para que sua proposta possa ser objeto de consideração.

"Examinam-se sua capacidade jurídica, sua capacidade técnica, sua capacidade financeira e sua regularidade fiscal. De conseguinte, são considerados atributos do sujeito, do proponente. O que se verifica, nesta

entidades (...) têm direito público subjetivo *à fiel observância do pertinente procedimento estabelecido nesta Lei* (...)"; 41: "A Administração não pode descumprir as normas e condições do edital, ao qual se acha estritamente vinculada"; 48, I: "Serão desclassificadas: I — as propostas que não atendam às exigências do ato convocatório da licitação".

20. Lê-se em Adilson Abreu Dallari: "A doutrina e a jurisprudência indicam que, no tocante à fase de habilitação, como o objetivo desta é verificar se aquelas pessoas que pretendem contratar têm ou não condições para contratar (essa é a essência, isso é o fundamental), interessa para a Administração receber o maior número de proponentes, porque, quanto maior a concorrência, maior será a possibilidade de encontrar condições vantajosas.

"Portanto, existem claras manifestações doutrinárias e já há jurisprudência no sentido de que, na fase de habilitação, não deve haver rigidez excessiva, deve-se procurar a finalidade da fase de habilitação, deve-se verificar se o proponente tem concretamente idoneidade. Se houver um defeito mínimo, irrelevante para essa comprovação, isso não pode ser colocado como excludente do licitante. Deve haver uma certa elasticidade em função do objetivo, da razão de ser da fase de habilitação; convém ao interesse público que haja o maior número possível de participantes.

"Claro que para um participante interessa excluir o outro. Quem faz licitação sabe que, nesse momento, há uma guerra entre os participantes; mas a Administração Pública não se pode deixar envolver pelo interesse de um proponente (que é adversário dos outros proponentes e está defendendo legitimamente o seu interesse em obter o contrato), e não pode confundir esse interesse com o interesse público. Este está na amplitude do cotejo, na possibilidade de verificação do maior número de propostas" (*Aspectos Jurídicos da Licitação*, 4ª ed., Saraiva, p. 116).

21. Com a argúcia de sempre, Hely Lopes Meirelles (*Licitação e Contrato Administrativo*, 10ª ed., São Paulo, Ed. RT, 1991, p. 142) asseriu: "A desconformidade com o edital é de fácil verificação, pois basta o confronto da proposta com o pedido da Administração, para se evidenciar as divergências. A proposta que desviar do pedido ou for omissa em pontos *essenciais* é inaceitável, sujeitando-se à desclassificação (...). A desconformidade ensejadora da desclassificação da proposta deve ser *substancial e lesiva à Administração ou aos outros licitantes, pois um simples lapso de redação, ou uma falha inócua na interpretação do edital, não deve propiciar a rejeição sumária da oferta. Aplica-se aqui a regra universal do 'utile per inutile non vitiatur', que o direito francês resumiu no 'pas de nullité sans grief'. Melhor será que se aprecie uma proposta sofrível na apresentação, mas vantajosa no conteúdo, do que desclassificá-la por um rigorismo formal e inconsentâneo com o caráter competitivo da licitação*".

ocasião, é o atendimento de requisitos concernentes à pessoa do licitante.

"Com efeito, importa que este demonstre capacidade, quer para obrigar-se juridicamente, quer para enfrentar os encargos operacionais concernentes ao objeto da licitação, quer para suportá-los econômica e financeiramente. Cumpre ainda que não seja violador de seus deveres fiscais. Interessa, como é lógico, determinar quem realmente possui condições de vir a cumprir o pretendido pela Administração no procedimento licitatório." [22]

Donde os vícios que não consigam negar a qualificação jurídica, técnica, fiscal e financeira do proponente *não* podem ser considerados como aptos a justificar sua inabilitação. Tais vícios serão assim obrigatoriamente relevados em homenagem aos cânones magnos que pautam a aplicação das formas no direito, especialmente no direito público: *a razoabilidade, a proporcionalidade e a finalidade jurídicas*. Deve, pois, em casos tais, o formalismo ceder passo ao fim da *competitividade*, em prol da consecução de um dos principais objetivos do certame: a boa contratação.[23]

A compreensão acima exposta é esposada por importantes agentes financeiros de composição multilateral, que atuam financiando grandes contratações públicas no âmbito de seus concernentes Estados signatários. Como exemplo, vale o seguinte dispositivo padrão presente nas chamadas *guidelines* do Banco Interamericano para a Reconstrução e o Desenvolvimento — BIRD: "A Contratante reserva-se o direito de tolerar pequenos desvios nos critérios de qualificação *se eles não afetarem significativa-*

22. *Curso de Direito Administrativo*, 4ª ed., São Paulo, Malheiros Editores, p. 265.

23. A melhor e altaneira jurisprudência, de seu lado, é forte nessa leitura. Ilustram os seguintes arestos unânimes da 1ª Seção do Superior Tribunal de Justiça, intérprete-mor da legislação federal e assim do procedimento regrado pela Lei 8.666/1993: "*Administrativo. Licitação. Habilitação. Exigência excessiva.* 1. É excessiva a exigência feita pela administração pública de que, em procedimento licitatório, o balanço da empresa seja assinado pelo sócio-dirigente, quando a sua existência, validade e eficácia não foram desconstituídas, haja vista estar autenticado pelo contador e rubricado pelo referido sócio. (...) 3. O procedimento licitatório há de ser o mais abrangente possível, a fim de possibilitar o maior número possível de concorrentes, tudo a possibilitar a escolha da proposta mais vantajosa. 4. *Não deve ser afastado candidato do certame licitatório, por meros detalhes formais. No particular, o ato administrativo deve ser vinculado ao princípio da razoabilidade, afastando-se de produzir efeitos sem caráter substancial.* 5. Segurança concedida" (STJ, 1ª S., MS 5.631-DF, Rel. Ministro José Delgado, un., *DJ* 17.8.1998, p. 7, <www.stj.gov.br>; destaque acrescido). "*Administrativo. Licitação. Habilitação. Vinculação ao edital. Mandado de segurança.* 1. A interpretação das regras do edital de procedimento licitatório não deve ser restritiva. Desde que não possibilitem qualquer prejuízo à administração e aos interessados no certame, é de todo conveniente que compareça à disputa o maior número possível de interessados, para que a proposta mais vantajosa seja encontrada em um universo mais amplo. 2. O ordenamento jurídico regulador da licitação não prestigia decisão assumida pela Comissão de Licitação que inabilita concorrente com base em circunstância impertinente ou irrelevante para o específico objeto do contrato, fazendo exigência sem conteúdo de repercussão para a configuração de habilitação jurídica, da qualificação técnica, da capacidade econômico-financeira e da regularidade fiscal. 3. Se o edital exige que a prova da habilitação jurídica da empresa deve ser feita, apenas, com a apresentação do 'ato constitutivo e suas alterações, devidamente registrada ou arquivadas na repartição competente, constando dentre seus objetivos a exclusão de serviços de Radiodifusão (...)', excessiva e sem fundamento legal a inabilidade de concorrente sob a simples afirmação de que cláusulas do contrato social não se harmonizam com o valor total do capital social e com o correspondente balanço de abertura, por tal entendimento ser vago e impreciso. 4. Configura-se excesso de exigência, especialmente por a tanto não pedir o edital, inabilitar concorrente porque os administradores da licitante não assinaram em conjunto com a dos contadores o balanço da empresa. 5. Segurança concedida" (STJ, 1ª S.,MS 5.779-DF, Rel. Ministro José Delgado, un., *DJ* 26.10.1998, p. 5, <www.stj.gov.br> ou *RDA* 215/198).

*mente a capacidade de uma Proponente executar o contrato*".[24]

Em suma, *vício formal ou inconsistência em documentos encaminhados para o juízo de habilitação em um certame somente justificam a inabilitação se forem significativos a ponto de infirmarem qualquer dos aspectos* (jurídico, técnico, fiscal ou financeiro) *alvos de crivo nessa fase da licitação.* Em caso de dúvida, impõe-se como *dever*[25] o diligenciamento prescrito no art. 43, § 3º da Lei 8.666/1993.[26]

## IV — Contemporização do formalismo no julgamento de propostas

É de extrema importância que as propostas ofertadas em um certame atendam às especificações exigidas pelo instrumento convocatório. A razão para tal, sobre jurídica, é lógica e impostergável. Todo procedimento licitatório caminha para, ao fim, comparando-se as propostas apresentadas pelos licitantes, escolher-se a que melhor satisfaça o interesse público em torno do binômio qualidade/economia. *Nesse intento, entende-se bem — é mesmo intuível — que o julgamento das propostas, devendo compará-las, somente pode se dar quanto àquelas que especifiquem o objeto de sua oferta em similitude — é dizer: de acordo com as especificações determinadas pelo edital —, porquanto, a não ser assim, estar-se-ia fazendo o ilógico: comparando propostas que não circunscrevem o mesmo objeto.*

Assim não fosse, mal comparando, acabar-se-ia na situação esdrúxula de um imaginado júri de musicólogos diante do dever de aferir quem é o melhor pianista dentre dois candidatos, sendo que um deles teria apresentado para julgamento apenas um *solo*

24. Tal dispositivo constou do edital da fase de pré-qualificação — como item editalício 4.18 GITA — de recente licitação (Concorrência 41301212) de grande vulto promovida pela Companhia do Metropolitano de São Paulo — METRO —, sociedade de economia mista vinculada à Secretaria de Transportes do Estado de São Paulo, para contratação das obras da primeira fase da Linha Amarela ou Linha 4 do Metrô (Luz-Vila Sônia). Na versão original das *guidelines* do BIRD trata-se do item 4.16 das General Instructions to Applicants (GITA) e tem a seguinte redação em inglês: "The Employer reservers the right to waive minor deviations in the qualification criteria if they do not materially affect the capability of an Applicant to perform the contract".

25. Sem embargo da dicção legal do art. 43, § 3º, da Lei 8.666/1993, empregar a voz "facultada", como se estivesse a instituir campo de discricionariedade à Administração Pública, deve-se compreender que, estando em disputa a possibilidade de se ampliar ou restringir o âmbito da competição, põe-se dever da Administração licitante diligenciar o quanto mais possa em favor da ampliação da competitividade. Sigo de perto assim o ensinamento hermenêutico de ninguém menos que Carlos Maximiliano (*Hermenêutica e Aplicação do Direito*, 18ª ed., Rio de Janeiro, Forense, pp. 270-271): "Em geral o vocábulo pode (*may*, de anglo-americanos; *soll*, *koene*, dos teutos) dá idéia de ser o preceito em que se encontra, meramente, permissivo, ou diretório, como se diz nos Estados Unidos; e deve (...) indica uma regra imperativa. Entretanto, estas palavras, sobretudo as primeiras, nem sempre se entendem na acepção ordinária. Se, ao invés do processo filológico de exegese, alguém recorre ao sistemático e ao teleológico, atinge, às vezes, resultado diferente: desaparece a antinomia verbal, pode assume as proporções e o efeito de deve. Assim acontece quando um dispositivo, embora redigido de modo que traduz, na aparência, o intuito de permitir, autorizar, possibilitar, envolve a defesa contra males irreparáveis, a prevenção relativa a violações de direitos adquiridos, ou a outorga de atribuições importantes para proteger o interesse público ou franquia individual. Pouco importa que a competência ou autoridade seja conferida, direta, ou indiretamente; em forma positiva, ou negativa: o efeito é o mesmo; os valores jurídico-sociais conduzem a fazer o poder redundar em dever, sem embargo do elemento gramatical em contrário".

26. "É facultada à Comissão ou autoridade superior, em qualquer fase da licitação, a promoção de diligência destinada a esclarecer ou a complementar a instrução do processo, vedada a inclusão posterior de documento ou informação que deveriam constar originariamente da proposta."

de bongô!... Inviável o julgamento, certamente.

Eis por que a Lei de Licitações, Lei 8.666/1993, art. 48, I determina a desclassificação daquelas propostas que não observem as especificações editalícias para sua formulação. O fundamento da determinação legal é somente um: sabe a Lei que, se fosse possível aos licitantes formularem propostas segundo desenho próprio, o julgamento *objetivo* entre elas tornar-se-ia *impossível*.

Ilustrando: a princípio, não há como se comparar propostas comerciais que deixam de cotar diante dos preços de mercado cada item discriminado pelo edital, não há sequer (e aqui outro vício) como saber de sua exeqüibilidade. É consabido que ***o julgamento objetivo das propostas*** *é condição imprescindível para o próprio atingimento do fim maior da licitação: resguardar o princípio da isonomia* (Lei 8.666/1993, art. 3º, *caput*).

O exemplo acenado, entretanto, nem se pretende como paradigma absoluto — e talvez seja essa uma das principais constatações deste trabalho: a avaliação da convalidabilidade ou desconsiderabilidade de um vício presente em uma proposta é juízo muito dependente de caracteres *concretos*; aliás, como próprio da operação de princípios como *razoabilidade, proporcionalidade e finalidade*. Criando um pouco de suspense, deixemos para mais adiante[27] a demonstração de como mesmo uma tal ordem de vício em proposta pode oportunizar seu aproveitamento e consideração para o fito da disputa pelo contrato.

Nesses termos, a exigência de que as propostas apresentadas atendam as especificações editalícias não corresponde, como regra geral, à exacerbação formalística, mas, sim, a requisito imprescindível para o próprio julgamento objetivo, *portanto, atinente com a própria razão de ser do procedimento licitatório*.

27. Tópico IV.e deste trabalho.

Apresentada uma proposta viciada por inconformar-se com alguma exigência editalícia *relevante*, seu destino, uma vez vedado o ensejo à retificação, é a *desclassificação*. Vícios relevantes realmente não oportunizam a retificação ou suprimento, mormente se para tanto for necessária a alteração do conteúdo da proposta.[28]

Além disso, é pertinente o acautelado aviso de Adilson Abreu Dallari, segundo quem "A doutrina e a jurisprudência já firmaram entendimento no sentido de que, contrariamente ao que deve ocorrer na fase de habilitação, um exame efetuado na primeira parte da classificação deve ser bastante amplo e rigoroso. (...) Na fase de classificação, contrariamente, deve ser feito um rigoroso e amplo exame, tendo em vista que tudo aquilo que nela se contém vai afetar sensivelmente o futuro contrato. Em síntese, o exame de idoneidade da proposta deve ser muito mais severo do que o exame da idoneidade do proponente".[29]

28. Escreve Carlos Ari Sundfeld: "A disputa deve governar-se pela igualdade, não só entre os licitantes, mas também entre estes e outros possíveis interessados. Daí a imutabilidade das ofertas (art. 43, § 3º), impedindo a alteração do proposto por um ou alguns dos ofertantes — que se chocaria com o direito daquele cuja proposta permaneceu intocada — ou mesmo por todos eles — o que fraudaria a posição dos que se mantiveram fora da disputa, por não terem podido atender ao prazo concedido inicialmente. A alteração de ofertas é excepcional, sendo possível apenas nos casos legalmente enunciado e desde que não implique em violação da igualdade (arts. 46, II; 48, parágrafo único)" (*Licitação e Contrato Administrativo de Acordo com as Leis 8.666/1993 e 8.883/1994*, São Paulo, Malheiros Editores, 1994, p. 26).

29. O excerto em citação mais longa é o seguinte: "A doutrina e a jurisprudência já firmaram entendimento no sentido de que, contrariamente ao que deve ocorrer na fase de habilitação, um exame efetuado na primeira parte da classificação deve ser bastante amplo e rigoroso. Com efeito, durante a fase de habilitação não deve haver um rigor excessivo; sem que se descumpra o edital (dado que não se pode dispensar qualquer coisa que nela tenha sido exigida) a comissão julgadora deve ser maleá-

Muito bem. Afirmou-se acima que a presença de vício *relevante* em uma proposta ofertada em licitação não oportuniza escoima posteriormente a sua apresentação. *Não* se disse o mesmo em face de vícios ou inconsistências *de pequena monta* ou *irrelevantes*.

Quanto a estes últimos, o contrário se dá: "(...) só é aceitável a desclassificação por motivo *relevante* (...)".[30] Aplicando-se as considerações lançadas nos tópicos I e II *supra* ao julgamento de propostas em uma licitação, entende-se que, uma vez constatada a presença d'algum desbordamento de formalidade prevista no instrumento convocatório, *não* se poderá concluir *ipso facto* a imprestabilidade da proposta assim apresentada e sua desclassificação. O cânone da finalidade e já o simples bom senso determinam que seja analisado se, ainda uma vez presente um tal vício, *a finalidade* a que serviria o requisito formal editaliciamente previsto restou satisfeita. Caso sim, a proposta em hipótese *deverá* ser conhecida, julgada e classificada.

E mais: empregando-se a *razoabilidade*[31] e a *proporcionalidade*[32] *jurídicas*, poder-se-á inclusive chegar a hipóteses em que venha a ser constatada a completa inutilidade de uma dada exigência formal prevista no instrumento convocatório. Isto é, a constatação de que a formalidade em tela é completamente ociosa, sua observância ou inobservância nada agregam ao conteúdo das propostas nem ao *modus* de seu julgamento. Em casos assim, imaginar-se devida a desclassificação de uma proposta que tenha desatendido uma tal exigência formalística, para além de injurídico por atentar contra

vel, transigente, interpretando as questões controvertidas preferentemente em favor do proponente, tendo em vista que existe um interesse público na participação do maior número possível de licitantes. (...) Na fase de classificação, contrariamente, deve ser feito um rigoroso e amplo exame, tendo em vista que tudo aquilo que nela se contém vai afetar sensivelmente o futuro contrato. Em síntese, o exame de idoneidade da proposta deve ser muito mais severo do que o exame da idoneidade do proponente. Até mesmo porque está última comporta inclusive uma nova apreciação, em face da proposta e, em circunstâncias excepcionais 'em razão de fatos supervenientes ou só conhecidos após o julgamento' (Lei 8.666/1993, art. 43, § 5º)" (*Aspectos Jurídicos da Licitação*, 4ª ed., São Paulo, Saraiva, 1997, p. 131).

30. Assim entende o Conselheiro do Tribunal de Contas do Estado de São Paulo, Antônio Roque Citadini (*Comentários e Jurisprudência sobre a Lei de Licitações Públicas*, 2ª ed., São Paulo, Max Limonad, 1997, p. 319), conquanto não desça a maiores detalhes.

31. Princípio jurídico de *status* constitucional, conforme exegese do STF, Pleno, medida cautelar em ADIn 1.158-8-AM, Rel. Ministro Celso de Mello (destaques do original):

"Todos sabemos que a cláusula do devido processo legal — objeto de expressa proclamação pelo art. 5º, LIV, da Constituição — deve ser entendida, *na abrangência de sua noção conceitual*, não só sob o aspecto meramente formal, que impõe restrições de caráter ritual à atuação do Poder Público, mas, *sobretudo*, em sua *dimensão material*, que atua como decisivo obstáculo à edição de atos legislativos de conteúdo arbitrário ou *irrazoável*.

"A essência do *substantive due process of law* reside na necessidade de proteger os direitos e as liberdades das pessoas contra *qualquer* modalidade de legislação que se revele opressiva ou, *como no caso, destituída do necessário coeficiente de razoabilidade*."

32. Celso Antônio Bandeira de Mello (*Curso...*, cit., 8ª ed., p. 65) magistra acerca do princípio da proporcionalidade e sua eficácia restritiva das possibilidades administrativas de impor exigências: "Este princípio enuncia a idéia — singela, aliás, conquanto freqüentemente desconsiderada — de que as competências administrativas só podem ser validamente exercidas na extensão e intensidade proporcionais ao que seja realmente demandado para cumprimento da finalidade de interesse público a que estão atreladas. Segue-se que os atos cujos conteúdos ultrapassem o necessário para alcançar o objetivo que justifica o uso da competência ficam maculados de ilegitimidade, porquanto desbordam do âmbito da competência; ou seja, superam os limites que naquele caso lhes corresponderiam".

os princípios da razoabilidade, da proporcionalidade e da finalidade, *revelaria conduta **irresponsável**, posto inconseqüente com o interesse público no conhecimento do maior número de propostas possíveis e proporcional potencialização do encontro da maior vantagem.*

A propósito, relembremos a Lei Federal de Processo Administrativo, Lei 9.784, de 29.1.1999 (diploma normativo prestante ao disciplinamento geral de procedimentos na esfera da União Federal, inclusive, como regramento geral conformador do entendimento da legislação federal sobre licitações), art. 2º, parágrafo único, XIII:

> Parágrafo único. Nos processos administrativos serão observados, entre outros, os critérios de:
>
> (...).
>
> XIII — interpretação da norma administrativa da forma que melhor garanta o atendimento do fim público a que se dirige, vedada aplicação retroativa de nova interpretação.[33]

Similarmente a Lei Paulista de Procedimento Administrativo, Lei 10.177, de 30.12.1998 (de escopo semelhante a sua congênere federal), arts. 4º e 5º, mormente o segundo que determina: "A norma administrativa deve ser interpretada e aplicada da forma que melhor garanta a realização do fim público a que se dirige".

De seu lado, a prática administrativa brasileira, enriquecida com a influência de *guidelines* para procedimentos licitatórios produzidas por instituições financeiras multilaterais, tem vivenciado o emprego da exegese aqui esposada. Dá exemplo, mais uma vez, o edital da fase de formulação e julgamento de propostas da Concorrência 41301212 da Companhia do Metropolitano de São Paulo, voltada à contratação das obras de construção da linha amarela do metrô da cidade de São Paulo, que explicitamente prevê a possibilidade de aproveitamento de propostas que apresentem vícios ou inconsistências perante as exigências editalícias de caráter *não substancial*.[34-35]

33. Em outra oportunidade, advoguei (e sigo advogando) o uso da Lei de Processo Federal como diploma normativo de integração para lacunas jurídicas quanto ao tema de processo administrativo perante os demais entes da federação. Ver meu *Os Regimes Jurídicos...*, cit., pp. 198-199.

34. Dispõem os itens editalícios 22.3 e 22.4 respectivamente (em tradução direta da versão em inglês; destaques acrescidos): "O Ente Licitante poderá deixar de lado desvios de forma, desconformidades ou irregularidades menores em uma Proposta que não constitua desvio *substancial*, e que não prejudique ou afete o esclarecimento relativo a qualquer Licitante como resultado da avaliação técnica e comercial (...); antes da avaliação detalhada, o Ente Licitante determinará se as Propostas estão completas e se respondem de forma *substancial* às exigências editalícias. Para os fins dessa determinação, uma Proposta *substancialmente de acordo* é aquela que corresponde a todos os termos, condições e especificações do edital sem desvios, oposições, condições ou reservas substanciais. Um desvio, oposição, condição ou reserva material é aquele (i) que afeta de forma *substancial* o escopo, qualidade ou desempenho do contrato; (ii) que limita de forma substancial, que seja inconsentâneo com as exigências editalícias, os direitos do Ente Licitante ou as obrigações do futuro contratado; ou (iii) cuja retificação afetaria injustamente a posição competitiva dos Licitantes que estão apresentando Propostas *substancialmente* adequadas".

35. Comungando a mesma linha principiológica e exegética, as *guidelines* do Banco Interamericano de Desenvolvimento — BID — pontificou ao ensejo do edital para licitação de obras da BR-101 trecho Florianopólis/SC-Osório/RS, em certame implementado pelo Departamento Nacional de Infra-Estrutura de Transportes — DNIT (Concorrência Internacional, Edital 0003/02-00): "*Erros e omissões sanáveis*: Os documentos de licitação deverão estabelecer uma diferença entre erros ou omissões sanáveis e não sanáveis, tanto para a etapa de pré-qualificação como para a de apresentação de ofertas. Não se deve desqualificar automaticamente um licitante que não tenha apresentado informação completa, quer por omissão involuntária, quer porque o requisito não estava claramente estabelecido nos documentos de licitação. Sempre que se trate de erros ou omissões de natureza sanável — geralmente omissões, relacionadas com a verificação de dados ou informação de tipo histórico —, deve

*Não se opõe a esse entendimento suposto direito dos demais licitantes ao rigoroso formalismo ou à vinculação ao edital.*[36] *Tal direito existe, sim, mas de forma mediata*; na verdade, *trata-se antes de direito à objetividade, ao tratamento isonômico, à impessoalidade na conduta dos agentes públicos, à ampla defesa, à comparação entre propostas por critérios objetivos, etc.* Vira direito ao formalismo ou vinculação ao instrumento convocatório na medida que essas adstrições, *no caso concreto*, sirvam à proteção daqueles fins e para tanto não se revelem, *no caso concreto*, ociosas. Se o contrário se passa, se um requisito ou exigência ou formalidade editalícia revela-se, em face das peculiaridades do caso concreto, ocioso ou supérfluo para o resguardo dos referidos bens/valores jurídicos, não há como falar-se em vinculação ao edital ou imposição do estrito formalismo.

Em termos principiológicos, quanto à compreensão da formalidade nos certames, não há porque conceber qualquer distinção entre a fase de julgamento das propostas e a fase de habilitação. Para esta, doutrina e jurisprudência, um tanto consensualmente, aceitam a contemporização do formalismo. Ora, seria absurdamente paradoxal falar-se em contemporização de formalidade em face dos vetores hermenêuticos e normativos da razoabilidade, da proporcionalidade e da finalidade (persecução do mutável interesse público) na ampla competição quando em sede da fase de habilitação, e, depois, na fase seguinte (julgamento das propostas), diminuir-se a efetiva competição por causa de irregularidades formais sem qualquer repercussão prática, que não impedem o conhecimento do conteúdo da proposta ofertada, sua firmeza e a averiguação de sua exeqüibilidade.

Sem embargo, por óbvio, há limites, sim, para a contemporização com vícios formais — tratemos, então, de identificá-los.

### *IV.a) As propostas devem ser sérias, certas, fundadas e seguras e vícios que retirem da proposta quaisquer desses atributos são relevantes e importam em desclassificação da proposta*

Eis a primeira e consensualizada regra em torno do crivo de validade das propostas em certames. Empregando os substantivos acima usados — "seriedade, certeza, fundamentação e segurança" — ou outros de conteúdo semântico congênere ("firmeza, exeqüibilidade, objetividade, clareza etc."), a doutrina mais aclamada entoa essa

a Entidade de Licitação permitir que o licitante, a curto prazo, proporcione a informação que falta ou corrija o erro sanável. Contudo, existem certos tipos de erros ou omissões básicas que, por sua gravidade, tradicionalmente são considerados insanáveis. Servem de exemplo: a falta de assinatura da proposta ou de apresentação de determinada garantia. Finalmente, também não se permite que a correção de erros ou omissões seja utilizada pelo proponente para alterar a substância da sua oferta ou para melhorá-la" (item 3.14 das regras gerais para licitação em anexo que acompanha o edital referido). Dois comentários cabem aqui quanto ao dispositivo de *guidelines* em atenção. Um, certamente a ausência de assinatura da proposta constitui vício *irrelevante*, se pelas circunstâncias em que apresentada a proposta e pela presença e atuação de representantes do licitante proponente *não resta dúvida sobre o compromisso do proponente com a oferta feita*. Dois, muito relevante a regra final de que o ensejo a escoima de vício presente em proposta não deve ocorrer se tal escoima representa alteração substancial dos termos da proposta — *nessa hipótese, estar-se-ia aproveitando a proposta por procedimento que estaria afrontando a isonomia do tratamento dos licitantes na competição*, o que obviamente não se compadece com a principiologia basilar da licitação.

36. Ora, *formalismo* é expressão desnecessariamente adjetivada pelo qualificativo *rigoroso*. O uso das duas palavras, assim juntas, revela, quando menos, reprovável pleonasmo, ou, o que pior, uma leitura pedestre da legislação, senão, o que ainda pior, ecoa aquela velha máxima atribuída a Getúlio Vargas: "Aos amigos, tudo; aos inimigos, o rigor da lei".

regra e esta alcançou já aquele patamar de acatamento pelo senso comum, que tornou seu enunciado inclusive um chavão repetido.[37]

É uma máxima reconhecida já até pelo bom senso, antes mesmo do conhecimento jurídico especializado, que as propostas apresentadas em certames públicos devem construir-se de tal modo que se demonstrem:

(i) *Sérias*, externando-se incontendivelmente o compromisso jurídico do proponente e dos que mais foram exigidos a com ele conjuntamente se comprometer[38] em relação ao conteúdo da proposta e sua regular execução em caso de vir a ser contratada;

(ii) *Certas*, portanto claras, precisas, sem ambigüidades nem obscuridades que impeçam a compreensão exata do que é proposto e como é proposto;

(iii) *Fundadas*, na medida que reflitam cálculos, orçamentações, planejamentos, cronogramas conformados não apenas aos requisitos editalícios, mas também às práticas mercantis e técnicas correntes — conquanto, possam diante dessas inovar (como próprio da dinâmica negocial), desde que sem risco à exeqüibilidade da execução contratual — e, assim, demonstrem-se *exeqüíveis* em termos satisfatórios em face do interesse público instrumentado pelo objeto da contratação licitada e também diante de interesses públicos gerais, como o sanitário, o ambiental, a economicidade etc.;

(iv) *Seguras*, com sua *exeqüibilidade* garantida, em acréscimo com os caracteres anteriores, por soluções de garantia jurídica, como seguros, fianças bancárias.

Claro que essa exposição dos requisitos básicos de admissibilidade de propostas em certames públicos ressente-se ainda de um tom generalista e abstrato. Poderíamos ainda gastar umas boas laudas, inclusive mantendo o tom genérico e abstrato, mas a sistematização acima já possibilita e fundamenta a enunciação de um parâmetro consistente — embora ainda genérico e abstrato — para reconhecermos quais vícios em propostas podem ensejar a convalidação destas ou, mais precisamente, a desconsideração do vício e o aproveitamento da proposta.

Eis a máxima (que certamente não é original na tese que abraça): *vícios, i.é., desatendimentos a requisitos editalícios ou inconsistências outras, presentes em propostas apresentadas em certames públicos que não impeçam a verificação da seriedade, certeza, fundamento e segurança daquelas devem ser desconsiderados, aproveitando-se as propostas concernentes.*

Devemos dar mais concretude, densificação a essa regra. É ao que se dispõem os tópicos seguintes.

### *IV.b) A discrepância para com as especificações técnicas do objeto postas no edital e para com o momento econômico prescrito para orçamentação da proposta constitui vício relevante da proposta dessarte ofertada e impõe sua desclassificação*

Se o vício da proposta consistir numa discrepância com (a) o escopo da contratação, resultando oferta de objeto distinto (com especificações técnicas distintas) ou

37. Apenas ilustrando: Carlos Ari Sundfeld (*Licitação...*, cit., p. 146) escreve: "(...) a admissibilidade das propostas depende de sua concretude, firmeza, seriedade e da razoabilidade do preço"; Lúcia Valle Figueiredo (*Curso...*, cit., 6ª ed., p. 483): "A proposta, segundo Marcello Caetano, há de ser séria e firme", e Marçal Justen Filho (*Comentários à Lei de Licitação e Contratos Administrativos*, 9ª ed., 2002, p. 428): "São requisitos genéricos a certeza, a seriedade e a exeqüibilidade da proposta".

38. É cada vez mais freqüente a necessidade de assegurar a exeqüibilidade da contratação posta em certame justificar a exigência editalícia que o proponente apresente, com sua proposta, compromissos de fornecedores e/ou outros parceiros comerciais com sua potencial participação na execução contratual.

(b) com o momento econômico determinado para servir como parâmetro à orçamentação da proposta, ofertando-se proposta que considera custos próprios de conjuntura econômica distinta daquela definida pelo instrumento convocatório, *não há contemporização possível*. As razões são um tanto óbvias:

(i) pelo segundo vício, fica impedida a comparação entre propostas, logo, também resta impossibilitada a classificação entre elas, o que imprescindível para ultimação do julgamento das mesmas;

(ii) a contemporização com o primeiro vício ainda importaria em afronta ao tratamento isonômico a que fazem jus os administrados que, embora interessados na contratação, não compareceram ao certame por constatar não atenderem aos requisitos editalícios ou terem objeto distinto (solução alternativa) para propor e não exatamente o mesmo objeto licitado;

(iii) pelo primeiro vício, além do impedimento à comparação entre as propostas — pois, aquela viciada não estará ofertando o mesmo objeto que as demais —, em rigor, a proposta dessarte maculada oferta objeto não procurado, naquele certame, pelo ente licitante; aludido vício torna assim tal proposta imprestável, ainda que a mesma fosse a única ofertada.

Exemplo do primeiro vício encontra-se em proposta que, para um certame voltado à contratação da execução de obra pública, orçamenta serviços ou fornecimentos próprios de técnica de fundação distinta daquela especificada no Projeto Básico. Exemplo do segundo vício está em proposta que orça custos tributários, considerando alterações normativas ocorridas posteriormente à data definida como data-base para projeção dos custos e preços a serem insertos nas propostas.[39]

*IV.c) Se o vício só puder ser sanado*
*mediante alteração do conteúdo*
*da proposta por parte*
*da Comissão de modo*
*antiisonômico — i.é.,*
*com tratamento subjetivo*
*especialmente vantajoso para*
*o licitante cuja proposta*
*apresenta falha —, tem-se*
*uma inconsistência relevante,*
*o que impede a classificação*
*da proposta*

A necessidade imperiosa de se preservar a impessoalidade, o tratamento isonômico e a eqüidistância do órgão licitante em um certame impõe que a convalidação ou condescendência por parte da Comissão de Julgamento de Licitação quanto a vícios presentes em propostas *não se pode dar mediante ingresso daquela, Comissão de Licitação, na própria intimidade da proposta, substituindo-se ao proponente para,* ***por escolhas subjetivas e por procedimentos não igualitariamente extensíveis aos demais licitantes,*** *alterar dados, informações somente decidíveis pelo licitante*. Não é por outro motivo que decidiu o Tribunal de Contas da União:

> *Ementa*: Representação de empresa participante em licitação pública. Ilegalidade no julgamento, haja vista a posterior inclusão de informação que deveria constar, originariamente, na proposta de preços, infringindo-se o § 3º do art. 43 da Lei 8.666/1993. Fixação de prazo para a anulação da concorrência.[40]

39. Na ausência de definição explícita da data-base para formulação de propostas é de se considerar a da data aprazada para entrega das propostas.

40. TC-650.013/95-6, in *Boletim de Licitações e Contratos* 7/343, São Paulo, NDJ, ano IX, jul. 1996. E no voto do Ministro Relator Fernando Gonçalves, restou averbado: "O exame das justificativas apresentadas pelo Presidente da Telesc, levado a termo pela SECEX/SC, não deixa dúvidas de que a Comissão de Licitação daquela estatal, ao acatar o recurso da Caltech Telecomunicações Ltda., *no qual havia informação que não constava originalmente da sua proposta de preços*, alterando o julgamento inicial com base nesse dado, e declarando essa empresa como a nova vencedora do certame licitatório, *eivou o processo de ilegalida-*

*Não podem, portanto, ser relativizados ou relevados ou de qualquer forma perdoados aqueles vícios presentes nas propostas cujo conteúdo corresponda à decisão* ***exclusiva*** *do licitante*, componente dos dados que constituem o cerne (mormente o cerne econômico, em certames pelo menor preço) da proposta deixado pelo edital à decisão (livre empresa) do licitante *e que não possam ser supridos por dados ou informações objetivamente assacáveis do edital ou da prática comum de mercado e mediante procedimentos não igualitariamente extensíveis aos demais licitantes.*

Nesses casos — em que os vícios encontrados imiscuem-se no próprio *conteúdo* da proposta, de forma tal que a inconsistência não pode ser consertada, colmatada, suprida por solução isonômica —, entende-se bem que os aludidos vícios *não* podem ser retificados ou relevados:

(a) quer pela Comissão de Julgamento de Licitação, *se* isso corresponder ao absurdo da mesma se substituir, *com escolhas subjetivas e arbitrárias,* ao proponente, alterando dados da proposta e assim tomando decisões que só ao proponente foi deixado tomar;

(b) quer pelo proponente, pois isso significaria a possibilidade — que deveria ser estendida a todos — de retificarem dados relativos à essência econômica da proposta comercial *depois de descerradas e públicas ditas propostas.*

Por exemplo, se determinada Composição de Preço indica para um determinado insumo o custo de R$ 1,00 o kg e o quantitativo de consumo de 100 kg., e, contraditoriamente, a síntese do preço é feita em outra planilha, apontando-se R$ 1,32 o custo do kg do insumo e 115 kg como total de consumo, *tem-se aqui um vício irretificável e de vedada condescendência por parte da Comissão de Julgamento de Licitação.*

*de, pelo descumprimento do § 3º do art. 43 da Lei 8.666/1993*" (ob. cit., pp. 344-345).

Assim se dá porquanto a hipótese da retificação dessa inconsistência *implicaria na alteração de dados cujo conteúdo é de* ***exclusiva*** *decisão do proponente,* ***pois dizem com a própria intimidade de sua proposta*** (precificação de insumos e estimação de consumo). *A definição de tais dados, portanto, diz respeito a um juízo subjetivo de exclusiva competência: do proponente.* Fosse a Comissão de Julgamento de Licitação ou o proponente decidir-se por um dado constante da Composição de Preços ou de outro dado constante na Planilha sintética do preço, sob a aparência de retificar, *estaria em verdade substituindo-se ao proponente e escolhendo que dado* (diga-se que decisão quanto ao preço do item e ao quantitativo de seu uso) *inserir na proposta comercial deste.*

Tal procedimento, *em regra geral,* claramente é *incompatível* com a imparcialidade e a eqüidistância que devem pautar a atuação da Comissão de Julgamento de Licitação como requisito para resguardo da *isonomia.* E a obviedade disto, crê-se, dispensa citações ou maiores aprofundamentos teóricos, *conquanto peça mais esclarecimentos que adiante serão tentados.*

### *IV.d) A contemporização com o vício formal da proposta não pode ocorrer se importar em alteração "substancial" do conteúdo da proposta pelo proponente*

De outro lado, considerando-se ainda um vício de tal ordem, também é impossível sua retificação por parte do proponente, visto que implicaria em oportunizar àquele a eventualidade de *alterar o conteúdo* de sua proposta quando *já descerrado o sigilo das propostas dos demais proponentes.* Fosse isso possível, por coerência ter-se-ia que ensejar a todo e qualquer proponente a possibilidade de, posteriormente à abertura das propostas comerciais, dar-se conta de que "haveria em suas planilhas de insumo e cálculo, alguns custos e/ou quantitativos de consumo mal-calculados, supostos pequenos equívocos materiais" e, de conseguinte, "retificá-los", alterando-os para o que seria "supostamente correto" e com certeza menor.

A hipótese assim renderia ao certame algo profundamente inusitado e incompatível com os procedimentos licitatórios *que não prevêem uma fase de disputa às claras, com preços abertos, como no leilão*[41] *e no pregão*[42]: um segundo momento para formulação de propostas comerciais. No frigir dos ovos, lançaria uma pá de cal sobre a *exigível seriedade e certeza das propostas comerciais*, pois, se pudessem ser ao depois modificadas em seu conteúdo, a nenhum licitante ocorreria formular proposta definitiva em um primeiro momento, deixando para depois do conhecimento do resultado da classificação das propostas o encargo de negociar e precisar o *quantum* definitivo de sua proposta mediante o nada sutil subterfúgio da "retificação de dados" concernentes ao próprio *conteúdo econômico* da proposta comercial. Aí, todo o ensejo para os agravos à moralidade administrativa, mormente mediante conluio entre licitantes e pressão de uns sobre os outros.

A alteração de proposta depois de descerrada a mesma é hipótese excepcional dependente de *razoável* previsão legal.[43]

41. Previsto como modalidade de licitação pelo art. 22, V, § 5º, da Lei 8.666/1993, o leilão tem seu procedimento supletivamente normado pelas regras de direito comercial e processual pertinentes. Marçal Justen Filho (*Comentários*..., cit., 9ª ed., pp. 206-207) ensina: "No leilão, os interessados comparecem em data preestabelecida para o ato, formulando verbalmente suas propostas. Ou seja, a regra do leilão é a inexistência de sigilo quanto ao conteúdo das propostas. Muito pelo contrário, é da essência do leilão que tais propostas sejam públicas e de amplo conhecimento. Os proponentes ficam vinculados por sua proposta até que outra, mais elevada, seja formulada. A formulação de proposta mais elevada por outro licitante retira a eficácia da proposta menos elevada, autorizando o interessado a formular outra proposta (desde que mais elevada do que a última). Será considerada vencedora a proposta mais elevada".

42. Reza a Lei 10.520/2002: "Art. 4º. A fase externa do pregão será iniciada com a convocação dos interessados e observará as seguintes regras: (...) VIII — no curso da sessão, o autor da oferta de valor mais baixo e os das ofertas com preços até 10% (dez por cento) superiores àquela poderão fazer novos lances verbais e sucessivos, até a proclamação do vencedor". Essa modalidade licitatória recebeu, entre nós, tratamento pioneiro na Lei Geral de Telecomunicações (LGT), Lei 9.472/1997, arts. 54, parágrafo único, a 57, regulamentado pela Agência Nacional de Telecomunicações (Anatel), mediante Resolução 5, que aprovou o regulamento de contratações daquela autarquia. A respeito da disputa em aberto entre licitantes já depois de descerradas suas propostas, ver profícua exposição de Vera Scarpinella Bueno (*Licitação na Modalidade Pregão*, São Paulo, Malheiros Editores, 2003, pp. 133-144).

43. Nesse sentido, certamente falando antes do advento das novidades do pregão, Carlos Ari Sundfeld ("O formalismo no procedimento licitatório", in *Revista da Procuradoria-Geral da República* 5/11-12, São Paulo, Ed. RT): "No sistema legal brasileiro vigora, salvo duas exceções expressas, a regra da imutabilidade das propostas financeiras no curso do procedimento licitatório. A época adequada para a elaboração da oferta é a que vai do chamamento ao certame (...) até a data da chamada abertura, quando se dá a inscrição do licitante com a entrega da proposta. Ultrapassado esse momento, ela não pode mais ser alterada (...) como se disse, em duas solitárias hipóteses a lei adotou a regra oposta. A primeira é a das licitações de melhor técnica (...). Outro caso é o previsto no art. 48, parágrafo único". O antigo art. 48, parágrafo único da Lei 8.666/1993, tornou-se § 3º do mesmo artigo com o advento da Lei 9.648/1998. O texto atual é o seguinte: "Art. 48. (...) § 3º. Quando todos os licitantes forem inabilitados ou todas as propostas forem desclassificadas, a Administração poderá fixar aos licitantes o prazo de oito dias úteis para a apresentação de nova documentação ou de outras propostas escoimadas das causas referidas neste artigo, facultada, no caso de convite, a redução deste prazo para três dias". Nesse caso, entretanto, é importante que o ente licitante identifique — restringindo o escopo da escoima — os aspectos que necessitam de retificação ou supressão na proposta, impedindo assim a apresentação de verdadeiras *no-*

Por essas linhas, chega-se à seguinte constatação: *a contemporização do formalismo licitatório* (leia-se: vinculação ao instrumento convocatório) *não pode importar em **livre** alteração de conteúdo da proposta viciada, **entendendo-se conteúdo como a caracterização do objeto ofertado e do significado econômico dessa proposta.*** Tal *livre* alteração, como visto, implicaria ou na intromissão da Comissão de Julgamento de Licitação na intimidade da proposta comercial (aquele núcleo da proposta dependente de decisão do proponente) ou no ensejo ao proponente de *reformular* sua proposta comercial quando descerradas as demais. Uma ou outra hipótese desdenharia princípios da licitação como *isonomia, vinculação ao instrumento editalício, seriedade e certeza da proposta e moralidade administrativa.* De permeio, estar-se-ia inclusive incorrendo em conduta qualificável como "ato de improbidade administrativa".[44]

*IV.e) Vícios irrelevantes na proposta e que tornam impositiva sua classificação são aqueles que não denotam afastamento dos parâmetros de definição do objeto licitado e da conjuntura econômica de sua orçamentação, nem impedem a clareza, certeza, fundamentação e exeqüibilidade da proposta, ensejando sua supressão mediante procedimento objetivo, não arbitrário e isonômico (i.é., que pode ser igualitariamente extensível aos demais licitantes)*

Já enunciamos essa regra: vício que não impossibilita a verificação da seriedade, certeza, fundamentação e segurança da proposta e que pode ser desconsiderado ou consertado com emprego de soluções objetivas, não arbitrárias e igualitariamente extensíveis a outros licitantes não prejudica a proposta comercial, devendo o órgão licitante considerá-la.

Daí a possibilidade, por exemplo, da Comissão de Julgamento de Licitação *retificar* cálculos presentes em planilhas de propostas e documentos concernentes. Exemplifique-se: onde em uma dada planilha de proposta está a conta 32 x 1,65 = 65, se não comparecer dúvida *razoável* — em face d'outros elementos da proposta — quanto ao número ("32" e "1,65") identificador dos fatores da conta em referência, a Comissão de Julgamento de Licitação pode retificar ou compreender esse item da planilha consoante as normas elementares de aritmética (32 x 1,65 = 52,8).

A possibilidade de retificação ou desconsideração dessa inconsistência é facilmente compreensível diante das razões anteriormente expostas: em tal hipótese, a correção do resultado da conta **não** significa nem a substituição do proponente pela Comissão de Julgamento de Licitação, nem a oportunidade do proponente reformular sua proposta. Muito ao contrário: significa apenas ler a conta *consoante prescreve a aritmética, cujas regras certamente não são abrangidas no conjunto de aspectos que cabe **exclusivamente** ao proponente decidir ao formular sua proposta.*

De fato, cabe ao proponente decidir o *quantum* dos preços do escopo que oferta, bem como o *quantum* dos insumos que *estima* consumir a partir da descrição do objeto licitado posta no edital. Entretanto, decidido que um dado item tem custo unitário de R$ 1,65 e que estimado o consumo de 32 unidades para a consecução do escopo,

*vas* propostas caso o aspecto objeto de retificação não tenha repercussão quanto ao conteúdo econômico da proposta original.

44. Lei 8.429/1992, art. 10, VIII: "Constitui ato de improbidade administrativa que causa lesão ao erário qualquer ação ou omissão dolosa ou culposa, que enseje perda patrimonial, desvio, apropriação, malbaratamento ou dilapidação dos bens ou haveres das entidades referidas no art. 1º desta Lei, e notadamente: (...) VIII — frustrar a licitude de processo licitatório ou dispensá-lo indevidamente".

*está fora do âmbito de decisão* (portanto, de *formulação da proposta) do proponente o resultado dessa conta*. Ao retificar-se o total da suposta conta de 65 para 52,8, ninguém está criando ou decidindo nada, nada se fez além de respeitar a regra aritmética.[45]

Similarmente lícita é a desconsideração de inconsistência formal de proposta residente no mero equívoco de digitação de uma unidade de grandeza *definida pelo edital*. Ilustre-se: imagine-se que em um certame para contratação da obra de um prédio, o respectivo edital traga em anexo modelo de Planilha de Composição de Preços, listando os itens de insumo para a execução do escopo. No item de insumo referente à argamassa, o edital prescreveria o uso da unidade metro *cúbico*. Todavia, uma dada proposta, sem errar nos valores de preço e estimativa de consumo, equivocadamente, por erro de digitação ou descuido qualquer, teria indicado na coluna de unidades métricas o símbolo do metro *linear*. Em tal hipótese, a inconsistência aventada também é plenamente retificável ou relevável. E assim o fazendo, a Comissão de Julgamento de Licitação não estará se substituindo ao proponente, nem, muito menos, estar-lhe-á oportunizando reformular sua proposta.

A razão é simples: também nesse caso, o aspecto da proposta comercial em que reside a inconsistência *não* é dependente de decisão exclusiva do proponente; *ao contrário*, já foi anteriormente decidido pelo edital (a unidade só poderia ser "metro cúbico") e inclusive se trata de prática usual, regra técnica de funcionamento do mercado quanto ao fornecimento desse insumo. Portanto, *não* constitui dado cuja especificação dependia ou depende de escolha do proponente. Donde que desconsiderar a inconsistência imaginada *não* significa nenhuma inovação dentro da proposta, nada se coloca aí que signifique intromissão da Comissão de Licitação no conteúdo decisório *exclusivo* do proponente ou reavaliação desse mesmo conteúdo pelo próprio proponente.

Voltemos agora a atenção para um exemplo de vício em proposta comercial, que a um primeiro súbito de vista pode (e assim se dá comumente) ser julgado como relevante, substancial e imponível da desclassificação da oferta. A alusão é a exemplo já aventado: hipótese de falta de orçamentação dalgum item de custo em uma planilha de decomposição de preços editaliciamente exigida para verificação da consistência do orçamento global de uma obra.

*Mesmo quanto a tal vício, entretanto, pode-se muito bem imaginar-se hipóteses em que o mesmo mereceria a pecha de* ***irrelevante e incapaz*** *de ensejar a desclassificação da proposta do licitante*.

Basta imaginar que tal teria acontecido com o item "parafusos" em uma dada proposta de obra pública. Conquanto não se imagine um prédio sem parafusos, certamente a representatividade de um tal item na orçamentação geral da obra dificilmente ultrapassará a casa do milésimo percentual. Seria *razoável, proporcional e compatível com as finalidades públicas do certame desclassificar tal proposta*?

A resposta sobressai mais fundamentada se antes respondermos a outra pergunta: *haveria uma ou mais soluções que conseguissem ao mesmo tempo aproveitar essa hipotética proposta e não resvalar em tratamento arbitrário nem antiisonômico por parte do ente licitante*?

Sim. São concebíveis, ao menos, quatro soluções que, *objetivas* (sem interven-

45. *Mutatis mutandi*, é o que se vê já em prática. Assim, em editais do Departamento de Estradas de Rodagem do Estado de São Paulo, autarquia vinculada à pasta de transportes do concernente Governo. Por exemplo, no edital lançado para licitação de contratos do Programa de Recuperação de Rodovias do Estado de São Paulo, Edital 01-02-CI, lê-se no item editalício 13.5: "As propostas deverão ser apresentadas com preços unitários grafados em algarismo e por extenso, sem rasuras, emendas ou entrelinhas. *Em caso de divergência entre ambos, a Comissão considerará os preços grafados por extenso*".

ção de opções subjetivas dos membros da Comissão de Licitação), *não arbitrárias* (fundadas em dados não aleatórios) e *isonômicas* (podem ser extensíveis igualitariamente a quaisquer outros licitantes cujas propostas apresentem idêntico vício):

(i) pode-se suprir a falha da proposta com recurso aos valores presentes no orçamento do órgão licitante, segundo informado em anexo editalício (o que constitui informação imprescindível para o instrumento editalício, conforme Lei 8.666/1993, art. 40, § 2º;[46]

(ii) pode-se fazer uso dos quantitativos e preços *mais altos* apresentados entre as propostas consideradas válidas;

(iii) considerar o valor mais alto encontrado em um diligenciamento ao mercado — pela via prevista na Lei 8.666/1993, art. 43, § 3º (fazendo-se uma exegese contemporizada da vedação presente na parte final do dispositivo) — cuidadosamente documentado;

(iv) considerar o custo do item não orçado abrangido no BDI (valor de custos indiretos, tributos e lucro orçados pelo licitante), o que, todavia, deve ser acompanhado de detida verificação da exeqüibilidade da proposta resultante com a assunção desse custo pela previsão de lucro do licitante.

Todas essas soluções obviamente não podem ser impostas ao proponente da proposta que se mostrou falha. Este pode preferir vê-la desclassificada a se comprometer por um preço que não considera adequado. Mas é certo que todas elas atendem aos princípios e fins fundantes do instituto da licitação: *ensejam mais competitividade e, portanto, aumentam as chances do encontro de uma proposta o mais vantajosa para a Administração licitante e fazem-no sem que seja quebrado o tratamento isonômico, impessoal e objetivo de todos os licitantes*.[47]

Verdade que a operação de tais soluções deve ainda considerar as diferenças de suas repercussões a depender dos distintos tipos de licitação e, com especial relevância, distintos regimes de execução. Exemplarmente, a relevância da orçamentação de um item de custo em uma proposta para um contrato por preços unitários, a princípio,

46. "Art. 40. (...). § 2º. Constituem anexos do edital, dele fazendo parte integrante: (...); II — orçamento estimado em planilhas de quantitativos e preços unitários". Sobre a relevância e impositividade da presença de tais dados no edital, magistra Floriano de Azevedo Marques Neto ("O edital: exigências possíveis e necessárias para licitar", in *Estudos sobre a Lei de Licitações e Contratos*, São Paulo, Forense Universitária, 1995, p. 121): "(...) a recusa em fornecer as planilhas de orçamentos que dispõe numa dada licitação reflete uma visão estrábica do que seja a atividade administrativa. Trai, em suma, uma irresistível tendência a entender a coisa pública a partir das lentes do segredo de Estado, da informação exclusiva. (...) Negligenciar custos, esconder dados relevantes para o certame — a experiência mostra — somente interessa àqueles que podem ter acesso a essas preciosas informações".

47. Tais valores — isonomia, impessoalidade, objetividade — pautam a própria construção do edital e, por conseguinte, devem os mesmos ser observados em soluções que contemporizem o formalismo em certames públicos. As palavras de Antonio Roque Citadini (*Comentários e Jurisprudência sobre a Lei de Licitações*, São Paulo, Max Limonad, 1996, pp. 34-35) bem indicam a curial relevância daqueles bens/valores jurídicos para o certame: "(...) o edital deve caracterizar o mais detalhadamente possível o objeto pretendido, e também os critérios que serão levados em consideração para mensurar os fatores de qualidade, técnica e rendimento, visando cercear o subjetivismo que leva a favorecimentos na disputa. O julgamento deverá basear-se em critérios claros, perfeitamente justificáveis, não permitindo interpretações sem sustentação lógica. Se a Administração reputou necessário promover uma disputa licitatória para a seleção de um serviço, aquisição ou obra, não poderá decidir tal disputa de forma subjetiva, absolutamente discricionária ou com justificativa obscura. Quando a Administração licita, ela o faz porque pode julgar e escolher o vencedor de forma lógica e por critérios objetivos". Bem se nota que as soluções *supra* cogitadas, todas elas atendem aos requisitos de clareza, objetividade e razoabilidade reclamados pelo ilustre Conselheiro do Tribunal de Contas do Estado de São Paulo.

sobressai maior que para uma empreitada por preço global. Na primeira, a estipulação de um valor para um custo não orçado necessariamente provoca alteração do preço final ofertado, enquanto tal não ocorre obrigatoriamente em se tratando de proposta para empreitada por preço global.

Essas distinções, entretanto, não afastam a validade e utilidade das soluções *supra* cogitadas; apenas indicam a necessidade de ponderação e cautela na sua aplicação, devendo a Administração licitante atentar para todas as implicações de uma falha na proposta e os impactos possíveis advindos da correção ou desconsideração dessa mesma falha no contexto das peculiaridades de regime do certame e do contrato em causa no caso concreto. Não é novidade: *razoabilidade, proporcionalidade e finalidade* são princípios operáveis diante do *caso concreto* e, logo, do colorido fático-jurídico próprio e característico dele.

Os fundamentos principiológicos da exegese esposada já encontram seguro estofo jurisprudencial. Paradigmático nesse sentido, o seguinte aresto:

*Direito público. Mandado de segurança. Procedimento licitatório. Vinculação ao edital. Interpretação das cláusulas do instrumento convocatório pelo Judiciário, fixando-se o sentido e o alcance de cada uma delas e escoimando exigências desnecessárias e de excessivo rigor prejudiciais ao interesse público. Possibilidade. Cabimento do mandado de segurança para esse fim. Deferimento.*

O "Edital" no sistema jurídico-constitucional vigente, constituindo lei entre as partes, e norma fundamental da concorrência, cujo objetivo é determinar o "objeto da licitação", discriminar os direitos e obrigações dos intervenientes e o Poder Público e disciplinar o procedimento adequado ao estudo e julgamento das propostas. Consoante ensinam os juristas, o princípio da vinculação ao edital não é "absoluto", de tal forma que impeça o Judiciário de interpretar-lhe, buscando-lhe o sentido e a compreensão e escoimando-o de cláusulas desnecessárias ou que extrapolem os ditames da lei de regência e cujo excessivo rigor possa afastar, da concorrência, possíveis proponentes, ou que o transmude de um instrumento de defesa do interesse público em conjunto de regras prejudiciais ao que, com ele, objetiva a Administração. O procedimento licitatório é um conjunto de atos sucessivos, realizados na forma e nos prazos preconizados na lei; ultimada (ou ultrapassada) uma fase, "preclusa" fica a anterior, sendo defeso, à Administração, exigir, na (fase) subseqüente, documentos ou providências pertinentes àquela já superada. (...) *O formalismo no procedimento licitatório não significa que se possa desclassificar propostas eivadas de simples omissões ou defeitos irrelevantes.* Segurança concedida. Voto vencido.[48]

Em aval a essas assertivas, revelando adotar critério semelhante ao *supra* exposto (o que notável sobretudo pelos exemplos apontados em que justificável a ressalva do rigor formal), o ensinamento de Marçal Justen Filho:

"Se o ato convocatório impôs determinado requisito formal, há que reputar-se relevante e fundamentada a exigência — mormente se inexistiu tempestiva impugnação pelos licitantes. Era do conhecimento de todos que a exigência deveria ser cumprida. (...) No entanto, não é incomum constar do edital que o descumprimento a qualquer exigência formal acarretará a nulidade da proposta. A aplicação dessa regra tem de ser temperada pelo princípio da razoabilidade. (...)

"Suponha-se que o edital exige que as páginas das propostas contenham numeração, em algarismos arábicos, grafada no pé da página, do lado direito. Seria descabido desclassificar a proposta que contivesse numeração em algarismos romanos ou em que a numeração estivesse digitada no alto da página. O defeito irrelevante não pode acarretar a desclassificação, superando-se o rigor extremado do edital (...)" (p. 428).

"Vale referir, ainda outra vez, a importante decisão prolatada pelo Superior Tribu-

48. STJ, 1ª S., MS 5.418-DF, Rel. Ministro Demócrito Reinaldo, maioria, *DJ* 1.6.1998, p. 24, <www.stj.gov.br> (destaque acrescido).

nal de Justiça no julgamento (...). O edital exigia que as propostas consignassem valores em algarismos e por extenso. Um dos licitantes apresentou proposta onde o valor constava apenas em algarismos e grafada segundo padrão estrangeiro (com vírgulas e não pontos para indicar os milhares). A proposta foi classificada como vencedora em um primeiro momento. Após e atendendo a recurso, a Comissão desclassificou-a. O STJ concedeu o mandado para restabelecer a classificação original. Reputou que a redação da proposta, ainda que descoincidente com a exigência do edital, não acarretava dúvida acerca do montante ofertado" (p. 429).[49]

Diogenes Gasparini, sempre atento à prática jurídica, é de igual entendimento: "Não se tem como aceitar a proposta incompleta em suas partes *essenciais* (...). Essa será, sempre, rejeitada. Pode-se dizer, então, como os demais estudiosos, que a proposta que não atender aos termos e condições do edital ou carta-convite é inaceitável e deve ser desclassificada. *Não obstante esse rigoroso procedimento, há que se compreender que só a inobservância do edital ou carta-convite no que for **essencial** ou a omissão de proposta no que for **substancial** ou no que trouxer prejuízos à entidade licitante, ou aos proponentes, enseja a desclassificação. De sorte que erros de soma, inversão de colunas, número de vias, imperfeição de linguagem, forma das cópias (xerox em lugar de certidão) e outros dessa natureza não devem servir de motivo para tanto*".[50]

Depreende-se dos excertos transcritos que a relativização do rigor formal na aplicação do edital faz-se sempre em hipóteses de vícios que, considerados irrelevantes, sua retificação ou condescendência *não importa*:

(a) na Comissão de Julgamento de Licitação se substituir ao proponente, alterando livremente — subjetiva, arbitrária e antiisonomicamente — dados da proposta e assim tomando decisões que só ao proponente foi deixado tomar;

(b) *nem importa* na livre alteração do conteúdo da proposta comercial pelo proponente, pois isso significaria a possibilidade — que deveria ser estendida a todos — de retificarem dados relativos à essência econômica da proposta comercial *depois de descerradas e públicas ditas propostas*.

Em outra mão, se a retificação do vício presente em uma proposta comercial importa em uma dessas referidas hipóteses, *certamente não* se poderá considerá-lo irrelevante, *nem muito menos* retificável por quem quer seja.

## *V — Conclusões*

As formas impõem-se quando a serviço, no caso concreto, de um valor/fim jurídico apreciado como relevante pelo Direito. O descumprimento de uma formalidade importa na anulação ou ausência de eficácia do ato apenas se tal vício houver frustrado o atingimento do fim a que serve o requisito formal em causa.

Vigentes e bastante operados quanto ao juízo de habilitação em licitações públicas, os princípios jurídicos da razoabilidade, da proporcionalidade e da finalidade, bem como o da competitividade, não deixam de incidir quando o certame adentra na fase de julgamento das propostas apresentadas ao seu ensejo.

O descumprimento de exigências editalícias pela documentação apresentada na fase de habilitação ou por propostas em certames públicos somente justifica a inabilitação do licitante ou a desclassificação da proposta se for relevante. Tal relevo comparece quando:

(i) o vício formal frustrar a efetiva comprovação de aptidão jurídica, técnica, fis-

49. *Comentários à Lei de Licitações e Contratos Administrativos*, 9ª ed., São Paulo, Dialética, 2002, pp. 428-429.

50. *Direito Administrativo*, 5ª ed., São Paulo, Saraiva, 2000, p. 476 (destaque acrescido).

cal ou financeira do licitante, o que importa em sua inabilitação;

(ii) o vício formal impedir o conhecimento com clareza e segurança do conteúdo da proposta, ou infirmar sua seriedade ou sua exeqüibilidade.

O desrespeito a alguma exigência editalícia por parte de uma proposta também é de inviável condescendência quando revele (a) oferta de objeto distinto daquele editaliciamente descrito ou (b) com orçamentação formulada com vistas a momento econômico distinto daquele prescrito pelo instrumento convocatório.

Mesmo destino deve ser observado também quando o desatendimento ao edital por parte da proposta somente puder ser sanado mediante alteração subjetiva, arbitrária e antiisonômica da mesma por parte da Comissão de Licitação ou pelo próprio proponente.

*A contrario sensu*, quando ausentes essas hipóteses, tem-se configurada situação em que obrigatória a contemporização com o desatendimento ao edital, seja na fase habilitatória, seja na ocasião do julgamento das propostas.

E deve ser considerada como regra procedimental inafastável: comparecendo dúvida quanto à correção de documentação habilitatória ou higidez da proposta em certames — e a ausência de dúvida exige fundamentada demonstração nas razões do julgamento da Comissão de Licitação —, não se pode admitir a inabilitação de licitante ou a desclassificação de proposta sem que tenha a Comissão de Licitação diligenciado o quanto ao seu alcance na busca de elementos que ensejem a habilitação de um licitante e/ou o aproveitamento de uma proposta. O art. 43, § 3º da Lei 8.666/1993 não enuncia uma faculdade, *mas, sim, um dever*[51] e a saída de um licitante de um certame e/ou o não aproveitamento de uma proposta devem ser vistos como *perda* — muitas vezes necessária, outras tantas evitáveis, *mas sempre lastimável*, pois sempre preferível ter mais um licitante potencialmente apto a executar o escopo licitado e potencial ofertante da proposta mais vantajosa.

A exegese esposada não afronta à isonomia, pois as soluções indicadas podem e devem ser igualitária, objetiva e impessoalmente adotadas. Tampouco agride o direito de quaisquer licitantes à vinculação ao instrumento convocatório: de um lado, o princípio em referência remete, não a uma adstrição à letra do edital, mas, à *norma* editalícia, a qual somente surge como fruto da *interpretação sistematicamente contextualizada, razoável, proporcional e finalisticamente compromissada*; de outro bordo, uma vez tal direito ser de caráter *mediato*, somente resta ferido e merece prevalecer ali onde a condescendência com o vício formal ou com o descumprimento do edital vulnere o direito ao tratamento isonômico, à impessoalidade na conduta dos agentes públicos, à ampla defesa e à comparação entre propostas por critérios objetivos.

Ou isso ou, para usar impagável imagem de Adilson Abreu Dallari, acabar-se-á fazendo das licitações paródias tragicômicas das gincanas ginasianas, nas quais ganha — não aquele que oferta a melhor proposta — mas, sim, que melhor cumpre a letra do edital. Enfim, todo o ridículo, toda a estultice e toda a desídia com o interesse público em se transformar os ritos, as formas, as formalidades em valores em si.

51. Conforme nota de rodapé 26 *supra*.

DOUTRINA

# O PROCESSO DE LICITAÇÃO, A LEI 9.784/1999 E O PRINCÍPIO DA LEGALIDADE

EGON BOCKMANN MOREIRA

Mestre em Direito Administrativo da UFPR.
Advogado em Curitiba

*I — Introdução. II — Razão, limites e conteúdo da Lei 9.784/1999. III — "Processo" ou "procedimento" de licitação? IV — A Lei 9.784/1999, a Lei 8.666/1993 e o princípio da legalidade: IV.1 A "atuação conforme a lei e o Direito"; IV.2 Deveres do administrado e o "ato normativo". V — Conclusão.*

## *I — Introdução*

*1.* Em 1º de fevereiro de 1999, foi publicada a Lei 9.784, "*que regula o processo administrativo no âmbito da Administração Pública Federal*".

O anteprojeto da Lei 9.784 derivou da fusão, em meados de 1995, de duas comissões: uma, do Ministério da Justiça e outra, do Ministério da Administração Pública e Reforma do Estado. A chamada "Comissão de Elaboração do Anteprojeto" tinha como membros juristas do porte de Caio Tácito — que era o seu o presidente —, Adilson Abreu Dallari, Almiro do Couto e Silva; Cármen Lúcia Antunes Rocha, Diogo de Figueiredo Moreira Neto, Inocêncio Mártires Coelho, José Carlos Barbosa Moreira, J. J. Calmon de Passos, Odete Medauar, Maria Sylvia Zanella Di Pietro e Paulo Modesto.

Todos juspublicistas experientes e de nomeada, que uniram seus esforços para lavrar uma lei que efetivamente potencializasse as máximas do Direito Processual e do Direito Administrativo. Consolidados os trabalhos, o anteprojeto foi enviado ao Congresso Nacional — que o aprovou com poucas modificações substanciais.[1] Daí a obtenção de um diploma normativo da dimensão e com as qualidades da Lei 9.784.

*2.* Uma curiosidade no texto da Lei 9.784 é o fato de que ela traz, com as devidas adaptações, alguns dispositivos da "Lei Espanhola da Administração Pública e Procedimento Administrativo — LAP" (Lei 30/1992, recentemente modificada pelas Leis 4/1999 e 1/2000).

Dentre outras normas, o art. 13 da lei espanhola, que rege a "delegação de competências" corresponde aos arts. 12, 13 e 14 da lei brasileira; o art. 35 da lei espanhola, a respeito dos "direitos dos cidadãos", está no art. 3º da lei brasileira; o art. 70 da lei espanhola, que trata dos "pedidos de instala-

1. O anteprojeto elaborado pela Comissão e sua exposição de motivos estão publicados na *RDA* 205/349-357.

ção do processo" consta nos arts. 6º, 7º e 8º da lei brasileira.

Esse fato é natural e plenamente justificável, vez que a lei espanhola é da mais alta qualidade. Note-se que isso também já ocorreu em outros diplomas brasileiros, tais como o Código de Processo Civil.[2] Rigorosamente, pouco produtivo seria eventual tentativa de "inovar" e criar dispositivos nunca vistos, diversos daqueles de outros países, ou simplesmente repelir leis estrangeiras, unicamente com lastro em suposto xenofobismo. Se há diplomas legais vigentes em outros países e se suas disposições são subsumíveis ao ordenamento constitucional brasileiro, são dignos de elogios a pesquisa e o aproveitamento da experiência estrangeira.

Talvez a única peculiaridade resida no confronto entre dois artigos que disciplinam a delegação de competências. O art. 13.4 da lei espanhola disciplina que "Las resoluciones administrativas que se adopten por delegación indicarán expresamente esta circunstancia y se considerarán dictadas por el órgano delegante". Já o § 3º do art. 14 da lei brasileira dispõe que tais decisões "considerar-se-ão editadas pelo delegado". É nítido que o legislador brasileiro pretendeu alterar o sentido da norma.

*3.* De qualquer forma, e à parte de qualquer crítica negativa que se lhe possa deduzir, temos que a Lei 9.784 é excelente. Tanto no que diz respeito à sua razão de existir, quanto no que se relaciona com seu conteúdo.

## *II — Razão, limites e conteúdo da Lei 9.784/1999*

*4.* Indo avante, o "motivo" da lei é razoavelmente simples: não há dúvidas de que a principal preocupação do Direito Administrativo tem sido (ou foi) o ato administrativo. Basta uma rápida folheada nos principais manuais da disciplina para que se confirme tal constatação.

Não seria demais afirmar que o conceito de Direito Administrativo desenvolveu-se originalmente em torno do controle dos atos administrativos, e por isso dele é ancilar até os dias de hoje. Inclusive, muito da literatura administrativista mais antiga nem sequer mencionava a existência de um "processo administrativo" como realidade autônoma. Excepcionalmente, referia-se ao "procedimento administrativo disciplinar", ao "procedimento administrativo sancionador", ou ao "procedimento administrativo fiscal".

Ou seja, o estudo da atividade processual da Administração era relacionado tão-somente à atividade agressiva do Estado (punitiva e tributária). O tema "processo" simplesmente não tinha relevância para além do controle quanto à aplicação de sanções e defesa do patrimônio das pessoas privadas. O particular teria direito a participar da seqüência de atos a ser praticada pela Administração caso o provimento administrativo final tivesse por conteúdo uma conseqüência que aviltasse sua esfera privada. Vez por outra, também ocorria a "instalação" do processo em litígios administrativos — especialmente no que diz respeito a pretensões dos servidores públicos em face da Administração.

Muitas vezes, e o que é pior, o processo era "instalado" posteriormente à ativida-

2. O Código de 1973 traz influência da doutrina e legislação estrangeiras, especialmente italianas, como aponta Cândido Rangel Dinamarco (*Fundamentos do Processo Civil Moderno*, 4ª ed., v. I, Malheiros Editores, 2001 — nos ensaios "A Formação do Moderno Processo Civil Brasileiro", pp. 27-39, e "Vocabulário de Direito Processual", pp. 136-231). Lembre-se também da advertência do Ministro Alfredo Buzaid, em sua exposição de motivos ao projeto do Código de Processo Civil: "Na elaboração do projeto tomamos por modelo os monumentos legislativos mais notáveis do nosso tempo. Não se veja nessa confissão mero espírito de mimetismo, que se compraz antes em repetir do que em criar, nem desapreço aos méritos de nosso desenvolvimento cultural. Um Código de Processo é uma instituição eminentemente técnica. E a técnica não é apanágio de um povo, senão conquista de valor universal".

de instrutória unilateral da Administração e mesmo depois de proferida uma decisão sancionadora: intimava-se o cidadão para sofrer os efeitos de determinado provimento ou a ele se opor através de "defesa administrativa". Defesa essa que seria apreciada pelo órgão que já havia positivado a própria sanção recorrível. A "defesa" do administrado tinha antes caráter de pedido de reconsideração, do que propriamente uma "ampla defesa".

*5.* A atividade processual da Administração Pública era restringida aos conceitos de "litígio" e "acusação". Nesse nicho foi desenvolvida, tendo se "adaptado" às exigências práticas dessa espécie de atividade processual. Daí por que o processo administrativo não recebeu a merecida atenção, nem tampouco foi analisado como uma realidade jurídica toda própria. Quando muito, a discussão dizia respeito à sua consideração como um "meio a serviço do ato".

Essa concepção também induziu à formação do entendimento de que determinados princípios constitucionais, especialmente o devido processo legal, aplicar-se-iam unicamente se e quando houvesse litígio ou acusação — verdadeiramente modificando-se a *ratio* da máxima, tal como se a aplicação do *due process* dependesse do conteúdo do provimento final a ser lançado num processo administrativo (e não vice-versa).

*6.* Ocorre que, com o passar do tempo, doutrina e jurisprudência detectaram que dificilmente os atos administrativos são "pontuais". Não nascem do nada nem se esgotam em si e por si.

Ao contrário: a ampla maioria dos provimentos da Administração deriva de uma seqüência prévia e coerente de atos. Há um caminho a ser seguido para a formação dos provimentos administrativos, independentemente de sua natureza jurídica. Pouco importa se o ato invade ou não a esfera jurídica imediata das pessoas privadas: não existe o fenômeno da "geração espontânea" dos atos administrativos. A constatação demonstrou o óbvio: também a Administração comporta-se através de uma série de atos, desdobrada no tempo. Sucessão de atos interligados entre si, sendo que o posterior exige o anterior e todos visam a um resultado final — que sempre deve ser atingido, como dever de ofício.

Foi também detectado que as regras e teorias disciplinadoras dos atos em seu aspecto "substancial" possuem pouca influência prática quando se analisa a seqüência dos atos em si e seus efeitos. Assim, e, por exemplo, o direito de petição, o direito de vista dos autos, o direito à produção de provas, o direito a ser acompanhado por advogado, o direito de ser intimado das decisões, o direito de recorrer —, todas essas questões, diárias na Administração Pública contemporânea, dizem respeito ao Direito Processual.

*7.* Ora, na medida em que essa seqüência de atos regulada pelo Direito envolve, ela mesma, peculiar exercício de Poder Estatal, e na medida em que, na ampla maioria das vezes, esse exercício de Poder tem conseqüências diretas na esfera jurídica do cidadão, a Administração, os estudiosos e o legislador constataram que existe a realidade jurídica "processo administrativo". E passaram a preocupar-se seriamente com tal fenômeno.

Mais do que isso: a visão de uma Administração Pública democrática, não meramente agressiva da esfera jurídica das pessoas privadas, exige a participação ativa dos cidadãos na formação da "vontade" estatal. Num Estado Democrático de Direito, a emanação do ato administrativo traz consigo a participação dialética do indivíduo a ser futuramente por ele afetado. O que era exceção transmudou-se em regra.

*8.* A evolução de tal pensamento conduziu àquilo que o jurista italiano Mario Nigri qualificou de "crise" ou "falência" do ato administrativo (e demais concepções tradicionais), que vem deixando de ser "o centro de gravidade do Direito Administrativo".[3]

O Direito Administrativo não mais gira em torno do conceito de ato, mas passou a se preocupar também com o processo como realidade autônoma. Dá-se relevância não apenas à anatomia do ato,[4] mas ao modo e aos meios através dos quais os provimentos administrativos são produzidos.

*9.* Além disso, e à parte dessa discussão, no Brasil escassas eram as regras que disciplinavam o caminho a ser tomado pela Administração.

A não ser em hipóteses específicas — como no caso da Lei de Licitações —, pouco havia a respeito do processo administrativo. O processo era criado na prática administrativa, caso a caso.

Mais do que isso: tentava-se estabelecer o processo exclusivamente em ato regulamentar, interno aos órgãos e entidades da Administração — o que, sem dúvida alguma, pode gerar um sério problema, inclusive competencial (CF, art. 22, I).[5]

***10.*** Muitas vezes, a Administração adotava o caminho que bem entendesse e conduzia o processo como desejasse. O que dava margem à superveniência de problemas, que desaguavam no Poder Judiciário — com a conseqüência tão bem conhecida de aumento desmesurado dos processos judiciais.[6]

Quando muito, adotava-se a aplicação analógica e a interpretação extensiva dos Códigos de Processo Civil e Penal, sempre na dependência do entendimento subjetivo esposado pelo agente administrativo. Existia verdadeira lacuna legislativa, que exigia do hermeneuta uma investigação mais trabalhosa, a qual, muitas vezes, poderia culminar em resultados desastrosos.

Note-se que o processo administrativo não se identifica plenamente com uma das disciplinas processuais clássicas, mas está no meio do caminho, entre o Processo Penal e o Processo Civil — talvez mais próximo do Direito Processual Penal, uma vez que o interesse público manejado pelo agente administrativo não é disponível. Ora, parcela significativa da compreensão das regras de Direito Processual funda-se justamente em seu caráter dispositivo e na qualidade dos direitos postos em jogo na relação

3. *Apud* Vasco Pereira da Silva, *Em Busca do Acto Administrativo Perdido*, Livraria Almedina, 1996, p. 301 (Capítulo denominado "O procedimento administrativo como alternativa ao acto administrativo").

4. Lembre-se a feliz imagem de Umberto Fragola acerca do estudo da *anatomia* do ato administrativo, a fim de serem conhecidas suas *patologias* (ampliar em Celso Antônio Bandeira de Mello, *Ato Administrativo e Direitos dos Administrados*, Ed. RT, 1981, pp. 33 e ss.).

5. Atualmente, essa prática vem se alastrando, especialmente nas agências administrativas federais. Por exemplo, confira-se o art. 33 da Resolução 197/1999, da Agência Nacional de Telecomunicações (Regimento Interno da Anatel) — que reproduz o parágrafo único do art. 2º da Lei 9.784, "suprimindo" os incisos X (direito à comunicação, apresentação de alegações finais e produção de provas) e XI (proibição de despesas processuais). À toda evidência, o ato regulamentar da agência não tem o condão de revogar a lei federal do processo administrativo.

6. Confira-se recentes acórdãos do E. STJ, todos decretando a nulidade do processo administrativo, devido às mais diversas razões: alteração do edital no curso do processo de licitação e conseqüente violação do devido processo legal (MS 5.755-DF, 1ª S., Ministro Demócrito Reinaldo, *DJ* 3.11.1998, p. 6 e *RDA* 215/203); imprescindibilidade da descrição e qualificação dos fatos imputados ao servidor, na portaria que instala o processo disciplinar (MS 7.176-DF, 3ª S., Ministro Fontes de Alencar, *DJ* 19.2.2001, p. 134); alteração unilateral de concessão de transporte coletivo, sem observância do devido processo legal e ampla defesa (ROMS 2.539-TO, 2ª T., Ministro Hélio Mosimann, *DJ* 10.10.1994, p. 27.138); desobediência ao contraditório e ampla defesa (HC 9.750-SP, 6ª T., Ministro Hamilton Carvalhido, *DJ* 19.2.2001, p. 239); desobediência ao devido processo legal e à ampla defesa (ROMS 9.408-SE, 6ª T., Ministro Hamilton Carvalhido, *DJ* 18.12.2000, p. 238); indeferimento de realização de prova e ofensa ao devido processo legal e ampla defesa (MS 6.952-DF, 3ª S., Ministro Gilson Dipp, *DJ* 2.10.2000, p. 137).

jurídico-processual (públicos ou privados).[7] Daí a antiga dificuldade de se disciplinar corretamente o processo administrativo.

*11.* Então, a Lei 9.784 veio para suprir essa necessidade dos particulares e da Administração Pública. Tal como lecionam Sérgio Ferraz e Adilson Abreu Dallari, "se é bem verdade que a existência de leis sobre processo administrativo não garantem a realização de uma Administração transparente e de um Estado Democrático de Direito, tais metas e ideais são impossíveis sem que haja lei desse jaez".[8]

A Lei 9.784, além de necessária, é útil à configuração de uma Administração participativa. É diploma normativo amplo, incidindo sobre todos os processos da esfera federal (Poder Executivo, Legislativo e Judiciário — art. 1º, § 1º). Nos termos do art. 69, apenas os "processos administrativos específicos continuarão a reger-se por lei própria", aplicando-se-lhes subsidiariamente os preceitos da Lei 9.784.

## *III — "Processo" ou "procedimento" de licitação?*

*12.* Antes de avançarmos no tema, é relevante destacar que há doutrinadores de nomeada que reputam secundária a discussão acerca da terminologia aplicável às licitações — se processo ou procedimento. Assim, para Marçal Justen Filho, "em vez de discutir a existência ou não de 'processo', deve reputar-se que a utilização de expressões lapidadas pelo direito processual (como 'procedimento' e 'processo') retrata a consagração de princípios correspondentes. No caso, isso reflete a submissão da atividade licitatória a uma ordenação que reduz a discricionariedade e assegura a racionalidade da decisão final. Sempre que houver risco de sacrifício de direitos individuais, será obrigatória a observância do 'princípio do devido processo legal'. Isso significa respeito especialmente ao contraditório e à ampla defesa".[9]

À parte da perfeição dessa assertiva, reputamos que é necessário ir além e efetivamente discutir a qualificação dessa realidade jurídica.[10] Isso visando a tornar efetiva — porque previamente fixada — a proteção aos direitos das pessoas privadas. Ora, sabemos que o "procedimento" é considerado, ainda que vulgarmente, um *minus* em relação ao "processo". O que, muitas vezes, implica restrições práticas ao exercício de direitos celebrados na Constituição. Mais ainda, há quem sustente que, em não havendo acusação ou litígio efetivo, não se daria um processo — com as decorrências daí advindas (inaplicabilidade das garantias asseguradas constitucionalmente aos particulares).

*13.* Para o presente estudo, o que se torna relevante é a essência do vínculo que se põe entre particulares e Administração, no curso de uma licitação. Aos nossos olhos, a realidade jurídica em questão se trata de "processo", não "procedimento" administrativo. O entendimento é esposado em atenção à natureza jurídica do fenômeno. Isso porque a definição da "natureza jurídica", aquilo que determinada realidade efetivamente é perante o direito, não resulta do nome atribuído pela letra da lei.

*13.1* Em primeiro lugar, é pacífico que o vínculo entre cidadãos e Administração Pública configura uma relação jurídica — a denominada "relação de administração". O

7. Ampliar em nosso *Processo Administrativo — Princípios Constitucionais e a Lei 9.784/1999*, Malheiros Editores, 2000, pp. 153 e ss.

8. *Processo Administrativo*, Malheiros Editores, 2001, p. 7.

9. *Comentários à Lei de Licitações e Contratos Administrativos*, 7ª ed., Dialética, 2000, p. 387.

10. Nesse sentido, confira-se a brilhante exposição de Sérgio Ferraz acerca da opção pelo processo e suas razões no ensaio *Processo Administrativo: Prazos e Preclusões* (in *As Leis de Processo Administrativo*, orgs. Carlos Ari Sundfeld e Guillermo Muñoz, *sbdp*/Malheiros Editores, 2000, pp. 280 e ss.).

direito tem como fundamento relações jurídicas, vínculos entre pessoas regidos pelo ordenamento jurídico positivo.

Assim, a expressão "relação de administração" significa o liame jurídico existente entre Administração Pública e pessoas privadas. Trata-se de vínculo regido por normas de ordem pública, a cujo cumprimento encontra-se submetida a Administração. Como em toda relação jurídica, a de administração exige a presença de, ao menos, dois sujeitos, unidos normativamente: é vínculo intersubjetivo, correspondente à hipótese legal previamente estabelecida.

Nem poderia ser de outra forma. A Administração Pública exerce função: dá cumprimento a preceitos normativos previamente fixados. Isso significa que não há qualquer espécie de "vínculo informal" entre particulares e Administração, nem tampouco o agente administrativo pode eleger, ao seu alvedrio, o comportamento que reputar conveniente (não se olvidando, por óbvio, o exercício de competência discricionária). Tais eventos são prefixados pelo ordenamento jurídico. Situação que se acentua tendo em vista os preceitos da Lei 8.666, que rege minuciosamente a licitação pública. Numa licitação não há alternativa para eventual "informalismo" do agente público.[11]

*13*.2 Pois tal "relação de administração" pode receber dois enfoques.

O mais tradicional é aquele que a subdivide e a examina sob um prisma estático — ponto a ponto, passo a passo. Trata-se da análise dos inúmeros atos administrativos, cada qual *de per si* — tal como se um não influenciasse, não tivesse qualquer vínculo com o outro. Ou seja, a Administração comportar-se-ia em "escalas abstratas": uma vez praticado um ato, este se exauriria em si mesmo, não dependendo do passado nem trazendo quaisquer conseqüências futuras, além daquelas nele expressamente previstas. Seriam provimentos absolutamente autônomos entre si. Não há dúvidas acerca da importância desse ângulo de abordagem e de seus férteis resultados. O ato administrativo possui lugar de destaque no Direito Administrativo e merece estudo intenso.

Porém, aqui não nos preocupamos com o ato. O que nos interessa é justamente a relação de administração dinâmica, desdobrada no tempo, que efetivamente caracteriza uma licitação: o vínculo jurídico que regula a seqüência de atos e os direitos e deveres com ela relacionados.

***14.*** Há dois planos jurídicos que merecem ser considerados: aquele que disciplina um vínculo que poderia ser denominado de "Direito Administrativo material" e outro, de "Direito Administrativo processual".

Frente à Teoria Geral do Processo, é pacífico que existe uma relação jurídica de Direito Público, regida por normas próprias, que disciplina o vínculo estritamente processual entre aquele que exerce o poder estatal e a pessoa privada que com ele se relaciona. Note-se bem a diferença: sob o prisma exclusivo do Direito Processual muitas vezes nem sequer é pertinente a relação de Direito Material que envolve as partes. Daí a noção de que, ao menos no Direito Processual Civil, o direito de ação é subjetivo-abstrato.

O Direito Processual preocupa-se, isso sim, com a relação jurídica que se desdobra no plano processual em sentido estrito. A relação de segundo grau, alheia à relação de direito material — que dela não é "apêndice" ou "adjetivo".

***15.*** O mesmo se dá no Direito Administrativo. Há um feixe de normas que disciplina o exercício do poder público, visando à prática de uma decisão final. Trata-se do chamado "processo administrativo".

Tal conjunto de normas jurídicas tem raiz constitucional, especialmente nos prin-

11. Para Celso Antônio Bandeira de Mello o "princípio do informalismo", que orienta os processos administrativos, "não se aplica aos procedimentos concorrenciais, na medida em que sua utilização afetaria a garantia da igualdade dos concorrentes" (*Curso de Direito Administrativo*, 12ª ed., Malheiros Editores, 2000, p. 435).

cípios do devido processo legal, ampla defesa e contraditório. Assim, num processo licitatório, a cogitação acerca desses princípios não se projeta ao conteúdo da proposta comercial ou substância do pleito deduzido pelo particular frente à Administração. Preocupa-se sim com os direitos e deveres de índole processual, detidos por Administração e pessoas privadas.

O processo licitatório poderia ser definido como a específica seqüência lógica de atos praticados pela Administração e pessoas privadas, o posterior exigindo a prática do anterior, visando à prática do ato administrativo final (homologação e adjudicação), que pode resultar na contratação administrativa. O processo de licitação exige a participação dos particulares interessados e o respeito às suas pretensões por parte da Administração, desde o momento imediatamente posterior à sua instalação até o ato final.

*16.* Ademais, é nítido que a relação jurídica que se põe entre os particulares e o Poder Público, visando a regular especificamente esse vínculo autônomo, diverso daquele de "Direito Material", chama-se "processo".

Já a palavra "procedimento" designa exclusivamente as praxes, o rito, a seqüência predefinida na qual se desdobra tal relacionamento jurídico. Não designa, ou, melhor, jamais se prestou a designar uma relação jurídica. Inexiste, para a Ciência do Direito, relação jurídica que se denomine "procedimento". E o Direito Administrativo não adota solução diversa.

Caso contrário, poderia surgir o entendimento de que o vínculo entre particular e Administração Pública não consubstancia uma relação jurídica, mas algo informal, meramente ritualístico, a depender das regras internas e dos costumes administrativos.

*17.* Em suma: quando se pretende aludir a uma relação jurídica toda própria, o termo científico é "processo". Quando se pretende aludir ao rito, o termo é "procedimento".

Não parece existir qualquer razão — seja semântica, prática ou jurídica —, que autorize o uso da expressão "procedimento administrativo" para designar a relação jurídica existente entre particulares e Administração no transcurso de uma licitação.[12]

O processo de licitação representa um vínculo jurídico entre pessoas privadas (especialmente os licitantes) e Administração. Existe uma relação jurídica intersubjetiva, desdobrada no tempo, que rege esse relacionamento específico. Assim, a validade e eficácia dos atos praticados no curso da licitação não advêm única e diretamente da Lei 8.666: exige-se também a perfeição dos atos anteriores. Há uma seqüência lógica, ordenada e coerente, que se inicia com o Edital e culmina na assinatura do contrato. A licitação é um processo: os atos devem ser praticados no prazo e forma previstos em lei, o posterior pressupondo o anterior, proibindo-se o retorno à situação anterior, sob um regime de preclusão (lógica, temporal e consumativa).[13]

Daí a importância do exame do relacionamento entre a Lei 8.666 e a Lei 9.784.

## *IV. A Lei 9.784/1999, a Lei 8.666/1993 e o princípio da legalidade*

*18.* Inicialmente, frise-se que, apesar de denominada "Lei do Processo Administrativo", a Lei 9.784 também possui dispositivos que regem o todo da atividade administrativa do Estado. Contempla normas de "Direito Administrativo substancial". Bem verdade que a ampla maioria dos dispositivos da Lei 9.784 diz respeito ao processo,

12. Eventualmente, a fase *interna* da licitação (antes de sua divulgação) poderia ser denominada procedimento licitatório.

13. Nesse sentido, a jurisprudência do E. STJ (MS 5.418-DF, 1ª S., Ministro Demócrito Reinaldo, *DJ* 16.1998, p. 24). A respeito da preclusão administrativa, veja-se a doutrina de Sérgio Ferraz (*Processo Administrativo...*, cit., pp. 297 e ss.).

contudo não trata apenas de regras dessa ordem.

Note-se a redação do art. 2º da Lei 9.784, ao dispor que "A Administração Pública obedecerá, dentre outros, aos princípios da legalidade, finalidade, motivação, razoabilidade, proporcionalidade, moralidade, ampla defesa, contraditório, segurança jurídica, interesse público e eficiência". Trata-se de princípios que se aplicam ao universo das atividades administrativas do Estado.

Confira-se os arts. 3º e ss. (direitos dos administrados); arts. 11 e ss. (competência administrativa); art. 50 (motivação dos atos administrativos) e arts. 53 e ss. (anulação, revogação e convalidação). Não são normas "processuais" em sentido estrito.

A Lei 9.784 projeta-se também para a atividade extraprocessual da Administração Pública. Jamais se poderia sustentar que tais princípios e normas estivessem limitados ao processo administrativo.

*19.* Sob outro ângulo, nos termos do já mencionado art. 69, a Lei 9.784 não revogou a Lei 8.666, mas estabeleceu "disposições gerais ou especiais, a par das já existentes" (Lei de Introdução ao Código Civil, art. 2º, § 2º).

A disciplina legal da licitação é minuciosa e taxativa. Trata-se de legislação especial, que regula exclusivamente as contratações públicas. A Lei de Licitações define os parâmetros dos contratos a serem celebrados pela Administração (direta e indireta), fixando os requisitos indispensáveis à contratação administrativa.

Ao seu tempo, a Lei 9.784 traz normas gerais. Regula o processo administrativo e estabelece parâmetros genéricos ao funcionamento da Administração Pública federal. Lembre-se a lição de Paulo de Lacerda, para quem, nessas hipóteses, o sistema legislativo visa a "regular o assunto de dois pontos de vista diferentes, mirando cada qual o seu objetivo próprio, um restrito e especial, e outro amplo e geral. Ora, o fato do legislador alterar somente o modo de regular o assunto quanto ao objetivo restrito e especial, silenciando acerca do modo estabelecido de regular o assunto quanto ao objetivo mais amplo e geral, significa que ele persiste no ânimo de manter esses dois pontos de vista diversos relativos ao assunto, reformando somente as regras que tocam a um deles e, pois, deixando intactas as que ao outro respeitam".[14]

Ou seja, ambos os diplomas coexistem no ordenamento jurídico pátrio e incidem em situações semelhantes. Isso implica que a Lei de Licitações deve ser compreendida também à luz da Lei 9.784.[15]

*20.* Desta forma, vejamos dois dispositivos da Lei 9.784 que têm vínculo direto e imediato com o princípio da legalidade: o art. 2º, *caput*, e parágrafo único, I, e o art. 4º, *caput*. Tais previsões podem ter sérios desdobramentos frente à Lei 8.666.

### *IV.1 A "atuação conforme a lei e o Direito"*

*21.* No *caput* do art. 2º da Lei 9.784 dá-se a positivação de "princípios" que regem a Administração Pública — dentre eles, e como não poderia deixar de ser, está o "princípio da legalidade". Trata-se de rol exemplificativo de máximas que devem orientar a conduta processual e substancial do agente administrativo.

Já o parágrafo único desse mesmo art. 2º, reportando-se especificamente aos processos administrativos, estabelece aquilo que denomina de "critérios". Tais "critérios" poderiam ser lidos como "explicações" dos princípios descritos no *caput* do artigo, esclarecimentos práticos da prescrição legal. O *caput* do art. 2º arrola o princípio da lega-

14. *Apud* Wilson de Souza Campos Batalha, que, à parte de aplaudir a lição de Paulo de Lacerda, discorre acerca do "princípio da coexistência harmônica das leis" (*Lei de Introdução ao Código Civil*, v. I, Max Limonad, 1957, pp. 122 e ss.).

15. Ampliar em Marçal Justen Filho, *Comentários...*, cit., pp. 91-92.

lidade e o inciso I de seu parágrafo único disciplina que, no processo administrativo, deverá ser observado o critério de "*atuação conforme a lei e o Direito*".

Note-se que tal tema de há muito vem sendo debatido pela jurisprudência e doutrina, inclusive no âmbito da Lei 8.666. Ou seja, o que se pode entender por "conteúdo do princípio da legalidade".

*21.1* Em primeiro lugar, é incontestável que a Lei 9.784 alargou positivamente aquilo que podemos denominar de "limites ortodoxos" do princípio da legalidade, consistentes na "atuação conforme a letra da lei". Isto é, ampliou a leitura do princípio, visando a transpor seus lindes estritamente formais. Talvez esse ponto seja um dos mais relevantes da atualidade, pois envolve os conceitos de "legalidade formal" e "legalidade substancial".

A expressão "*conforme a lei e o Direito*" faz com que o hermeneuta transponha a interpretação estrita da letra da lei e celebre a concepção de que, quando se aplica um dispositivo legal, uma norma, se está aplicando o todo do Ordenamento Jurídico. Celebra o princípio da coerência e harmonia do Ordenamento. Ou, como muitos preferem, a supressão do "princípio da legalidade" pelo "princípio da juridicidade". Tal como consignamos anteriormente, a locução "determina que o agente cumpra a norma legal, com observância do todo do ordenamento jurídico. Ao distinguir os dois termos, o artigo disciplina que para o processo administrativo a lei não é a única fonte, nem tampouco pode ser interpretada de forma restritiva".[16]

*21.2* Em segundo lugar, foram funcionalmente diferenciados o "Direito" e a "lei". Não que isso implique "separar" a lei do Direito, o que é impossível. Contudo, na medida em que a norma legal não usa palavras supérfluas, o acerto está em saber distinguir, não separar. O "Direito" pode ser compreendido como o todo, a integralidade do Ordenamento Jurídico (positivado em lei ou não), enquanto que a "lei" pode ser entendida como os dispositivos legais específicos.

Note-se que a palavra "Direito" está grafada em maiúsculo. É nítido que tal escrita foi proposital — querendo significar não apenas o direito posto, o direito positivo, mas um conceito que engloba o todo do Ordenamento Jurídico.

*22.* Em verdade, a Lei 9.784 determina positivamente que o agente administrativo cumpra a norma legal, com necessária observância do todo do Ordenamento Jurídico. Ao distinguir os dois termos, fixa que, para o processo administrativo, a letra da lei não é a única fonte. O que o artigo torna explícito são os métodos de interpretação sistemática e interpretação conforme a Constituição — a celebração de que o ordenamento jurídico é um todo, coerente e uno. Assim deve ser compreendido e aplicado.

No mesmo caminho, torna-se claro que as previsões legais positivadas no texto da Lei 9.784 e da Lei 8.666 não são exaurientes. Não será pela ausência de dispositivo legal concreto, específico ao exercício de algum direito que se negará conhecimento aos pleitos dos cidadãos. Ao contrário. A Constituição e a Lei 9.784 impõem à Administração o conhecimento pleno de todo e qualquer pedido dos particulares.

*23.* Tais conclusões dizem respeito também ao processo de licitação. Não há dúvidas de que a licitação é um processo vinculado, com pouca margem de alternativas subjetivas ao agente administrativo que a conduz. A discricionariedade marca em especial dois momentos da licitação: o interno à Administração, prévio ao certame (definição do objeto, termos do edital etc.), e a assinatura do contrato.

16. *Processo Administrativo...*, cit., p. 69. A locução é explícita na Constituição espanhola (art. 103.1) e alemã (art. 20.3). Ampliar nas lições de Eduardo García de Enterría (*Curso de Derecho Administrativo*, v. I, Civitas, 1997, p. 61) e Karl Larenz (*Metodologia da Ciência do Direito*, Calouste Gulbenkian, 1989, pp. 443-447).

Porém, isso não significa a imperiosidade da aplicação "literal" e impensada da Lei 8.666. Se os já célebres os princípios da razoabilidade e proporcionalidade desde sempre instruíram a interpretação da Lei 8.666, a Lei 9.784 veio a enriquecer as alternativas hermenêuticas que se põem ao agente público.

*IV.2 Deveres do administrado e o "ato normativo"*

*24.* Porém, o principal detalhe que emerge da interpretação do "critério" estabelecido pelo inciso I do art. 2º diz respeito, justamente, ao *caput* do art. 4º da Lei 9.784 — que pode gerar interpretações "perigosas".

Nesse ponto, surge uma discussão do Direito Administrativo contemporâneo, que se estende a toda a Administração Pública brasileira. O *caput* do art. 4º tem o seguinte teor: "são *deveres* do administrado perante a administração, sem prejuízo de outros previstos em *ato normativo*" (destaque nosso). Por outro lado, os incisos I a IV do art. 4º, que disciplinam os "deveres" das pessoas privadas nos processos administrativos são extremamente genéricos (expor a verdade; proceder com lealdade, urbanismo e boa-fé; não agir de modo temerário e prestar as informações necessárias). Rigorosamente, são previsões desnecessárias — vez que nitidamente abrangidas pelos princípios da moralidade, eficiência e devido processo legal.

Assim, o artigo pretende reportar-se a outros deveres, além daqueles tão fluidos previstos na lei, porventura estabelecidos em "*ato normativo*". Contudo, o conceito de "*ato normativo*" não é idêntico ao de "*lei*".[17] Mais ainda, quando a Lei 9.784 pretendeu valer-se do termo "lei", assim o fez literalmente. Por exemplo, basta a leitura dos incisos II e XI do parágrafo único do art. 2º: a lei utilizou as expressões "*salvo autorização em lei*" e "*ressalvadas as previstas em lei*".

*25.* A conclusão é uma só: o art. 4º pretende inovar e definir que os deveres processuais impostos aos administrados não precisam estar previstos em lei.

É nítido que a Lei 9.784 visa a autorizar que a própria autoridade administrativa, através de um "ato" com "conteúdo normativo" — ou seja, um decreto, um regulamento etc. —, "crie" novos deveres para as pessoas privadas. O que, em tese, poderia surgir num processo de licitação. Afinal de contas, esse texto legal traz acréscimo inédito à Lei 8.666, tratando de tema que poderia ser "aproveitado" no contexto de licitações.[18]

Destaque-se que o dispositivo não outorgou competência genérica para a regulação das disposições contidas nos incisos. O texto é claro, ao prever determinados deveres, certos e específicos, sem prejuízos de outros, incertos e inespecíficos, a serem positivados em ato administrativo.

A questão é a seguinte: pode ser instituído algum dever ao cidadão, sem previsão legal pretérita expressa? Os deveres podem vir definidos exclusivamente em ato normativo, à parte e alheios ao que disciplina o texto legal? É constitucional tal previsão?

Parece-nos que a dicção legal genérica "*sem prejuízo de outros* [deveres] *previs-*

17. A reforçar tal argumentação, note-se que o texto do esboço de anteprojeto apresentado pelos professores Calmon de Passos e Paulo Modesto consignava a expressão "*outros previstos em lei*" e não "*ato normativo*". Porém, a expressão "*ato normativo*" consta do anteprojeto final, encaminhado pela Comissão ao Sr. Ministro da Justiça (*RDA* 205/351).

18. Lembre-se da discussão resultante da EC/19 e as licitações nas sociedades de economia mista e empresas públicas (se, devido aos arts. 22, XXXVII, e 173, § 1º, III, da Constituição Federal, tais entidades poderiam disciplinar, em regulamento autônomo, os seus processos de licitação). Confira-se o entendimento de Marçal Justen Filho (*Comentários...*, cit., pp. 21 e ss.) e Alice Gonzalez Borges ("Inovações nas licitações e seus aspectos constitucionais", *Revista Interesse Público* 8/32-43).

*tos em ato normativo*" é inconstitucional. Não seria possível à Administração Pública estabelecer deveres processuais às pessoas privadas através de regulamento administrativo, que tenha por fundamento normativo previsão tão abstrata.[19] Isso em vista de qualquer das "espécies" de processo administrativo, inclusive o licitatório.

Ora, o "*ato normativo*" não poderia *criar*, de forma *inédita* e *autônoma*, sem qualquer lastro normativo certo e específico, obrigações e deveres às pessoas privadas. Não é viável que a autoridade administrativa inaugure a ordem jurídica através da emanação de regras que restrinjam o universo de direitos constitucional e (ou) legalmente assegurados aos administrados. Por exceção, seria possível aos regulamentos gerar deveres, direitos e obrigações, desde que expressa e previamente autorizados em *standard* normativo pretérito. A lei fixa o *standard* genérico, outorgando com precisão, para autoridade administrativa específica, o título competencial básico, que a autorize a criar.

Porém, não em casos como o ora em tela, quando a lei pretende outorgar competência absolutamente imprecisa e incerta para a "criação" de deveres através de "ato normativo". Ainda mais quando se trata de normas de caráter processual. A previsão viola os arts. 5º, II; 37, *caput*; e 84, IV, da Constituição Federal.

## *V — Conclusão*

*26.* A Lei 9.784 é de suma importância no Direito Administrativo brasileiro. Regula a participação democrática do cidadão na formação dos atos administrativos, configurando não só uma forma de interação entre as pessoas privadas e a Administração Pública, mas também um meio de se concretizar a tão almejada eficiência administrativa. A incidência da Lei 9.784 frente aos processos de licitação é matéria ainda incipiente, que exige maior aprofundamento, a fim de que possamos compreender a coexistência harmônica de dois diplomas normativos tão relevantes.

Curitiba, maio de 2001.

19. Já externamos entendimento no sentido de que são viáveis os "regulamentos autônomos" no direito brasileiro — porém, com sérias restrições à sua amplitude. Caso aplicados, os regulamentos autônomos devem ser compreendidos à luz da Constituição Federal ("Agências Administrativas, Poder Regulamentar e o Sistema Financeiro Nacional", *RDA* 218/93-112 e, com ligeiras alterações, sob o título "Conselho Monetário Nacional, Banco Central do Brasil e Comissão de Valores Mobiliários", *RTDP* 25/185-201).

# CONTRADITÓRIO E INVALIDAÇÃO ADMINISTRATIVA NO ÂMBITO DA ADMINISTRAÇÃO PÚBLICA FEDERAL

VLADIMIR DA ROCHA FRANÇA

Mestre em Direito Público pela Faculdade de Direito do Recife (UFPE).
Doutorando em Direito do Estado pela PUC/SP

*1. Introdução. 2. Considerações sobre o processo administrativo. 3. Contraditório no processo administrativo. 4. Sobre a exigibilidade do contraditório na invalidação administrativa. 5. Considerações finais.*

## *1. Introdução*

O Estado brasileiro tem passado por profundas reformas, tanto no plano constitucional como no plano infraconstitucional, para se ajustar às novas demandas da sociedade. Ainda que as diretrizes políticas desse projeto padeçam de profunda polêmica e de repúdio por considerável parcela da doutrina nacional, o seu impacto jurídico é inegável nas relações entre o Poder Público e os cidadãos.

Não se consolidou ainda o novo perfil que se quer conferir à administração pública. Os efeitos sociológicos das modificações sofridas pelo regime jurídico-administrativo encontram-se bem nebulosos, restando ao jurista tentar compreender as novas normas e institutos que foram incorporados ao conjunto de preceitos retores do exercício da função administrativa.

Uma das gratas surpresas das recentes inovações legislativas foi a satisfação de uma reivindicação antiga dos estudiosos do direito administrativo: temos, finalmente, um diploma legislativo que regula o procedimento (ou processo) administrativo no âmbito da administração pública federal, a Lei 9.784, de 29.1.999.

O novo diploma legal federal, em seu art. 53, incorporou expressamente preceito que já vinha sendo reconhecido tanto pela doutrina como pela jurisprudência, no sentido de reconhecer a legitimidade da Administração para invalidar os seus próprios atos.

Não raras vezes, o exercício dessa prerrogativa da Administração acarreta em prejuízo para o administrado, intervindo em situação jurídica que o beneficiava. Não raras vezes, a Administração exerce tal poder sem verificar se há ou não boa-fé nos efeitos jurídicos gerados pelo ato administrativo viciado, ignorando totalmente a própria estabilidade de suas relações com o administrado.

O arbítrio no exercício dessa prerrogativa acaba produzindo mais prejuízos para o Estado do que a própria permanência do ato administrativo viciado dentro do regime jurídico-administrativo, quebrando a confiança do administrado na ação administrativa. Embora artifícios maliciosos existam para que mau administrador burle decisão judicial favorável ao administrado, fundada na responsabilidade estatal, a conta não deixa de chegar.

No art. 5º, LV, da Lei Maior, prescreve-se que "aos litigantes, em processo judicial ou administrativo, e aos acusados em geral são assegurados o contraditório, com os meios e recursos a ele inerentes". Estaria a Administração, quando prestes a invalidar os seus próprios atos, necessariamente obrigada a comunicar previamente aos administrados tal intenção?

Esta é a indagação que norteia o presente trabalho.

## 2. *Considerações sobre o processo administrativo*

### 2.1 *Processualidade na função administrativa*

O Estado, para atingir suas finalidades, necessita da expedição de normas concretas. Por essas normas, há a concretização dos preceitos estatuídos pela lei.

Cabe à função administrativa a determinação e a formação das situações jurídicas individuais que deverão ser regidas pelo preceito normativo proposto no texto legal, finalizando sua concretização normativa através de uma norma de decisão, o ato administrativo.[1]

Os atos administrativos são normas concretas que têm for finalidade constituir, modificar ou extinguir uma relação jurídica administrativa.[2] Mas essas normas não surgem do nada.

Toda a atividade do Estado é caracterizada pela processualidade.[3] Para exercer seu poder, necessita o Estado do emprego de uma seqüência ordenada de atos e de fatos jurídicos para expressar sua "vontade funcional".[4] Sem a processualidade, não há manifestação normativa.

A processualidade demonstra o caráter dinâmico da atividade estatal, o momento de sua realização. Há processualidade quando o sistema jurídico demanda, para a expedição de uma norma jurídica estatal, uma sucessão encadeada e necessária de atos e fatos jurídicos — todos correlacionados ao resultado final — impulsionada por pessoas ou órgãos também juridicamente interligados entre si.[5]

Pode-se dizer que a processualidade é a fonte próxima da norma estatal. Cada função estatal tem sua processualidade. Em virtude da controvérsia que padece a terminologia empregada para designá-la, vamos tentar empregar um critério que possa melhor refletir esse fenômeno, quando o Estado brasileiro exerce a função administrativa.

### 2.2 *Procedimento e processo administrativo*

A Constituição Federal, em diversos pontos, emprega a expressão "processo administrativo". Aliás, foi o termo preferido na Lei Federal 9.784/1999. Embora "processo" normalmente seja identificado com a função jurisdicional, a doutrina e a jurisprudência mais recente têm entendido que a ex-

1. Cf. Vladimir da Rocha França, *Invalidação Judicial da Discricionariedade Administrativa*, Recife, 1998, p. 20.

2. Cf. Celso Antônio Bandeira de Mello, *Curso de Direito Administrativo*, 11ª ed., São Paulo, Malheiros Editores, p. 272; Lúcia Valle Figueiredo, *Curso de Direito Administrativo*, 4ª ed., São Paulo, Malheiros Editores, pp. 150-151; e Vladimir da Rocha França, ob. cit., p. 87.

3. Carlos Ari Sundfeld, "A importância do procedimento administrativo", in *Revista de Direito Público* 84/66-68, 1997.

4. Idem, ibidem, p. 67.

5. Cf. Odete Medauar, *A Processualidade no Direito Administrativo*, São Paulo, Ed RT, 1993, pp. 23-28. Usamos "pessoa" para nos reportarmos a entes dotados de personalidade jurídica.

pressão pode também ser utilizada para indicar a processualidade da função administrativa.[6]

Dentro da processualidade administrativa, temos o procedimento administrativo, consistente na sucessão encadeada e necessária de atos e fatos jurídicos que deve preceder o ato administrativo. É possível, em se tratando de função administrativa, que excepcionalmente apenas um ato jurídico seja suficiente para introduzir a norma no sistema.[7]

Se a seqüência demanda a participação dos destinatários do ato administrativo, temos o processo administrativo. O processo administrativo, portanto, é uma espécie de procedimento administrativo.

Não há um critério unânime, na doutrina, para fixar a distinção entre processo e procedimento.[8] Contudo, o critério adotado é o que melhor, ao nosso ver, reflete a acepção de "processo" constitucionalmente fixada.

O processo é um instrumento para a democratização do exercício do poder. Através do processo, permite-se ao cidadão participar da construção das normas jurídicas que irão reger sua vida social. Há um processo legislativo, autorizando o cidadão, através de seus representantes, a opinar sobre o conteúdo das leis; há um processo jurisdicional, que confere ao cidadão o direito de buscar e participar na resolução dos conflitos em que esteja envolvido; e, por fim, um processo administrativo, revelando a Administração para os administrados, por viabilizar a participação destes no que antecede a expedição das decisões administrativas.

Importante assinalar lição de Carlos Ari Sundfeld[9] sobre essa matéria, ao lembrar que a lei, a sentença e o ato administrativo não estão imediatamente condicionados ao assentimento do particular, sendo: "(...) o processo a contrapartida que se assegura à liberdade pelo fato de o ato de autoridade ser unilateral, dentro da proposta de resguardar o equilíbrio entre a liberdade e a autoridade. Sem que o ato estatal deixe de ser ato de autoridade e, portanto, imperativo, se permite o exercício da liberdade: condicionando a produção do ato a um processo regulado do qual o indivíduo possa participar. Sob este ângulo, o processo cumpriria um papel eminentemente ligado à tutela dos direitos individuais".

### *2.3 Devido processo legal administrativo*

O ordenamento jurídico estabelece sua própria processualidade e, em especial seus processos. Ao modelo de processo administrativo prescrito pelo Direito Positivo, denominamos devido processo legal administrativo, para fins de nosso estudo.

O devido processo legal representa o conjunto de princípios e regras constitucionais que devem ser observados pelo Estado em sua processualidade. Essa cláusula constitucional[10] determina diretrizes que devem ser seguidas pelo Poder Público na produção do direito positivo.[11]

6. V. STJ, 5ª T., ROMS 8.116-SC, Rel. Ministro Gilson Dipp, unânime pelo não provimento, j. 16.9.1999, *DJ* 11.10.1999.

7. Cf. Mônica Martins Toscano, "O ato administrativo e seus requisitos procedimentais", in *RTDP* 18/211-212 e 229, 1997; Lúcia Valle Figueiredo, *Curso*..., cit., p. 404; e José Cretella Jr., *Prática do Processo Administrativo*, 3ª ed., São Paulo, Ed RT, 1999, p. 37.

8. V. Antônio Carlos de Araújo Cintra, Ada Pellegrini Grinover e Cândido Rangel Dinamarco, *Teoria Geral do Processo*, 8ª ed., São Paulo, Ed. RT, 1991, pp. 247-255. Para uma crítica à expressão "processo administrativo", v. Carlos Ari Sundfeld, ob. cit., pp. 72-73; e Mônica Martins Toscano, ob. cit., pp. 214-216.

9. Ob. cit., p. 67. Cf. Mônica Martins Toscano, ob. cit., p. 213.

10. V. CF, art. 5º, LIV. Cf. Fernão Borba Franco, "A fórmula do devido processo legal", in *Revista do Processo* 94/94.

11. Os princípios constitucionais são normas hierarquicamente privilegiadas que atribuem imperatividade aos valores e finalidades constitucionais, objetivando o conteúdo destes e viabilizando

Há forte entendimento doutrinário em favor de uma dupla acepção do devido processo legal em nosso sistema jurídico.[12] Ao lado desse sentido processual, haveria outro, substancial ou material, que aglutinaria o conjunto de princípios e regras que vinculam o próprio conteúdo das normas jurídicas estatais.

No direito positivo estadunidense, esse sentido substancial do *due process of law* serviu como fundamento para o controle da constitucionalidade das leis. Princípios como isonomia e razoabilidade passaram a ser agregados e justificados em razão do *due process of law*, viabilizando a intervenção judicial na substância das decisões legislativas e administrativas do Estado norte-americano.[13]

No caso da administração pública, o devido processo legal substancial englobaria os princípios constitucionais que a regem. Legalidade e moralidade administrativa seriam elementos desse princípio, por exemplo.[14]

sua concretização (cf. Vladimir da Rocha França, "Questões sobre a hierarquia entre as normas constitucionais", in *Revista Trimestral de Jurisprudência* 168/117-118).

12. Cf. Lúcia Valle Figueiredo, "Estado de Direito e devido processo legal", in *RTDP* 15/37, 1996; Nelson Nery Jr., *Princípios do Processo Civil na Constituição Federal*, São Paulo, Ed. RT, pp. 31-37.

13. Cf. Carlos Roberto de Siqueira Castro, *O Devido Processo Legal e a Razoabilidade das Leis na Nova Constituição do Brasil*, Rio de Janeiro, Forense, 1989, pp. 3 e 32-33; e Antônio Roberto Sampaio Dória, *Direito Constitucional Tributário e "Due Process of Law"*, Rio de Janeiro, Forense, 1986, pp. 26-31; Edward S. Corwin, *A Constituição Norte-Americana e seu Significado Atual*, trad. Lêda Boechat Rodrigues, Rio de Janeiro, Jorge Zahar Ed., pp. 266-268; Thomas Cooley, *Princípios Gerais de Direito Constitucional dos Estados Unidos da América*, 2ª ed., trad. Alcides Cruz, São Paulo, Ed. RT, pp. 169-183; e San Thiago Dantas, "Igualdade perante a lei e *due process of law*", in *Problemas de Direito Público*, Rio de Janeiro, Forense, 1953, p. 43.

14. Cf. Edward S. Corwin, ob. cit., p. 268.

Não negamos o valor metodológico do devido processo legal substancial, pois mediante essa noção, permite-se visualizar os princípios jurídicos da administração pública em interação. Entretanto, a própria tradição do direito positivo brasileiro se encarregou de tornar expressos não apenas os preceitos usualmente identificados com o sentido processual, mas também, com o sentido substancial do *due process of law*. Bastaria, como diz com propriedade Nelson Nery Jr.,[15] a enunciação da cláusula do devido processo legal para tornar despiciendos os demais incisos do art. 5º do texto constitucional. E razão assiste também a Lúcia Valle Figueiredo[16] quando leciona: "Somente será *due process of law* aquela lei — e assim poderá ser aplicada pelo Magistrado — que não agredir, não entrar em confronto, não entrar em testilhas com a Constituição, com os valores fundamentais consagrados na Lei das leis".

Quando se menciona a acepção substancial do devido processo legal no direito administrativo, há referência direta ao produto, o ato administrativo. No sentido processual, é a processualidade o objeto de incidência.

Como justamente é a processualidade administrativa o campo de nossa investigação, optamos por reservar a expressão devido processo legal administrativo para indicar tão-somente o sentido processual da cláusula, facilitando assim a exposição e compreensão do tema.

Ao devido processo legal administrativo é imputado todo um plexo de finalidades,[17] cuja essência é justamente a concilia-

15. Ob. cit., p. 37.

16. "Estado...", cit., p. 36. Cf. Dinorá Adelaide Museti Grotti, "Devido processo legal e o procedimento administrativo", in *RTDP* 18/35, 1997; Carlos Ari Sundfeld, ob. cit., p. 69; e Thomas Cooley, ob. cit., pp. 256-257.

17. Cf. Odete Medauar, ob. cit., pp. 61-69; Nagib Slaibi Filho, "O devido processo de lei", in *Anotações à Constituição de 1988 – Aspectos Fun-*

ção da atividade administrativa com os cânones constitucionais. Representa, como dissemos, o modelo constitucional de processo administrativo, que é exigido nas situações previstas pela própria Lei Maior.

Entre os preceitos retores do devido processo legal administrativo, temos o princípio do contraditório.

Como bem alerta Odete Medauar:[18] "(...) o processo administrativo representa um dos meios pelos quais, na atividade administrativa, se concretizam princípios e normas constitucionais; significa, portanto, um núcleo que abriga regras substanciais da atuação administrativa e do ordenamento, de modo conforme aos princípios constitucionais".

Se do ponto de vista do administrado representa um conjunto de garantias que lhe são constitucionalmente asseguradas, para a Administração, "consiste na obrigatoriedade de atuar mediante processo em determinadas situações".[19] E na lição de Sérgio Ferraz:[20] "(...) somente se pode pensar em efetiva realização do princípio democrático quando (e onde) possa o administrado participar da feitura do querer administrativo, ou da sua concretização efetiva. Para tanto, imprescindível é que se assegure ao cidadão o postular junto à Administração, com a mesma corte de garantias que lhe são deferidas no processo jurisdicional (particularmente, as certezas do contraditório e da publicidade)".

### *3. Contraditório no processo administrativo*

#### *3.1 Noção de contraditório*

O contraditório sempre foi um conceito profundamente relacionado com a cláusula do *due process of law*, nela presente desde sua primeira formulação.[21] Por injunção expressa da Lei Maior,[22] constitui um preceito aplicável aos processos administrativos.

O princípio do contraditório integra o devido processo legal administrativo, obrigando a administração a cientificar os administrados sobre a existência e o conteúdo dos processos que versem sobre seus interesses individuais.[23] É reconhecido ao Judiciário o poder de verificar a ação da administração pública sob o prisma do devido processo legal, ainda que não adentre no mérito da decisão administrativa.[24] Aproveitando a lição de Odete Medauar:[25] "Em essência, o contraditório significa a faculdade de manifestar o próprio ponto de vista ou argumentos próprios ante fatos, documentos ou pontos de vista apresentados por outrem".

Como se vê, a idéia do contraditório está bem relacionada com situações potencial ou materialmente litigiosas. Ao se referir a "litigantes" e "acusados em geral", a

*damentais*, 4ª ed., Rio de Janeiro, Forense, 1993, pp. 185 e 194-197; e Thomas Cooley, ob. cit., pp. 255-256.

18. Ob. cit., p. 74.

19. Idem, ibidem, p. 83. Cf. Mônica Martins Toscano, ob. cit., p. 217; Nagib Slaibi Filho, ob. cit., p. 181; e Carlos Roberto de Siqueira Castro, ob. cit., pp. 40-41.

20. Em seu "Processo administrativo e Constituição Federal", in *Direito Constitucional*, v. II, Col. *Bureau* Jurídico, Brasília, Consulex, 1998, p. 157. Cf. Mônica Martins Toscano, ob. cit., p. 218.

21. Cf. Thomas Cooley, ob. cit., p. 343.

22. V. CF, art. 5º, LV. V. STJ, 5ª T., ROMS 4.393-MT, Rel. Ministro Gilson Dipp, unânime pelo não provimento, j. 21.9.1999, *DJ* 18.10.1999.

23. Cf. Mônica Martins Toscano, ob. cit., p. 217.

24. V. STF, 1ª T., RE 165.680-SC, Rel. Ministro Ilmar Galvão, unânime pelo provimento, j. 28.4.1995, *DJ* 15.9.1995; STF, Pleno, MS 20.775-DF, Rel. Ministro Oscar Correia, unânime pelo indeferimento, j. 2.6.1988, *DJ* 1.7.1988; e STJ, 6ª T., REsp 208.293-CE, Rel. Ministro Vicente Leal, unânime pelo não conhecimento, j. 8.6.1999, *DJ* 28.6.1999.

25. Ob. cit., p. 96. Cf. Dinorá Adelaide Museti Grotti, ob. cit., p. 37.

Constituição procurou incidir o princípio de modo mais amplo possível.[26]

O administrado é litigante quando está em situação de controvérsia com outro administrado — em virtude de um ato administrativo — ou com o próprio Poder Público.[27] Já a expressão "acusados", no âmbito administrativo, abrange "todas as pessoas e situações onde há imputação a alguém de falta ou conduta ilícita".[28]

E, mais urna vez, razão assiste a Sérgio Ferraz:[29] "(...) Ao se cuidar de processo administrativo, a palavra *litigante* assume feição diferenciada, apontando não só os que já tenham dissidências instauradas, *mas também aqueles que possam a vir a tê-las*; ou ainda mais, os que busquem instrumentalizar seus direitos de petição e de representação; e, além deles, os que estejam no desempenho de seu direito público subjetivo (constitucional) de fiscalizar o exercício administrativo (co-participação administrativa)".

Admitida a divergência potencial ou presente de interesses, pontos de vista e de interpretações jurídicas entre Administração e administrado, deve haver o contraditório.[30] A Administração não perde sua posição de supremacia ao efetivar o contraditório, mas sim observa a obrigação de comunicar ao administrado a contingência de um ato administrativo que pode afetar a respectiva esfera de direitos individuais.

Não concordamos com a lição no sentido de visualizar uma equivalência entre as posições da Administração e administrado quando presente o contraditório, haja vista ser insustentável uma posição de igualdade quando *um dos pólos da relação permanece com o poder de expedir unilateralmente norma jurídica vinculante e imperativa para o outro pólo*. Afinal, uma das características do regime jurídico-administrativo, decorrente do princípio da prevalência do interesse público, é justamente a posição de supremacia de quem exerce a função administrativa.[31]

O contraditório confere um caráter dialético ao processo administrativo, possibilitando à Administração conhecer a antítese pelo administrado para formar uma síntese (ato administrativo) adequada ao interesse público.[32]

Prestemos atenção a um ensinamento de Cintra, Grinover e Dinamarco[33] que, embora concebida para o processo judicial, traz-nos preciosos elementos para a compreensão do processo administrativo: "O juiz, por força de seu dever de imparcialidade, coloca-se entre as partes, mas eqüidistante delas; ouvindo uma, não pode deixar de ouvir a outra; somente assim se dará a ambas a possibilidade de expor suas razões, de apresentar suas provas, de influir sobre o convencimento do juiz. (...) É por isso que foi dito que as partes, em relação ao juiz, não têm papel de antagonistas, mas sim de

26. Cf. Dinorá Adelaide Museti Grotti, ob. cit., pp. 36-37; e Carlos Mário da Silva Velloso. "Princípios constitucionais do processo", in *Temas de Direito Público*, Belo Horizonte, Del Rey, 1997, p. 230.

27. Odete Medauar, ob. cit., pp. 77-78. V. STF, Pleno, MS 22.285-SP, Rel. Ministro Sydney Sanches, unânime pelo indeferimento, j. 1.4.1996, *DJ* 17.5.1996.

28. Lúcia Valle Figueiredo, *Curso*..., cit., p. 405. V. STF, 2ª T., AGRAG 186.840-RS, Rel. Ministro Marco Aurélio, unânime pelo não provimento, j. 20.3.1998, *DJ* 15.5.1998.

29. Ob. cit., p. 158 (destaque sublinhado no original; destaque em itálico, nosso). Cf. José Cretella Jr., ob. cit., p. 30.

30. Odete Medauar, ob. cit., p. 97.

31. Cf. Celso Antônio Bandeira de Mello, ob. cit., p. 30. Há defesa no sentido de que as posições jurídicas entre administração pública e administrado são igualadas no processo administrativo. V. Odete Medauar, ob. cit., p. 97; e Elio Fazzalari, "Procedimento e processo (teoria generale)", in *Novíssimo Digesto Italiano*, v. XIII, Milão, Utet, 1996, p. 827.

32. "Parte-se do suposto de que a verdade só pode ser evidenciada pelas teses contrapostas das partes", como bem leciona José de Albuquerque Rocha (*Teoria Geral do Processo*, 3ª ed., São Paulo, Malheiros Editores, 1996, pp. 51-52).

33. Ob. cit., pp. 55-56 (destaques nosso).

'colaboradores necessários': *cada um dos contendores age no processo tendo em vista o próprio interesse, mas ação combinada dos dois serve à justiça na eliminação do conflito ou controvérsia que os envolve*".

A inexistência de jurisdição administrativa em nosso sistema jurídico não permite a formação da angularidade que caracteriza a relação jurídica processual (judicial). A relação jurídica entre Administração e administrado não deixa de linear quando há o contraditório. Todavia, ainda que atue visando o seu próprio interesse, em conjunto com a atividade da Administração, *o administrado se torna colaborador do interesse público*, viabilizando uma melhor aplicação da lei ao caso concreto.[34]

E seguindo ensinamento de José Cretella Jr.:[35] "Não obstante se trate de *binômio*, não de *trinômio* (como no direito processual civil), as partes em ação, na realidade são contrapostas (...), defendem não raras vezes interesses antagônicos: os administrados, pleiteando os direitos que a lei lhes faculta, a Administração velando para que os deveres sejam observados, ambos, enfim, em última análise, fornecendo elementos para que a justiça figure sempre em primeiro plano e o Estado atinja do melhor modo o fim elevado a que se propõe realizar".

### *3.2 Desdobramentos do contraditório na Lei 9.784/1999*

#### 3.2.1 Direito à informação geral

Como já dito, a Lei 9.784/1999 veio acolher uma velha reivindicação dos estudiosos do direito administrativo. Padecia o regime jurídico-administrativo de um diploma legislativo que disciplinasse a processual idade da Administração.[36]

34. Cf. Odete Medauar, ob. cit., pp. 102-103.

35. Ob. cit., p. 40.

36. Cf. Odete Medauar, ob. cit., pp. 137-157.

Em vários pontos, a Lei Federal de Processo Administrativo (LFPA), concedeu mais densidade ao princípio do contraditório.

No art. 2º, *caput*, da LFPA, estatui-se expressamente o princípio do contraditório como princípio da Administração, que já estava previsto no art. 5º, LV, da Lei Maior.

O princípio do contraditório determina à Administração o respeito ao direito do administrado à informação geral, que lhe confere a prerrogativa de examinar os fatos que estão na formação do processo e demais dados, documentos e provas que surgirem em seu curso.[37] O administrado tem o direito à ciência da tramitação dos processos administrativos em que tenha a condição de interessado, bem como de acesso aos autos, à obtenção de cópias de documentos nele contidos e, ainda, às decisões proferidas.[38]

Aliás, constitui critério a ser observado pela Administração a "garantia dos direitos à comunicação, à apresentação de alegações finais, à produção de provas e à interposição de recursos, nos processos de que possam resultar sanções e nas situações de litígio".[39]

A LFPA[40] limita o direito à informação geral, ao não permitir o acesso do administrado aos dados e documentos de terceiros protegidos por sigilo decorrente da segurança nacional ou da proteção constitucional à privacidade, à honra e à imagem.

37. Odete Medauar, ob. cit., p. 104. Cf. Héctor Jorge Escola, *Teoria General del Procedimiento Administrativo*, s/l, s/d, pp. 145-146; Mônica Martins Toscano, ob. cit., pp. 218-219; e Dinorá Adelaide Museti Grotti, ob. cit., p. 38.

38. V. LFPA, art. 3º, III, e art. 46. V. STJ, 5ª T., ROMS 9.946-DF, Rel. Ministro Edson Vidigal, unânime pelo não provimento, j. 17.8.1999, *DJ* 20.9.1999; e STJ, 1ª S., MS 6.045-DF, Ministro Hélio Mosimann, maioria pela concessão da segurança, j. 26.5.1999, *DJ* 27.9.1999.

39. V. LFPA, art. 2º, parágrafo único, X.

40. V. art. 46. Cf., tb., CF, art. 5º, X.

3.2.2 Direito à audiência

Outra decorrência do princípio do contraditório é o direito do administrado de ser ouvido, ou seja, de poder se manifestar sobre todos os elementos apresentados no processo administrativo pela Administração ou por outros administrados.[41] Assegurado esse direito, fortalece-se a regularidade do processo administrativo.[42]

Essa faculdade do administrado está implícita entre os vários dispositivos que regulam a fase instrutória do processo administrativo.[43] Em especial, o art. 41 da LFPA, que determina a sua intimação para se pronunciar sobre a prova ou diligência determinada pela autoridade competente; e o art. 44 do mesmo diploma legal ao estabelecer que, encerrada a instrução, tem o interessado o direito de se manifestar no prazo máximo de dez dias, caso outro prazo não tiver sido fixado em lei.

*3.3 Contraditório e ampla defesa como princípio jurídico unificado: o amplo contraditório*

Como preceitos bastante próximos, doutrina abalizada não raras vezes procura fundir os princípios do contraditório e da ampla defesa em um só.[44] Lúcia Valle Figueiredo,[45] por exemplo, emprega a expressão "amplo contraditório" para indicar esse conjunto, adequada ao nosso ver. Interessante também, a posição de Nelson Nery Júnior,[46] ao dizer no âmbito do processo civil: "Por contraditório deve entender-se, de um lado, a necessidade de dar-se conhecimento da existência da ação e de todos os atos do processo às partes, e de outro, a possibilidade de as partes reagirem aos atos que lhe sejam desfavoráveis. Os contendores têm direito de deduzir suas pretensões e defesas, realizarem as provas que requereram para demonstrar a existência de seu direito, em suma, direito de serem ouvidos paritariamente no processo em todos os seus termos".

"Ampla defesa" consiste no direito constitucional do administrado de contestar, em favor de si próprio, condutas, imputações, fatos, argumentos ou interpretações que possam atingir a sua esfera jurídica individual, devendo ainda ser assegurados os meios e recursos indispensáveis para o seu exercício.[47]

Embora fortemente relacionados, é possível fazer um corte cuidadoso entre esses dois preceitos, no sentido de visualizar o contraditório como pressuposto material necessário para a ampla defesa. Sem que o administrado acusado ou litigante conheça a existência do processo ou mesmo a iminência da medida que o atingirá, defesa alguma é efetivamente viável.

A ampla defesa deve ser conseqüência do contraditório, quando o administrado não se resigna do que conheceu. Se, por injunção da própria Administração, o contraditório é inexistente, tardio, efêmero ou insuficiente, fica o processo administrativo maculado de vício atentatório à própria Lei Maior.[48] Não há, nessas situações, o amplo contraditório.

Também a LFPA, em diversos dispositivos, concedeu maior densidade a esse direito constitucional fundamental. Há seu reconhecimento expresso, no art. 2º, *caput*, deste diploma legal.

41. Cf. Odete Medauar, ob. cit., p. 106; Héctor Jorge Escola, ob. cit., p. 145; Dinorá Adelaide Museti Grotti, ob. cit., p. 38.

42. V. STF, 2ª T., AGRAG 142.847-SP, Rel. Ministro Marco Aurélio, unânime pelo não provimento, j. 1.12.1992, *DJ* 5.2.1993; e STJ, 3ª S., MS 3.889-DF, Rel. Ministro Gilson Dipp, unânime pelo indeferimento, j. 13.10.1999, *DJ* 16.11.1999.

43. V. LFPA, arts. 29, *caput*, 38, *caput*, 39, *caput*, e parágrafo único, e 41.

44. Cf. Carlos Mário da Silva Velloso, ob. cit., p. 229.

45. *Curso...*, cit., pp. 410-411.

46. Ob. cit., pp. 122-123.

47. Odete Medauar, ob. cit., pp. 111-112.

48. Cf. Lúcia Figueiredo, *Curso...*, cit., p. 411.

### 3.3.1 Direitos à defesa prévia e à produção de provas

Muitas vezes, pode haver tensão entre a ampla defesa e as características da atividade administrativa. A defesa prévia, naturalmente ensejada pelo contraditório, pode ser vista como um empecilho ao interesse público, nos casos envolvendo risco à vida e à segurança da população, e nas situações onde ela é materialmente impossível, no caso das multas de trânsito.[49]

Mas a defesa prévia deve ser a regra. A LFPA[50] prescreve como direito do administrado perante a Administração, formular alegações e apresentar documentos antes da decisão, que devem ser necessariamente objeto de consideração pelo órgão competente. Confere a LFPA[51] poder para que o órgão competente rejeite provas ilícitas, impertinentes, desnecessárias ou protelatórias.

Quanto ao direito à produção de provas, em diversos pontos a LFPA o confere aos administrados. Assegura ao interessado o direito de requerer atuações probatórias ao lado da ação de ofício da Administração, devendo o órgão competente fixar os dados necessários para a tomada da decisão e os meios menos onerosos quando exigido ato do interessado,[52] garante a obtenção de ofício dos documentos necessários para a comprovação de fatos alegados nos autos, constantes nos arquivos da própria Administração,[53] determina a intimação dos interessados de prova ou diligência ordenada, com antecedência mínima de três dias úteis, com a menção da data, hora e local de sua realização,[54] faculta ao interessado manifestar-se, no prazo máximo de dez dias (se outro não tiver sido fixado em lei), após o encerramento da instrução.[55]

### 3.3.2 Direito à defesa técnica

A LFPA[56] assegura o direito ao administrado de se fazer assistir de profissional habilitado para a defesa de seus interesses junto à Administração, salvo se obrigatória a representação por força de lei.

Quando a matéria do processo administrativo implicar sanção, ou seja, colocar o administrado na posição de acusado, melhor se concilia com os preceitos constitucionais a obrigatoriedade da defesa técnica, cabendo inclusive a nomeação de defensor dativo se ausente.[57]

### 3.3.3 Direitos à revisibilidade e à motivação

Assegurado pela própria Constituição Federal,[58] a LFPA[59] consagra o direito a recurso, decorrência sem dúvida do princípio da ampla defesa. Como as questões a ele relacionadas — bastante instigadoras por sinal — merecem análise mais detida e não guardam direta relação com o tema em curso, delas não trataremos aqui.[60]

Outro direito expressamente alcançado com a LFPA,[61] é a cognição pelo administrado dos fundamentos de fato e de direito

49. Cf. Odete Medauar, ob. cit., p. 116.

50. Arts. 3º, III, e 38, § 1º.

51. Arts. 30, e 38, § 2º. Cf., tb., CF, art. 5º, LVI. V. Lúcia Valle Figueiredo, *Curso...*, cit., pp. 414-415.

52. Art. 29 e parágrafos.

53. Art. 37.

54. Art. 41.

55. Art. 44.

56. Art. 3º, IV.

57. Cf. Odete Medauar, ob. cit., pp. 118-119; e Lúcia Valle Figueiredo, *Curso...*, cit., pp. 416-417.

58. V. a parte final do art. 5º, LV e o art. 5º, XXXIV, *a*, da CF. Odete Medauar, ob. cit., p. 117.

59. V. arts. 56 e ss.

60. O problema da *reformatio in pejus* no processo administrativo, por exemplo. V. Lúcia Valle Figueiredo, *Curso...*, cit., pp. 419-420.

61. V. arts. 50 e parágrafos.

que justificam a decisão administrativa, recepcionando longo labor doutrinário para reconhecê-lo no regime jurídico-administrativo.[62] Sem motivação, o direito ao recurso administrativo é inócuo, bem como qualquer medida judicial de controle da administração.[63]

A motivação, segundo a LFPA,[64] é dever da Administração, que deve emitir explicitamente decisão nos processos administrativos, solicitações e reclamações, observadas as regras de competência, dentro de até trinta dias úteis após a conclusão da instrução (caso não haja prorrogação também motivada por igual período).

### *4. Sobre a exigibilidade do contraditório na invalidação administrativa*

#### *4.1 Invalidação, revogação e convalidação*

Determina-se a existência material do ato administrativo pela sua forma — revestimento exterior — e conteúdo — a prescrição do nascimento, mudança, reconhecimento ou término de uma relação jurídica administrativa; isso, independentemente de sua conciliação ou não com o regime jurídico-administrativo.[65] É exigido do conteúdo do ato natureza normativa e seu acatamento pelos administrados.[66] Sem esses elementos, o provimento administrativo não existe como ato nem como fato.

A validade consiste no vínculo que se estabelece entre a norma jurídica e o ordenamento jurídico, "por terem sido obedecidas as condições formais e materiais de sua produção e conseqüente integração no sistema".[67]

E como bem ensina Tércio Sampaio Ferraz Jr.:[68] "A validade da norma não é uma qualidade intrínseca, isto é, normas não são válidas em si: dependem do contexto, isto é, dependem da relação da norma com as demais normas do contexto. O contexto, como um todo, tem que ser reconhecido como uma relação ou conjunto de relações globais de autoridade. Tecnicamente diríamos então, que a validade de uma norma depende do *ordenamento* no qual está inserida".

Portanto, para que haja o ingresso formal do ato administrativo no regime jurídico-administrativo, é preciso configurar sua existência, ou seja, identificar a forma e o conteúdo. Mas a existência pressupõe o esgotamento de todas as fases necessárias para a formação do ato.[69]

O ato administrativo presume-se válido em virtude da presunção de legitimidade de que gozam — atributo concedido pelo regime jurídico-administrativo — quando ingressam formalmente no sistema de direito positivo.[70] Todo ato administrativo é idôneo para produzir os seus efeitos jurídicos, até a comprovação definitiva de sua invalidade, podendo haver a sustação provisória dos mesmos enquanto pendente a aferição de sua coerência e afinidade para com o sistema de direito positivo.[71]

62. Cf. Lúcia Valle Figueiredo, *Curso...*, cit., pp. 48-49; e Celso Antônio Bandeira de Mello, ob. cit., pp. 69-70.

63. Vladimir da Rocha França, *Invalidação...*, cit., pp. 78-79.

64. V. arts. 48 e 49.

65. Cf. Vladimir da Rocha França, "Fundamentos da discricionariedade administrativa", in *RT* 768/61; e idem, *Invalidação...*, cit., p. 117.

66. Cf. Carlos Ari Sundfeld, *Ato Administrativo Inválido*, São Paulo, Malheiros Editores, 1990, pp. 15-22; e Tércio Sampaio Ferraz Jr., *Introdução ao Estudo do Direito*, 2ª ed., São Paulo, Atlas, 1994, p. 184.

67. Tércio Sampaio Ferraz Jr., ob. cit., p. 205.

68. Ob. cit., p. 174.

69. Idem, ibidem, p. 196.

70. Cf. Celso Antônio Bandeira de Mello, ob. cit., p. 297. V. STJ, 6ª T., REsp 41.519-RJ, Rel. Ministro Luiz Vicente Cernicchiaro, unânime pelo não conhecimento, j. 1.3.1994, *DJ* 28.3.1994; e TJDF, 2ª CCív., ap. civ. 3617.95, Rel. Desembargador Getúlio Moraes de Oliveira, unânime pelo desprovimento, j. 26.8.1996, *DJ* 20.11.1996.

71. Cf. Hely Lopes Meirelles, *Direito Administrativo Brasileiro*, 20ª ed., São Paulo, Malheiros

A estabilidade da validade do ato administrativo dependerá de sua efetiva subordinação aos cânones do sistema de direito positivo.[72] Para o ato jurídico ser materialmente válido no regime jurídico-administrativo, é preciso haver competência, conteúdo lícito, obediência à forma prescrita em lei (quando esta for expressa nesse sentido), bem como ser precedido de motivo juridicamente aceito e orientação para a tutela do interesse público. Estes dois últimos elementos são essenciais para a diferenciação do ato jurídico administrativo e para o ato jurídico privado (cf. art. 81 do Código Civil). Neste, tais requisitos são inexistentes, pois o motivo e a finalidade do ato jurídico no direito privado são determinados pelas livres e lícitas opções dos particulares, haja vista a força e a presença do princípio da autonomia da vontade.[73]

A perda da validade do ato administrativo pode se dar através da invalidação ou da revogação. É preciso outro ato administrativo, ou norma de hierarquia superior, para se retirar a validade do ato administrativo.[74]

Quando o ato administrativo é atentatório aos princípios e regras do ordenamento jurídico, sua permanência no regime jurídico-administrativo torna-se passível de ser contestada e, por conseguinte, fica o ato sujeito à invalidação.[75]

O ato administrativo é juridicamente eficaz quando, juridicizando o fato, possui idoneidade para determinar, formar e regular as situações jurídicas individuais que são objeto do regime jurídico-administrativo. Tal aptidão decorre da inexistência de entraves para que o ato produza seus efeitos típicos (termo inicial, condição suspensiva ou ato controlador de outra autoridade), como bem leciona Celso Antônio Bandeira de Mello.[76] Mas dentro de um sentido lógico-formal, já que do ponto de vista sociológico, há eficácia quando há a conformação da conduta ao preceito normativo.[77]

A perfeição do ato administrativo não prescinde da eficácia jurídica, *uma vez que esta é pressuposto para a geração de direitos subjetivos e para criar situações jurídicas subjetivas*.[78] Perfeito o ato administrativo, ele se torna inatingível pela lei, no que concerne aos direitos subjetivos por ele gerados para os administrados que alcançarem o padrão de direito adquirido, por força da Constituição Federal vigente.

Para que o ato administrativo possa ser considerado um ato jurídico perfeito, é preciso que sua eficácia jurídica seja suficiente para permitir o *regular e válido* ingresso de um direito subjetivo na esfera jurídica do administrado ou permitir a consolidação *válida* de uma dada situação jurídica (ato consumado). Há respeitada doutrina[79] que identifica a perfeição do ato administrativo quando encerrado seu processo de formação. Esta posição, ao nosso ver, não está conciliada com nosso direito positivo.[80] Ver a Lei de Introdução ao Código Civil, art. 6º e o art. 5º, XXXVI, da Constituição Federal em vigor.

O ato administrativo não deve ser confundido com os atos materiais inerentes à

Editores, 1995, p. 141; e Tércio Sampaio Ferraz Jr., ob. cit., p. 174.

72. Cf. Vladimir da Rocha França, *Invalidação...*, cit., p. 117; e Carlos Ari Sundfeld, *Ato...*, cit., p. 23.

73. Cf. Caio Tácito, "Ato e fato administrativo", in *Temas de Direito Público (Estudos e Pareceres)*, 1º v., Rio de Janeiro, Forense, 1997, pp. 299-300.

74. Cf. Lúcia Valle Figueiredo, *Curso...*, cit., pp. 225-226.

75. Vladimir da Rocha França, *Invalidação...*, cit., p. 119.

76. Ob. cit., p. 273.

77. Cf. Tércio Sampaio Ferraz Jr., ob. cit., pp. 200-202.

78. Cf. Hely Lopes Meirelles, ob. cit., pp. 142-143.

79. Cf. Celso Antônio Bandeira de Mello, ob. cit., pp. 272-273; Lúcia Valle Figueiredo, *Curso...*, pp. 155-157.

80. V. CF, art. 5º, XXXVI; e Lei de Introdução ao Código Civil, art. 6º.

sua execução, e nem estes devem enquadrar-se nessa categoria.[81] A ação material da administração é fato jurídico-administrativo, juridicizado pela norma jurídica denominada ato jurídico-administrativo. O excesso ou insuficiência na execução do ato administrativo não induz a sua invalidade, mas sim a responsabilização do Estado pelos danos oriundos da falha da Administração nesse sentido. Nem sempre após um ato administrativo válido segue-se uma conduta lícita.

A invalidação não se confunde com a revogação. Na revogação, há o desfazimento total ou parcial do ato administrativo, pela própria Administração, por motivos de conveniência e oportunidade.[82] Embora válido e eficaz,[83] a manutenção do ato administrativo se torna politicamente insustentável, em face da sensível alteração que as circunstâncias do caso concreto sofreram, transformando o que, no momento da sua expedição, era conveniente e oportuno.[84] Revogado o ato administrativo, os efeitos já produzidos são respeitados, cessando-se os efeitos futuros.[85]

Embora também implique a retirada do ato administrativo, diferenciam-se quanto ao fundamento da expulsão do mesmo do sistema.[86] A revogação tem um regime jurídico que lhe é peculiar, não permitindo, ao nosso ver, enquadrá-lo como um *meio de restauração da juridicidade administrativa, mas sim como um modo de melhor adequação político-social do regime jurídico-administrativo às mudanças da realidade social.*

Enquanto o emprego da invalidação busca *diretamente a manutenção da integridade do regime jurídico-administrativo*, o emprego da revogação *concede nova orientação para o regime jurídico-administrativo no caso concreto, em virtude da mudança do contexto político e social, observados os cânones jurídicos.*

A revogação do ato administrativo não deixa de ter natureza discricionária, mas o emprego dessa prerrogativa não se faz sem o respeito aos limites impostos pelo regime jurídico-administrativo.[87] As situações jurídicas constituídas sob o regime do ato revogado devem ser mantidas.

Ao contrário da revogação, que é exclusiva da Administração, a invalidação pode se dar por via judicial ou por via administrativa.

O Supremo Tribunal Federal, ao editar as Súmulas 346 e 473, reconheceu à Administração a faculdade de anular os seus próprios atos quando constata vícios que o tornem ilegais. E a LFPA agora dispõe, em seu art. 53: "A administração deve anular seus próprios atos quando eivados de vício de legalidade, e pode revogá-los por motivo de conveniência ou oportunidade, respeitados os direitos adquiridos".

Há posicionamento doutrinário, anterior à LFPA, entendendo que a invalidação

81. Cf. Vladimir da Rocha França, *Invalidação...*, cit., p. 119.

82. Miguel Seabra Fagundes, "Revogação e anulamento do ato administrativo", in *Revista de Direito Administrativo – Seleção Histórica*, 1991, p. 57.

83. Ou válido, eficaz e perfeito, caso se trate de revogação parcial do ato administrativo, já que houve a geração de direitos subjetivos.

84. Vladimir da Rocha França, *Invalidação...*, cit., p. 119.

85. Recorrendo-se mais uma vez a Tércio Sampaio Ferraz Jr. (ob. cit., p. 203), a eficácia jurídica não se revoga, anula-se.

86. *DJ* 25.10.1991. Cf. Caio Tácito, "Controle judicial da administração pública", in *Temas de Direito Público (Estudos e Pareceres)*, 1º v., Rio de Janeiro, Renovar, 1997, p. 1.002.

87. Cf. José Frederico Marques, "A revogação dos atos administrativos", in *Revista de Direito Administrativo – Seleção Histórica*, 1991, pp. 299-300; Celso Antônio Bandeira de Mello, ob. cit., pp. 327-328; e Hely Lopes Meirelles, ob. cit., pp. 185-186. Sobre a exigibilidade do devido processo legal administrativo no exercício da revogação, v. STJ, 1ª T., MS 5.431-DF, Rel. Ministro Milton Luiz Pereira, maioria pela concessão parcial da segurança, j. 23.9.1998, *DJ* 17.5.1999.

pela Administração possui natureza discricionária.[88]

Assim não entende Carlos Ari Sundfeld,[89] segundo o qual "a Administração tem o dever de restaurar a legalidade ferida, não possuindo qualquer poder discricionário para optar por não restaurá-la". Haveria, para ele, discricionariedade apenas quanto à escolha da forma: invalidação e convalidação.[90]

Celso Antônio Bandeira de Mello[91] e Weida Zancaner[92] entendem que não há discrição para a escolha do modo de recomposição da juridicidade (excetuando-se o caso do ato discricionário com vício de competência). Deve a administração pública convalidar o ato administrativo sempre que possível, em obediência aos princípios da boa-fé e da segurança jurídica. Se o ato administrativo não pode ser substituído por outro que supra os seus defeitos, há então o dever de invalidar. Caso não haja quebra do interesse público ou lesão a direito de terceiro, e sendo a falha sanável, a saída deve ser a convalidação do ato administrativo.

Convalidação deve ser entendida como a repetição do ato administrativo viciado quando pode ser validamente aceito no regime jurídico administrativo com a correção do defeito, sem maiores prejuízos para o sistema, com efeitos retroativos.[93] Enquanto na invalidação há a desconstituição dos efeitos produzidos no passado, procurando-se repor a situação anterior ao surgimento do ato viciado, na convalidação elimina-se o ato viciado pela sua substituição por outro, que "herda seus efeitos, tornando-os como seus e fazendo-os sobreviver".[94]

A possibilidade da convalidação do ato administrativo como modo de restauração da juridicidade não tinha aceitação pacífica na doutrina. Hely Lopes Meirelles rejeitava-a "pela impossibilidade de preponderar o interesse privado sobre o público e não ser admissível a manutenção de atos ilegais, ainda que assim o desejem as partes, porque a isto se opõe a exigência da *legalidade administrativa*".[95]

O regime jurídico-administrativo acolheu a convalidação. Não raras vezes, a invalidação completa do ato provoca muito mais transtornos para as relações entre Administração e administrados, do que o seu saneamento. A convalidação não deixa de ser um modo de tutela juridicamente legítimo do próprio interesse público.[96] Mas o seu emprego não deve ser indiscriminado. Aliás, o art. 55 da LFPA estabelece o seguinte: "Em decisão na qual se evidencie não acarretarem lesão a interesse público nem prejuízo a terceiros os atos que apresentarem defeitos sanáveis poderão ser convalidados pela própria administração".

Por conseguinte, constatado o vício, o ato administrativo pode ser invalidável ou convalidável.[97] Se há vício, e este é sanável sem prejuízo ao interesse público ou a direito subjetivo de terceiro, deve haver a convalidação. Se o vício não pode ser reparado, deve a Administração invalidá-lo.

Mas o ato convalidável não deve ser confundido com o "ato anulável" do direito privado. Não vemos espaço para as categorias "atos anuláveis" e "atos inexistentes".[98]

88. Miguel Seabra Fagundes, ob. cit., pp. 61-62. Mesmo assim, tal discricionariedade não existiria para os órgãos judiciários (cf. José Frederico Marques, ob. cit., p. 301).

89. *Ato...*, cit., pp. 84-85. Cf. Celso Antônio Bandeira de Melllo, ob. cit., p. 341; e Weida Zancaner, *Da Convalidação e da Invalidação dos Atos Administrativos*, São Paulo, Malheiros Editores, 1993, p. 47.

90. Cf. LFPA, art. 55.

91. Ob. cit., pp. 339-341.

92. Ob. cit., pp. 55-59.

93. Cf. Celso Antônio Bandeira de Mello, ob. cit., p. 234; Weida Zancaner, ob. cit., p. 56; e Carlos Ari Sundfeld, ob. cit., pp. 50-53.

94. Carlos Ari Sundfeld, ob. cit., p. 51.

95. Ob. cit., pp. 156-157 (destaque no original).

96. Weida Zancaner, ob. cit., p. 59.

97. Cf. Vladimir da Rocha França, *Invalidação...*, cit., p. 123.

98. Sobre a questão da existência dos "atos inexistentes", v. Caio Tácito, "A teoria da inexis-

Se, por qualquer razão, o ato que pode ser convalidado é submetido à invalidação judicial, o ato é submetido ao mesmo regime do ato invalidável, no direito positivo brasileiro.

Outro aspecto também impede a inserção da teoria da nulidade relativa no direito administrativo positivo. A nulidade relativa ocorre quando há exclusivo interesse dos particulares, onde a manutenção do ato fica à discrição das partes envolvidas.[99] A análise dos atos administrativos envolve necessariamente o interesse público, que não pode ficar submetido ao capricho do administrado.[100] Constatado o vício e prejudicada a convalidação, a iniciativa para a provocação do processo de invalidação judicial é amplo, seja qual for sua natureza.

O que se chama de "ato inexistente" é, na verdade, um delito cometido por um agente da Administração, ou seja, um fato jurídico, e não um ato administrativo, pois não chega a ingressar no sistema como norma.[101] Somente é relevante para o direito administrativo no que concerne à responsabilização do Estado pelos danos causados aos administrados e ao exercício do poder disciplinar da Administração.

Sem a manifestação normativa competente, o ato administrativo portador de vício permanece no sistema. Embora o ato implique em atentado à ordem jurídica, a restauração da juridicidade ferida depende da expedição de outro ato administrativo. A invalidação e a convalidação são meios estabelecidos pelo próprio regime jurídico-administrativo para a eliminação *material* do vício, *preservando a segurança jurídica e a integridade dos princípios que regem essa parcela do sistema de direito positivo*. Se assim não fosse, bastaria confiarmos no administrador, e o controle da Administração, por conseguinte, seria algo inútil.

Se a Administração não convalida, o ato se torna passível de invalidação pelo Poder Judiciário, se, é claro, este for provocado para fazê-lo. O mesmo serve para a hipótese de a administração se abster de invalidar quando deveria tê-lo feito.[102]

### *4.2 Limites à invalidação administrativa*

A invalidação tem efeitos *ex-tunc*,[103] retirando o ato administrativo do sistema ou desconstituindo as relações jurídicas que foram geradas durante sua permanência no mesmo, conforme a eficácia jurídica do ato. A revogação, por sua vez, tem efeitos *ex-nunc*, suprimindo o ato ou seus efeitos, respeitando os efeitos já transcorridos.[104] Quanto ao modo de incidência da invalidação, há as seguintes possibilidades.[105]

a) Se o ato administrativo é ineficaz, a invalidação terá incidência direta no próprio ato, retirando-o do regime jurídico-administrativo e, por conseguinte, eliminando a possibilidade de implementação dos efeitos que adviriam do ato viciado.[106]

tência do ato administrativo", in *Temas de Direito Público (Estudos e Pareceres)*, 1º v., Rio de Janeiro, Renovar, 1997, p. 313; Celso Antônio Bandeira de Mello, ob. cit., p. 341; e Weida Zancaner, ob. cit., pp. 97-98.

99. Cf. Orlando Gomes, *Introdução ao Direito Civil*, 10ª ed., Rio de Janeiro, Forense, 1988, pp. 491-492.

100. Cf. Hely Lopes Meirelles, ob. cit., p. 189.

101. Cf. Tércio Sampaio Ferraz Jr., ob. cit., pp. 215-217, e Celso Antônio Bandeira de Mello, ob. cit., p. 341.

102. Cf. Vladimir da Rocha França, *Invalidação...*, cit., p. 123.

103. Celso Antônio Bandeira de Mello, ob. cit., pp. 331-332.

104. Idem, ibidem, p. 326.

105. Recorde o leitor que entendemos os atos administrativos como normas individuais e concretas.

106. "(...) em Direito, ato administrativo significa uma fonte, u'a matriz de efeitos jurídicos. Esta fonte que é o ato não se confunde com os efeitos dele nascidos. São coisas distintas o produtor

b) Por fim, se o ato administrativo é eficaz e foi concretizado, a invalidação somente incidirá nos efeitos que ainda remanescem.[107]

Mas há limites que devem ser observados para o exercício da invalidação administrativa.

O art. 54, *caput*, da LFPA fixa prazo de natureza decadencial — cinco anos contados da prática do ato — para que a Administração exerça sua prerrogativa de invalidação em atos administrativos que acarretarem efeitos favoráveis a administrados de boa-fé e, ao nosso ver, *caso não possa haver a convalidação.*

Determina ainda a LFPA[108] que qualquer medida de autoridade administrativa orientada à impugnação à validade do ato tem peso de invalidação.

Acolhe expressamente o regime jurídico-administrativo, lição de Weida Zancaner,[109] que aponta a subordinação da prerrogativa administrativa de invalidar à decadência, ou seja, há a sua perda caso não seja exercida dentro do prazo legalmente estabelecido. *Havendo a decadência, perece toda e qualquer medida judicial e administrativa que a Administração possa intentar para invalidar o ato*, restando tão-somente a possibilidade de punição do servidor que lhe deu causa.[110]

E como bem lembra Lúcia Valle Figueiredo:[111] "(...) a invalidação tornar-se-á impossível, por ilegítima, quando se encontre a Administração Pública diante do exaurimento atual de sua competência para agir".

Se a Administração decai dessa prerrogativa, pode o administrado lesado, ou seja, o não beneficiado, recorrer às vias judiciais para pleitear a invalidação do ato ou a responsabilização do Estado pelos danos causados. Entendemos que o prazo prescricional para a invalidação judicial de ato administrativo é o de cinco anos, como prescreve o Decerto 20.910/1932, art. 1º. Se o ato implicar lesão a direito real do administrado, considerável parte da doutrina e a jurisprudência entendem que a prescrição ocorre consoante o estipulado no art. 177 do Código Civil (dez anos entre presentes, e quinze, entre ausentes), em respeito à instituição jurídica da propriedade.[112]

E se, decorridos cinco anos, havendo comprovação de má-fé, a Administração não exerce sua prerrogativa e não há provocação do Poder Judiciário? Pode a Administração invalidar o ato a qualquer tempo? A segurança jurídica é um dos princípios basilares de qualquer sistema de direito positivo.[113] A saída mais conciliada com tal princípio é, ao nosso ver, a de permitir a invalidação administrativa do ato, não desconstituindo os efeitos pretéritos e indenizando os terceiros de boa-fé que ingressaram em situações provocadas pelo ato viciado, após o decurso do lapso temporal citado, pelos danos causados pela restauração da juridicidade. Como bem determina a LFPA[114] deve a Administração interpretar a norma administrativa da forma que melhor garanta "o fim público a que se dirige".

(ato) e o produzido (efeitos). Quando se ataca um ato ineficaz, seja ele ato abstrato ou ato concreto, os efeitos previstos ainda não eclodiram (...). Elimina-se aquela fonte da qual dependia o surgimento de efeitos" (idem, ibidem, p. 331).

107. Mas uma vez, a lição de Celso Antônio Bandeira de Mello (ob. cit., p. 332; destaque no original) é indispensável: "Nestes casos, a invalidação quer eliminar *retroativamente* o que ainda existe: a relação jurídica. Do ato não há mais cuidar, pois desapareceu com sua aplicação concreta, isto é, a única".

108. Art. 54, § 2º.

109. Ob. cit., pp. 76-77.

110. Cf. Yussef Said Cahali, "Decadência", in *Enciclopédia Saraiva do Direito*, v. 22, São Paulo, Saraiva, 1979, p. 365, e Orlando Gomes, ob. cit., p. 520.

111. *Curso...*, cit., p. 227.

112. Cf. Hely Lopes Meirelles, ob. cit., p. 626.

113. Cf. LFPA, art. 2º, *caput*.

114. Art. 2º, parágrafo único, XIII.

Quando o ato administrativo portador de vício é invalidado antes que o administrado ingresse na relação jurídica por ele constituída, ou, se o ato é ineficaz, não há nenhuma conseqüência de ordem patrimonial, uma vez que não houve dano concreto.[115]

Se o administrado tiver atuado em função do ato portador de vício, e a invalidação ocorre após a efetivação da relação jurídica, a comprovação da boa-fé e de sua não concorrência para o vício do ato, assegura ao administrado a preservação dos efeitos patrimoniais passados, ou indenização, na pendência de prestação da Administração.[116] Do contrário, a desconsideração total dos efeitos do ato invalidado, neste caso, implicaria um paradoxal enriquecimento sem causa, bem como em violação dos princípios da isonomia, moralidade e da proporcionalidade. Até mesmo a invalidação judicial deve observar estes limites.

A não proteção dos administrados de boa-fé na invalidação do ato administrativo, tanto a administrativa como a judicial, quebra a isonomia por onerar excessivamente o indivíduo em favor da coletividade, produzindo uma equação perversa para quem procurou se sujeitar ao direito positivo. Quebra a moralidade, por ignorar a própria boa-fé do administrado, desconsiderando a sua condição de cidadão. E, por fim, quebra a proporcionalidade, por representar um excesso no exercício da prerrogativa de invalidar, pois o interesse público não pode ser concretizado com o total esmagamento do interesse particular, devendo a administração buscar meios mais adequados e menos danosos aos direitos dos administrados. Recorde-se a prescrição da LFPA,[117] tornando critério obrigatório à Administração a "adequação entre meios e fins, vedada a imposição de obrigações, restrições e sanções em medida superior àquelas estritamente necessárias ao atendimento do interesse público". Deve ser o administrado punido e constrangido porque obedeceu à obrigação de lealdade, urbanidade e boa-fé, prescrita na LFPA?[118]

No caso, não estará havendo convalidação dos efeitos de um ato portador de vício, mas sim a manutenção da juridicidade dos efeitos pretéritos e o impedimento de efeitos futuros, em prol do interesse público, pela invalidação. Ao se recompor a esfera jurídica do administrado de boa-fé com uma indenização, *reconhece o Estado que seu interesse era juridicamente legítimo, mas por força dos princípios da prevalência do interesse público sobre o interesse privado e da indisponibilidade do interesse público, sua inteira manutenção implicaria quebra do regime jurídico-administrativo.*

Se a contraprestação do Poder Público já foi realizada e incurso o administrado em boa-fé, *deve a Administração preservar os efeitos já transcorridos, não os desconstituindo, a não ser que sua manutenção implique forte gravame ao interesse público.* É um mandamento decorrente do princípio da segurança jurídica.

### *4.3 Contraditório e a prevalência do interesse público sobre o interesse privado*

Recordemos o enunciado do art. 5º, LV, da Constituição Federal: "aos litigantes, em processo judicial ou administrativo, e aos acusados em geral são assegurados o contraditório e ampla defesa, com os meios e recursos a ele inerentes".

Quando a invalidação administrativa atinge ato administrativo que gerou efeito favorável a administrado ou, quando ineficaz, torna previsível sua eclosão, há uma situação potencial de litigância, ao nosso ver, entre a Administração e o administrado. Não se pode negar que, nessa matéria, há uma

115. Celso Antônio Bandeira de Mello, ob. cit., p. 343.

116. Idem.

117. Art. 2º, § 2º, VI.

118. V. art. 4º, II.

contraposição entre o interesse individual do administrado — o acesso ao benefício auferido através da própria ação da Administração — e o interesse público — a integridade da ordem jurídica — a ser tutelado pelo Poder Público.

Mesmo quando o administrado se portou com má-fé, concorrendo para o vício, a invalidação administrativa não constitui sanção por ato ilícito do cidadão, mas tão-somente a restauração da juridicidade ferida através da retirada do ato invalidável do sistema em razão de conduta ilegal, ainda que essa medida impeça a eclosão ou desconstitua os efeitos favoráveis dele decorrentes. Deve ser ressaltado que o administrado de má-fé pode ser submetido a sanções de ordem civil, administrativa e penal, pela conduta ilícita atentatória à administração pública. Portanto, na invalidação administrativa o administrado não figura como acusado, ainda que sua má-fé possa ser argüida pela Administração no exercício dessa prerrogativa, como elemento concorrente para o vício surpreendido no ato.

A invalidação administrativa representa a processualidade que deve preceder o ato administrativo que invalida o ato portador de vício no regime jurídico-administrativo. Caso se trate de ato administrativo que possa ensejar ou que tenha gerado efeito favorável ao administrado, *obrigam a Constituição Federal e a LFPA a comunicação prévia do mesmo sobre a iminência de ato administrativo de invalidação* e, por conseguinte, *a instauração de um processo administrativo.* Aqui, a invalidação administrativa assume para sua regularidade a natureza de processo, pois determina a participação dos administrados que serão atingidos pelo ato final. Como bem ensina Dinorá Adelaide Museti Grotti:[119] "(...) não pode a Administração suprimir direitos ou desconstituir situações, sem que ouça o administrado preliminarmente".

A LFPA estabelece em seu art. 9º, II, que são legitimados como interessados no processo administrativo "aqueles que, sem terem iniciado o processo, têm direitos ou interesses que possam se afetados pela decisão a ser adotada".[120] Embora o ato administrativo de invalidação somente possa ser expedido pela Administração, o processo administrativo que, no caso, deve precedê-lo, pode ser iniciado de oficio ou a pedido de outro administrado.[121]

Em complemento, lembremos mais uma vez que a LFPA estatui o direito do administrado de ter ciência da tramitação dos processos em que tenha condição de interessado,[122] bem como a garantia do direito à comunicação nas situações de litígio.[123]

Entretanto, há entendimento jurisprudencial em favor da não exigibilidade de processo administrativo prévio para a expedição de ato administrativo de invalidação, por se tratar do exercício de uma prerrogativa da administração, podendo caber a responsabilidade do Estado pelas perdas e danos causados pela medida.[124] Mas longe de obter unanimidade, reconhecendo outros julgados o caráter indispensável do contraditório para o válido exercício dessa prerrogativa administrativa.[125]

119. Ob. cit., p. 37 (destaque no original). Cf. Mônica Martins Toscano, ob. cit., p. 219.

120. Cf. Elio Fazzalari, ob. cit., p. 820, e Héctor Jorge Escola, ob. cit., pp. 172-176.

121. V. CF, art. 5º, XXXIV, *a*; e LFPA, art. 5º. Cf. José Cretella Jr., ob. cit., p. 45.

122. V. art. 3º, II.

123. V. art. 2º, parágrafo único, X.

124. V. STF, 1ª T., RE 185.255-AL, Rel. Ministro Sydney Sanches, unânime pelo não provimento, j. 1.4.1997, *DJ* 19.9.1997; STJ, MS 5.611-DF, 1ª T., Rel. Ministro Milton Luiz Pereira, j. 9.9.1998, *DJ* 29.3.1999; STJ, 5ª T., ROMS 10.406-SC, Rel. Ministro Edson Vidigal, unânime pelo não provimento, j. 9.11.1999, *DJ* 13.12.1999; e STJ, 5ª T., ROMS 10.474-ES, Rel. Ministro Gilson Dipp, unânime pelo não provimento, j. 25.5.1999, *DJ* 25.10.1999.

125. V. STF, 2ª T., RE 158.439-RS, Rel. Ministro Marco Aurélio, j. 30.8.94 (*apud* Lúcia Valle Figueiredo, *Curso*..., cit., p. 411); STJ, 1ª T., ROMS

Assim nos posicionamos quanto à matéria.

Não conseguimos visualizar qualquer argumento robusto o suficiente para afastar totalmente o contraditório quando a Administração está prestes a exercer sua prerrogativa de restaurar a juridicidade violada pela retirada do ato portador de vício.

De modo algum a exigência do contraditório é incompatível com a invalidação administrativa. Embora, seja um dever-poder da Administração, *é incompreensível que se negue a possibilidade de o regime jurídico-administrativo estabelecer uma garantia para o administrado de boa-fé.* Se a mera concessão legal de uma prerrogativa para a Administração dispensasse a observância do devido processo legal administrativo, que razão haveria para o enunciado do art. 5º, LV, da Lei Maior? O poder disciplinar, por exemplo, pelo simples fato de ser inegavelmente reconhecido à Administração em relação aos seus agentes poderia dispensar a instauração de processo administrativo disciplinar, se não houvesse previsão infraconstitucional expressa nesse sentido;[126] ou, no caso do chamado poder de polícia, jogando os administrados ao movediço terreno das limitações administrativas à liberdade e à propriedade sem garantia processual alguma.

*Se o ato administrativo viciado ensejou benefício para o administrado, é inegável que a desconstituição desse efeito induz a potencial situação de litigância, obrigando incondicionalmente a Administração a realizar o devido processo legal administrativo e, por conseguinte, uma de suas faces essenciais, o amplo contraditório.*

Quando o ato administrativo de invalidação tem por efeito desconstituir efeito favorável ao administrado, ele assume a natureza de provimento ablatório, fazendo-se indispensável ao princípio do contraditório.[127]

Além do mais, assim prescreve a LFPA: "Art. 28. Devem ser objeto de intimação os atos do processo que resultem para o interessado em imposição de deveres, ônus, sanções ou restrições ao exercício de direitos e atividades e os atos de outra natureza de seu interesse".

Ainda que o ato viciado implique forte prejuízo ao interesse público, deve a Administração comunicar ao administrado a existência do vício e a iminência do ato administrativo de invalidação. A notificação prévia do administrado quanto ao ato administrativo de invalidação, representa também o exercício da prerrogativa administrativa de invalidar, impedindo a decadência desta.[128] Mesmo nos casos de violenta quebra do regime jurídico-administrativo, vemos que o contraditório representa uma medida preventiva para a própria Administração, permitindo-lhe melhor harmonizar as situações jurídicas produzidas em boa-fé às exigências de restauração da juridicidade. Lembrando ainda a assertiva de Mônica Martins Toscano:[129] "Por intermédio do princípio do contraditório e ampla defesa concede-se ao administrado não apenas o direito de expor sua versão acerca do fato sobre o qual versa o procedimento, como também *exigir da Administração que esgote todas as fases do procedimento até a produção do ato administrativo final*".

Como o regime jurídico-administrativo é regido pelo princípio da prevalência do interesse público sobre o interesse privado, caso a mínima permanência do ato viciado eficaz comprometa, de alguma forma, o interesse público *in concreto*, *é possível à Ad-*

10.123-RJ, Rel. Ministro Demócrito Reinaldo, maioria pelo não provimento, j. 15.6.1999, *DJ* 27.9.1999; STJ, 1ª S., MS 6.313-DF, Rel. Ministro Garcia Vieira, maioria pela concessão da segurança, j. 27.10.1999, *DJ* 17.12.1999; STJ, 5ª T., REsp 12.406-RS, Rel. Ministro Edson Vidigal, unânime pelo provimento, j. 17.12.1998, *DJ* 1.3.1999; e STJ, 6ª T., ROMS 9.554-CE, Rel. Ministro Vicente Leal, unânime pelo provimento, j. 17.12.1998, *DJ* 17.2.1999.

126. V. Lei 8.112/1990, art. 146.

127. Cf. Lúcia Valle Figueiredo, *Curso...*, cit., pp. 158-159.

128. V. LFPA, art. 54, § 2º.

129. Ob. cit., p. 218 (destacamos).

*ministração suspender os efeitos do ato invalidável*, até o encerramento do processo administrativo de invalidação. Isso permitirá a administração, simultaneamente, resguardar o interesse público e proteger o interesse legítimo do administrado de boa-fé, quando no exercício da prerrogativa administrativa de invalidar.

Essa providência é assegurada pela própria LFPA, em seu art. 45: "Em caso de risco iminente, a administração pública poderá motivadamente adotar providências acauteladoras sem a prévia manifestação do interessado".

Observe-se que aqui, confere-se à Administração o dever-poder de adotar medida cautelar em defesa do interesse público, *configurado o risco iminente* e, desde que *regularmente fundamentada*. Em princípio, inexiste discricionariedade administrativa na adoção dessa providência cautelar, haja vista a lei vincular o seu exercício a um termo jurídico indeterminado ou fluido. Os chamados "conceitos jurídicos indeterminados", ao nosso ver, somente ensejarão o emprego do binômio conveniência-oportunidade quando a interpretação destes diante do caso concreto for insuficiente para fazer cessar sua fluidez significativa.[130] Recorde-se ainda que a LFPA[131] determina que a motivação deve ser explícita, clara e congruente, podendo consistir em declaração de concordância com fundamentos de anteriores pareceres, informações, decisões ou propostas, que, neste caso, serão parte integrante do ato.

Se a Administração tem a prerrogativa de invalidar, por que lhe negar o poder de suspender a eficácia jurídica do ato portador de vício a fim de aferir as situações jurídicas constituídas de boa-fé sem prejudicar o interesse público? Mas não se deve perder de vista que essa medida tem caráter excepcional, somente podendo haver recurso a esta se obedecidos os requisitos fixados pela própria LFPA.

Algumas situações justificam essa medida cautelar no caso do ato viciado eficaz: quando declarada a inconstitucionalidade da lei ou ato normativo que serviu de pressuposto jurídico para expedição do ato invalidável; quando o vício consistir em quebra de princípio jurídico da administração pública; e, por fim, quando os efeitos do ato portador de vício comprometerem decisivamente o erário público e não se tratar de prestação de natureza alimentar.

Caso o ato viciado eficaz trate de medida que beneficie a remuneração de servidor público ou o provento do administrado, fica impedida a suspensão de seus efeitos, a não ser que o favor legal implique quebra de preceito constitucional.[132] Se a invalidação administrativa representar a inteira desconstituição dos efeitos nessa matéria, ou seja, a extinção total da remuneração ou do provento, imprescindível se faz o contraditório. É a saída mais prudente no nosso entendimento.

Nos atos invalidáveis que ainda padecem de ineficácia, não há o que se falar em suspensão de seus efeitos, haja vista o regime jurídico-administrativo já impedir a eclosão destes. Aqui, deve a Administração realizar o contraditório, inexistindo qualquer prejuízo que possa justificar a imediata invalidação do ato sem a ouvida do interessado, especialmente em se tratando de ato vinculado. Se efeito nenhum foi produzido, direito algum foi incorporado no patrimônio do particular, bem como qualquer prejuízo iminente se configura.

Havendo a regular suspensão da eficácia jurídica do ato invalidável, deve a Administração comunicar a medida ao administrado e as razões de sua implementação.[133] Portanto, não deixa de haver respeito ao contra-

130. Cf. Vladimir da Rocha França "Fundamentos...", cit., pp. 72-73; e idem, *Invalidação...*, cit., pp. 97-108.

131. Art. 50, § 1º.

132. V. CF, art. 37, XI e XV, e § 10; art. 40 e parágrafos; e 201 e ss.

133. V. LFPA, art. 28.

ditório, podendo o administrado pedir a tutela jurisdicional se entender abusiva a medida cautelar.

Mediante o contraditório, a Administração reduz os riscos de sua responsabilização por perdas e danos aos administrados, ou mesmo, o prejuízo a ser recomposto em prol dos princípios da moralidade, proporcionalidade e isonomia. O contraditório não existe para "atrapalhar" ou "burocratizar" a ação administrativa, mas sim para conceder-lhe segurança e proporcionalidade, democratizando a própria administração pública. Nunca deve ser esquecido que a cidadania e a dignidade da pessoa humana são fundamentos de nosso Estado de Direito.[134]

Não observado o princípio do contraditório no procedimento que precede o ato administrativo de invalidação, este passa a padecer de vício quanto ao seu requisito procedimental.[135] Afinal, todo ato administrativo é sujeito a um mesmo conjunto de pressupostos de validade.[136]

### *4.4 Sobre os requisitos da intimação*

O contraditório no processo administrativo de invalidação se forma a partir da intimação do administrado que será atingido pelo seu ato final.

A intimação do administrado, em qualquer caso, para tomar ciência da situação, deve conter:[137] a identificação do intimado e do órgão que implementará a medida; a finalidade da intimação, bem como a data, hora e local em que deve comparecer, caso seja necessária a sua audiência; a informação da continuidade do processo independentemente de seu comparecimento; e, por fim, a devida e clara indicação dos fatos e fundamentos jurídicos que sustentam a iminência do ato administrativo de invalidação.

A LFPA[138] determina que a intimação deve observar a antecedência mínima de três dias úteis quanto à data de comparecimento do administrado ou de seu representante, para aduzir o que entender devido. Caso o prazo mínimo, em virtude da complexidade da situação, seja insuficiente para permitir a eficiente defesa do interessado, deve a Administração fixar prazo maior, em homenagem ao amplo contraditório.[139]

Pode a Administração cientificar o interessado por via postal com aviso de recebimento, por telegrama ou por qualquer outro meio que assegure a certeza da comunicação dos termos do processo.[140] Prescreve ainda a LFPA[141] que no caso de interessados indeterminados, por desconhecimento ou por imprecisão no domicílio, a intimação deve ser feita pelo *Diário Oficial*.

Quando não observados tais requisitos, a intimação é nula e ausente está o contraditório. Entretanto, a LFPA[142] determina que o comparecimento do administrado supre a sua falha ou irregularidade.

Outro ponto relevante é que o desatendimento da intimação regular não importa reconhecimento da verdade dos fatos nem a renúncia a direitos pelo administrado, mantendo-se no curso do processo o direito de ampla defesa do interessado.[143] Isso permite que o administrado possa tranqüilamente recorrer às vias judiciais para preser-

134. V. CF, art. 1º, I e III.

135. Cf. Mônica Martins Toscano, ob. cit., pp. 226-230; Carlos Ari Sundfeld, "A importância...", cit., p. 66; Celso Antônio Bandeira de Mello, ob. cit., p. 286; e Lúcia Valle Figueiredo, *Curso...*, cit., pp. 177-178.

136. Lúcia Valle Figueiredo, *Curso...*, cit., p. 226.

137. V. LFPA, art. 26, § 1º, I a VI.

138. V. arts. 26, § 2º; e 39, *caput*.

139. Cf. Lúcia Valle Figueiredo, *Curso...*, cit., p. 411.

140. V. LFPA, art. 26, § 3º.

141. V. art. 26, § 4º. V. STF, Pleno, RE 157.905-SP, Rel. Ministro Marco Aurélio, unânime pelo provimento, j. 6.8.1997, *DJ* 25.9.1998.

142. V. art. 26, § 5º.

143. V. LFPA, art. 27 e parágrafo único.

var o seu direito ameaçado, caso assim entender melhor.[144]

Pela lição de Lúcia Valle Figueiredo,[145] o direito ao silêncio é uma prerrogativa constitucional: "(...) ao administrado não podem ser carreadas quaisquer restrições ou agravamento da sanção por ter permanecido em silêncio".

Vejamos mais um preceito da LFPA: "Art. 39. (...). Parágrafo único. Não sendo atendida a intimação, poderá o órgão competente, se entender relevante a matéria, suprir de ofício a omissão não se eximindo de proferir a decisão".

Poderia a Administração invalidar imediatamente o ato, após a recusa do administrado em atender a intimação? A Administração deve dar continuidade ao processo administrativo de invalidação, determinando a instrução necessária para a tomada de decisão que melhor se ajuste ao interesse público. O princípio da oficialidade integra o devido processo legal administrativo, determinando que a mobilização do processo administrativo, uma vez desencadeado de ofício ou por instigação do interessado, é encargo da própria Administração, a não ser que o objeto do mesmo seja a ampliação da esfera de direitos do administrado.[146]

Impede a LFPA que o silêncio intencional do administrado possa ser considerado pelo órgão competente como motivo hábil para fundamentar o ato administrativo de invalidação. Caso a Administração *tenha os elementos necessários para a tomada da decisão de desconstituir o ato invalidável* e este tenha gerado benefício para o administrado que, regularmente intimado, silencia sobre os fundamentos fáticos e jurídicos levados em consideração para o provimento administrativo, nada a impede de expedir o ato administrativo de invalidação. Entretanto, ressalte-se, *se os elementos que a autoridade administrativa considera suficientes para o provimento foram devidamente comunicados ao administrado*. Não há nessa exegese quebra alguma do amplo contraditório.

Caso outro elemento surja, no curso da instrução e após a intimação, que reforce a opção pelo provimento de invalidação, deve haver sua comunicação ao administrado, sob pena de nulidade do ato resultante do processo.

### *5. Considerações finais*

A investigação do amplo contraditório na invalidação administrativa representa um ponto sensível na compreensão do regime jurídico-administrativo. A interpretação das prerrogativas legalmente concedidas à Administração de modo algum pode sonegar a cognição dos princípios jurídicos que a regem.

O amplo contraditório é requisito essencial para a invalidação administrativa, quando o ato invalidável produziu efeito favorável ao administrado. Se o mesmo ingressa de boa-fé na órbita de vigência do ato viciado e não concorreu para o seu vício, parece-nos inconcebível que o regime jurídico-administrativo nenhuma garantia lhe conceda para preservá-la.

E sem o contraditório, defesa alguma é possível.

Fere princípios essenciais do regime jurídico-administrativo invalidação administrativa sem o amplo contraditório. Negar-lhe tal direito seria uma afronta ao preceito constitucional tão caro do devido processo legal administrativo.

Com essas considerações, tentamos identificar uma rota possível para que a Administração possa navegar na juridicidade e corrigir seus rumos quando necessário, sem entretanto causar constrangimentos aos administrados inteiramente desnecessários para o alcance do interesse público. Quantas

144. V. CF, art. 5º, XXXV.

145. *Curso...*, cit., p. 419.

146. Celso Antônio Bandeira de Mello, ob. cit., p. 364.

situações de indenização poderiam ter sido evitadas pelo Poder Público com medida tão singela e, ao mesmo tempo, imprescindível para o regular seguimento da ação administrativa.

Nada impede ao administrado o imediato recurso ao Poder Judiciário, caso renuncie às vias administrativas. É inafastável o controle judicial da Administração quando ameaça ou lesão a direito individual é argüida junto aos órgãos jurisdicionais. O rol de direitos e garantias instrumentais no âmbito da administração pública federal está à disposição dos administrados, cabendo-lhe a discrição de exercê-los ou não.

O estudo aqui se encerra com a ingênua esperança de que essas linhas, de alguma forma, possam ter contribuído para a discussão sobre a matéria. Incitar o debate é o máximo que pode um aprendiz do direito público tentar fazer.

São Paulo, março de 2000.

# PARECERES

## LEI ESTADUAL QUE AUTORIZA A VENDA DAS AÇÕES REPRESENTATIVAS DA TOTALIDADE DAS AÇÕES REPRESENTATIVAS DO CAPITAL SOCIAL DE EMPRESA ESTATAL ESTADUAL — ELETROBRÁS, BNDES — INVALIDADE DE NEGÓCIO SIMULADO

EROS ROBERTO GRAU

Professor Titular da Faculdade de Direito da Universidade de São Paulo — USP.
Professor Visitante da Faculdade de Direito da Universidade de Montpellier I (França) (1995-1998)

O Governo do Estado do Piauí encaminhou-me a seguinte

***Consulta***

"*1.* A Lei Estadual piauiense 4.812/1995 autorizou o Poder Executivo a aderir ao Programa de Apoio à Reestruturação e ao Ajuste Fiscal dos Estados, proposto pelo Conselho Monetário Nacional.

"*2.* De acordo com as diretrizes da Lei 4.812/1995, a Lei Estadual 4.868/1996 autorizou o Executivo a adotar as providências (a) para a privatização da CEPISA, mediante a alienação das suas ações, nas condições a serem estabelecidas em Comissão Tripartite (composta pelos chefes do Executivo, Legislativo e Ministério Público), e (b) para a contratação de uma linha de crédito junto ao BNDES, com recursos do FAT, para custeio do Programa de Desligamento Voluntário.

"*3.* A Lei Estadual 4.883/1996 atribuiu à Comissão Tripartite competência para estabelecer as condições gerais da venda das ações da CEPISA, incluindo o seu preço mínimo.

"*4.* A Lei Estadual 4.884/1996 autorizou o Executivo a contratar operações de crédito junto à União, para refinanciamento das dívidas do Estado. Entre as operações autorizadas, estava a contratação, junto ao BNDES e à ELETROBRÁS, de financiamento a título de antecipação das receitas da privatização da CEPISA, garantido pelas ações da companhia (arts. 5º e 6º).

"*5.* Em 19 de dezembro de 1996, o Estado do Piauí e a ELETROBRÁS firmaram protocolo, estabelecendo as providências a serem adotadas para a privatização (licitação para a contratação de consultoria para avaliação e modelagem da CEPISA).

"*6.* Na mesma data, o Estado do Piauí e a ELETROBRÁS celebraram 'Contrato de Compra e Venda de Ações', através do qual:

"a) o Estado vendeu à ELETROBRÁS ações representativas de 48,82% do capital votante da CEPISA, pelo preço de R$ 20.003.368,27;

"b) foi dada à ELETROBRÁS opção para a compra dos restantes 51,18%;

"c) ficou estabelecido que a ELETROBRÁS passaria a ter a maioria dos membros do Conselho de Administração da CEPISA;

"d) ficou estabelecido que, por ocasião do leilão das ações, a ELETROBRÁS pagaria ao Estado 80% sobre a diferença apurada entre o valor apurado e o valor desta compra, acrescido da TJLP e de um *spread* de 8% a.a.

"*7.* Em 23 de dezembro de 1996, o BNDES financiou ao Estado do Piauí R$ 20.000.000,00, como antecipação das receitas da desestatização da CEPISA, com *spread* de 12% a.a. acima da TJLP, pagáveis com a receita da alienação, recebendo em garantia a caução de 51,18% das ações votantes da companhia.

"*8.* A Medida Provisória 1.580-3, de 17 de outubro de 1997, autorizou a ELETROBRÁS a adquirir as ações da CEPISA.

"*9.* Em 20 de outubro de 1997, foi celebrado novo contrato de compra e venda, através do qual a ELETROBRÁS adquiriu os restantes 51,18% das ações com direito a voto, assumindo 100% do capital votante, 'pelo preço que vier a ser apurado no leilão de privatização'. Por conta desse preço, a ELETROBRÁS adiantou ao Estado R$ 100.000.000,00, além dos R$ 20.003.368,27 da primeira compra (item 6, acima). Observe-se que:

"a) as condições são iguais à da primeira compra, quanto a juros, TJLP e participação de 20%, em favor da ELETROBRÁS, no sobrepreço apurado no leilão;

"b) O BNDES compareceu para liberar as ações da caução antes constituída e assumir a execução da privatização da CEPISA;

"c) a ELETROBRÁS assumiu todos os cargos de Diretoria, mantendo o Estado um representante no Conselho de Administração.

"*10.* O BNDES não executou o programa de privatização. A licitação para a contratação do consórcio para avaliação e modelagem foi suspensa.

"Indaga-se:

"*1.* A edição da Medida Provisória 1.580-3 supriria a 'lei específica' exigida pelo art. 37, XIX da Constituição Federal para a criação, pela União, de sociedade de economia mista ou empresa pública?

"*2.* A Lei Estadual 4.868/1996 supriria a autorização legislativa exigida pelo parágrafo único do art. 41 da Constituição do Estado do Piauí para a venda, à ELETROBRÁS, das ações representativas da totalidade do capital votante da CEPISA?

"*3.* Em caso de respostas negativas aos quesitos anteriores, a ausência daquelas autorizações afeta a validade dessa venda?

"*4.* A venda daquelas ações configura negócio jurídico indireto ou negócio simulado?

"Solicita-se ainda de V.Sa. comentários a respeito do que lhe parecer relevante na hipótese."

***Parecer***

*1.* Os dois primeiros quesitos propostos na Consulta respeitam a matérias análogas, a autorização do Poder Legislativo para a criação de empresa estatal, no primeiro caso, e para a venda das ações representativas da totalidade do capital votante de empresa estatal estadual piauiense, no segundo.

Define o art. 37, XIX e XX da Constituição do Brasil:

> XIX — somente por lei específica poderão ser criadas empresa pública, sociedade de economia mista, autarquia ou fundação pública.
>
> XX — depende de autorização legislativa, em cada caso, a criação de subsidiárias das entidades mencionadas no inciso anterior, assim como a participação de qualquer delas em empresa privada.

Por outro lado, dispõem o art. 41 e seu parágrafo único da Constituição do Estado do Piauí:

> Art. 41. A criação de empresas públicas, sociedades de economia mista e fundações se dará mediante autorização legal.
>
> Parágrafo único. Depende de autorização legislativa a transformação, fusão, cisão, incorporação, extinção e privatização e, em cada caso, a criação de subsidiárias das entidades mencionadas neste artigo, assim como a participação de qualquer delas em empresas privadas.

*2.* Referindo-me aos incs. XIX e XX do art. 37 da Constituição de 1988, em outra ocasião[1] observei que a lei não *cria* empresa estatal e fundação. Ambos os incisos expressam o mesmo significado, impondo autorização do Legislativo — federal, estadual ou municipal, conforme o caso — para que possa ser constituída empresa (sociedade) ou instituída fundação. *Autorização legislativa* e *lei específica* (que *cria*) são, no contexto, expressões dotadas de significados intercambiáveis. Trata-se, aí, de *lei-medida.* Tanto a constituição de empresa estatal, quanto a de subsidiárias delas, bem assim a sua participação no capital de empresa privada e a criação de autarquia e a instituição de fundação devem ser previamente aprovadas pelo Poder Legislativo.[2]

*3.* As *leis-medida* (*Massnahmegesetze*), observei também em outra oportunidade,[3] surgem no bojo do movimento que Vincenzo Spagnuolo Vigorita[4] refere como *amministrativizzazione* do direito público: aí a fratura entre hierarquia formal e substancial e a divergência entre força e valor jurídico-formal e relevância efetiva dos atos legislativos e administrativos. A lei se torna vaga nos seus enunciados, imprecisa nos seus pressupostos de aplicação e elástica em sua determinação; de outro lado, contudo, passa a disciplinar diretamente interesses de segundo grau, mostrando-se imediata e concreta tal qual um procedimento administrativo especial. Na primeira hipótese, a lei se realiza através da prática de um ato administrativo; na segunda, é, em si mesma, um ato administrativo especial.[5-6]

O tema é amplamente examinado pela doutrina germânica, resultando, da sua exploração, a verificação de que as *leis-medidas* configuram *ato administrativo* apenas completável por agente da Administração, mas trazendo em si mesmas o resultado específico pretendido ao qual se dirigem. Daí

1. Meu *A Ordem Econômica na Constituição de 1988*, 3ª ed., São Paulo, Malheiros Editores, 1997, p. 290.

2. Esses preceitos instrumentam o controle da expansão do Executivo pelo Legislativo. Não importam, *em si*, retenção dessa expansão; apenas impõem a participação do Legislativo no processo de decisão que se tome a respeito.

3. Meu *O Direito Posto e o Direito Pressuposto*, São Paulo, Malheiros Editores, 1996, pp. 189-190.

4. *Attività Economica Privata e Potere Amministrativo*, I, Nápoles, Morano, 1962, pp. 23-24. Note-se que ao movimento a que Vigorita refere como *amministrativizzazione* é paralelo o da ampliação da *função normativa* — regulamentar — do Executivo. A interpenetração de funções deixa bem evidenciada, neste passo, a face real da exposição de Montesquieu, atinente ao *equilíbrio* e não à "*separação*" de poderes.

5. V. Fábio Konder Comparato, "Comentário a acórdão", in *RDM* 3/62, ano X, nova série, 1971.

6. Forsthoff (*Lehrbuch des Verwaltungsrechts*, Band I, 10, Auflage, Munique, Verlag C. H. Beck, 1973, pp. 9-10 e 60-61) observa que a fronteira entre ação administrativa e ação legislativa desaparece quando (i) o Legislativo habilita o Executivo a legislar, quando (ii) o legislador passa à ação e não edita mais regras abstratas e gerais, desenvolvendo medidas de execução, e quando (iii) o legislador se abstém de qualquer regulamentação, deixando tudo, em relação a determinada matéria, à liberdade da Administração. Na situação indicada em (ii), as *leis-medida*. Daí operar-se, modernamente, como anota ainda Forsthoff (*Stato di Diritto in Trasformazione*, trad. L. Riegert e C. Amirante, Milão, Giuffrè, 1973, pp. 101-128), o declínio do conceito clássico de lei: o legislador não se limita mais a editar comandos gerais e abstratos; a aparência da generalidade de uma lei é só uma questão de formulação lingüística — com isso um comando concreto reveste a forma de norma geral.

porque são leis apenas em *sentido formal*, não o sendo em *sentido material*. As sementes da teorização desenvolvida em torno delas, aliás, encontram-se precisamente na oposição entre ambas — *lei em sentido formal* e *lei em sentido material*. Cuida-se, então, de *lei não norma*, lei que não é norma jurídica dotada de generalidade e abstração; lei que não constitui preceito primário, no sentido de que se impõe por força própria, autônoma.[7] É precisamente a edição delas que a Constituição de 1988 prevê no seu art. 37, XIX e XX.

*4.* Ora, se a *lei medida* configura *ato administrativo* do Legislativo, ato que, no caso, autoriza a prática de determinada conduta do Poder Executivo, é nitidamente evidente que esta é matéria em relação à qual não cabe a adoção de medida provisória.

A Constituição sujeita a criação de empresa pública, sociedade de economia mista, autarquia ou fundação pública, bem assim a criação de subsidiárias dessas entidades e a participação de qualquer delas em empresa privada, a autorização legislativa, autorização que, embora consubstancie um *ato administrativo*, assume a forma de *lei*.

Quer dizer: a Constituição exige que o *ato do Executivo* (criação da entidade) seja previamente autorizado *pelo Legislativo*.

Assim, porque a medida provisória consubstancia ato do Executivo, é logicamente inadmissível a substituição da lei medida por ela, visto que essa substituição importaria em que o Poder Executivo estivesse a autorizar a si próprio a prática do ato que depende de prévia autorização do Poder Legislativo.

Assim, é fora de qualquer dúvida que a medida provisória não pode suprir o ato do Poder Legislativo veiculado através de lei medida. Apenas após a conversão da medida provisória em lei (lei em sentido formal) é que se poderia conceber como expedida a autorização do Poder Legislativo.

7. V. Renato Alessi, *Principii di Diritto Amministrativo*, v. I, 4ª ed., Milão, Giuffrè, 1978, p. 5.

*5.* Por isso a Medida Provisória 1.580-3 não supre a "lei específica" exigida pelo art. 37, XIX da Constituição de 1988 para a criação, pela União, de sociedade de economia mista ou empresa pública.

Até a conversão dessa medida provisória em lei inexistirá aquela "lei específica", ou seja, inexistirá a autorização do Poder Legislativo, imposta pela Constituição, para a criação da entidade.

Daí porque, não tendo essa Medida Provisória 1.580-3 sido convertida em lei anteriormente à aquisição, pela ELETROBRÁS, da totalidade do capital votante da CEPISA, essa aquisição de ações, à qual corresponde a criação de subsidiária daquela, é institucionalmente inconstitucional.

*6.* No que tange ao segundo quesito proposto na Consulta, observo que o parágrafo único do art. 41 da Constituição do Estado do Piauí sujeita a autorização do Poder Legislativo a *extinção* — além da transformação, da fusão, da cisão, da incorporação e da privatização — de empresa pública, de sociedade de economia mista e de fundações.

Dir-se-á eventualmente, pois, que o preceito não exige autorização legislativa para a venda da totalidade das ações de empresa pública ou de sociedade de economia mista a uma outra empresa pública ou sociedade de economia mista federal. Isso tendo ocorrido na venda, à ELETROBRÁS, das ações representativas da totalidade do capital votante da CEPISA, chegar-se-ia à conclusão de que a Constituição do Estado do Piauí não exigiria autorização legislativa nessa hipótese.

É porém evidente, contudo, que a interpretação literal do texto do parágrafo único do art. 41 da Constituição Estadual é insuficiente e descabida.

*7.* A interpretação do direito se realiza não como mero exercício de leitura de textos normativos, porém como discernimento dos significados dos enunciados semânticos que consubstanciam esses textos. *Interpre-*

*tar* não é apenas *compreender*.[8] A interpretação consiste em *mostrar algo*. Consubstancia *mediação* que opera a transformação de uma expressão em outra, visando tornar mais compreensível o objeto ao qual a linguagem se aplica.[9]

Observei, em meu *La Doppia Destrutturazione del Diritto*,[10] ser ela um processo intelectivo através do qual, partindo de *fórmulas lingüísticas* contidas nos *textos*, *enunciados*, *preceitos*, *disposições*, alcançamos a determinação de um *conteúdo normativo*; mais, observei ser ela atividade voltada ao discernimento de enunciados semânticos veiculados por *preceitos* (*enunciados, disposições, textos*). Interpretar — completei — é atribuir um significado a um ou mais símbolos lingüísticos escritos em um *enunciado normativo*. Neste sentido, o *intérprete autêntico* — isto é, o Poder Judiciário — *produz* a norma.[11]

8. V. meus *La Doppia Destrutturazione del Diritto (una Teoria Brasiliana sull'Interpretazione)*, Milão, Edizioni Unicopli, 1996, pp. 55 e ss. e *O Direito Posto e o Direito Pressuposto*, cit., pp. 153 e ss.

9. Por isso dizemos que a interpretação do direito é, em um primeiro momento, *interpretação semântica*, voltada à determinação do *significado* das palavras e expressões contidas nos textos normativos. Isto é: refere-se a "normas reveladas por enunciados lingüísticos" (cf. José Joaquim Gomes Canotilho, *Direito Constitucional*, 4ª ed., Coimbra, Almedina, 1987, p. 148), não a intenções ou vontades do texto ou do legislador.

10. Ob. cit., p. 59. Esta parte da exposição que produzi neste livro, editado apenas na Itália, não foi publicada em português; é o seguinte o texto italiano: "L'interpretazione dunque è un processo intellettivo tramite il quale, partendo da *formule linguistiche* contenute nei testi, enunciati, precetti, disposizioni, si stabilisce un *contenuto normativo*. Questa attività interpretativa è volta al discernimento degli enunciati semantici veicolati dai *precetti* (enunciati, disposizioni, testi). (...) Interpretare è attribuire un significato a uno o più simboli linguistici scritti in un *enunciato normativo*".

11. V. meu *La Doppia Destrutturazione del Diritto (una Teoria Brasiliana sull'Interpretazione)*, cit., pp. 59-61.

*8.* Importa aqui, em face da matéria e do caso objeto da Consulta, observarmos ainda que interpretar o direito é *concretar a lei* em cada caso, ou seja, é *aplicar*[12] a lei; o intérprete, ao interpretar a lei, desde um caso concreto, a *aplica*. Daí dizermos que *interpretação* e *aplicação* não se realizam autonomamente. O intérprete discerne o sentido do texto a partir e em virtude de um determinado caso dado.[13] Assim, existe uma equação entre *interpretação* e *aplicação*: não estamos, aqui, diante de dois momentos distintos, porém frente a uma só operação.[14] *Interpretação* e *aplicação* se superpõem.

Ora, sendo, a *interpretação* concomitantemente *aplicação* do direito, deve ser entendida como *produção prática do direito*, precisamente como a toma Friedrich Müller,[15] para quem inexiste tensão entre *direito* e *realidade*; não existe um terreno composto de elementos *normativos*, de um lado, e de elementos *reais* ou *empíricos*, do outro. Por isso, a articulação *ser e dever-ser* (a relação *norma-fato*) é mais do que uma questão da filosofia do direito; é uma questão da estrutura da norma jurídica tomada na sua transposição prática e, por conseqüência, ao mesmo tempo uma questão da estrutura deste processo de transposição.

Isso significa que a *norma* é produzida, pelo intérprete, não apenas a partir de elementos que se despreendem do *texto* (mundo do dever-ser), mas, também, a partir de elementos do caso ao qual será ela

12. Cf. Hans-Georg Gadamer, *Verdad y Método*, 5ª ed., trad. Ana Agud Aparicio e Rafael de Agapito, Salamanca, Ediciones Sígueme, 1991, p. 401.

13. Idem, p. 397.

14. V. Enrique E. Marí, "La interpretación de la ley. Análisis histórico de la escuela exegética y su nexo con el proceso codificatorio de la modernidad", in *Materiales para una Teoría Crítica del Derecho*, Enrique E. Marí *et alii*, Buenos Aires, Abeledo-Perrot, 1991, p. 236.

15. *Juristische Methodik*, 5ª ed., Berlim, Duncker & Humblot, 1993, pp. 145-146.

aplicada, isto é, a partir de elementos da realidade (mundo do ser).[16]

O que incisivamente deve aqui ser afirmado, a partir da metáfora de Kelsen,[17] é o fato de a "*moldura da norma*" ser, diversamente, moldura do *texto*, mas não apenas dele; ela é, concomitantemente, moldura do *texto* e moldura do *caso*. O intérprete interpreta também o *caso*, necessariamente, além dos *textos*, ao empreender a produção prática do direito.

*9.* As observações até este ponto alinhadas portam em si a virtude de deixar suficientemente explicitada a circunstância de inexistirem soluções previamente estruturadas, como produtos semi-industrializados em uma linha de montagem, para os problemas jurídicos.

O trabalho jurídico de construção da norma aplicável a cada caso é trabalho artesanal. Cada solução jurídica, para cada caso, será sempre, renovadamente, uma nova solução. Por isso mesmo — e isso deve ser enfatizado — a interpretação do direito se realiza não como mero exercício de leitura de textos normativos, para o que bastaria ao intérprete ser alfabetizado.

Ora, o discernimento do significado do enunciado semântico que consubstancia o texto do parágrafo único do art. 41 da Constituição do Estado do Piauí, informado pelas circunstâncias do caso, conduz à verificação de que a venda da totalidade do capital votante da CEPISA está abrangida por esse significado. Dizendo-o de outro modo: embora não referida expressamente no texto daquele parágrafo aquela venda, ela se encontra sob a estatuição do preceito, de modo que depende também de autorização legislativa.[18]

Apurada, pois, a sujeição da venda da totalidade das ações representativas do capital votante da CEPISA à ELETROBRÁS à autorização legislativa, cumpre verificarmos se a Lei Estadual 4.868/1996 supre essa autorização.

***10.*** O art. 1º da Lei Estadual 4.868/1996 autoriza o Poder Executivo a "adotar as providências legais para viabilizar a alienação das ações de propriedade do Estado, que integram o capital social da Companhia Energética do Piauí — CEPISA, cedendo, em conseqüência, o controle acionário da sociedade".

O art. 2º estabeleceu que o Poder Executivo estabeleceria "as condições de alienação das ações da CEPISA, conforme ficar definido pela Comissão tripartida a ser composta pelos Chefes dos Poderes Executivo, Legislativo e do Ministério Público, sob a presidência do primeiro e secretariado pelo Secretário do Planejamento".

A Lei Estadual 4.883/1996 deu nova redação ao art. 3º da Lei Estadual 4.868/1996, que assim passou a vigorar:

> Art. 3º. A Comissão tripartida proporá, em especial, as condições gerais de venda das ações representativas do controle acionário, outros bens de direito (*sic*), incluindo-se aí a definição dos meios de pagamento, o preço mínimo dos bens ou valores mobiliários, bem como fiscalizará a estrita observância dos princípios e regras consagrados nas leis específicas e nesta Lei, assegurada a rigorosa transparência dos processos de alienação.

A esta altura parece-me indispensável relembrarmos que não se interpreta *textos de direito*, isoladamente, mas sim *o direito*, no seu todo.[19-20] Dizendo-o de outro modo:

16. V. Cristiane Derani, *Direito Ambiental Econômico*, São Paulo, Max Limonad 1997, pp. 40-44.

17. *Teoria Pura do Direito*, 4ª ed., trad. João Baptista Machado, Coimbra, Arménio Amado Editor, 1979, p. 467.

18. De toda sorte, essa venda da totalidade das ações representativas do capital votante da sociedade importa na sua *extinção* como e enquanto empresa pública estadual.

19. Meu *La Doppia Destrutturazione del Diritto*, cit., p. 80; referindo-me à interpretação da Constituição, meu *A Ordem Econômica na Constituição de 1988*, 3ª ed., cit., pp. 176-177.

20. Santi Romano (*Fragmentos de un Diccionario Jurídico*, trad. Santiago Santis Melendo e Ma-

não se interpreta o direito em tiras, aos pedaços. Por isso insisto em que um texto de direito isolado, destacado, desprendido do sistema jurídico, não expressa significado normativo nenhum.[21]

*11.* Essa circunstância deve ser aqui bem enfatizada porque, embora não o tivesse afirmado expressamente a Lei Estadual 4.868/1996, a alienação das ações de propriedade do Estado, que integram o capital social da Companhia Energética do Piauí — CEPISA — o que importaria na cessão do controle acionário da sociedade — deveria realizar-se como ***privatização*** dela.

Neste sentido, o art. 2º da Lei Estadual 4.812/1995 definiu como meta do programa de ajuste fiscal e saneamento financeiro do Estado do Piauí a "privatização de empresas estatais".

Ademais, são as seguintes as disposições contidas nos arts. 5º, 6º e 2º da Lei Estadual 4.884/1996:

> Art. 5º. Fica também, o Estado do Piauí, autorizado a contratar com o Banco Nacional de Desenvolvimento Econômico e Social — BNDES e com as Centrais Elétricas Brasileiras — ELETROBRÁS, a título de antecipação de receitas provenientes do processo de desestatização da Companhia Energética do Piauí S/A — CEPISA, (...), financiamento, no valor de até R$ 40.000.000,00 (quarenta milhões de reais), (...).
>
> Art. 6º. Para garantir o pagamento das obrigações financeiras decorrentes dos contratos de financiamento, referido no artigo anterior, fica o Poder Executivo autorizado a: I — caucionar ações ordinárias nominativas de propriedade do Estado do Piauí, representativas do capital social da Companhia Energética do Piauí S/A — CEPISA, outorgando ao BNDES e à ELETROBRÁS poderes irrevogáveis e irretratáveis para, em nome do Estado, vender, ceder ou transferir, extrajudicialmente, as ações a serem caucionadas, na hipótese de inadimplemento dos contratos, pagando-se com o produto da mencionada alienação; (...).
>
> Art. 2º. Fica o Poder Executivo autorizado a destinar do valor apurado por ocasião do leilão de privatização da Companhia Energética do Piauí S/A — CEPISA, através do BNDES, amortização extraordinária (...).

Da interpretação não apenas do texto do art. 1º da Lei Estadual 4.868/1996, mas, em face do caso, do direito todo, inclusive e especialmente do disposto no art. 2º da Lei Estadual 4.812/1995 e nos arts. 5º, 6º e 2º da Lei Estadual 4.884/1996, teremos que a alienação de ações autorizada pelo art. 1º da Lei Estadual 4.868/1996:

• deveria conduzir à ***privatização***, à ***desestatização*** da CEPISA;

• deveria realizar-se mediante ***leilão de privatização***.

Quanto a ELETROBRÁS, estava autorizada a receber poderes irrevogáveis e irretratáveis para, em nome do Estado, vender, ceder ou transferir, extrajudicialmente, as ações caucionadas, na hipótese de inadimplemento dos contratos, pagando-se com o produto da mencionada alienação; não era prevista a aquisição das ações da CEPISA por ela própria, ELETROBRÁS.

Daí porque, esse sendo o sentido — e o significado normativo — do preceito contido no art. 1º da Lei Estadual 4.868/1996, ele evidentemente não supre a autorização legislativa exigida pelo parágrafo único do art. 41 da Constituição do Estado do Piauí para a venda, à ELETROBRÁS, das ações representativas da totalidade do capital votante da CEPISA.

rino Ayerra Redin, Buenos Aires, Ediciones Jurídicas Europa-América, 1964, p. 211) insiste em que a interpretação da lei é sempre interpretação, não de uma lei ou de uma norma singular (interpretação de *texto*, anoto; não de *norma* — a norma é o resultado da interpretação), mas de uma lei ou de uma norma (= *texto*) que é considerada em relação à posição que ocupa no todo do ordenamento jurídico; o que significa que o quê efetivamente se interpreta é esse ordenamento, e, como conseqüência, o *texto* singular.

21. As normas — afirma Bobbio (*Teoria dell'Ordinamento Giuridico*, Turim, Giappichelli, 1960, p. 3) — só têm existência em um contexto de normas, isto é, no sistema normativo.

*12.* O terceiro quesito proposto na Consulta porta a seguinte indagação: em caso de respostas negativas aos quesitos anteriores, a ausência daquelas autorizações afeta a validade dessa venda?

A resposta é obviamente afirmativa.

Por certo, inquestionavelmente, as circunstâncias de a Medida Provisória 1.580-3 não suprir a "lei específica" exigida pelo art. 37, XIX da Constituição de 1988 para a criação, pela União, de sociedade de economia mista ou empresa pública e de o art. 1º da Lei Estadual 4.868/1996 não suprir a autorização legislativa exigida pelo parágrafo único do art. 41 da Constituição do Estado do Piauí para a venda, à ELETROBRÁS, das ações representativas da totalidade do capital votante da CEPISA, essas duas circunstâncias importam a nulidade plena dessa venda.

Por isso mesmo, não tendo a Medida Provisória 1.580-3 sido convertida em lei anteriormente à aquisição, pela ELETROBRÁS, da totalidade do capital votante da CEPISA, essa aquisição de ações, à qual corresponde a criação de subsidiária daquela, é institucionalmente inconstitucional, como institucionalmente inconstitucional — em decorrência de violação da Constituição Estadual — resulta também a venda dessas mesmas ações pelo Poder Executivo piauiense.

*13.* Por fim se indaga se essa venda de ações configura negócio jurídico indireto ou negócio simulado.

Os *negócios jurídicos indiretos* configuram-se como tais no plano da eficácia, no qual produzem efeitos estranhos à estrutura do instituto de que as partes se valem, resultando, contudo, de determinadas estipulações a que se submetem.

É o caso, *v.g.*, da propriedade com efeito de garantia, nas hipóteses de negócios de financiamento de importação, nos quais os documentos que acompanham os bens importados indicam o financiador como o destinatário (adquirente da propriedade), buscando-se, por essa via, obviar o desembaraço aduaneiro e a venda do bem no inadimplemento do devedor; ou dos adiantamentos sobre contratos de câmbio que, ajustados no negócio jurídico de compra e venda de moeda estrangeira, viabilizam autêntico financiamento em favor dos exportadores. Considere-se, ainda, as diferentes modalidades de fidúcia mediante as quais os efeitos de garantia são logrados de forma indireta, qual ocorre na alienação fiduciária em garantia ou mesmo na adoção com o fim de nomeação de herdeiro. Há, ademais, efeitos indiretos que se alcançam mercê da disciplina do negócio típico de que a parte se vale (*v.g.*, o recurso à constituição de renda para alcançar a transmissão da propriedade *ex vi* do art. 1.426 do Código Civil).

Permito-me transcrever a, como sempre, adequada lição de Ascarelli:

"Em substância, todo negócio é caracterizado por um escopo típico que se destina a realizar e no qual se identifica precisamente a sua causa econômica e jurídica (por exemplo, a troca da coisa pelo preço da venda), mas nada impede, no entanto, seja ele, embora dentro de determinados limites (*aqueles que, em substância, resultam dos chamados elementos essenciais de cada negócio*, ...), disciplinado pelas partes de modo tal que não só possa realizar, imediatamente, o escopo que lhe é típico, mas também, mediatamente, outros objetivos que até adquirem importância predominante na vontade das partes.

"Perante a fixidez da finalidade típica de cada negócio, é a variabilidade dos motivos que permite a diversidade de configuração deles, e, por conseguinte, a consecução de finalidades ulteriores."[22]

*14.* A exposição de Ascarelli ilumina compreensão de que os efeitos indiretos do negócio podem justapor-se aos efeitos regulares da estrutura negocial de que se servem as partes — ao lado dos efeitos colimados

22. Tullio Ascarelli, *Problemas das Sociedades Anônimas e Direito Comparado*, 2ª ed., São Paulo, Saraiva, 1969, pp. 105 e 106.

pelo negócio jurídico que formalizam, outros, plasmados pelos interesses aos quais se voltam as partes, são alcançados mediante a avença de certas estipulações a respeito de elementos do negócio típico.

Assim, os negócios jurídicos indiretos produzem conseqüências para além das ordinariamente decorrentes das estruturas que os configuram, permitindo, legitimamente, a geração de efeitos que seriam próprios a outros negócios jurídicos. Daí tratar-se de negócio jurídico típico, mas que se revela indireto em razão dos efeitos que provoca, efeitos que, em função dos propósitos das partes, ultrapassam os que imediatamente decorrem de sua configuração básica.

Ainda neste passo se revela esclarecedora a observação de Ascarelli:

"Estes objetivos ulteriores constituem, sim, juridicamente, apenas 'motivos' desde que se queiram distinguir da 'causa'; mas são motivos que se prendem à vontade de *ambas* as partes e não às intenções individuais peculiares de cada uma. Por isso, embora distintos da causa, podem eles, no entanto, ser tidos em conta na apreciação da licitude ou ilicitude do negócio. Veremos que a disciplina do negócio indireto decorre justamente do fato de estar, ele, em princípio, sujeito à disciplina peculiar do negócio adotado, ao passo que na aplicação das normas relativas a um determinado efeito econômico, independentemente do instrumento jurídico adotado para consegui-lo, cumpre atender aos fins indiretamente visados pelas partes.

"Com efeito, nessa apreciação não se deve considerar apenas a causa típica do negócio em abstrato, mas a *função* efetivamente visada por ele no caso concreto" (grifado).[23]

*15.* Importa, contudo, avaliarmos a licitude do negócio indireto, o que importa em o apartarmos dos negócios simulados. O vício que afeta a validade desses últimos importa em sua ilicitude.

Os efeitos alcançados por via indireta serão lícitos em função da *causa* do negócio. Por isso cumpre analisarmos essa *causa* (*causa objetiva*),[24] dessa análise resultando a conclusão pela licitude, ou pela ilicitude, do negócio.

No caso da privatização da CEPISA, a *causa* (*causa objetiva, causa finalidade*) do negócio complexo pretendido — transferência do exercício da atividade ao setor privado — estriba-se na consecução de um conjunto de negócios jurídicos típicos, com causa específica: desimobilização do patrimônio do Estado (= venda) e redução de despesas de custeio.

No caso, o financiamento concedido ao Estado do Piauí, associado à primeira compra das ações, gerou passivo com juros (exigível), não desimobilizou e não desonerou o Estado do custeio. Após a segunda compra das ações, o negócio não trouxe à iniciativa privada a atividade, continua a onerar o setor público — ainda que não o Estado-membro — e desimobilizou, porém com perda patrimonial, conseqüente ao pagamento de juros.

Vale dizer: tal como realizado o negócio, não foi cumprida sua *causa objetiva*,

23. Tullio Ascarelli, ob. cit., p. 107, nota 44.

24. Antonio Junqueira de Azevedo (*Negócio Jurídico e Declaração Negocial — Noções Gerais e Formação da Declaração Negocial*, tese, 1986, p. 129), referindo-se à *causa* no sentido de *finalidade do negócio jurídico* como *causa concreta*, afirma: "Esta é a melhor expressão. É importante que os juristas se dêem conta do fim último. Tem ele diversas funções: a) se ilícito, é por ele que se pode decidir pela nulidade dos negócios jurídicos simulados, fraudulentos, etc., como já dissemos; b) se se torna impossível, o negócio deve ser ineficaz; ele explica, então, algumas das situações que, há algum tempo, autores alemães vêm tentando cobrir com diversas teorias (teoria da pressuposição, de Windscheid; teoria da base do negócio, de Oertmann; teoria da base do negócio, de Larenz); c) é ainda o fim último que explica a pós-eficácia das obrigações; d) serve, finalmente para interpretar corretamente o negócio concreto realizado pelos declarantes".

isso importando na sua configuração como *negócio simulado*, logo, *inválido*.

*16.* Não será demasiada a lembrança, por fim, de que o Poder Executivo fora autorizado exclusivamente a dar ações em caução à ELETROBRÁS e ao BNDES, não a aliená-las à primeira.

Ademais, além de negócio ser, em substância, um empréstimo, a venda descumpriu exigências legais: (*a*) não foi precedida de avaliação; (*b*) não obedeceu as condições estabelecidas pela Comissão tripartida, entre elas o estabelecimento de preço mínimo; (*c*) foi feita por R$ 120 milhões, quando o preço estimado, para a venda em leilão, é de, aproximadamente, R$ 500 milhões.

O fato é que ELETROBRÁS e BNDES, prevalecendo-se da posição de dominação de que desfrutavam diante do Estado do Piauí, forçaram-no a participar da simulação que vicia o negócio. Ao Estado-membro não restava outra alternativa de comportamento senão essa, dado que não possuía alternativas de financiamento para suprir o seu gasto corrente.

*17.* Em face do exposto dou as seguintes respostas aos quesitos propostos na Consulta:

*1. Não*; a edição da Medida Provisória 1.580-3 não supre a "lei específica" exigida pelo art. 37, XIX da Constituição Federal para a criação, pela União, de sociedade de economia mista ou empresa pública;

*2. Não*; a Lei Estadual 4.868/1996 não supre a autorização legislativa exigida pelo parágrafo único do art. 41 da Constituição do Estado do Piauí para a venda, à ELETROBRÁS, das ações representativas da totalidade do capital votante da CEPISA;

*3. Sim*; a ausência daquelas autorizações importa em invalidade dessa venda;

*4.* A venda daquelas ações configura negócio jurídico simulado.

Os comentários adicionais que me são solicitados estão contemplados, brevemente, no item 17, acima.

É o que me parece.

São Paulo, 3 de abril de 1998.

# EMPRESA DE TELECOMUNICAÇÕES — PASSAGEM DA INFRA-ESTRUTURA — USO DO SOLO URBANO

LÚCIA VALLE FIGUEIREDO

Professora Titular de Direito Administrativo da PUC/SP.
Juíza aposentada do Tribunal Regional Federal da 3ª Região.
Advogada e Consultora Jurídica em São Paulo

Consulta-nos Empresa de Telecomunicações, por intermédio de seu Departamento Jurídico, bem como por seus ilustres advogados externos, relatando-nos que os serviços de telecomunicações foram outorgados a empresas privadas, mediante concessão em *regime jurídico de direito público*, e, tratando-se de *autorização, no regime jurídico de direito privado.*

Afirma ser imprescindível, para a prestação dos serviços de telecomunicações, bem como para o atendimento das metas de universalização impostas pela Anatel, a passagem de cabos/fibras ópticas pelo solo, subsolo e espaço aéreo urbanos, bem como pelas faixas de domínio das rodovias e ferrovias e pelos postes de propriedade de empresas de energia elétrica.

Ademais, as metas de qualidade, também exigidas pelo referido *Órgão Regulador* e impostas às concessionárias de Serviço de Telefonia Fixo Comutado (STFC), requerem a contínua manutenção da rede de telecomunicações existentes. Nesse sentido, colocar obstáculos ao acesso de tais equipamentos prejudicaria a sociedade e as prestadoras de serviços de telecomunicações.

De outro lado, o não cumprimento das metas de universalização impostas às Concessionárias enseja graves penalidades pecuniárias e inibitórias do crescimento das empresas se não antecipadas as metas, e, ademais, se impossibilitada a atuação em novos mercados em 2002, traria graves prejuízos perante a concorrência, além de apenar a sociedade em geral.

Ressalta, contudo, que, no período anterior à desestatização ocorrida no setor, nunca houve qualquer cobrança decorrente do direito de passagem de cabos/fibras ópticas às então concessionárias de STFC, por parte das concessionárias exploradoras das rodovias.

Dado este contexto geral, apresenta os quesitos a seguir formulados, segmentando-os por assunto.

## *QUESITOS*

### *I — QUANTO ÀS RODOVIAS*

*1.* Poderia ser constituída servidão administrativa ou outros institutos, a fim de possibilitar o direito de passagem de cabos/fibras ópticas por empresas de telecomunicações?

*2.* A Portaria 368, expedida pelo DNER, institui cobrança pela utilização das faixas de domínio no âmbito federal. De outro lado, o referido órgão pretende outorgar *Permissão de Uso* de faixas de domínio às empresas prestadoras de serviços de telecomunicações.

Indaga-se: a instituição da aludida cobrança pode ser realizada mediante mera portaria expedida pelo DNER?

*3.* Na hipótese de ser considerada legal a cobrança, que critérios fundamentariam a definição dos valores a serem cobrados, considerando-se o princípio da *razoabilidade* e o da *proporcionalidade*, além da *obrigatoriedade de os preços serem justos e não discriminatórios*, bem como, no caso das concessionárias, as rigorosas metas — principalmente de universalização do serviço — exigidas pelo Poder Concedente?

*4.* E, ainda, se considerada possível tal cobrança, qual o ente competente para proceder à arrecadação dos aludidos valores, levando-se em conta:

(a) rodovias sob a administração do DNER e do DER no âmbito das respectivas competências e

(b) rodovias sob concessão?

*5.* Qual a legalidade da exploração econômica das faixas de domínio, tendo em vista que são bens de uso público e que tais cobranças são impostas às empresas prestadoras de serviços públicos de telecomunicações?

*6.* Levando-se em conta que a exploração do subsolo cabe à União, poderiam o DNER e demais empresas, que exploram as rodovias, instituir a permissão de uso para a passagem de cabos/fibras ópticas?

*7.* Considerando-se que as receitas alternativas, decorrentes da exploração de faixas de domínio, deverão proporcionar a redução dos pedágios das rodovias, em face do princípio da modicidade das tarifas e, que, entretanto, afetarão diretamente os usuários no setor de telecomunicações com o aumento das tarifas, poderia ser verificado um financiamento de um setor para o outro? Seria questionável o subsídio advindo dos vultosos valores cobrados das empresas do setor de telecomunicações, pelas empresas exploradoras das rodovias?

### *II — Empresas de energia elétrica*

*1.* Qual a natureza jurídica dos contratos de compartilhamento de postes para a instalação de cabos/fibras ópticas entre empresas prestadoras de serviços de telecomunicações e empresas de energia elétrica? Seriam contratos administrativos?

*2.* No que tange à Resolução Conjunta 1/1999, que aprovou o Regulamento Conjunto de Compartilhamento de Infra-Estrutura entre os Setores de Energia Elétrica, Telecomunicações e Petróleo, questiona-se a respeito das decisões decorrentes de arbitragem, isso é, teriam caráter definitivo?

*3.* Considerando que as infra-estruturas previstas na Resolução Conjunta 1/1999, acima mencionada, somente são utilizadas pelas empresas de telecomunicações, cujos cabos e fibras devem ocupar postes e os meios físicos pertencentes às empresas do setor de petróleo e energia elétrica, inexistindo reciprocidade, questiona-se a legalidade de tal instrumento normativo e, ainda, a instituição da arbitragem pelas Agências Reguladoras dos setores de energia elétrica e petróleo.

*4.* Poderia ser constituída servidão administrativa ou outros institutos a fim de possibilitar o direito de passagem de cabos/fibras ópticas por empresas de telecomunicações?

*5.* Considerando que as receitas alternativas decorrentes da exploração de postes deverão proporcionar a redução das tarifas de energia elétrica, em face do princípio da modicidade das tarifas e que afetarão diretamente os usuários no setor de telecomunicações com o aumento das tarifas, poderia ser verificado um financiamento de um setor para o outro? Seria questionável o subsídio advindo dos vultosos valores cobrados das empresas do setor de telecomunicações pelas prestadoras de energia elétrica?

### *III — Outros setores*

*1.* Os mesmos questionamentos são válidos, no que couber, para empresas prestadoras de serviço de fornecimento de gás e para as ferrovias.

## *Parecer*

### *I — Noções introdutórias*

#### *1. O Regime Federativo*

*1.1* No Brasil, República Federativa, convivem ordens jurídicas parciais, que se devem concertar em um todo sistemático.

Federação é o modelo constitucional, em que se prevê a descentralização do poder estatal, tal seja, *a pluralidade de centros de poderes autônomos*, coordenados pelo poder central, este sim, exercendo a soberania externa.

Característica essencial do estado federal é a *coexistência pacífica de ordens jurídicas parciais*, normalmente União e Estados. Todavia, em termos jurídicos-positivos, é o Município, na Constituição Brasileira, ente da Federação.

#### *2. A partilha constitucional de competências*

No que tange à partilha constitucional de competências, verificamos que a Constituição distingue as competências da União, dos Estados e dos Municípios, reservando à primeira (art. 21) e aos últimos (art. 30) competências expressas. Os Estados ficam com as competências residuais (art. 25, § 1º).

#### *3. Competências administrativas e legislativas*

Demais disso, a Constituição atribui *competências administrativas comuns à União, Estados, Distrito Federal e Municípios* (art. 23) e *competências legislativas concorrentes à União, Estados e Distrito Federal* (art. 24).

No art. 30, a competência do Município, para legislar sobre *assuntos de interesse local*, torna a *competência municipal também concorrente* ou, em certas hipóteses, *específica, se a matéria for exclusiva ou preponderantemente de interesse local*, como é a do art. 182, ordenação urbanística de território (§ 1º do artigo mencionado).

Ademais, no inciso II do citado art. 30, compete ao Município *suplementar a legislação federal e a estadual no que couber* (artigo em que se enquadrariam as competências relativas a licenciamento ambiental).

#### *4. Competências expressas da União e dos Municípios*

*4.1* Vejamos, ainda que sumariamente, pelo menos as competências expressas da União e dos Municípios, que se façam necessárias, indispensáveis mesmo, ao exame do que se cogita.

Há hipóteses em que essas competências se imbricam. Entretanto, *imbricar* é sobrepor-se como as telhas de um telhado. Não é tomar o *lugar de*, *invadir*, *intrometer-se*, *imiscuir-se*. Portanto, constitucionalmente atribuída a competência, é mister que se mantenha a União estritamente dentro do campo do interesse nacional.

*4.2* Vai diretamente nos interessar a competência da União, enunciada no inciso XI do art. 21 (explorar, diretamente ou mediante autorização, concessão ou permissão os serviços de telecomunicação, nos termos da lei, lei essa que deveria dispor — como de fato fez — sobre a organização dos serviços, a criação de um órgão regulador e outros aspectos institucionais) (esta redação foi dada pela Emenda 8, de 15.8.1995).

A legislação é também competência da União por força do art. 22, IV, da Constituição.

### 5. *Competências administrativas concorrentes (art. 23)*

É, ainda, no âmbito das competências administrativas concorrentes (dispostas no art. 23 da Constituição), que, no tema ora examinado, podem residir problemas.

Vejamos os diversos incisos, naquilo que especialmente nos interessa:

> Art. 23. É competência comum da União, dos Estados, do Distrito Federal e dos Municípios:
>
> I — (...) e conservar o patrimônio público; (*utilização dos bens públicos*)
>
> II — (...);
>
> III — proteger os documentos, as obras e outros bens de valor histórico, artístico e cultural, os monumentos, as paisagens naturais notáveis e os sítios arqueológicos; (*hipóteses de tombamento*)
>
> IV — impedir a evasão, a destruição e a descaracterização de obras de arte e de outros bens de valor histórico, artístico ou cultural; (*preservação da memória*)
>
> V — (...);
>
> VI — proteger o meio ambiente e combater a poluição em qualquer de suas formas; (*preservação ambiental*).

### 6. *Eficácia das normas constitucionais*

Entendidas as normas constitucionais como dotadas de eficácia e, em várias das hipóteses, com ratificação expressa de outras normas constitucionais, como, por exemplo, as do art. 225 *caput*, § 1º e § 2º e 3º,[1] verificamos que as pessoas enumeradas no art. 23 da Constituição *devem exercitar plenamente as competências que constitucionalmente lhes foram outorgadas*.

*6.1* Também lembremos que, *o ordenamento do solo urbano compete exclusivamente aos Municípios*, por força do art. 182 da Constituição.

Pós Constituição de 1988, o subsolo acompanha a propriedade do solo, exceção feita apenas no art. 20, IX (referente aos recursos minerais de propriedade da União).

### 7. *Competências concorrentes para legislar (art. 24)*

*7.1* É, todavia, no âmbito das competências concorrentes para legislar que problemas de certa complexidade podem ocorrer. Comece-se pelo *caput* do artigo: "Compete à União, aos Estados e ao Distrito Federal legislar concorrentemente (...)".

Verificamos possibilidade de existência de legislação municipal, em assuntos de interesse local, na esfera do direito administrativo, como no direito urbanístico (inciso I), na legislação sobre (...), conservação da natureza, *defesa do solo* e dos *recursos naturais*, *proteção do meio ambiente* e *controle da poluição* (inciso VI), proteção ao patrimônio histórico, cultural, artístico, turístico e paisagístico (inciso VII), responsabilidade por dano ao meio ambiente, (...) a bens e direitos de valor artístico, estético, histórico, turístico e paisagístico (inciso VIII).

O socorro para a exata intelecção deverá vir da interpretação sistemática conjuntamente com o art. 30 e seus incisos, como o inciso I (que outorga aos Municípios competência para legislar sobre assuntos de interesse local), o inciso II (suplementar a legislação federal e a estadual no que couber), o inciso VIII (promover, no que couber, adequado ordenamento territorial, mediante planejamento e controle do uso, do parcelamento e da ocupação do solo urbano), em

1. O artigo enumerado, com os parágrafos indicados, refere-se ao meio ambiente ecologicamente equilibrado e a sua defesa.

consonância com o art. 182,[2] § 1º.[3] E, assim segue.

### 8. *Competências remanescentes dos Estados*

Em Constituição, como a nossa, *em que os poderes da União são expressos*, e que a *legislação municipal também é expressa*, pouco remanesce ao Estado, a não ser, certamente, *seu direito administrativo*, neste podendo encartar-se a legislação sobre meio ambiente (art. 24, VI), a proteção do patrimônio histórico, cultural, paisagístico e controle de poluição (art. 24, VII), a responsabilidade por dano ao meio ambiente, ao consumidor, a bens e direitos de valor artístico, estético, histórico, turístico e paisagístico (que poderão estar presentes, quando se tratar da colocação da infra-estrutura para as telecomunicações).

Enfim, compete ao Estado o enumerado no falado art. 24, desde que não atinja o interesse local dos Municípios.

*8.1* Portanto, conforme se verifica desde logo, do próprio conceito de Federação e do abordado anteriormente sobre as competências, não se pode cogitar que as normas da União, gerais ou não, sejam hierarquicamente superiores às normas estaduais ou municipais.

Trata-se — como examinado — de delimitação constitucional de competências federativas *para que as ordens jurídicas parciais convivam harmoniosamente*.

## *II — A legislação federal sobre telecomunicações*

*9.* Dispostas, ainda que brevemente, as premissas necessárias à elaboração deste parecer, vamos verificar como a União legislou *em sua competência privativa sobre as telecomunicações* (art. 22, IV da Constituição da República), e, mais precisamente, no ponto que nos interessa, tal seja, qual a possibilidade de utilização da infra-estrutura nos Municípios, nas rodovias, bem como o compartilhamento da infra-estrutura para implementação desses serviços (arts. 73 e 74 da Lei 9.472/1997).

*10.* A Lei 8.987/1995 já disciplinara o regime de concessão[4] e permissão[5] da prestação de serviços públicos em geral para União, em obediência ao comando constitucional do art. 175 da Constituição da República, e que serve como normas gerais para os Estados e Municípios.

### 11. *A Lei de Telecomunicações (Lei 9.472/1997)*

A Lei 9.472, de 16.7.1997, "Dispõe sobre a Organização dos Serviços de Telecomunicações, a criação e o funcionamento

2. O art. 182 da Constituição tem o seguinte teor: "A política de desenvolvimento urbano, executada pelo Poder Público municipal, conforme diretrizes gerais fixadas em lei, tem por objetivo ordenar o pleno desenvolvimento das funções sociais da cidade e garantir o bem-estar de seus habitantes".

3. O Plano Diretor, aprovado pela Câmara Municipal, obrigatório para cidades com mais de vinte mil habitantes, é o instrumento básico da política de desenvolvimento e de expansão urbana do Município.

4. Concessão de serviço público, já conceituamos alhures, como espécie de contrato administrativo por meio do qual o Poder Público concedente, sempre precedido de licitação, salvo as exceções legais (dispensa e inexigibilidade), transfere o exercício de determinados serviços ao concessionário, pessoa jurídica privada, para que os execute em seu nome, por sua conta e risco.

5. De seu turno, também já afirmamos sobre a permissão de serviço público o que segue: "a permissão de serviço público (não toda e qualquer permissão) foi colocada, neste texto constitucional, *pari passu* com a concessão de serviço público. (...) Mas, se assim está, devemos concluir pelo regime jurídico assemelhado". O conceito doutrinário de autorização, de outra parte, foi alterado, porque deverá integrar essa (a autorização) a categoria de ato vinculado em face da Lei de Telecomunicações.

de um Órgão Regulador e outros aspectos institucionais", nos termos da Emenda Constitucional 8, de 1995.

O art. 62 da Lei de Telecomunicações, já citada, divide os serviços em (1) *serviços de interesse coletivo* e (2) *de interesse restrito*, subordinando este último aos condicionamentos necessários para que sua exploração não prejudique o interesse coletivo.

O regime dos serviços de telecomunicações, segundo classificou a Lei, pode ser *público ou privado*. Quanto ao primeiro obriga-se a *universalização* e a *continuidade* e deve ser prestado por *concessão* ou *permissão*.

Essa modalidade de interesse coletivo, cuja prestação dá-se *em regime de direito público*, a União compromete-se a assegurar. *Os serviços telefônicos fixos comutados estão nesse regime.*

Somente as prestadoras de serviços de telecomunicações *de interesse coletivo* teriam direito à utilização de dutos, condutos e servidões pertencentes ou controladas por prestadoras de serviços de telecomunicações ou de outros serviços de interesse público.

Ademais, o órgão regulador do cessionário tem competência para atribuir os meios a serem utilizados e definir as condições para o adequado atendimento do disposto no *caput* do art. 73.[6]

6. A íntegra dos arts. 73 e 74 é a seguinte: "Art. 73. As prestadoras de serviços de telecomunicações de interesse coletivo terão direito à utilização de postes, dutos, condutos e servidões pertencentes ou controlados por prestadora de serviços de telecomunicações ou de outros serviços de interesse público, de forma não discriminatória e a preços e condições justos e razoáveis. Parágrafo único. Caberá ao órgão regulador do cessionário dos meios a serem utilizados definir as condições para adequado atendimento do disposto no *caput*. Art. 74. A concessão, permissão ou autorização de serviço de telecomunicações não isenta a prestadora do atendimento às normas de engenharia e às leis municipais, estaduais ou do Distrito Federal relativas à construção civil e à instalação de cabos e equipamentos em logradouros públicos".

O art. 74 deixa claro — como não poderia deixar de ser — que as prestadoras, quer concessionárias, quer permissionárias, *devem atendimento às normas de engenharia e às leis municipais estaduais ou do distrito federal relativas à construção civil e à instalação de cabos e equipamentos em logradouros públicos.*

## *12. Questões decorrentes dos arts. 73 e 74 da Lei 9.472/1997*

Cabe questionar os problemas que podem ser suscitados no tocante aos Municípios, embora não objeto específico da consulta. Entretanto, sua análise é imperiosa porque se constitui em antecedente lógico das demais. Os telefones, via de regra, são instalados em solo municipal, exceto quando instalados ao longo das rodovias.

As questões que sucedem, e cujas respostas são necessárias, são as seguintes:

(1) São os Municípios obrigados a permitir a passagem pelo solo ou subsolo dos dutos necessários às telecomunicações? (2) Podem os Municípios cobrar qualquer espécie de remuneração *pela instalação dos meios necessários* para a prestação de serviços de telecomunicações, nos bens de seu domínio? (3) Podem cobrar taxas, e, se possível, em que condições? (4) Haveria soluções diversas nas hipóteses de serviços implantados antes, ou depois, da privatização do setor?

## *13. O Município e a instalação da infra-estrutura necessária para as telecomunicações*

*13.1* Há certamente diferenças, nas hipóteses de os serviços serem executados por concessionárias obrigadas *à universalidade de serviços*, até mesmo porque, nesses casos, a União, concedente, por intermédio de seu órgão regulador, a Anatel, cabe se responsabilizar, nos termos do art. 73 da Lei 9.472/1997, por possibilitar os meios, de forma não discriminatória "*e a preços e condições justos e razoáveis*".

De que modo poderá fazê-lo sem atingir a autonomia dos Municípios? Creio que uma das maneiras seria *a instituição de servidão de passagem*, transferindo os preços aos concessionários, dependendo do que tiver sido estipulado no edital da licitação e no contrato de concessão.[7]

*13.2* A Lei de Desapropriações, de n. 3.365/1941 permite que a União desaproprie bens municipais (art. 2º, § 2º, da Lei), desde que haja declaração de utilidade pública, que poderá ser calcada no art. 5º, letra *h*, da mesma Lei. E, também, o art. 40, da Lei Geral de Desapropriações, permite ao expropriante constituir servidões.

Ademais, há previsão expressa na Lei 9.472/1997, em seu art. 100, o que configuraria uma das hipóteses explícitas de desapropriação, e, também de servidão.

Desapropriação, já conceituamos em outros trabalhos, como o procedimento administrativo, preparatório do judicial, por meio do qual o Poder Público, compulsoriamente, pretende despojar alguém de seu direito de propriedade a fim de o adquirir, mediante indenização, prévia, justa, em geral em dinheiro ou, excepcionalmente, em títulos da dívida pública, fundada em interesse público, necessidade pública, interesse social (...).

De seu turno, as servidões administrativas têm seu fundamento na lei, no direito brasileiro, dependem da declaração de utilidade pública, se impossível for o estabelecimento de *acordo*.

Conceituamos servidão administrativa como ônus real imposto à propriedade, consistente no dever de suportar pelo proprietário, tendo em vista interesse público a ser implementado.

Em conclusão, tratando-se a servidão de restrição administrativa, deverá haver indenização, exceto se, embora havendo o gravame, não for produzido ônus ao proprietário. Portanto, *o pagamento será diretamente proporcional aos gravames causados.*

As servidões constituem-se, quando não derivem diretamente da lei, *mediante acordo* (como também podem se efetivar pelo procedimento da desapropriação), ou mediante *decisão judicial*. Nesta última hipótese, deverão ser precedidas de declaração de utilidade pública e acompanham o procedimento judicial da desapropriação, como já dito.

As servidões, via de regra, são indenizáveis como já afirmado, a não ser que não ocorra gravame, enfatize-se. A indenização deverá estar em direta correlação de proporcionalidade ao gravame.

*13.3* Quando se tratar de implantação de infra-estrutura no subsolo parece-nos hipótese típica de servidão de passagem. A servidão, tanto quanto à desapropriação, poderá ser feita por acordo entre as pessoas jurídicas de direito público, e deverá ser homologado judicialmente.

*13.4* Todavia esta não será a única maneira de o Município permitir a passagem da infra-estrutura.

Quando não houver possibilidade de composição, somente o Judiciário poderá dirimir a contenda, pois, quando estiver em jogo pessoa de direito público, esta não poderá se submeter à arbitragem,[8] consoante

7. O art. 100 da Lei de Telecomunicações (Lei 9.472/1997) dispõe que aos concessionários cabem os ônus. Nada impediria, contudo, consoante pensamos (quando se tratasse de concessionário de serviço *em regime de direito público*, a fim de que as tarifas cobradas dos usuários pudessem ser mais baixas, fosse pactuado, para aquelas hipóteses — desapropriação ou servidão) que o concedente assumisse as indenizações, se isso constasse expressamente da composição econômico-financeira para determinação tarifária. Naturalmente, nessa hipótese, na reversão dos bens, não incidiria, o parágrafo único do art. 102 da Lei (indenização ao concessionário dos bens revertidos).

8. Aliás, o art. 1º da Lei 9.307, de 23.9.1996 (Lei de Arbitragem) é expresso no tocante sua aplicabilidade apenas aos direitos patrimoniais disponíveis.

pensamos, vênia devida daqueles que pensam contrariamente. E, de qualquer modo, seja o concessionário que arque com os ônus, seja o concedente, sempre haverá, do outro lado a União, o Estado Federado ou o Município, detentores de direitos indisponíveis.

Há meios, todavia, que seriam proibidos ao Município e, já assim, tem-se manifestado, e largamente, a jurisprudência. Ao Município é vedada criação de IPTU sobre a área ocupada pelo "posteamento" ou pelas torres, ou, então, *a criação de taxas por decreto*, e, inclusive, tendo como suporte a ocupação do espaço físico do Município.

Ora, as taxas dependem expressamente de lei instituidora e somente serão justificáveis nos termos do art. 145, II, da Constituição, *primeira parte*, em decorrência do "*poder de polícia*", que preferimos denominar de competência fiscalizatória do Município. Mais adiante, voltaremos ao tema.

### *13.5 Implantação da infra-estrutura na superfície*

Pode ocorrer que o problema seja de implantação na superfície, o que obrigará maiores cautelas do Município, tendo em vista seu planejamento urbano e as conseqüências ambientais, inclusive, no concernente a seu patrimônio histórico etc.

Trata-se, na hipótese, *de edificação a ser licenciada* pela Municipalidade (implantação de torres), ou colocação de postes, e que poderá ser exigido preço pela ocupação da área posteriormente, como, por exemplo, se fosse uma permissão de uso de bem público a título oneroso.

As taxas somente serão devidas pelo licenciamento (competência fiscalizatória do Município), como já afirmado, se existente lei (o que normalmente ocorre), da mesma maneira que exigidas de todos os que precisam ter aprovadas edificações e/ou atividades licenciadas, e, evidentemente dentro dos parâmetros constitucionais e desde que seja exercida a competência fiscalizatória antes da instalação.

Ainda, se existente lei referente ao licenciamento ambiental (que, normalmente, é do Estado quando se trata de poluição), tendo em vista à preservação do meio ambiente municipal, principalmente dos bens jurídicos, cuja competência tutelar é da Municipalidade — repita-se — *sempre dependendo de lei e obediente aos parâmetros constitucionais* — pode ser possível a cobrança de taxa de licenciamento ambiental. Entretanto, exclusivamente dentro da competência fiscalizatória do Município ("poder de polícia").

*13.6* Enfatize-se, outrossim, que o Município[9] não pode impedir a passagem dos equipamentos urbanos, porém deverá expedir sempre licença municipal (e, como já dito, poderá ser cobrada taxa pelo licenciamento da infra-estrutura, quando se tratar de edificações de torres, no exemplo já examinado, ou taxas de licenciamento ambiental para verificar a coexistência pacífica entre a infra-estrutura e os valores urbanos e ambientais, cuja preservação cabe ao Município) afim de, em certos casos, admitir a utilização de seu solo ou subsolo, porém, se necessário for, com alterações do traçado, em virtude de causas impeditivas, como, por exemplo, tombamentos.

*13.7* Não se diga que estaria o Município inibido de cobrar taxas por força do art. 155, § 3º,[10] da Constituição, porque, consoante a disposição citada, nenhum tributo

9. Consulte-se a respeito do tema examinado, excelente artigo da Procuradora do Município de Porto Alegre, Vanêsca Buzelato Prestes, na *Revista Interesse Público* 7/162-179.

10. O teor do art. 155, § 3º é o seguinte: "Art. 155. Compete aos Estados e ao Distrito Federal instituir impostos sobre: (...). § 3º. À exceção dos impostos de que tratam o inciso II do *caput* deste artigo e o art. 153, I e II, nenhum outro tributo poderá incidir *sobre operações relativas a energia elétrica, serviços de telecomunicações, derivados*

poderia ser cobrado sobre as *operações que envolvessem telecomunicações*,[11] a não ser o *ICMS* (inciso II do *caput* do art. 155), a *importação de produtos estrangeiros* bem como a exportação para o exterior (incisos I e II do art. 153).

Ora, as taxas não incidem sobre *operações* na dicção do artigo, mas, sim, pela competência fiscalizatória do Município, "poder de polícia", e devem guardar absoluto respeito aos parâmetros constitucionais e legais, como já afirmado insistentemente. Portanto, destinam-se a remunerar a atividade de licenciamento, exercida pelo Município.

O Ministro Cláudio Santos manifestou-se acerca do termo *operações*,[12] quando estudava a tributação sobre o álcool (mesmo artigo constitucional) da seguinte forma:

"A palavra 'operações', tem, por óbvio, várias acepções, em múltiplas áreas, seja na esfera da medicina, das ciências exatas, e em outras: é 'ato ou efeito de operar', diz o nosso grande Aurélio, e explicita, na órbita das atividades empresariais: é 'transação comercial'.

"Dele não discrepam outros lexicógrafos. Cândido de Figueiredo, por exemplo, diz ter o vocábulo 'operação' o significado de 'qualquer transação comercial' (*Dicionário de Língua Portuguesa*, 15ª ed., Amadora, Livraria Bertrand, 1982). Rodrigo Fontinha confirma: é 'transação comercial ou da bolsa' (*Novo Dicionário Etimológico da Língua Portuguesa*, Porto, Ed. Domingos Barreira). (...)."

Portanto, de qualquer forma, não haveria mesmo aplicabilidade do art. 155, § 3º, pois não seria cobrado *tributo* pelo Município por *operações de telecomunicações* (hipótese de ICMS, na ressalva constitucional), mas, sim, poderia haver taxas, dentro dos rígidos parâmetros constitucionais (taxas pelo licenciamento), *preço público* pela utilização de seu solo e subsolo urbano, ou, então, seria a hipótese de indenizações pela desapropriação ou servidão instituídas, quando fosse o caso, e se fosse.

*14.* O limite para o Município cobrar, certamente será a fixação de preços dentro do critério de razoabilidade e proporcionalidade,[13] a fim de não onerar as tarifas cobradas aos usuários pelas concessionárias.

*de petróleo, combustíveis e minerais do País*" (destaques nossos).

No tocante à imunidade, prevista pelo art. 155, § 3º da Constituição, salvo opiniões judiciosas em contrário, a Suprema Corte entendeu, ao examinar as contribuições da seguridade social, que a mesma não afeta a competência impositiva outorgada à União, como se pode verificar do *Informativo* 155 daquele Egrégio Tribunal. Embora esta não seja a hipótese examinada, entendemos importante colocar a posição da Suprema Corte, que ainda não se pronunciou sobre as taxas.

A Emenda 33/2001 modificou o § 3º supra mencionado para dirimir qualquer controvérsia, passando, destarte a redação a ser a seguinte: "À exceção dos impostos de que tratam o inciso II do *caput* deste artigo e o art. 153, I e II, *nenhum outro imposto* poderá incidir sobre operações relativas a energia elétrica, serviços de telecomunicações, derivados de petróleo, combustíveis e minerais do País" (destaques nossos).

11. Trouxemos a colação esse artigo, porque, na jurisprudência examinada, encontramos algumas decisões que, expressamente, entendem descabida a taxa por força da dicção desse artigo. Citem-se como exemplos: Ac. 26441 (1º TACivSP, 14.2.2001); Ac. 108909-5/4 (TJSP, 3.4.2000); processos 1999.009.00375 e 1999.009.00274 (TJRJ).

12. *Caderno de Pesquisas Tributárias* 16/95-97.

13. A Suprema Corte de nosso país está a construir a aplicação da teoria da razoabilidade e da proporcionalidade em casos como esses (pelo menos, assim nos parece). Citem-se os seguintes acórdãos (não referentes ao que ora se discute, porém à aplicabilidade dos princípios:

"ADIMC 855-PR, Relator Ministro Sepúlveda Pertence, j. 1.7.1993. (...): argüição de inconstitucionalidade nos arts. 22, IV e VI (energia e metrologia), 24 e §§, 25, § 2º, 238, *além de violação ao princípio de proporcionalidade e razoabilidade* das leis restritivas de direitos: (...) Resultado: deferida. Votação: por maioria" (destacamos).

"ADIMC 1158-AM, Relator Ministro Celso de Mello, j. 19.12.1994. *Ementa*: Ação Direta de Inconstitucionalidade (...). A norma legal, que con-

Os valores, a serem pagos pela servidão, quer no subsolo quer na superfície, seriam definidos levando-se em conta que as tarifas pagas pelos usuários do serviço, devem, em decorrência dos princípios constitucionais (Emenda 19/1998) e, de determinação legal (Lei 8.987/1995, art. 6º, § 1º), serem módicas. Portanto, os custos da passagem devem ser razoáveis.

*Por outro lado, evidentemente, o preço deverá remunerar os ônus suportados pelo Município e não se constituir em fonte de arrecadação e lucro, sem quaisquer peias ou amarras.*

De outro lado, as taxas, *como já bem acentuado*, dependem expressamente de lei, somente podem remunerar a atividade fiscalizatória do Município e dentro dos cânones constitucionais e legais.

## *III — Rodovias*

### *15. Áreas contíguas às estradas ("area non aedificandi")*

*15.1* Na construção de estradas prevê-se *area non aedificandi*, que é para aumentar a segurança dos usuários. Esta área já foi ou não indenizada ao proprietário primitivo do imóvel (conforme o caso),[14] passando ao domínio pleno da expropriante, seja a União, Estados ou Municípios, dependendo de a estrada ser federal, estadual ou municipal (estradas vicinais).

Conseqüentemente, se a estrada for de domínio da União, e como esta deverá assegurar os meios de implantação da infra-estrutura (art. 73 da Lei 9.472/1997), afigurasse-nos possa haver custo para o concessionário, *se tal custo houver sido previsto no edital ou na aferição das tarifas a serem cobradas do usuário.*

Se for de domínio estadual ou municipal a colocação será idêntica à anteriormente feita no tocante aos Municípios, tal seja, *acordo (lembrando-se sempre da razoabilidade e proporcionalidade da cobrança) ou declaração de utilidade pública seguida de servidão de passagem.*

*15.2* Algumas questões interessantes podem ser colocadas, como, por exemplo, o dever de indenizar ou não *area non aedificandi* à beira das estradas.

A jurisprudência tem entendido que, se a área for rural, a indenização não ocorrerá por ocasião da desapropriação; e, se instituída em área urbana, deverá haver indeniza-

cede a servidor público inativo gratificação de férias corresponde a um terço (1/3) do valor da remuneração mensal, ofende o critério da *razoabilidade* que atua, enquanto projeção concretizadora da *cláusula do "substantive due process of law"*, como insuperável limitação ao poder normativo do Estado. (...). Resultado: deferido. Votação: unânime" (destacamos).

"ADIMC 1753-DF, Relator Ministro Sepúlveda Pertence, j. 16.4.1998. *Ementa*: (...). 2. A igualdade das partes é imanente ao *procedural due process of law*; quando uma das partes é o Estado, a jurisprudência tem transigido com alguns fatores legais que, além da vetustez, tem sido reputados não arbitrários por visarem a compensar dificuldades da defesa em juízo das entidades públicas; *se, ao contrário, desafiam a medida da razoabilidade ou da proporcionalidade*, caracterizadas inovações discutíveis, (...)" (destacamos).

14. O Ministro Carlos Mário Velloso, enquanto Ministro do Egrégio TFR, decidiu: "(...) fundamentou na Súmula 142, TFR. (...) Esta é a regra, que apresenta, entretanto, exceções, podendo a questão ser assim equacionada: a) tratando-se de área rural, a cláusula *non aedificandi* se impõe sem indenização, tal como enunciado na Súmula 142, TFR; b) se a rodovia preexistia à inclusão da área no perímetro urbano, a restrição edilícia continua prevalecendo, sem indenização; c) todavia, se a rodovia penetra em zona urbana, a indenização terá lugar, da seguinte forma: c.1) pelo seu valor total, passando ao expropriante o respectivo domínio, no caso de aniquilamento integral da propriedade; c.2) indenização parcial, pela imposição do uso restrito, permanecendo o domínio com o proprietário, com a aplicação, neste caso, do art. 37 do Decreto-lei 3.365/1941. (...) (TFR, Ap. cível 84.339, j. 4.9.1985, *DJU* 3.10.1985)".

ção, como se verificou do acórdão do ilustre Ministro Velloso, citado na nota de rodapé 14.

Portanto, a própria União, Estados ou Municípios poderiam ter o domínio dessas áreas sem nada ter gasto, o que mais revelaria até a impropriedade (não ilegalidade propriamente dita) de cobrança para os serviços de telefonia fixo comutados.

Ainda breves distinções devem ser feitas entre as servidões privadas e as públicas.

Nas servidões privadas o bem é afetado para utilização de particular e constitui-se em direito real privado.

Ao contrário, nas servidões administrativas, a sujeição do bem (o suportar ou *pati*) deriva de necessidade pública, constituindo-se, pois, em *direito real público*.

A relação jurídica estabelece-se tendo de um lado o Estado, ou quem esteja no exercício da função administrativa, e, de outra parte, o administrado.

*15.3* A servidão administrativa, normalmente, é a oneração de bem privado para fruição da coletividade.

A servidão, tanto quanto a desapropriação, podem recair sobre bens públicos, sendo lícito a União desapropriar ou instituir servidão sobre bens do Estado e, este, sobre os bens municipais. Não se trata de hierarquia entre os entes federados, mas, sim, de preponderância de interesses.

### *16. Competência do DNER para instituir cobrança*

O DNER tem competência para instituir cobrança pelas faixas de domínio, porque tais faixas estão na sua administração, se federais forem as estradas e remanescentes de desapropriações efetuadas, como já dissemos (assenta-se sua competência no art. 4º, letra *d*, do Decreto-lei 512, de 21.3.1969).

Tratar-se-á de preço público. Tudo, entretanto, dependerá do edital de licitação e da pactuação efetuada quando da outorga da concessão ou permissão.

### *17. Estradas privatizadas*

*17.1* No caso das estradas privatizadas, em nossa opinião, o problema é diferente.

Na verdade, *somente a exploração da estrada é privatizada*. É preciso não esquecer, entretanto, que o bem é público, *e continuará público, por força do regime jurídico dos bens públicos*.

As concessionárias, em regra, não teriam competência, sobretudo na medida em que a infra-estrutura passe subterraneamente na estrada, objeto de concessão, ou em *area non aedificandi*.

Entretanto, nas hipóteses de se situarem na superfície, caso das torres, teriam competência, para instituição de preços, nas hipóteses de serviços prestados por outros concessionários em *regime de direito privado*.

Todavia, nos serviços de interesse coletivo, *regime de direito público*, na verdade, no próprio instrumento celebrado, por ocasião da privatização, já deveria ter sido estipulado, porque haverá, sem sombra de dúvida, custos a se refletirem nas tarifas cobradas aos usuários; por isso mesmo estariam umbilicalmente ligados à equação econômico-financeira.

### *18. Há diferenças entre os meios de telecomunicações implantados antes e depois da privatização do setor?*

*18.1* Se houver necessidade de expansão ou alteração, a questão será solvida da mesma forma. Se, por acaso, não houver tal necessidade, a concessão já teria sido atribuída *rebus sic stantibus*, portanto, com os equipamentos já instalados, a não ser que o edital tenha disposto diferentemente.

Todavia, não há possibilidade de resposta simples e geral para todo e qualquer caso, pois, somente diante de casos concretos das *concessionárias* e das questões de cada Município, e, sobretudo, da legislação municipal e da Lei Orgânica de determinado Município, o problema poderá ser melhor equacionado e resolvido.

Fica esclarecido que o *Município não pode se opor à passagem ou colocação dos equipamentos, mesmo se o serviço for executado em regime de direito privado.*

Entretanto, como o Município é ente da Federação, não existindo hierarquia com relação às pessoas jurídicas, mas, somente preponderância de interesses, se o equipamento afetar o interesse local, deverá ser procurada situação conciliatória para solução dos litígios. Se impossível, somente o Judiciário poderá dirimi-las, se estiver em jogo pessoa de direito público, como já acentuado, em face, portanto, de direitos indisponíveis.

*18.2* Deixe-se claro que o mesmo não acontecerá quando se tratar de *questões entre concessionárias ou permissionárias de serviço público, que podem ser resolvidas por arbitragem,* dentro de certos limites, que, a breve passo, abordaremos.

Pergunta que se impõe é se, em face de prejuízo para uma parte, em decorrência do arbitramento, poder-se-á falar em impossibilidade de socorro ao Judiciário?

Adiante versaremos especificamente a matéria, quando tratarmos do compartilhamento e da arbitragem.

### *IV — Contratos de compartilhamento da infra-estrutura e arbitragem*

***19.*** A fim de procedermos à verificação de que tipo de contrato é o de compartilhamento, objeto da consulta, faz-se necessário sublinhar os traços peculiares a um e outro contrato (*os privados* e *os administrativos*), simplesmente para se poder concluir pela existência de contratos mais confortados pelo Direito Privado, enquanto outros encontram maior ambientação no Direito Público.

*19.1* A respeito dos contratos privados, averbou Orlando Gomes, após referir a liberdade de contratar sob seu tríplice aspecto, liberdade de contratar propriamente dita, liberdade de estipular o contrato e liberdade de estruturar o conteúdo do contrato.

"A *liberdade de contratar, propriamente* dita, jamais foi ilimitada. Duas limitações de caráter geral sempre confinaram-na, a *ordem pública* e os *bons costumes.*"[15]

Examinando, ainda, o autor, as limitações à liberdade de contratar, comenta o contrato de adesão e o contrato coativo (como, *v.g.*, o seguro obrigatório, e, atualmente, assinalaríamos nós, *os contratos de compartilhamento em que aos entes privados, que receberam a concessão, cumpre compartilhar suas infra-estruturas com outros concessionários, como obrigação decorrente do contrato*), além de referir o atual dirigismo contratual.

No entanto, não há, para esse mestre, o desnaturamento do instituto pelo fato de a vontade não se encontrar inteiramente livre. Entende este fato como normal, decorrente da evolução do direito.

Aqueles que negam a existência do contrato administrativo fundamentam-se, precipuamente, no desnivelamento das partes, sob alegação da impossibilidade de formação de um vínculo contratual, quando haja tal desnivelamento.[16]

É traço distintivo, marcante, a maior autonomia da vontade nos contratos de Direito Privado.

Deve-se ressaltar, todavia, que ao *pacta sunt servanda* do Direito Privado — diga-se de passagem, que se atenuou enormemen-

15. Orlando Gomes, *Contratos*, 6ª ed., Rio de Janeiro, Forense, 1977, p. 24.

16. Idem, *Contratos de Adesão*, Ed. RT, 1972, p. 9. Assim também concluem Berçaitz e Marienhoff. É verdade que o desnivelamento das partes, nos contratos administrativos, é jurídico, como dizem Péquignot e Berçaitz, enquanto que, nos contratos de adesão e nos coativos, é fático.

te, também sob influxo do Código do Consumidor — contrapõe-se a *rebus sic stantibus* dos contratos administrativos.

Ao se referir ao *pacta sunt servanda*, grafou Orlando Gomes, a propósito dos contratos privados: "(...) Cada qual que suporte os prejuízos provenientes do contrato. Se aceitou condições contratuais extremamente desvantajosas, a presunção de que foram estipuladas livremente, impede se socorra da autoridade judicial para obter a suavização, ou a libertação (...)".[17]

Na verdade, se estivermos diante de um contrato privado, por ser livre a vontade, *pelo menos em termos*, é natural que as partes suportem o que avençaram.

O mesmo não acontece com *os contratos administrativos*. E isso exatamente pelo princípio que, nesses últimos, nos contratos administrativos, temos partes desniveladas, além de o contratado ser um colaborador da Administração. Não deverá, pois, haver interesses contrapostos.

Ainda, impende acrescentar: não ter o direito brasileiro um único regime jurídico para os contratos administrativos. Haverá, ainda, matizes, que as leis locais, por força das competências para legislar em direito administrativo, outorgadas pelo Texto Básico, tracejarem.

*19.2* Podemos afirmar, em síntese, que governam os *contratos administrativos*, os seguintes princípios: (1) *desnivelamento jurídico das partes*, uma vez que o Poder Público está sob a *relação de Administração* (Cirne Lima); (2) *autonomia da vontade só no atinente à formação ou não do vínculo*; (3) os contratos regem-se basicamente pela *cláusula rebus sic stantibus*, de onde *a intangibilidade da equação econômica*; (4) a Administração *poderá instabilizar o vínculo* (*ius variandi*) *unilateralmente*, a fim de atender às necessidades públicas; (5) deverá aplicar as *sanções pecuniárias ou a rescisão*, conforme o caso; (6) a *fiscalização* será inarredável.

17. Ibid., p. 36.

*19.3* Como se verifica, os *contratos de compartilhamento* não detêm a maioria das notas tipificadoras dos contratos administrativos, embora, sem dúvida, possuam alguns traços marcantes. *Não são contratos administrativos, com as peculiaridades intrínsecas desses contratos*. As partes contratantes são iguais. Não estão desniveladas juridicamente.

É certo que, muito embora tenham tido a obrigatoriedade de contratar, de tornar disponível sua rede de infra-estrutura, evidentemente que se possível, *as partes são iguais*. Não assiste a qualquer delas o *direito de instabilizar o contrato* (*ius variandi dos contratos administrativos*, como bem averba Enterría).

Todavia, embora sejam contratos travados entre duas pessoas de direito privado, são contratos coactivos porque fazem parte do rol dos deveres do concessionário em face do concedente.[18] E, ademais, devem necessariamente conter certas cláusulas.

De outra parte, os *contratos de compartilhamento* devem observar certas regras obrigatórias no que tange aos preços pactuados. Não está o contratante (o que detém a infra-estrutura) totalmente livre[19] para pactuar quanto quiser pelo que vai ceder para ser compartilhado.

18. Isso já se verificou na transcrição feita do art. 73 da Lei 9.472, na nota 6.

19. O mesmo fenômeno vem acontecendo em outros países, como se poderá verificar do texto, que ora se transcreve: "Senonché, il nuovo contesto tecnologico non consente più di far valere le ragioni che hanno tradizionalmente giustuficato il monopolio: *le reti possono essere gestite da più operatori in concorrenza in quanto economicamente duplicabili e non necessitano più dei finanziamenti derivanti dai proventi della gestione dei servizi di telefonia vocale. Il mantenimento delle esclusive costituisce, dunque, un ostacolo ingiustificato.* (...) all'ingresso di nuovi operatori ed allo stesso progresso tecnico; neppure il mantenimento di diritti esclusivi potrebbe giustificarsi sulla base delle esigenze di universalità del servizio o la necessaria predisposizione di controlli a fini sociali. Infatti, le

Deveras, tem o dever de transparência, de possibilitar, em igualdade de condições, sua estrutura sobejante para outros que necessitem de compartilhamento.

Deverão ser cobrados *preços justos e razoáveis*, em decorrência da própria obrigação contratual com o concedente. A razoabilidade,[20] por força do reflexo que terá na equação econômico-financeira, irá se impor.

*19.4* Com relação à razoabilidade, vale à pena citar, pelo menos, um autor que fez interessante resenha dos princípios da razoabilidade e proporcionalidade.

Com efeito, diz Paulo Armínio Tavares Buechele:[21]

"Incursionando pela doutrina germânica contemporânea, Paulo Bonavides descreve o Princípio da Proporcionalidade como aquele que 'se caracteriza pelo fato de presumir a existência de relação adequada entre um ou vários fins determinados e os meios com que são levados a cabo'.

"Prossegue o brilhante constitucionalista brasileiro, afirmando que Muller entende haver 'violação do princípio da proporcionalidade, com ocorrência de arbítrio, toda vez que os meios destinados a realizar um fim não são por si mesmos apropriados e ou quando a desproporção entre meios e fim é particularmente evidente, ou seja, manifesta'.

"E arremata: 'O princípio da proporcionalidade (*Verhaltnismassigkeit*) pretende, por conseguinte, instituir, como acentua Gentz, *a relação entre fim e meio, confrontando o fim e o fundamento de uma intervenção com os efeitos desta para que se torne possível um controle do excesso* (*eine Ubermasskontrolle*) (...)'.

"No mesmo timbre soa a lição de Raquel Denize Stumm, supedaneada nos escólios abalizados de Canotilho e Engisch: 'O princípio da proporcionalidade em sentido amplo é também chamado *de princípio da proibição do excesso, possuindo como características que o diferenciam da proporcionalidade em sentido estrito a exigência da análise da relação de meios e fins.* A expressão 'princípio da proibição do excesso' é aplicável no âmbito do controle legislativo, onde 'suscita o problema do espaço de decisão dos órgãos legiferantes'.

"(...).

"Acrescenta Canotilho, nessa linha, que 'proibir o excesso não é só proibir o arbítrio; *é impor, positivamente, a exigibilidade, adequação e proporcionalidade dos atos dos poderes públicos em relação aos fins que eles perseguem. Trata-se, pois, de um princípio jurídico-material de 'usta medida'* (Larenz).

"(...).

"Finalmente, o constitucionalista argentino Juan Francisco Linares elenca alguns significados que se têm emprestado ao termo 'razoabilidade' nos meios jurídicos. São eles: 'a) *Na técnica se fala de meios razoáveis para obter certo fim. É dizer, se vislumbra uma certa racional adequação*

esigence del servizio universale possono essere garantite dalla presenza di più operatori, eventualmente gravati da obblighi di servizio pubblico volti a disciplinare le condizioni di svolgimento e di determinazione delle tariffe" (Nicoletta Rangone, "Le telecomunicazioni", in Sabino Cassese, *Trattado Di Diritto Amministrativo*, t. 2º, cap. VI, Milão, Dott. A. Giuffrè Editore, 2000, p. 1.795 — destaques nossos).

20. A respeito da razoabilidade e, conseqüentemente da proporcionalidade, consultem-se os seguintes autores: Suzana de Toledo Barros, *O Princípio da Proporcionalidade e o Controle da Constitucionalidade das Leis Restritivas de Direitos Fundamentais*, São Paulo, Brasília Jurídica, 2000 e Raquel Denize Stumm, *Princípio da Proporcionalidade no Direito Constitucional Brasileiro*, Porto Alegre, Ed. Livraria do Advogado, 1995, além de interessante artigo de Weida Zancaner "Razoabilidade e moralidade: princípios concretizadores do perfil constitucional do Estado Social e Democrático de Direito", in *Direito Administrativo e Constitucional — Estudos em Homenagem a Geraldo Ataliba* 2, São Paulo, Malheiros Editores, 1997, p. 619.

21. *O Princípio da Proporcionalidade e a Interpretação da Constituição*, Rio de Janeiro, Renovar, 2000, pp. 119-124.

*de meios e fins. Trata-se, pois, de uma razoabilidade técnica*; b) Em axiologia jurídica se fala de razoabilidade quando se busca o fundamento dos valores específicos do plexo axiológico: solidariedade, cooperação, poder, paz, seguridade, ordem e se acha no valor de totalidade chamado justiça. A justiça é, assim, racionalizadora dos outros valores. Estes são razoáveis enquanto se fundam na justiça; c) Em ciência do direito a razoabilidade se apresenta quando se busca a razão suficiente de uma conduta compartida. Essa razão pode ser de essência, quando a conduta se funda em uma norma jurídica; de existência quando o fundamento é o mero fato de que o comportamento jurídico se dá; e, de verdade, quando tem fundamento de justiça'.

"*Todavia, não obstante a variedade dos conceitos desenvolvidos pela doutrina relativamente ao princípio em foco, a realidade é que este, para restar bem compreendido, exige a sua decomposição em três subprincípios (ou elementos), a saber: a) o da adequação; b) o da necessidade; e c) o da proporcionalidade em sentido estrito* (...)" (destaques nossos).

De outra parte, por estarem os concessionários na iniciativa econômica, apenas com as amarras naturais do vínculo da concessão de serviço público, não podem agredir a Lei 8.884/1994 (abuso do poder econômico), sobretudo em seus arts. 20 e 21.[22]

Ou, em outro falar, haveria o abuso de poder econômico para ser dirimido e/ou sancionado pelo CADE, se os preços cobrados não forem razoáveis.

*19.5* Portanto, como se verifica, apesar de esses *contratos serem privados*, normas de direito público estarão presentes em alguns aspectos, neles se refletindo.

Dir-se-á mesmo que, ainda, caso estivesse disposta a contratada (a concessionária que vai compartilhar) a aceitar qualquer preço, não poderia fazê-lo, a não ser que abrisse mão de seu lucro, fato totalmente irreal diante de pessoas privadas, cujo objetivo é o lucro. Lucro este, desde que não seja abusivo (pois, novamente estaríamos diante de abuso do poder econômico), totalmente lícito, constitucional e legalmente.

## *20. A arbitragem*

*20.1* As concessionárias por disposição da Lei 9.472/1997 (art. 23 da Resolução Conjunta 1/1999 e 63 do Regimento Interno da Agência Nacional de Telecomunicações) devem se submeter à arbitragem.

Todavia, é necessário que se faça breve comparação entre as disposições do Regimento Interno da Agência Nacional de Telecomunicações (art. 63) e art. 23 da Resolução Conjunta 1/1999 e da própria Lei de Arbitragem, sobretudo para verificarmos se é possível a arbitragem ser sempre definitiva, como parece pretender a citada Resolução 1/1999.

Consoante a Lei 9.307, de 23.9.1996, verifica-se que, mesmo submetendo-se as

22. "Art. 20. Constituem infração da ordem econômica, independentemente de culpa, os atos sob qualquer forma manifestados, que tenham por objeto ou possam produzir os seguintes efeitos, ainda que não sejam alcançados: I — limitar, falsear ou de qualquer forma prejudicar a livre concorrência ou a livre iniciativa; (...); III — aumentar arbitrariamente os lucros; IV — exercer de forma abusiva posição dominante. (...) Art. 21. As seguintes condutas, além de outras, na medida em que configurem hipótese prevista no art. 20 e seus incisos, caracterizam infração da ordem econômica: (...); IV — limitar ou impedir o acesso de novas empresas ao mercado; V — criar dificuldades à constituição, ao funcionamento ou ao desenvolvimento de empresa concorrente ou de fornecedor, adquirente ou financiador de bens ou serviços; VI — impedir o acesso de concorrente às fontes de insumo, matérias-primas, equipamentos ou tecnologia, bem como aos canais de distribuição; (...) XIII — recusar a venda de bens ou a prestação de serviços, dentro das condições de pagamento normais aos usos e costumes comerciais; (...) XXIV — impor preços excessivos, ou aumentar sem justa causa o preço de bem ou serviço. (...)."

partes à arbitragem, por força de algumas normas dessa Lei, não se afasta por completo o Poder Judiciário — e, aliás, nem se poderia fazê-lo em face do art. 5º, XXXV, do Texto Constitucional.

*20.2* Nas hipóteses em que se configure lesão (art. 20, § 2º, art. 33, da Lei 9.397/1996), o Judiciário pode ser acionado, como, também, nas hipóteses de sentença arbitral nula.

Cite-se o Ministro Sálvio de Figueiredo, que tem primoroso artigo sobre a matéria:[23]

"(...).

"Como se nota, prevê a nova lei a presença do Judiciário para responder à convocação da parte que eventualmente sentir-se lesada. Essa, aliás, é uma das características do modelo arquitetado, limitando-se 'o Judiciário a ser convocado quando da presença de lesão'. Em outras palavras, 'apenas no confronto é que se busca o Judiciário'.

"Outras objeções ainda poderão ser levantadas, tais como o comprometimento da garantia do devido processo legal e dos princípios do juiz natural, da ampla defesa e do direito à via recursal (Constituição, art., 5º, LV). Indevidas, também aqui, s.m.j., essas objeções, tomando-se por fundamentação os mesmos argumentos acima deduzidos e a natureza peculiar da arbitragem.

"(...).

"Assegurado, assim, ao cidadão, o acesso à jurisdição, tem-se que, no novo quadro, em face das várias precauções tomadas pelo legislador, não se pode falar em exclusão do acesso à via judicial, garantida que esta está, e explicitamente, nas hipóteses já mencionadas."

*20.3* Portanto, mesmo em *regime de sujeição especial*, como é o da concessionária em face da Agência Concedente, não é possível a instituição de arbitragem desgarrada inteiramente da mencionada Lei 9.397, que não poderá ser derrogada à livre vontade das Agências, ademais por simples ato administrativo, ato subalterno relativamente à Lei, como é a Resolução 1/1999.

Deveras, o regime de sujeição especial caracteriza-se por estar a concessionária inserida em relação jurídica com a concedente, voluntária de sua parte, que a faz suportar regras ditadas unilateralmente pela mesma concedente, desde que, evidentemente, não se atritem com o *due process of law* substantivo e não lhe suprimam direitos subjetivos já conquistados.

*20.4* Entretanto, por força do regime de sujeição especial, como já enfatizado acima, não podem recusar, consoante se nos afigura, a arbitragem prevista na Lei 9.472/1997, porém de forma bastante genérica.

Todavia, anote-se, não são obrigadas as concessionárias a aceitar quaisquer normas de arbitragem, se não contiverem estas os parâmetros mínimos de respeito a seus direitos e garantias.

Antes de passarmos às respostas dos quesitos propostos, gostaríamos de fazer breve síntese do que foi dito.

### *21. Síntese final*

*1.* A análise das questões propostas, tal seja a implantação de infra-estrutura para as telecomunicações, deve passar, necessária e rigorosamente, pelo exame das competências constitucionais, pois o Brasil é uma Federação e, ademais disso, atípica, porque o Município é seu ente integrante.

*2.* A competência municipal há que ser preservada da forma como lhe foi atribuída constitucionalmente, *pois não há hierarquia entre as pessoas políticas*, mas, sim, competências demarcadas e interesses mais, ou menos, preponderantes dado seu âmbito de abrangência.

23. Sálvio de Figueiredo, "A Arbitragem no Sistema Jurídico Brasileiro", in *Revista dos Tribunais* 735/47, Rio de Janeiro, 1997.

*3.* A única pessoa competente para legislar sobre *telecomunicações* é a União, mas, nem por isso, poderá a Agência Reguladora — como, aliás, a própria Lei reconhece (*art. 74 da Lei 9.472/1997*) — passar por cima das competências municipais e, sobretudo, da competência veiculada no art. 182 da Constituição (ordenação do solo territorial do Município).

*4.* Há diferença entre os serviços concedidos com o caráter de *universalidade*, no *regime de direito público*, dos que não têm tal característica, submetendo-se ao regime de direito privado (claro que a preponderância de regime pode ser de direito privado, *mas não é possível esquecer ter o serviço de telecomunicações assento constitucional, portanto, sempre haverá princípios constitucionais a serem obedecidos*).

*5.* Desapropriações e instituições de servidões de passagem, em obediência ao art. 100 da Lei de Telecomunicações como, também, na própria Lei de Desapropriações (Lei 3.365 e suas alterações posteriores), pode haver para os serviços concedidos em regime de direito público, ou, eventualmente, no regime de direito privado, uma vez que o serviço também pode ser essencial à comunidade.

*6.* Quando a infra-estrutura for implantada na superfície, maiores exigências serão feitas pelos Municípios em decorrência de sua legislação específica municipal (licença para edificações e instalações, licenças ambientais para defesa do meio ambiente etc.).

*6.1* Deixe-se claro que o Município não pode inviabilizar a concessão, portanto, a própria prestação do serviço. Suas decisões, quando houver necessidade de alterações de traçados etc., *devem ser motivadas e sempre obediente aos princípios da igualdade, razoabilidade e proporcionalidade*, possibilitando amplamente a defesa do concessionário (*devido processo legal*).

A cobrança será feita por *preços*, a fim de remunerar a servidão de passagem ou a permissão de uso da superfície que pode ser remunerada, mas não por taxas.

As taxas serão devidas, conforme já acentuamos, *somente em função do poder fiscalizatório* (licença de edificação e instalação das infra-estruturas e licenças ambientais, quando for o caso, sem que haja empeço constitucional por força do art. 155, 3º da Constituição, conforme tratamos detalhadamente, embora a jurisprudência, por vezes, venha entendendo existente tal impedimento).

*6.2* Todavia, as taxas de licença, decorrentes da competência fiscalizatória do Município, dependem de lei e devem estrita subsunção à Constituição e ao Código Tributário Nacional, no que for norma geral, e às leis municipais.

*7.* Os Municípios não podem se opor à instalação da infra-estrutura, mesmo diante de serviços executados em regime de direito privado, porém devem examinar se a implantação pretendida está adequada ou não à ordenação de seu território, se respeita edifícios tombados, a higidez ambiental etc. etc.

Por outro lado, o preço cobrado deverá remunerar *os ônus suportados pelo Município e não se constituir em fonte de arrecadação e lucro, sem quaisquer peias ou amarras*.

*8.* O DNER tem competência para instituir cobrança pela utilização das faixas de domínio, se federais, porque tais faixas estão sob sua administração e exploração. Tal possibilidade dependerá do contrato de concessão surgido da licitação precedente e de legislação permissiva.

Todavia, não poderá determinar qualquer preço, uma vez que haverá interferência direta na tarifa cobrada ao usuário.

*8.1* As áreas contíguas às estradas, que se destinam à segurança dos usuários, quando suportarem a infra-estrutura, poderão ter remuneração, desde que compatível. Tal remuneração será por meio de um preço fixado e não de taxa, por ausência de previsão constitucional para tal fim.

*Resposta aos quesitos*

*I — Rodovias*

*1.* Sem dúvida alguma pode ser constituída servidão de passagem, conforme amplamente demonstrado no corpo deste parecer (itens 13.2, 13.3 e 15).

Além de haver previsão na Lei de Desapropriações (Lei 3.365/1941 e alterações posteriores), também está expressamente prevista no art. 100 da Lei 9.472/1997. Deverá ser feito um acordo, se possível for, ou, então, ser constituída judicialmente.

Principalmente, em serviços em regime de direito público, somente se justifica o pagamento de quantia razoável, proporcional, e em correlação direta com o gravame efetuado.

Mesmo em serviços, cujo regime seja de direito privado, não será possível a cobrança de qualquer preço, pois se constituiria em abuso do poder econômico por dificultar a livre concorrência, propósito inequívoco das privatizações efetuadas.

*2.* A Portaria expedida pelo DNER é um ato administrativo, portanto *sub legem*. Estriba-se tal Portaria genericamente no art. 68 do Código Civil brasileiro, que se remete ao Decreto-lei 9.760/1946 (que disciplina a locação, a cessão e aforamento das terras públicas) e ao Decreto-lei 512/1969, art. 4º, VI, que trata da exploração e arrendamento de bens patrimoniais do acervo do DNER.

Portanto, a cobrança, sobretudo dos serviços executados em regime privado aparenta legalidade.

*3.* Os preços teriam de ser justos, razoáveis e proporcionais. Se forem fixados unilateralmente, à míngua de existirem preços pré-definidos, e, ainda mais, elaborados seguindo-se o parâmetro dos preços cobrados no Canadá, é possível que não se revelem dentro dos critérios preconizados de razoabilidade e proporcionalidade.

Nesses casos, somente uma impugnação judicial poderia resolver a pendência.

*4.* Relativamente ao ente competente para proceder a arrecadação dos aludidos valores, afigurasse-nos deva ser o que é competente para cobrar, DNER ou DER. Quanto às rodovias sob concessão já manifestamos nossa estranheza no item 17, porque, como afirmamos, o serviço foi privatizado, mas o bem continua público.

*5.* Esta resposta já foi dada nos itens 15 e 16, quando nos referimos à exploração das faixas de domínio.

*6.* Consoante à Constituição de 1988 pertence à União *os recursos minerais do subsolo* (art. 20, IX), portanto, não todo e qualquer subsolo é de propriedade da União.

De toda sorte, tratando-se do DNER, pela legislação citada no item 16, verifica-se que a exploração das faixas de domínio foi-lhe atribuída por Lei.

*7.* As receitas alternativas, permitidas por lei e pelo instrumento da concessão, não poderiam ser questionadas, mas, sim, os "*altíssimos valores*", como constante do quesito proposto, já exposto ao nos referirmos à razoabilidade e proporcionalidade no item 19.4.

Não se tratará de subsídio, mas, sim, da possibilidade ou não de recebimento de receitas alternativas.

*II — Empresas de energia elétrica*

*1.* A natureza jurídica do contrato de compartilhamento de postes para instalação de cabos e fibras ópticas entre empresas prestadoras de serviços de telecomunicações e empresas de energia elétrica é *DE DIREITO PRIVADO*, todavia sofrendo influxo de normas de direito público, como demonstrado no tópico 19 deste Parecer.

*2. Relativamente às decisões decorrentes de arbitragem*, a elas nos referimos no tópico 20 e afirmando que, em certas circunstâncias, não poderiam ser definitivas, posto que a Lei de Arbitragem, Lei 9.307, de 23.9.1996 (lei processual) não pode ser derrogada por uma Resolução.

*3.* Quanto à reciprocidade, se essa é inexistente por motivos fáticos, nada há a reclamar.

Entretanto, se, por esse motivo, as Agências Reguladoras dos setores de energia elétrica e petróleo ficarem *suspeitas* (juridicamente falando), poderiam ser impugnadas, nos termos do art. 14 da Lei 9.307/1996.

Na verdade, como já respondemos, ao dissertarmos, ao longo deste parecer, sobre a arbitragem uma coisa é ter de se submeter à arbitragem porque a Lei isso dispõe — e, diga-se de passagem — não tão claramente; outra coisa, sem dúvida é ter de se submeter a qualquer tipo de arbitragem, criada unilateralmente pelas agências e, em certos casos, atropelando direitos subjetivos das partes.

*4.* Relativamente às servidões de passagem já nos pronunciamos largamente, no tocante aos Municípios e às Rodovias.

*5.* A resposta é exatamente a mesma dada com relação às rodovias (resposta de n. 7).

### *III — Outros setores*

*1.* Sim, os mesmos questionamentos se apresentam válidos e as respostas seriam mais ou menos iguais, dependendo, certamente, da existência de alguma peculiaridade.

São Paulo, 22 de fevereiro de 2001.

# SERVIDOR PÚBLICO — GRATIFICAÇÃO DE DESEMPENHO — NECESSIDADE DE QUE SEJA REGULADA EM LEI DE MODO COMPLETO

CELSO ANTÔNIO BANDEIRA DE MELLO

Professor Titular da Faculdade de Direito da Pontifícia Universidade Católica de São Paulo — PUC/SP

Sindicato de Servidores Públicos formula-nos a seguinte

## *Consulta*

"Gratificação por desempenho individual do servidor, prevista para certas carreiras, necessita estar exaustivamente regulada em lei, de maneira que os critérios de apuração sejam de aplicação automática, de objetividade total, excludente de qualquer margem de discrição?"

À indagação respondo nos termos que seguem.

## *Parecer*

*1.* De acordo com o art. 37, X, da Constituição Brasileira:

> X — a remuneração dos servidores públicos e o subsídio de que trata o § 4º do art. 39 somente poderão ser fixados ou alterados por lei específica, observada a iniciativa privativa em cada caso, assegurada revisão geral anual, sempre na mesma data e sem distinção de índices;

Ressalte-se que a expressão constitucional "remuneração", como bem acentua Cármen Lúcia Antunes Rocha, quer abranger a totalidade dos valores percebidos pelo servidor em razão do exercício do cargo, emprego ou função. São suas palavras:

"A Constituição aplica seguidamente o termo remuneração, sempre ligando o seu significado à contraprestação pecuniária pelo desempenho do cargo, função ou emprego público, de qualquer natureza e com quaisquer características com que conte.

"A remuneração engloba todos os valores que compõem o *quantum* a ser recebido pelo agente público como retribuição legal devida pelo seu desempenho. Assim, todas as parcelas denominadas 'acréscimos pecuniários', pagos a título de vantagens ou como indenização ou como adjutório ao agente público inserem-se na definição normativa de remuneração, pois elas compõem-na e estabelecem o seu valor" (*Princípios Constitucionais dos Servidores Públicos*, Saraiva, 1999, p. 305).

*2.* Uma vez, pois, que a fixação ou alteração da remuneração dos servidores é matéria pertinente à lei — e, demais disto, lei específica — resulta claro e da mais hialina clareza que, por decisão constitucional, a Administração não tem, nem pode ter, *po-*

*der decisório algum* no atinente à atribuição do valor retributivo dos servidores públicos *e, pois, da composição do montante que individualmente assistirá à cada qual em função de seu desempenho individual.* Segue-se que é interdito à lei transferir ao Poder Executivo atribuições desta natureza, pois, se assim o fizesse, à toda evidência haveria frontal burla ao mandamento inscrito no precitado artigo da Constituição.

É dizer: se o faz, incorre em *delegação legislativa*, fora do procedimento previsto no art. 68 da Lei Magna, segundo cujo teor a elaboração de leis delegadas pelo Presidente da República, depende de solicitação ao Congresso Nacional. Este, em face do demandado, se assim lhe parecer bem e desde que não estejam em pauta as matérias arroladas como excluídas de tal possibilidade, a atenderá, mediante Resolução, especificando o conteúdo e termos de seu exercício.

Fora daí, não há como o Executivo, por via de regulamento ou ato subalterno, interferir em questões da alçada de lei. Ressalte-se que, mesmo se inexistisse o supracitado art. 37, X, faleceria à Administração regular dita matéria, porquanto, no Direito brasileiro, a função regulamentar tem alcance bastante restrito dada a extensão do princípio da legalidade tal como configurado entre nós, em decorrência notadamente dos arts. 5º, II, 37, *caput*, e 84, IV.

*3.* Com efeito, lei e regulamento (*e "a fortiori" atos de hierarquia ainda menor que este último*) não diferem tão-só porque uma provém do Legislativo e outro do Executivo ou pela supremacia da lei sobre o regulamento. Esta última característica faz com que o regulamento não possa contrariar a lei e firma seu caráter subordinado em relação a ela, mas não basta para esgotar a disseptação entre ambos no Direito brasileiro.

Há outro ponto diferencial e que possui *relevo* máximo, a saber: só a lei *inova* em caráter inicial na ordem jurídica, conforme irreprochável averbação do Professor Oswaldo Aranha Bandeira de Mello. Diz o citado publicista que a distinção entre eles, no que concerne à matéria disponível: "está em que a lei inova originariamente na ordem jurídica, enquanto o regulamento não a altera (...). É fonte primária do Direito, ao passo que o regulamento é fonte secundária, inferior" (*Princípios Gerais de Direito Administrativo*, v. I, 2ª ed., Forense, 1979, p. 316).

Segue-se que, como disse Pontes de Miranda, com a maestria habitual: "Onde se estabelecem, alteram ou extinguem direitos, não há regulamentos — há abuso do poder regulamentar, invasão de competência legislativa. O regulamento não é mais do que auxiliar das leis, auxiliar que sói pretender, não raro, o lugar delas, mas sem que possa, com tal desenvoltura, justificar-se e lograr que o elevem à categoria de lei" (*Comentários à Constituição de 1967, com a Emenda n. 1 de 1969*, t. III, 2ª ed., Ed. RT, 1970, p. 314. Tais anotações foram feitas ao tempo da Carta de 1969, mas perante textos equivalentes aos vigentes).

E, logo além: "Se o regulamento cria direitos ou obrigações novas, estranhos à lei, ou faz reviver direitos, deveres, pretensões, obrigações, ações ou exceções, que a lei apagou, é inconstitucional. Por exemplo: se faz exemplificativo o que é taxativo, ou vice-versa. Tampouco pode ele limitar, ou ampliar direitos, deveres, pretensões, obrigações ou exceções à proibição, salvo se estão implícitas. Nem ordenar o que a lei não ordena (...). Nenhum princípio novo, ou diferente, de direito material se lhe pode introduzir. Em conseqüência disso, *não fixa nem diminui, nem eleva vencimentos*, nem institui penas, emolumentos, taxas ou isenções" (ob. e t. cits., pp. 316-317 — os destaques são nossos).

*4.* Em suma: tirante a hipótese das leis delegadas, cuja eventualidade está prevista no mencionado art. 68, à própria lei é inequivocamente vedado propiciar que o Executivo edite regras pertinentes ao campo legal. Se, pela forma de regular determinada matéria houver transferido a ele atribuições desta natureza, terá, inconstitucionalmente, efetuado uma "delegação disfarçada".

Infelizmente, este mau vezo tem ocorrido entre nós. Ainda ao tempo da Carta de 1969, o nunca assaz citado Pontes de Miranda o verberava de modo candente, dizendo: "Se o Poder Legislativo deixa ao Poder Executivo fazer lei, delega; o poder regulamentar é o que se exerce sem criação de regras jurídicas que alterem as existentes e sem alteração da própria lei regulamentada. Fora daí, espíritos contaminados pelo totalitarismo de fonte italiano-alemã pretenderam fazer legítimas, de novo, as delegações legislativas que a Constituição de 1946, no art. 36, § 2º, explicitamente proibiu. Na Constituição de 1967, o art. 6º, parágrafo único, primeira parte, também as veda, mas admite a lei delegada (arts. 52 e parágrafo único, 53 e 54). Nem o Poder Executivo pode alterar regras jurídicas constantes de lei, a pretexto de editar decretos para a sua fiel execução, ou regulamentos concernentes a elas, nem tal atribuição pode provir de permissão ou imposição legal de alterar regras legais, ou estendê-las, ou limitá-las" (ob. cit., pp. 312-313).

*5.* Considera-se que há delegação disfarçada toda vez que a lei remete ao Executivo a criação das regras que configuram o direito ou que geram a obrigação, o dever ou a restrição à liberdade. Isto sucede quando fica deferido ao regulamento ou ato inferior a ele definir por si mesmo condições ou requisitos necessários ao nascimento ou à compostura própria do direito material da obrigação, dever ou restrição. É o que sucede quando se faculta ao regulamento inovar inicialmente na ordem jurídica. E inovar quer dizer introduzir algo cuja preexistência não se pode conclusivamente deduzir da lei regulamentada.

Relembre-se que o disposto no art. 25 do Ato das Disposições Constitucionais Transitórias da Constituição, de um lado, representa o reconhecimento de que vinham ocorrendo tais delegações, mas, de outro, expressa a determinação de bani-las, ao estatuir que: "Ficam revogados, a partir de 180 dias da promulgação da Constituição, sujeito este prazo a prorrogação por lei, todos os dispositivos legais que atribuam ou deleguem a órgão do Poder Executivo competência assinalada pela Constituição ao Congresso Nacional, especialmente no que tange a: I — ação normativa; II — alocação ou transferência de recursos de qualquer espécie".

Ostensiva ou disfarçada, genérica ou mais restrita, assentada no todo da lei ou no incidente particular de algum preceptivo dela, a delegação do poder de legislar conferida ao regulamento é sempre nula, pelo quê ao Judiciário assiste — como guardião do Direito — fulminar a norma que delegou e a norma produzida por delegação.

*6.* No que atina ao específico tema *sub examine*, isto é, ao da fixação ou alteração da remuneração de servidores, *é facílimo verificar quando houve ou não delegação inconstitucional e conseqüente ofensa ao princípio da legalidade*. Deveras, se a teor do referido art. 37, X, é a lei que cabe tal fixação, ela mesma terá de indicar o *quantum* retributivo dos servidores a que se refere, mediante indicação explícita do valor — que é o procedimento comum — ou mediante indicação de critérios indisputavelmente objetivos, *vinculados*, portanto, cuja aplicação *automaticamente* (isto é, isenta de qualquer espaço de subjetivismo, para o aplicador) fornecerá, *ipso facto*, os valores em questão.

Se tal não se der, ou seja, se a apuração dos valores tiver que resultar de normas estabelecidas segundo critérios da própria Administração ou se depender da interferência de apreciações que comportem qualquer esfera de subjetivismo, ou seja, de discricionariedade (por pequena que seja) estará incontendivelmente evidenciado que a remuneração *não foi fixada pela lei*. É dizer: terá havido delegação disfarçada, pois, ainda que parcialmente, a lei terá se demitido de cumprir o estatuído na Constituição, transferindo, à Administração, ainda que não de modo integral, o encargo de fixar remuneração de servidores, posto que haverá entregue a ela certa discricionariedade para estabelecê-la segundo critérios que componha para avaliar o desempenho individual do servidor, maiormente se, demais disso, ainda restar, por força de tais critérios, espaço para subjetiva apreciação *in concreto* de tal desempenho.

*7.* A inviabilidade jurídica de que fique atribuída à Administração discricionariedade em tal matéria também se revela por outro relevantíssimo aspecto.

As Constituições brasileiras têm atribuído crescente atenção à disciplina jurídica dos servidores públicos. Conquanto em um primeiro súbito de vista muitas vezes escape o motivo mais profundo de tal empenho, o certo é que sempre houve razões de grande tomo a justificar tão demoradas atenções e, como em seguida se dirá, não são apenas ditadas pelo esforço de contenção de despesas com pessoal.

Veja-se.

É sabido que as Constituições, no interesse dos cidadãos em geral (e não dos senadores ou deputados em si mesmos considerados), têm estabelecido as chamadas "imunidades parlamentares", a fim de colocar o livre exercício dos mandatos populares a salvo de pressões ilegítimas que os coloquem em risco. Igualmente, no interesse dos cidadãos (e não da individualidade das pessoas dos juízes), têm sido assegurados os chamados "predicamentos da magistratura", para garantir que os jurisdicionados sejam julgados por quem disponha de condições adequadas de isenção e independência.

Assim também, na esfera do Executivo e da Administração Pública em geral, para garantia dos administrados, cumpria estabelecer um regime volvido a impedir ou dificultar que *o corpo técnico administrativo do Estado*, pudesse ser manipulável como simples instrumento das conveniências pessoais ou político sectárias dos governantes de turno. Ante os imensos poderes *in concreto* detidos pelo Executivo, é fácil perceber que o aparelho administrativo do Estado pode se revelar uma formidável potência para afetar benéfica ou destrutivamente a vida de cidadãos e de empresas, conforme se trate de amigos e correligionários ou inimigos e adversários, se os vínculos de trabalho ou a retribuição dos profissionais ocupantes dos cargos públicos ficarem à mercê dos agentes políticos ou governantes.

*8.* Eis, pois, que as garantias dos servidores administrativos não são "privilégios" outorgados para desfrute pessoal de uma categoria de trabalhadores, mas são simplesmente *o correlato, na esfera do Executivo, das imunidades parlamentares e dos predicamentos da magistratura*, existentes respectivamente no Legislativo e no Judiciário. São, afinal, o meio indispensável para garantir, em favor dos cidadãos, o princípio da "impessoalidade" da Administração previsto no art. 37 da Constituição Federal.

Foi isto mesmo que já há muitos anos deixamos averbado, nos seguintes termos:

"(...) cumpre que este Estado, que este aparelho gigantesco, que esta máquina onipresente seja imparcial, seja neutra, caso contrário soçobrarão os objetivos do Estado de Direito. Ora, bem, para que esta máquina seja imparcial, seja neutra, é preciso que os agentes que a operam disponham de certas condições mínimas para cumprir as funções que lhes cabem dentro de um espírito de isenção, de neutralidade, de lealdade para com terceiros, de isonomia no trato com os administrados.

"Como seria isto possível se os agentes do aparelho estatal e basicamente do Poder Executivo não dispusessem de um estatuto jurídico, de um regime jurídico, que os garantisse, que lhes desse o mínimo de independência perante os ocasionais detentores do poder? Se esta máquina é hoje toda poderosa e não existirem mecanismos propícios a uma atuação imparcial de seus operadores é claro que, através deles, ela poderá conduzir os destinos da sociedade a seu bel-prazer. E poderá assegurar a continuidade dos ocasionais governantes, isto é, de seus mais altos propulsores, os quais, pelo princípio republicano, devem ser transitórios. Poderá assegurar a perpetuação dos que se hajam encastelado na cúpula do Executivo, ainda que através, simplesmente, de sucessores adrede preparados para tanto e que cumpram um interregno assecuratório da persistência do mesmo grupo — quase que como numa ciranda dos mesmos beneficiários do poder. Só mesmo uma máquina preparada para ser isenta, imparcial, leal, e que trate isonomicamente os indivíduos pode garantir a realização dos objetivos do Estado de Direito, prevenindo e impedindo o uso desatado do poder em prol de facções que, mediante favoritismos e perseguições, se eternizariam no comando da sociedade.

"Assim, segundo me parece as disposições constitucionais atinentes aos servidores públicos cumprem, acima de tudo, uma função correspondente à dos predicamentos da magistratura e das imunidades parlamentares.

"(...).

"Este mesmo objetivo, induvidosamente reconhecido como tal no que concerne ao Legislativo e Judiciário, é igualmente buscado pelo texto constitucional ao tratar dos servidores públicos. Apenas a forma protetora não é coincidente com aquela adotada no que atina aos deputados, senadores e no que respeita aos magistrados. Sem embargo, traduz igualmente um mecanismo que se propõe a assegurar, quando menos, dois objetivos: igualdade de todos os cidadãos no acesso aos cargos públicos administrativos e proteção a um comportamento isento, neutro, imparcial, dos que neles sejam providos" (in "Estudos de Direito Público", *Revista da Associação dos Advogados do Município de São Paulo* 8/83 e 84, jul.-dez. 1985 e jan.-jun. 1986).

*9.* Não é o caso de dissertar sobre o conjunto de disposições que revelam o nítido intento constitucional de engendrar dificuldades a que os servidores públicos possam ser convertidos em dóceis instrumentos a serviço de propósitos alheios aos da função pública, isto é, que comprometeriam a isenção administrativa e a qualidade técnica necessários à correção e eficiência da máquina estatal. Relembrem-se, apenas, que os institutos da estabilidade e da disponibilidade remunerada, são exemplos desta proteção qualificada e que ainda hoje restaram como formas de proteção à moralidade e à eficiência administrativa, em despeito das Emendas 19 e 20 da Constituição (ambas empenhadas em destroçar o arcabouço defensor dos servidores públicos contra desmandos dos agentes políticos).

*10.* Ora bem, dentre todos os meios antepostos aos riscos mencionados, *por certo um dos mais importantes* é aquele que previne a possibilidade da remuneração do servidor ser decidida por critérios *subjetivos* de seus superiores. É de solar evidência que tal possibilidade os colocaria inteiramente nas mãos dos hierarcas, já que destes dependeria a mantença, a elevação ou a redução do nível de vida de seus subalternos.

É desnecessário encarecer que, se tal se desse, a partir dos escalões máximos (onde se situam os agentes políticos) e na sucessão descendente poderiam vir (e viriam) decisões privilegiadoras dos mais obsequiosos aos intentos pessoais dos governantes de momento, assim como decisões gravosas àqueles que renitissem em manter conduta isenta, técnica, obsequiosa a seus deveres funcionais.

*11.* Donde, o texto constitucional, para cortar cerce a possibilidade de tais malefícios (e não unicamente para prevenir desmandos nos gastos com pessoal, o que por certo também pretendeu com acendrado empenho), dispôs no referido art. 37, X, que a remuneração dos servidores seria fixada por lei e, ademais, lei específica.

Do mesmo modo, o art. 61, § 1º, ao tratar da iniciativa do Presidente da República para certas *leis*, em sua letra *a*, aclara, igualmente, que o aumento da remuneração de cargos ou empregos públicos na administração direta e autárquica se faz por via de lei. Assim também os arts. 51, IV e 52, XIII, estabelecem competir, respectivamente, à Câmara e ao Senado a iniciativa das *leis* que fixem a remuneração dos cargos, empregos ou funções de seus serviços auxiliares.

Entregando à lei — e lei específica — a determinação do *quantum* retributivo de cargos e empregos, graças à generalidade desta, ficou assegurada pela Constituição *a impessoalidade remuneratória*, e, pois, impossibilitada a discriminação persecutória ou benemerente em favor de tal ou qual indivíduo.

Isto é: garantiu-se deste modo, de antemão, que o correspectivo do trabalho de todos e de cada qual ficaria decidido de modo *objetivo*, excluindo-se, liminarmente tanto a possibilidade dos administradores de qualquer escalão interferirem na decisão sobre o montante desta retribuição, quanto a de concorrerem para discriminar entre o servidor "a" ou "b".

*12.* Fixação impessoal, genérica, objetiva e não discriminatória entre os servidores *é óbvio que não significa necessariamente retribuição por montante fixo*, insuscetível de acréscimos em função de fatores objetivos.

Sem embargo, certamente significa, para além de qualquer dúvida ou entredúvida, que os critérios determinantes destas variações, *sobre necessitarem estar previstos em lei, excluída qualquer interferência da Administração na composição deles, inelutavelmente* ***terão de ensejar uma apuração obstativa de qualquer subjetivismo***, mínimo que seja, por parte de quem os aplique. Vale dizer: não são toleráveis critérios propiciatórios de que o subjetivismo do administrador, interdito por uma porta, ingressasse por outra, porquanto isto seria o mesmo que nulificar o alcance fundamental do princípio a que se aludiu.

Com efeito, de nada valeria a imposição constitucional de uma fórmula avalizadora da impessoalidade, da objetividade, garantindo isenção retributiva de cada qual, se, por via oblíqua, transversa, viesse a ser instaurado um processo capaz de colocar parte da remuneração dos servidores à mercê da boa ou má-vontade de seus superiores, ensejando, por tal meio (de força persuasiva quase que irresistível), sua docilidade aos intentos pessoais, particulares ou partidários e sectários das instâncias detentoras ocasionais do Poder. Trata-se de algo curial, perceptível *prima facie*.

Eis, pois, que os incrementos retributivos à conta de gratificações outorgáveis por desempenho funcional satisfatório de cada qual só se compatibilizam com o texto constitucional quando a forma de apurar e atribuir estes acréscimos já esteja *exaustivamente regulada na lei* a que se filiam, de maneira que a determinação do *quantum* irrogável a cada um resulte de um *procedimento de objetividade completa no qual inexista espaço algum para ingresso de apreciação subjetiva.*

Em uma palavra: *não pode haver esfera alguma de discricionariedade na apuração do valor (integral ou parcial) da remuneração legal que assiste ao servidor como correspectivo do desempenho de dado cargo, emprego ou função.*

*13.* Ao lume destas bases teóricas, à indagação da Consulta não há senão responder:

Gratificação por desempenho individual do servidor, prevista para certas carreiras, necessita estar exaustivamente regulada em lei, de maneira que os critérios de apuração estejam nela integralmente preestabelecidos e sejam de aplicação automática, de objetividade total, excludente de qualquer margem de discrição.

É o meu parecer.

São Paulo, 17 de outubro de 2000.

# REFLEXOS DA LEI DE RESPONSABILIDADE FISCAL NA LICITAÇÃO PÚBLICA E NO CONTRATO ADMINISTRATIVO

JOEL DE MENEZES NIEBUHR

Mestre em Direito pela UFSC. Doutorando em Direito pela PUC/SP.
Professor Substituto de Direito Constitucional na UFSC, do Curso de Administração de Cidades da FEAN/SC. Professor Convidado dos Cursos de Pós-Graduação em Direito Administrativo da UNISUL/SC e do IBEPEX/PR e da Escola Superior de Advocacia da OAB/SC. Advogado.

## *1. Nota introdutória*

*1.* A Lei de Responsabilidade Fiscal (Lei Complementar 101/2000) passou a ser o tema privilegiado do direito financeiro, tratando de como a Administração deve gerenciar os seus recursos. Essa legislação não nasceu espontaneamente, mas, sobretudo, como reação a uma cultura política absolutamente irresponsável, em que agentes administrativos, especialmente mandatários políticos, fazem o que bem ou mal entendem com o já surrado Erário Público.

A responsabilidade fiscal, alçada às primeiras páginas dos jornais com a publicação da referida Lei Complementar, preocupa-se em inverter esse processo de dilapidação dos recursos públicos, educando os agentes administrativos, para o que se vale de forte aparato coercitivo, repleto de sanções políticas, administrativas e, inclusive, da própria privação da liberdade.

*A priori*, todo agente administrativo, mesmo que não houvesse lei alguma, deveria tratar com responsabilidade dos recursos públicos. Todavia, a vexatória experiência institucional brasileira sempre foi calcada na desídia financeira, principalmente no que tange aos períodos de transição entre mandatos políticos.

*2.* Já que o objetivo da Lei de Responsabilidade Fiscal é controlar a gestão dos recursos públicos, segue-se que os contratos firmados pela Administração constituem pontos nucleares de discussão. As medidas que visam a regrar os gastos públicos repercutem, quer direta, quer indiretamente, na gestão contratual da Administração Pública.

Como se sabe, a Administração Pública, longe de ser auto-suficiente, necessita, cada vez mais, dos préstimos de terceiros para a perfeita consecução do interesse público. A rigor, há grande número de serviços, obras e compras a serem realizadas através da contratação de terceiros, estranhos à

Administração Pública, o que redunda em despesas vultosas, comprometendo grande parte do orçamento dos poderes públicos.

*Rectius*: para controlar despesas, aprumando-as ao orçamento, deve-se inarredavelmente controlar os contratos administrativos.

*3.* Nessa perspectiva, cumpre acentuar que, por imperativo defluente do princípio da isonomia, hospedado no *caput* do art. 5º da Constituição Federal e, especialmente, do inciso XXI do art. 37 da mesma Carta Magna, a Administração Pública, antes de celebrar contratos, deve realizar licitação.

A licitação é procedimento administrativo em que a Administração leva ao conhecimento do público a sua intenção de celebrar futuro contrato, conferindo as mesmas oportunidades a todos os interessados em oferecer-lhe propostas, que são cotejadas com amparo em critérios definidos de antemão no denominado *instrumento convocatório*.

A licitação quer assegurar a eqüidade nas relações da Administração com terceiros, impedindo que sejam concedidos favores e privilégios contratuais incompatíveis com a moralidade administrativa e, sobretudo, com o princípio da isonomia. A prescrição de rito procedimental a ser seguido à risca pelos agentes administrativos, tolhendo-lhes, na maior medida possível, qualquer ato de liberalidade, quer preservar incólume o interesse público.

Por efeito disso, é evidente que a licitação serve para escolher uma proposta, com base na qual se celebrará contrato administrativo. Portanto, em virtude do princípio da eficiência, essa proposta deve ser a mais vantajosa para a Administração, o que implica conjunção do menor preço com a melhor técnica.

Destarte, a licitação é realizada porque há de se fazer valer o princípio da eqüidade, da moralidade e, em especial, da isonomia; tudo isso, sem se afastar do objetivo de firmar o contrato mais vantajoso para o interesse público.

*4.* Muitas críticas são feitas ao instituto da licitação pública a pretexto do débil argumento de que as formalidades a ela inerentes provocam prejuízos à Administração Pública. Costuma-se dizer que o procedimento previsto em lei amarra o agente administrativo, sem lhe conferir instrumentos para efetivamente alcançar proposta conveniente, enfatizando-se, nesse contexto, a ausência de possibilidades negociais.

Tal raciocínio resulta de concepção verticalmente canhestra do regime jurídico administrativo e, especificamente, da licitação pública. Conforme difundido escólio de Adilson Abreu Dallari, "não se pode confundir a licitação com a patologia da licitação. Não se pode confundir a licitação com o mau uso que dela se tem feito".[1]

Formalidade não é sinônimo de ineficiência. Aliás, para os traços peculiares do regime jurídico administrativo, formalidade é consectário imediato do princípio da indisponibilidade do interesse público. Quer-se dizer que o interesse público não pertence a ninguém em particular, mas à coletividade, reclamando, em decorrência disso, um agir equânime e isento, que afaste a possibilidade de beneplácito a interesses de cunho pessoal.

Na verdade, a negociata é que acarreta contratos desvantajosos, não as formalidades. O único papel das formalidades é impedir as negociatas e, por via de conseqüência, propiciar ao interesse público o contrato mais vantajoso.

Não se está afirmando que os contratos administrativos sempre são ótimos e perfeitos, porém que a culpa por eventuais anomalias e prejuízos não pode ser atribuída exclusivamente à formalidade própria ao instituto da licitação pública. Muitos contratos administrativos são concretamente desvantajosos para o interesse público, quando não catastróficos. Entretanto, em não raras vezes, a culpa reside justamente na falta

1. Adilson Abreu Dallari, *Aspectos Jurídicos da Licitação*, 4ª ed., p. 13.

de formalidade, que dá azo à negociata em detrimento do interesse público.

Nem, tampouco, se está dizendo que todas as formalidades previstas na legislação sobre licitação pública e contrato administrativo são necessárias ou oportunas. Muitas delas, realmente, servem apenas para complicar e tumultuar o procedimento. O que não se pode admitir, insista-se, é o discurso segundo o qual as formalidades, apanhando-as todas de cambulhada, são as únicas culpadas por eventuais péssimos contratos celebrados pela Administração Pública.

*5.* Entre outros fatores que contribuem decisivamente para a ineficiência da gestão contratual administrativa, recebem largo destaque os usuais atrasos de pagamentos aos contratados. Acontece que a Administração realiza o pagamento só depois de entregues as respectivas faturas. Todavia, muitos administradores, em vez de pagá-las no prazo legal, costumam demorar meses ou anos para saldarem os seus débitos, alegando falta de recursos. Neste lapso temporal, os contratados amargam prejuízos de monta, quando não são levados à própria bancarrota.

Já é quase regra a Administração Pública não pagar ou pagar com atraso. Diante disso, aqueles que poderiam oferecer-lhe boas propostas, vislumbrando a inadimplência, optam por não concorrer ao certame ou, agindo em sentido contrário, formulam proposta de preço que contenha compensações por eventuais prejuízos, isto é, proposta de preço que ultrapassa muito o praticado no mercado. Essa conduta já foi incorporada na prática administrativa, provocando consideráveis perdas para os cofres públicos.

É de lapidar evidência que a Administração paga mais caro porque ela paga em atraso. Então, para inverter esse processo, urge que ela tome ciência de que é ela mesma a principal culpada por esse estado de coisas.

*6.* A Lei de Responsabilidade Fiscal traz novas formalidades que afetam o regime da licitação pública e do contrato administrativo, cujo objetivo é pôr o devido cobro na senil prática de contratar préstimos alheios sem que a Administração tenha saldo suficiente para pagá-los.

Como se ponderou acima, a Lei da Responsabilidade Fiscal pretende implementar mudança no agir da Administração, controlando todo o aparato financeiro e conformando os gastos públicos à efetiva disponibilidade de recursos. Por dedução, a intenção é fazer com que só haja licitação e contrato se a Administração puder honrar os compromissos assumidos.

A Administração Pública sofre por razão de estridente falta de credibilidade, tudo em vista de *práxis* irresponsável, ainda ao sabor de ingerências políticas estranhas ao interesse público. É essencial, para toda atividade administrativa, em especial no tocante à licitação pública e ao contrato administrativo, que o Poder Público recupere sua credibilidade. Sem a confiança de terceiros, será muito difícil a Administração passar a celebrar contratos efetivamente vantajosos, com preços compatíveis com o mercado.

Essa é a grande missão da Lei de Responsabilidade Fiscal para com a licitação pública e o contrato administrativo. Aqueles que contratam com a Administração precisam encontrar nela razões de credibilidade e concretas expectativas de que o avençado será cumprido. Para tanto, a Lei 8.666/1993 já encerra alguns dispositivos de envergadura, que, se fossem corretamente aplicados, bastariam para resolver a questão. Em complemento, exalçam-se as normas da Lei de Responsabilidade Fiscal, que fincam preciosos elementos para controlar os rompantes dos agentes administrativos

É certo que o grande efeito produzido pela Lei de Responsabilidade Fiscal no regime da licitação pública e do contrato administrativo é sistêmico, tentando implantar novo paradigma para a administração financeira dos poderes públicos. Nessa perspectiva, com esse modesto ensaio, pretende-se apontar os dispositivos da citada Lei que interferem mais diretamente na licitação pública e no contrato administrativo.

## 2. *Obrigatoriedade de licitar e incidência da Lei de Responsabilidade Fiscal*

*7.* A questão que vem a lume redunda em determinar se todos aqueles que devem fazer licitação pública estão sujeitos às normas consignadas na Lei de Responsabilidade Fiscal. Há de se cotejar, portanto, o campo de incidência pessoal de cada um dos respectivos regimes jurídicos. Por ordem:

*8.* O *caput* do art. 37 da Constituição Federal, combinado com o seu inciso XXI, prescreve que as obras, serviços, compras e alienações da Administração Pública direta e indireta de qualquer dos Poderes da União, dos Estados, do Distrito Federal e dos Municípios devem ser contratados mediante processo de licitação pública.

De outro lado, como preceitua o parágrafo único do art. 1º da Lei 8.666/1993, "subordinam-se ao regime desta Lei, além dos órgãos da administração direta, os fundos especiais, as autarquias, as fundações públicas, as empresas públicas, sociedades de economia mista e demais entidades controladas direta ou indiretamente pela União, Estados, Distrito Federal e Municípios".

*9.* A Administração Pública direta e indireta necessita tratar com igualdade aqueles que supostamente têm interesse em celebrar futuro contrato com ela. Por isso, todos os órgãos ligados à Administração Pública devem licitar, inferindo-se que tal obrigatoriedade é em tudo abrangente. Como aduz Marçal Justen Filho, "a aplicação do regime de licitação e contratação administrativa não se vincula à 'estrutura jurídica', mas depende da gestão de recursos públicos".[2] Em outros termos, não importa que a natureza jurídica de determinadas pessoas seja de direito privado, porquanto, sempre que houver reminiscência de interesse público, ressalvados os casos especificados em lei, imperioso é realizar-se a licitação.

*10.* A incidência da Lei de Responsabilidade Fiscal, por sua vez, é fixada nos exatos termos dos §§ 2º e 3º do respectivo art. 1º. Da leitura de tais dispositivos, depreende-se que à Lei de Responsabilidade Fiscal estão sujeitos a União, os Estados, o Distrito Federal e os Municípios, compreendendo todos os poderes, o Tribunal de Contas, o Ministério Público, as correspondentes administrações diretas, fundos, autarquias, fundações e empresas estatais dependentes.

*11.* Saliente-se que, enquanto a legislação relativa à licitação alberga toda a administração direta e indireta, a Lei de Responsabilidade Fiscal atinge somente a administração direta, vinculando apenas algumas pessoas da administração indireta, quais sejam, fundos, autarquias, fundações e empresas estatais dependentes.

A conclusão é clara: a obrigatoriedade de licitação pública é mais abrangente do que a que diz respeito à incidência da legislação acerca da responsabilidade fiscal.[3]

*12.* Distinção fundamental entre, de um lado, o regime da licitação e do contrato administrativo e, de outro, a Lei de Responsabilidade Fiscal reside no conceito de entidades controladas pelo Poder Público, empresa controlada pelo Poder Público e empresa dependente.

*13.* Conforme o parágrafo único do art. 1º da Lei 8.666/1993, as entidades controladas direta ou indiretamente pelo Poder Público sujeitam-se às regras alusivas à licitação pública e ao contrato administrativo. Ocorre que a referida Lei não define o que são as entidades controladas direta ou indiretamente pelo Poder Público, deixando tal tarefa a cargo da doutrina.

A doutrina, por seu turno, conferiu conceito bem amplo ao termo. Como retratam

2. Marçal Justen Filho, *Comentários à Lei de Licitações e Contratos Administrativos*, 7ª ed., p. 29.

3. Conforme a argumentação defendida neste estudo, confira-se: Jorge Ulisses Jacoby Fernandes, *Responsabilidade Fiscal*, pp. 159-162. Em sentido contrário, ampliando a incidência da Lei de Responsabilidade Fiscal, confira-se: Régis Fernandes Oliveira, *Responsabilidade Fiscal*, p. 24.

Roberto Ribeiro Bazilli e Sandra Julien Miranda: "Não resta dúvida de que a melhor exegese do texto leva ao entendimento no sentido de que entidades controladas são todas aquelas que, apesar de não inclusas na Administração indireta, de um modo ou de outro, estão sob supervisão e/ou fiscalização do Poder Público; o Estado tem ascendência sobre elas, traço marcante para a identificação dessas entidades".[4]

Por isso, basta à entidade, mesmo que privada, sujeitar-se à supervisão ou fiscalização do Poder Público para estar obrigada a realizar licitação pública. Em decorrência de tal entendimento, por exemplo, as entidades do sistema "S", eminentemente de direito privado, devem, entre outras, realizar licitação.

*14.* Todavia, no campo da Lei de Responsabilidade Fiscal, a questão muda de figura, haja vista que o inciso I do seu art. 2º define como empresa controlada a "sociedade cuja maioria do capital social com direito a voto pertença, direta ou indiretamente, a ente da Federação"; em seguida, o inciso II do mesmo artigo avença que estatal dependente é a empresa "controlada que receba do ente controlador recursos financeiros para pagamento de despesas com pessoal ou de custeio geral ou de capital, excluídos, no último caso, aqueles provenientes de aumento de participação acionária".

Para a Lei de Responsabilidade, não basta que a entidade seja supervisionada ou fiscalizada pelo Poder Público. Afora isso, é necessário: (a) que seja uma empresa, não apenas entidade; (b) que algum ente da Federação possua, direta ou indiretamente, a maioria do capital social com direito a voto; (c) e que as empresas assim qualificadas não se mantenham por recursos próprios.

*15.* Constata-se que não se subordinam aos ditames da Lei de Responsabilidade Fiscal sequer as sociedades de economia mista ou as empresas controladas pelo Poder Público que se mantêm por recursos próprios. Embora responsabilidade fiscal se exija de todos os envolvidos com a gerência da coisa pública, a Lei de Responsabilidade Fiscal só afeta aquelas sociedades de economia mista e demais empresas controladas pelo poder público que dependem de recursos públicos para o pagamento de suas despesas.

As empresas controladas que andam por suas próprias pernas estão livres dos rigores da Lei de Responsabilidade Fiscal, conquanto ainda tenham que realizar licitação pública. Elas, destarte, devem continuar a proceder, no que tange à licitação pública e ao contrato administrativo, como sempre procederam, sem se preocupar com as novas formalidades trazidas pela Lei de Responsabilidade Fiscal.

### *3. Lei de diretrizes orçamentárias*

*16.* Uma das vigas mestras da Lei de Responsabilidade Fiscal é, de maneira bastante visível, o planejamento da ação do poder público. Só assim é possível controlar os excessos tradicionalmente cometidos pela grande maioria dos agentes administrativos, que sempre gastaram à revelia, sem se preocuparem com prioridades e com efetiva disponibilidade de caixa. Nesse sentido, são importantíssimas para o tema da responsabilidade fiscal a feitura e a observância do plano plurianual, lei de diretrizes orçamentárias e lei orçamentária anual.

Advirta-se que as disposições contidas no Projeto da Lei de Responsabilidade Fiscal para o plano plurianual foram vetadas pelo Presidente da República. Aplica-se, pois, a disciplina constitucional pertinente.

#### *3.1 Equilíbrio entre receita e despesa*

*17.* Relativamente à licitação e ao contrato administrativo, apropriado apontar a alínea "a" do inciso I do art. 4º, cujo enunciado estabelece que a lei de diretrizes orça-

4. Roberto Ribeiro Bazilli e Sandra Julien Miranda, *Licitação à Luz do Direito Positivo*, p. 37.

mentárias disporá sobre equilíbrio entre receita e despesa. Quer dizer que a lei de diretrizes orçamentárias terá que ser armada de tal modo que imponha critérios e vincule a lei orçamentária anual com o objetivo de traduzir paridade entre o que se arrecada e o que se gasta. Portanto, já de antemão, em face da lei de diretrizes orçamentárias, contratos só deverão ser firmados se houver receita suficiente para saldá-los.

### *3.2 Limitação de empenho*

*18.* A alínea "b" do inciso I do art. 4º prescreve ao legislador o dever de dispor, na lei de diretrizes orçamentárias, a respeito dos critérios e da forma de limitação de empenho, a ser efetivada nas hipóteses previstas no art. 9º e no inciso II do § 1º do art. 31 do mesmo diploma jurídico.

*19.* O art. 9º determina que, em caso de frustração da receita prevista no anexo de metas fiscais, os Poderes e o Ministério Público promoverão, por ato próprio e nos montantes necessários, nos 30 (dias) dias subseqüentes, limitação de empenho, a fim de ajustarem os gastos da entidade ao que realmente foi arrecadado. Também o inciso II do § 1º do art. 31 autoriza a limitação de empenho nos casos em que a dívida consolidada de um ente da federação ultrapassar o montante assinalado por resolução do Senado Federal (inciso I do art. 30), desta feita com o escopo de reconduzi-la aos parâmetros legais.

*20.* Nessas hipóteses, a limitação de empenho poderá afetar licitações públicas e contratos administrativos, tudo de conformidade com os critérios fixados na lei de diretrizes orçamentárias. Nela é que se vai consignar em que áreas e o que será, em tese, objeto de cortes.

Veja-se que o § 2º do art. 9º põe a salvo da limitação de empenho somente as "obrigações constitucionais e legais do ente, inclusive aquelas destinadas ao pagamento do serviço da dívida, e as ressalvadas pela lei de diretrizes orçamentárias". Ou seja, não se permite que as limitações recaiam em obrigações constitucionais, legais e em pagamentos de juros e encargos de dívidas. Todavia, por efeito de exclusão, devem recair, especialmente, em obrigações contratuais.

*21.* A Administração só poderá deixar de empenhar regularmente obrigações decorrentes de licitação pública e contrato administrativo, ao argumento de frustração de receita ou excesso nos limites da dívida consolidada, se encontrar guarida nos critérios enfeixados pela lei de diretrizes orçamentárias.

Se a Administração, por exemplo, deixar de empenhar para aprumar as despesas à real receita ou para reconduzir a dívida consolidada aos valores que lhe foram fixados, terá que fazê-lo em consonância com os critérios traçados na lei de diretrizes orçamentárias. Se esta enunciar certas áreas prioritárias para os cortes, a Administração não terá discricionariedade de optar por outras, sob pena de, inclusive, violar direitos subjetivos de terceiros. Se empenho relativo a determinado contrato não for realizado em vista de limitação, mas existirem outras obrigações a serem restringidas prioritariamente segundo os critérios da lei de diretrizes orçamentárias, agredido será o direito do contratado, que deveria ter sido preterido.

### *3.3 Controle de custos*

*22.* A lei de diretrizes orçamentárias, desta vez em consonância com a alínea "e" do inciso I do art. 4º, deve estabelecer "normas relativas ao controle de custos e à avaliação dos resultados dos programas financiados com recursos do orçamento". Trata-se de duas questões fulcrais para o regime da licitação pública e do contrato administrativo.

*23.* Em primeiro lugar, no que se refere ao controle de custos, forçoso sublinhar que a Lei 8.666/1993 já traz inúmeros dispositivos preciosos, que, malgrado isso, não logram efetividade.

Entre outros dispositivos da Lei 8.666/1993, destacam-se os seguintes: (a) o inciso I do art. 96 tipifica como crime o ato de "fraudar, em prejuízo da Fazenda Pública, licitação instaurada para aquisição ou venda de bens ou mercadorias, ou contrato dela decorrente, elevando arbitrariamente os preços"; (b) o inciso VII do art. 24 admite a dispensa de licitação nos casos em que as propostas apresentadas consignarem preços manifestamente superiores aos praticados no mercado nacional ou forem incompatíveis com os fixados pelos órgãos oficiais competentes; (c) o inciso XI do art. 6º preconiza que o projeto básico conterá estudos que possibilitem a avaliação do custo da obra; (d) a alínea "f" do inciso XI do art. 6º dispõe que o projeto básico deve conter orçamento detalhado do custo global da obra, fundamentado em quantitativos de serviços e de fornecimentos propriamente avaliados; (e) os incisos I e II do § 2º do art. 7º preceituam que as obras e serviços só poderão ser licitados quando houver projeto básico e existir orçamento detalhado em planilha; (f) os incisos I e II do § 2º do art. 40 incluem, entre os anexos obrigatórios ao edital, o projeto básico e o orçamento estimado em planilhas; (g) o § 8º do art. 7º faculta a qualquer cidadão requerer à Administração Pública os quantitativos e os preços unitários de determinada obra executada; (h) o art. 8º prescreve que a execução das obras e dos serviços deve programar-se, sempre e em sua totalidade, previstos seus custos atual e final e considerados os prazos de sua execução; (i) o inciso II do art. 15 estabelece que as compras devem ser processadas preferencialmente por registro de preços; (j) o inciso IV do art. 15 determina que as compras devem ser subdividas em tantas parcelas quantas necessárias para aproveitar as peculiaridades do mercado, visando à economicidade; (l) o inciso V do mesmo artigo afirma que as compras devem balizar-se pelos preços praticados no âmbito dos órgãos e entidades da Administração Pública; (m) os §§ 5º e 6º do art. 15 prevêem a existência de um quadro geral de preços, se possível informatizado, que poderá ser impugnado por qualquer cidadão; (n) o art. 16 estabelece que será dada publicidade mensal a todas as compras feitas pela Administração, de tal maneira que clarifique a identificação do bem comprado, seu preço unitário, a quantidade adquirida, o nome do vendedor e o valor da operação; (o) o inciso III do art. 26 obriga que os processos de dispensa ou de inexigibilidade sejam instruídos com justificativa do preço; (p) o inciso X do art. 40 torna imperativo que o edital consigne critérios de aceitabilidade dos preços unitários e do preço global; (q) os incisos XIII e XIV do mesmo artigo preocupam-se com as condições de pagamento; (r) o inciso IV do art. 43 propugna que, antes do julgamento das propostas, deverá ser verificada a conformidade dos preços com o praticado no mercado ou o fixado por órgão oficial competente, ou, ainda, com os constantes do sistema de registro de preços; (s) o § 3º do art. 44 não admite proposta com preço irrisório, simbólico ou de valor zero; (t) e o art. 48 traz uma série de normas a respeito da desclassificação de propostas com preços inexeqüíveis.

*24.* É tão claro quanto a luz solar que, já na Lei 8.666/1993, não faltam normas sobre controle de custos. Mecanismos para controlar os preços, tanto excessivos quanto inexeqüíveis, há muitos. O que falta é exercitá-los, pô-los em prática.

Nada obstante isso, a lei de diretrizes orçamentárias deverá, em obediência à alínea "e" do inciso I do art. 4º, prescrever novas normas destinadas ao controle dos custos. Talvez seja conveniente tecer outras normas que visem a dar efetividade às previstas na Lei 8.666/1993.

*25.* Em complemento à alínea "e" do inciso I do art. 4º, merece registro o § 3º do art. 50, por prescrever à Administração Pública "a obrigação de manter sistema de custos que permita a avaliação e o acompanhamento da gestão orçamentária, financeira e patrimonial".

### *3.4 Avaliação dos resultados*

*26.* A Administração Pública não é um fim em si mesmo. Ela serve à consecução do interesse público, que demanda ser contemplado. Portanto, não basta ao gerenciamento da coisa pública atentar aos meios, aos procedimentos adotados; deve, também e, sobretudo, atentar aos resultados. Em decorrência disso, a alínea "e" do inciso I do art. 4º determina ao legislador prescrever na lei de diretrizes orçamentárias normas relativas à avaliação dos resultados.

*27.* Com isso quer-se acentuar que a licitação e o contrato não bastam em si mesmos. A licitação serve para aferir a melhor proposta, para que se firme o melhor contrato, tudo com o propósito de dar o melhor cumprimento ao interesse público. Essa é a finalidade de tudo o que se estabelece em licitação pública e contrato administrativo, isto é, satisfazer com excelência ao interesse público.

*28.* Apesar de essas assertivas serem um tanto quanto aceitas, o fato é que até hoje há no ordenamento nacional pouquíssimas normas tocantes à avaliação dos resultados. Então, desta vez, as normas a serem prescritas no que concerne à avaliação de resultados serão, em larga medida, precursoras, já que sempre houve carência de instrumentos legislativos relacionados a tal desiderato.

## *4. Lei orçamentária anual*

*29.* No que respeita à lei orçamentária anual, cumpre acentuar, de conformidade com o *caput* do art. 5º, que ela deve ser elaborada em acordo com a lei de diretrizes orçamentárias e com o plano plurianual. De nada valeria um e outro instrumento, se a lei orçamentária anual simplesmente se desviasse deles.

### *4.1 Previsão de despesas e receitas*

*30.* Os reflexos da lei orçamentária anual sobre a licitação e contrato administrativo são de contornos claríssimos. O § 1º do art. 5º é peremptório ao aclamar que "todas as despesas relativas à dívida pública, mobiliária ou contratual, e as receitas que as atenderão, constarão da lei orçamentária anual". Ou seja, todos os gastos com contratos administrativos devem estar previstos na lei orçamentária anual, bem como, o que é de suma relevância, os respectivos recursos.

Agregue-se, a esse tópico, que o § 4º do mesmo art. 5º proíbe a consignação na lei orçamentária anual de crédito com finalidade imprecisa ou com dotação ilimitada.

### *4.2 Reserva de contingência*

*31.* A alínea "b" do inciso III do art. 5º exige que conste da lei orçamentária anual uma reserva de contingência, já estabelecida na lei de diretrizes orçamentárias, que deve atender a passivos contingentes e a outros riscos e eventos fiscais imprevistos. A Administração necessita de "reserva" para atender a situações anômalas, que fogem daquilo que se possa planejar. E, sobretudo, há de se atender a essas situações sem fazer ruir ou retalhar todo o trabalho de planejamento até então levado a termo.

### *4.3 Duração dos investimentos (contratos)*

*32.* A lei orçamentária anual, com apoio na dicção do § 5º do art. 5º, não autorizará dotação para investimento com duração superior a um exercício financeiro que não esteja previsto no plano plurianual ou em lei que permita a sua inclusão, conforme o disposto no § 1º do art. 167 da Constituição Federal.

Nesse sentido, o art. 57 da Lei 8.666/1993 restringe a duração dos contratos administrativos à vigência dos respectivos créditos orçamentários, excetuando-se os projetos consagrados nas metas do plano plurianual (inciso I). Além disso, autoriza a inclusão, na lei orçamentária, de serviços a serem prestados de forma contínua, que poderão ser prorrogados por mais de um exercício (inciso II).[5]

### *4.4 Despesas obrigatórias de caráter continuado e serviços contínuos*

*33.* As despesas obrigatórias de caráter continuado – citadas em algumas passagens da Lei de Responsabilidade Fiscal – não se confundem com a prestação de serviço continuado abordada pela Lei de Licitação Pública e Contrato Administrativo.

Exalça-se, aqui, essa distinção, porque o inciso II do art. 5º da Lei de Responsabilidade Fiscal afiança que a lei orçamentária anual deverá conter medidas de compensação em decorrência de virtual aumento de despesa obrigatória de caráter continuado.

O art. 17 da Lei de Responsabilidade Fiscal, em subseção voltada especialmente à despesa obrigatória de caráter continuado, a define como "despesa corrente derivada de lei, medida provisória ou ato administrativo normativo que fixem para o ente a obrigação legal de sua execução por um período superior a dois exercícios". Verifica-se, com extrema facilidade, que tal tipo de despesa decorre necessariamente de lei, medida provisória ou ato administrativo normativo, portanto não de contrato. Nesse ponto, não há qualquer interferência no regime licitatório e contratual da Administração Pública, muito embora as duas categorias (despesa obrigatória de caráter continuado e prestação de serviços de forma contínua) possam levar a engano.

### *4.5 Projetos inacabados*

*34.* No que tange à lei orçamentária anual, o art. 45 da Lei de Responsabilidade Fiscal, seção referente à preservação do patrimônio púbico, preceitua que ela e as leis de créditos adicionais só incluirão novos projetos após terem sido adequadamente atendidos os em andamento e contempladas as despesas de conservação do patrimônio público, nos termos que dispuser a lei de diretrizes orçamentárias.

A intenção é impedir o sangradouro de dinheiro público causado especialmente pelas obras inacabadas. Esse dispositivo afeta o regime da licitação e do contrato administrativo, pois novos projetos, que ensejariam nova licitação e contratos, só poderão ser prestigiados na lei orçamentária se os projetos em andamento forem atendidos antes deles.

*35.* Em meados da década passada, o Senado Federal instaurou Comissão especialmente destinada a apurar as obras inacabadas existentes no país. Segundo o relatório de autoria do Senador catarinense Casildo Maldaner, foram contabilizadas 2.214 (duas mil duzentos e quatorze) obras inacabadas só na esfera da União.

*36.* Consultando tais dados, é fácil prever que o art. 45 da Lei de Responsabilidade Fiscal não poderá abranger todas as obras inacabadas, pois seria disparate obstar todo e qualquer novo projeto até que atendidos fossem os mais de dois mil inacabados, muitos dos quais praticamente inaproveitáveis ou, atualmente, sem utilidade alguma.

Para harmonizar o dispositivo à realidade, é forçoso lê-lo no sentido de que aqueles projetos em curso, em atual fase de execução, que ainda não foram paralisados, de-

5. O inciso IV do art. 57 também excepciona a norma de que os contratos vigem apenas por um exercício. Trata-se de aluguéis de equipamento e programas de informática, cujos contratos podem ser celebrados por até 48 (quarenta e oito) meses. Como o dispositivo em tela não trata de prorrogação, conclui-se que tais contratos devem estar previstos no plano plurianual, enquadrando-se na hipótese do § 5º do art. 5º da Lei de Responsabilidade Fiscal.

vem ser prestigiados antes de iniciar os novos. Todavia, os inacabados, mas cuja execução já se encontra paralisada, não têm o condão de vetar a inclusão de novos projetos na lei orçamentária.

### 5. *Da execução orçamentária e do cumprimento das metas*

*37.* A Lei de Responsabilidade Fiscal não se preocupou apenas com as normas que devem ser explicitadas nas leis orçamentárias; ela também se preocupou com a execução delas. Isso demonstra zelo com a efetividade das normas orçamentárias, que, nas mãos da burocracia nacional, jamais passaram de mera formalidade, praticamente sem repercussão alguma.

*38.* Assim, o art. 8º da Lei de Responsabilidade Fiscal preceitua que "até 30 (trinta) dias após a publicação dos orçamentos, nos termos em que dispuser a lei de diretrizes orçamentárias e observado o disposto na alínea *c* do inciso I do art. 4º, o Poder Executivo estabelecerá a programação financeira e o cronograma de execução mensal de desembolso".

Esse artigo é complementado por seu parágrafo único, cuja redação obriga que "os recursos legalmente vinculados a finalidade específica serão utilizados exclusivamente para atender ao objeto de sua vinculação, ainda que em exercício diverso daquele em que ocorrer o ingresso".

*39.* Confere-se, então, prazo para que o Poder Executivo firme a programação financeira e o cronograma mensal de desembolso, bem como se estabelece que os recursos vinculados nas leis orçamentárias sejam exclusivamente utilizados de acordo com tal vinculação.

Tais normas repercutem com toda a força no gerenciamento dos contratos administrativos, contribuindo decisivamente para o banimento do clientelismo, que, até hoje, paira sobre a Administração Pública.

*40.* Até agora, a gestão contratual da Administração Pública segue, em regra, a seguinte lógica: os contratos são firmados, os contratados cumprem com suas obrigações, porém sem conseguirem receber a contraprestação que lhes é devida. Para receberem-na, faz-se necessário convencer e tecer agrados às autoridades administrativas, tudo, nem seria preciso dizer, à margem do interesse público. O contratante que se vale de argumentos mais convincentes recebe com precedência o que lhe é devido. Já quem não é dotado de tão virtuoso apelo argumentativo, pura e simplesmente, não recebe.

*41.* A Lei 8.666/1993 bem que tentou pôr termo a essa situação, prescrevendo no *caput* do seu art. 5º que os pagamentos das obrigações assumidas contratualmente pela Administração Pública deveriam obedecer à estrita ordem cronológica das datas de suas exigibilidades, salvo quando presentes relevantes razões de interesse público e mediante prévia justificativa da autoridade competente, devidamente publicada. Na mesma linha, confirmando a importância dessa norma para a sistemática da Lei 8.666/1993, o seu art. 92 estipula a pena de detenção de 2 (dois) a 4 (quatro) anos e multa para aquele que pagar fatura com preterição da ordem cronológica de sua exigibilidade.

*42.* Essas normas, vale dizer, são veementemente ineficazes. Os agentes administrativos não as cumprem, ninguém contesta, e os órgãos de controle endossam, sem pestanejar, o total desrespeito à ordem cronológica das faturas. O autor deste texto nunca soube, por exemplo, que alguém tenha sido condenado à detenção pelo pagamento de fatura com preterição de ordem cronológica.

Na realidade, a parte final do supracitado *caput* do art. 5º foi desnaturada, admitindo, sob a égide de relevantes razões de interesse público, que justificariam excepcionalmente a preterição da ordem cronológica, que a autoridade administrativa fizesse pagamentos segundo a ordem que bem ou mal achasse conveniente.

*43.* Agora, com as normas do *caput* e do parágrafo único do art. 5º da Lei de Responsabilidade Fiscal, essa lógica deve ser quebrada, porque o Executivo deve elaborar programa financeiro e cronograma mensal de desembolso, obviamente de acordo com as leis orçamentárias. Daí resulta que, se há dotação prevista no orçamento para o pagamento de um contrato específico, o cronograma de desembolso deve prever exatamente em que mês será feito tal desembolso e em qual montante. Demais disso, havendo a vinculação de recursos nas leis orçamentárias para uma finalidade específica, estes não podem ser desviados para outras finalidades, salvo os casos legais de limitação de empenho, de conformidade com os critérios encartados na lei de diretrizes orçamentárias.

*44.* Apesar dessas disposições, há de se atentar aos casos de despesas extraordinárias, que, amparadas por razões de interesse público, devem ser suportadas mesmo sem previsão orçamentária. Essas despesas, se não forem objeto de planejamentos, são o bastante para atirar às favas toda as demais previsões orçamentárias. Ora, se é necessário atender a tal despesa, outras, previstas no orçamento e no programa financeiro, imprescindivelmente devem ser desatendidas.

Contudo, essa lógica já não vinga. Calha relembrar que a lei orçamentária anual, em obediência à alínea "b" do inciso III do art. 5º da Lei de Responsabilidade Fiscal, conterá reserva de contingência para o atendimento de passivos contingentes e outros riscos e eventos fiscais imprevistos.

Em apertada síntese, se houver evento imprevisto que requeira atendimento imediato por parte da Administração, os recursos para tanto já estão reservados na lei orçamentária anual. Assim, é ilícito deixar a Administração de pagar as suas obrigações contratuais sob a pretensa alegação de que outras razões de interesse público, ou outro contrato, ambos sem previsão orçamentária, devem ser atendidos. Esse argumento é falacioso e, por conseqüência, insista-se, ilícito, em consideração ao fato de que há recursos orçamentários previstos para atender a tais despesas, sob a rubrica da reserva de contingência.

*45.* Diante dessas disposições trazidas pela Lei de Responsabilidade Fiscal, é perfeitamente cabível sustentar a máxima restrição da parte final do *caput* do art. 5º da Lei 8.666/1993, que admite o desprezo da ordem cronológica de pagamentos justificada por razões de relevante interesse público.

Na verdade, essa suposta justificativa consiste na ocorrência de um fato amparado em interesse público, cuja despesa não havia sido prevista nas leis orçamentárias, ou, prevista, porém não para aquele período. De acordo com tal perspectiva, como se faz necessário atender a tal despesa, sob pena de ferir de morte o interesse público, permite-se desrespeitar a ordem cronológica de pagamentos, pois outras despesas devem, por conseqüência, ser deixadas a segundo plano, para que se tenha a disponibilidade de recursos suficientes. Com a Lei de Responsabilidade Fiscal, essas outras despesas não precisam ser postas em segundo plano, porque há a previsão de reserva de contingência para atender a essa situação excepcional. Portanto, não há justificativa em interesse público que autorize a quebra da ordem cronológica de pagamento das faturas.

*46.* No entanto, é de se admitir que, esgotada a reserva de contingência, então sim a Administração poderia justificar o não cumprimento da ordem cronológica de pagamento das faturas. Nesse contexto, ganha importância singular o montante que é fixado na lei orçamentária anual para a reserva de contingência, que deve responder, por sua vez, ao estipulado na lei de diretrizes orçamentárias. Se forem destinados a ela valores insuficientes para atender às contingências, frustrada estaria toda a sistemática montada pela Lei de Responsabilidade Fiscal para o controle da gestão dos contratos administrativos, dando azo à perpetuação do clientelismo.

### *6. Da despesa pública*

***47.*** Consoante os incisos I e II do *caput* do art. 16 da Lei de Responsabilidade Fiscal, "a criação, expansão ou aperfeiçoamento de ação governamental que acarrete aumento da despesa será acompanhado de: I – estimativa do impacto orçamentário-financeiro no exercício em que deva entrar em vigor e nos dois subseqüentes; II – declaração do ordenador da despesa de que o aumento tem adequação orçamentária e financeira com a lei orçamentária anual e compatibilidade com o plano plurianual e com a lei de diretrizes orçamentárias". Em complemento, o inciso I do § 4º do mesmo art. 16 prescreve que "as normas do *caput* constituem condição prévia para: I – empenho e licitação de serviços, fornecimento de bens ou execução de obras". Ainda, o art. 15 considera não autorizada, irregular e lesiva ao patrimônio público a geração de despesa ou a assunção de obrigação que desatenda ao preceituado no art. 16.

***48.*** Perceba-se que o inciso I do § 4º do art. 16 é o único dispositivo da Lei de Responsabilidade Fiscal que se refere expressamente à licitação pública, conquanto em outras passagens haja clara relação entre os dois institutos.

***49.*** As novas formalidades incidentes no regime licitatório hauridas da combinação dos incisos do *caput* do art. 16 com o inciso I do § 4º do mesmo artigo ensejam a possibilidade de interpretação dúbia.

***50.*** O primeiro entendimento parte do pressuposto de que o *caput* do art. 16 trata especificamente da criação, expansão ou aperfeiçoamento de ação governamental que acarrete aumento de despesa. Desta maneira, compreende-se que as exigências relativas à estimativa de impacto orçamentário-financeiro e à declaração de conformidade orçamentária e financeira às leis pertinentes não incidem em todos os empenhos e licitações, mas somente naqueles em que haja criação, expansão ou aperfeiçoamento de ação governamental.

Nesses termos, a previsão do inciso I do § 4º do art. 16 serve somente para declinar em qual momento devem ser cumpridas as formalidades supracitadas (dos incisos do *caput* do art. 16), pois elas devem ser levadas a cabo de qualquer forma, já que o empenho e a licitação redundam em criação, expansão ou aperfeiçoamento de ação governamental, o que, por si só, já as tornariam obrigatórias.

Ou seja, vai-se criar, expandir ou aperfeiçoar a ação governamental; torna-se, pois, imperativo obedecer ao prescrito nos incisos do *caput* do art. 16, em suma, elaborar estimativa do impacto orçamentário e declarar a adequação e a compatibilidade orçamentária e financeira com as leis pertinentes. Essa ação governamental implica empenho ou licitação. O papel dos incisos do § 4º do art. 16 é justamente esclarecer que, assim sendo, as referidas formalidades devem ser cumpridas antes que se façam o empenho e a licitação, segundo o inciso I, e antes da desapropriação de imóvel urbano, no caso do inciso II.

***51.*** Já para o segundo entendimento, os requisitos previstos nos incisos do *caput* do art. 16 devem ser exigidos nas hipóteses de criação, expansão ou aperfeiçoamento de ação governamental e, independentemente disso, como condição prévia para empenho, licitação e desapropriação de imóvel urbano.

Sustenta-se, em defesa dessa tese, que, na hipótese contrária, estar-se-ia admitindo a possibilidade de empenhos e licitações que comprometam o planejamento orçamentário, desde que não provoquem criação, expansão ou aperfeiçoamento de ação governamental, o que não se afaz aos princípios vetores da Lei de Responsabilidade Fiscal.

Por exemplo, uma repartição pública funciona num prédio locado pelo Poder Público. Quer-se passar tal repartição pública para outro prédio, com as mesmas características do locado, cuja construção será bancada pela Administração através de contrato administrativo. Nesse caso, não há criação, expansão ou aperfeiçoamento de ação governamental, em que pese o fato de que a construção de novo prédio põe em xeque todo o planejamento orçamentário e, por ilação, a sistemática da Lei de Responsabilidade Fiscal. Para essa segunda corrente, então, tal empreendimento não pode se esquivar dos rigores da nova legislação.[6]

*52.* A questão não é de fácil desate. As duas correntes esposadas parecem ter suas razões. Os partidários de uma e de outra, admita-se, não defendem posições absurdas. Apesar de reconhecer os argumentos defendidos pela segunda corrente, acredita-se que, com estribo em interpretação sistemática da ordem jurídica nacional e pela leitura dos dispositivos diretamente referidos pela Lei de Responsabilidade Fiscal, a primeira é a mais acertada.[7]

*53.* Para tentar aclarar a controvérsia, imperioso rememorar que, à luz dos incisos III e IV do § 2º do art. 7º da Lei 8.666/1993, as obras e serviços somente poderão ser licitados quando "houver previsão de recursos orçamentários que assegurem o pagamento das obrigações decorrentes de obras ou serviços a serem executadas no exercício financeiro em curso, de acordo com o respectivo cronograma"; bem como quando "o produto dela esperado estiver contemplado nas metas estabelecidas no Plano Plurianual de que trata o art. 165 da Constituição Federal, quando for o caso". Nesse enlace, o art. 14 da mesma Lei preconiza que nenhuma compra seja feita "sem a adequada caracterização dos recursos orçamentários para seu pagamento, sob pena de nulidade do ato e responsabilidade de quem lhe tiver dado causa".

Os supracitados dispositivos da Lei 8.666/1993 demonstram que as licitações que não envolverem criação, expansão e aperfeiçoamento de ação governamental não serão, por isso, realizadas ao arrepio das leis orçamentárias. Em sentido diametralmente oposto, todas as licitações para obras, serviços e compras devem ser precedidas da previsão orçamentária.

*54.* Outrossim, essas licitações apenas não demandam a estimativa de impacto orçamentário-financeiro e a declaração de conformidade. As demais prescrições da Lei de Responsabilidade Fiscal continuam a incidir com plenitude, erguendo balizas rígidas e formas de controle ao dispêndio de dinheiro público desautorizado pelas leis orçamentárias. A inaplicação das formalidades postas pelos incisos I e II do *caput* do art. 16 não exime os agentes administrativos de cumprir os princípios e as demais normas a respeito da administração financeira.

6. Jorge Ulisses Jacoby Fernandes expõe as duas posições da seguinte maneira:

"a) pela primeira, a declaração exigida no inciso II do *caput* do art. 16 é restrita aos casos descritos no próprio *caput*, ou seja, somente nos casos de criação, expansão ou aperfeiçoamento de ação governamental que acarrete aumento da despesa é que será exigida a declaração. Nos demais casos, no cotidiano da Administração Pública, a atuação do ordenador de despesas também deve observar as regras próprias para a regularidade do empenho, mas a declaração de adequação é dispensável. Nessa linha de interpretação, a regra do § 4º do art. 16 teria a finalidade de definir o tempo em que se realizaria esse ato administrativo. Assim, quando esse parágrafo dispõe que 'as normas do *caput* constituem condição prévia' para 'empenho e licitação de serviços, fornecimento de bens ou execução de obras' e 'para a desapropriação de imóveis urbanos a que se refere o § 3º do art. 182 da Constituição', apenas está explicitando o momento em que a declaração deve ser firmada, no caso, previamente;

"b) pela segunda posição, a regra do § 4º do art. 16 tem natureza extensiva do comando do *caput* desse artigo. Adotada essa interpretação, seria necessária a declaração nos casos de criação, expansão ou aperfeiçoamento de ação governamental que acarrete aumento de despesa, bem como constituiria condição prévia para o empenho e a licitação de serviços, fornecimento de bens ou execução de obras e, ainda, para a desapropriação de imóveis urbanos a que se refere o § 3º do art. 182 da Constituição" (ob. cit., p. 33).

7. Em posição divergente, confira-se o escólio de Jorge Ulisses Jacoby Fernandes (ibidem).

*55.* Afora isso, só através de pirueta hermenêutica é possível harmonizar o texto dos incisos do *caput* do art. 16 com empenho e licitação que não acarretem criação, expansão ou aperfeiçoamento de ação governamental.

O inciso I do art. 16, repita-se, exige a "estimativa do impacto orçamentário-financeiro no exercício em que deva entrar em vigor e nos dois subseqüentes". Ora, de licitação que não implica criação, expansão ou aperfeiçoamento de ação governamental não decorre impacto em três exercícios financeiros, salvo o caso de contratos com prestações sucessivas. Mesmo assim, a estimativa de impacto orçamentário-financeiro em contratos com prestações sucessivas (ou em qualquer outro) cinge-se à apuração do valor total do contrato, já previsto, por pressuposto, no orçamento. Por óbvio, o que produz impacto não é a licitação ou o contrato, mas a ação governamental criada, expandida ou aperfeiçoada.

O inciso II do art. 16 ainda é mais problemático, requerendo "declaração do ordenador da despesa de que o *aumento* tem adequação orçamentária e financeira com a lei orçamentária anual e compatibilidade com o plano plurianual e com a lei de diretrizes orçamentárias". Há de se reconhecer que é um tanto quanto difícil apagar a palavra *aumento* e, no lugar dela, num passe de mágica, inserir a expressão *despesa decorrente do contrato* a *ser firmado com o adjudicatário da licitação.*

O fato é que existe barreira semântica para aqueles que defendem que qualquer licitação tenha agora que ser precedida das formalidades erguidas pelos dois incisos do *caput* do art. 16.

*56.* Esclareça-se, a esta altura, que a estimativa do impacto orçamentário-financeiro no exercício em que deva entrar em vigor e nos dois subseqüentes, bem como a declaração do ordenador da despesa de que o aumento tem adequação orçamentária e financeira com a lei orçamentária anual e compatibilidade com o plano plurianual, correspondem às *despesas provocadas pela* criação, expansão e aperfeiçoamento da ação governamental; e não apenas às *despesas para* a criação, expansão e aperfeiçoamento da ação governamental. Portanto, não basta tomar em conta as despesas defluentes do contrato a ser firmado em face do procedimento licitatório; antes disso, é imprescindível avaliar as despesas que advirão da nova projeção da ação governamental como um todo, abrangendo as despesas com o contrato, custo fixo, manutenção etc.

Para criar nova ação governamental, o custo pode ser bastante reduzido, conquanto mantê-la seja em tudo oneroso. O art. 16, desde o *caput* até a última letra do inciso II do § 4º, revela preocupação, insista-se, com as despesas provenientes da criação, expansão e aperfeiçoamento de ação governamental como um todo.[8]

## *7. Da despesa com pessoal*

*57. A priori*, o tema relativo à despesa pessoal não guarda qualquer conexão com o regime jurídico da licitação pública e do contrato administrativo. Entretanto, a Lei de Responsabilidade Fiscal inovou mais uma vez, incluindo entre as despesas de pessoal as concernentes aos contratos de terceirização de mão-de-obra celebrados pela Administração Pública.

Essa é a dicção do § 1º do art. 18 da Lei sob comento, cujo texto prescreve que "os valores dos contratos de terceirização de mão-de-obra que se referem à substituição de servidores e empregados públicos serão contabilizados como outras despesas de pessoal".

*58.* Poder-se-ia aventar que os contratos de terceirização não teriam o condão de substituir servidores e empregados públicos,

8. No sentido esposado neste estudo, veja-se: Cerdônio Quadros (org.), *Responsabilidade Fiscal. Estudos e Orientações: Uma Primeira Abordagem*, p. 68.

o que deveria ser realizado por concurso público. Todavia, a melhor interpretação acerca do assunto propugna por admitir terceirização que substitua servidores e empregados públicos quando os cargos por eles então exercidos não constituem a atividade-fim do órgão ou entidade pública respectiva, nem fazem parte das categorias funcionais tocantes ao seu plano de cargos. Isto é, a terceirização não pode abranger a mão-de-obra vinculada à atividade-fim do órgão administrativo, mas outros serviços que, mesmo anteriormente exercidos por servidores e empregados públicos, são puramente acessórios (atividade-meio).

Por exemplo: a função de vigia de uma repartição pública era exercida por um servidor público. Essa função nada tem a ver com os fins ou com as categorias funcionais abrangidas pelo plano de cargos daquela repartição. Então, a Administração pode optar pela terceirização, que, para os efeitos da Lei de Responsabilidade Fiscal, será contabilizada como "outras despesas de pessoal".

*59.* Observe-se que o dispositivo não cogita de todo e qualquer contrato de terceirização, porém somente daqueles em que a mão-de-obra contratada substituir servidores e empregados públicos.

Dessa sorte, a Lei não alberga uma série dc terceirizações de mão-de-obra, como aquelas destinadas a atender a necessidade temporária da Administração Pública, autorizada pelo inciso IX do art. 37 da Constituição Federal, sem que se substitua servidor ou empregado público.

Por exemplo, determinado Município recebe fluxo intenso de turistas em um par de semanas do ano, em razão de algum festejo ou evento especial. Esse Município terá que contar com infra-estrutura adequada para receber tais turistas, necessitando, entre outras coisas, aumentar o pessoal que procede à limpeza pública. Poderá, portanto, contratar novos garis sem se preocupar com suas despesas de pessoal, pois estes gastos não serão contabilizados como tais, porém como "outros serviços".

*60.* Qualificando a mão-de-obra terceirizada como "outras despesas de pessoal", a Lei de Responsabilidade Fiscal quer computar tais gastos dentro daqueles alusivos às "despesas com pessoal" e, por corolário, aplicando-lhes, em conjunto, os limites fixados nos arts. 19, 20 e 71.

A intenção do legislador foi evitar que a terceirização de mão-de-obra sirva para mascarar os efetivos gastos com pessoal. Para fugir dos limites estabelecidos, bastaria que as entidades públicas substituíssem seus servidores por pessoal terceirizado. Com a Lei, a conta do pessoal terceirizado é acoplada ao gasto total com pessoal, o que repele desvirtuamentos.

*61.* O art. 19 estipula qual é a porcentagem máxima da receita corrente líquida de cada ente da federação que pode ser destinada a despesa total de pessoal. Nesse sentido, a despesa total de pessoal que a União pode consumir é, no máximo, 50% (cinqüenta por cento) de sua receita corrente líquida; a dos Estados e Municípios, 60% (sessenta por cento).

*62.* O art. 20 estabelece porcentagem de gasto com pessoal em cada um dos entes da federação, só que, desta vez, discriminando o que deve ser destinado ao Poder Legislativo, ao Judiciário, ao Executivo e ao Ministério Público. Dessa forma, o art. 20 é manifestamente inconstitucional, pois afronta às claras o princípio federativo, que atribui a cada ente autonomia e, por pressuposto, capacidade de autogoverno.

*63.* Já o art. 71, ressalvando a hipótese do inciso X do art. 37 da Constituição Federal, impõe que, "até o término do terceiro exercício financeiro seguinte à entrada em vigor desta Lei Complementar, a despesa total com pessoal dos Poderes e órgãos referidos no art. 20 não ultrapassará, em percentual da receita corrente líquida, a despesa verificada no exercício imediatamente anterior, acrescida de até 10% (dez por cento), se esta for inferior ao limite definido na forma do art. 20".

*64.* Ressalva-se que parcela da doutrina entende que as despesas com terceirização não são limitadas pelos arts. 19, 20 e 71, porém pelo art. 72.[9]

O art. 72 apregoa que "a despesa com serviços de terceiros dos Poderes e órgãos referidos no art. 20 não poderá exceder, em percentual da receita corrente líquida, a do exercício anterior à entrada em vigor desta Lei Complementar, até o término do terceiro exercício seguinte".

Sucede que o art. 72 se refere à "despesa com serviços de terceiros", que é bem diferente da dos "contratos de terceirização de mão-de-obra", regrados pelo § 1º do art. 18. A bem da verdade, até a vigência da Lei de Responsabilidade Fiscal, os "contratos de terceirização de mão-de-obra", em vez de serem contabilizados como "outras despesas de pessoal", eram qualificados como "serviços de terceiros". Como o § 1º do art. 18 da Lei de Responsabilidade Fiscal assumiu expressamente que os "contratos de terceirização de mão-de-obra" passariam de "serviços de terceiros" para "outras despesas de pessoal", não há que se confundir um e outro.

*65.* A propósito, o art. 72 é flagrantemente inconstitucional. É vedado, através de norma geral, limitar o quanto os entes da Federação, que gozam de autonomia administrativa e, por ilação, possuem governo próprio, deverão ou não gastar com a contratação de serviços de terceiros. Isso depende das conveniências e das peculiaridades de cada ente da Federação, sem que seja afeito a Lei Complementar pôr limites à contratação de terceiros em proporção ao que em exercícios passados foi efetivamente gasto.

*66.* Ainda, pela redação do art. 21, é nulo de pleno direito o ato que provoque aumento da despesa com pessoal e que não atenda às exigências dos arts. 16 e 17 da Lei de Responsabilidade Fiscal, bem como ao disposto no inciso XIII do art. 37 e no § 1º do art. 169 da Constituição Federal, como, ainda, ao limite legal de comprometimento aplicado às despesas com pessoal inativo.

Além disso, o parágrafo único do art. 21 anota a nulidade de pleno direito do ato que provoque aumento de despesa com pessoal expedido nos últimos 180 dias anteriores ao final do mandato do titular do respectivo Poder ou órgão referido no art. 20.

## *8. Da dívida pública consolidada*

*67.* O inciso I do art. 29 da Lei de Responsabilidade Fiscal define "dívida pública consolidada ou fundada" como "montante total, apurado sem duplicidade, das obrigações financeiras do ente da Federação, assumidas em virtude de leis, contratos, convênios ou tratados e da realização de operações de crédito, para amortização em prazo superior a 12 (doze) meses".

*68.* Observa-se que a expressão *dívida pública consolidada ou fundada*, tratada na Lei de Responsabilidade Fiscal, não se confunde com o conceito até então atribuído pelo art. 98 da Lei 4.320/1964, que a restringia a "compromissos de exigibilidade superior a doze meses, contraídos para atender a desequilíbrio orçamentário ou a financiamento de obras e serviços públicos". Sob o prisma da Lei 4.320/1964, a dívida fundada referia-se a operação de crédito, com prazo superior a 12 meses, assumida com o escopo de equilibrar as contas. Já, no contexto da Lei de Responsabilidade Fiscal, a dívida pública consolidada ou fundada, apesar da confusão de nomes, é bem mais abrangente, comportando, além das operações de crédito a serem amortizadas em 12 (doze) meses, obrigações decorrentes de leis, contratos, convênios ou tratados.

*69.* É apropriado antever, sem maiores digressões, que a dívida pública consolidada ou fundada se relaciona aos contratos administrativos, dado que, conforme a reda-

9. Confira-se Jorge Ulisses Jacoby Fernandes, ob. cit., pp. 67-81.

ção supracitada, ela decorre, dentre outras coisas, de obrigações assumidas em virtude deles. Nesse talante, a dívida pública consolidada ou fundada remete ao montante devido pela Administração Pública a terceiros que com ela firmaram contratos.

O êxito em licitações e contratos depende da credibilidade da Administração em relação aos contratados. Isso só ocorre nos casos em que as obrigações assumidas por ela são cumpridas no tempo devido. Como se disse na introdução, uma das principais causas de prejuízos em licitação e em contrato administrativo reside justamente na diuturna inadimplência da Administração Pública, o que acaba levando terceiros a oferecerem preços mais elevados do que os praticados no mercado. Urge inverter, o quanto antes, esse infeliz modo de proceder.

*70.* Com arrimo no inciso I do art. 30 da Lei de Responsabilidade Fiscal, o Senado Federal, em atenção a proposta de autoria do Presidente da República, estipulará os limites globais para o montante da dívida pública consolidada.

Caso esse parâmetro seja ultrapassado, desta feita, de acordo com os incisos do § 1º do art. 31 também da Lei de Responsabilidade Fiscal, além de ter que reconduzir a dívida ao montante admitido pelo Senado, promovendo, entre outras medidas, limitação de empenho (inciso II), o respectivo ente da Federação estará proibido de realizar operação de crédito interna ou externa, inclusive por antecipação de receita, ressalvado o refinanciamento do principal, atualizado da dívida mobiliária (inciso I), bem como, em cumprimento ao disposto no § 2º do mesmo artigo, estará proibido de receber transferências voluntárias.

Em vista dessas sanções, o ente da Federação que exceder os limites da dívida pública consolidada ou fundada ver-se-á compelido a pagar os seus débitos com urgência. Quer-se, com isso, forçá-lo, mesmo que por meio indireto, a saldar os seus débitos junto aos contratados.

## *9. Das operações de crédito por antecipação de receita*

*71.* As operações de crédito por antecipação de receita são espécie de empréstimo realizado pela Administração, cujo objetivo é atender às suas insuficiências de caixa, especialmente em face de frustração de receita. A esse respeito, a Lei de Responsabilidade Fiscal consagra uma série de medidas moralizadoras.

*72.* No que concerne ao regime da licitação e do contrato administrativo, importa enfatizar o § 2º do art. 38, cujo texto apregoa que "as operações de crédito por antecipação de receita realizadas por Estados e Municípios serão efetuadas mediante abertura de crédito junto à instituição financeira vencedora em processo competitivo eletrônico promovido pelo Banco Central do Brasil".

O texto, como se vê, afora os limites para a realização da referida operação, impõe aos Estados e Municípios a obrigatoriedade de contratarem a instituição financeira por certame eletrônico promovido pelo Banco Central do Brasil. Eis nova modalidade de licitação.

*73.* Entretanto, razão assiste a Luciano Ferraz, ao defender a tese da inconstitucionalidade do dispositivo, haja vista que, segundo suas próprias palavras, "o preceptivo, além de ser específico, tanto que somente aplicável a Estados e Municípios (não se aplica à União), interfere na autonomia destes (assegurada pelos arts. 1º e 18 da Carta Magna), na medida em que lhes retira a possibilidade de selecionar, via licitação (que é matéria de direito administrativo), a instituição financeira que pretenda lhes ofertar o melhor contrato, transferindo a incumbência a entidade descentralizada".[10]

A inconstitucionalidade é crepitante e tributária da violação à autonomia dos en-

10. Flávio Régis Xavier de Moura e Castro (org.), *Lei de Responsabilidade Fiscal. Abordagens Pontuais*, p. 173.

tes da Federação, posta no altiplano dos princípios fundamentais da Carta Magna e em diversas outras passagens relevantes do mesmo texto. Se os Estado ou os Municípios quiserem contrair obrigações através de operação de crédito, eles é que devem proceder à licitação, não o Banco Central.

### *10. Restos a pagar*

*74.* O art. 41 da Lei de Responsabilidade Fiscal é que dispunha sobre os restos a pagar, desenhando à Administração Pública limites com referência a eles. No entanto, o Presidente da República após veto ao art. 41, alijando a Lei de Responsabilidade Fiscal de tema tão importante.

*75.* No que tange aos restos a pagar, vingou, na Lei de Responsabilidade Fiscal, apenas o art. 42, que proíbe "ao titular de Poder ou órgão referido no art. 20, nos últimos dois quadrimestres do seu mandato, contrair obrigação de despesa que não possa ser cumprida integralmente dentro dele, ou que tenha parcelas a serem pagas no exercício seguinte sem que haja suficiente disponibilidade de caixa para este efeito".

*76.* Trocando-se em miúdos, é vedado ao titular de qualquer dos Poderes ou órgãos referidos no art. 42, nos últimos oito meses de seus respectivos mandatos, firmar contratos cujas obrigações não possam ser totalmente saldadas dentro do período restante de seu mandato por não haver recursos disponíveis para tanto.

Assinala-se que as obrigações não devem ser saldadas até o fim do exercício financeiro, porém até o fim do mandato do titular. Também os oito meses contam do término do mandato, não do término do exercício financeiro ou da eleição. Ademais, não é proibido fazer contratações. O que se proíbe são contratações cujas obrigações não possam ser cumpridas até o encerramento do mandato. Enfim, não se proíbe deixar dívidas aos sucessores. O que se proíbe é que as dívidas sejam contraídas nos últimos oito meses de mandato. Não há nenhuma restrição às dívidas contraídas antes dos oito meses.

*77.* No entanto, não se pode adotar postura excessivamente rígida no que tange ao dispositivo em tela, sob pena de periclitação do interesse público.

A título de exemplo, imagine que, por motivo de fortes chuvas, uma avenida importante para o tráfego urbano tenha sofrido sérios danos. O Prefeito, para evitar o caos urbano, necessita consertá-la imediatamente. Porém, ele está nos últimos meses de seu mandato e não tem disponibilidade de caixa para arcar com os custos da obra. Ora, nesse caso, seria disparate sacrificar o interesse público e pôr o Prefeito atrás das grades para dar fiel e inteiro cumprimento ao art. 42 da Lei de Responsabilidade Fiscal.

Deve-se, isso sim, construir hermenêutica calcada na razoabilidade e, sobretudo, no princípio da indisponibilidade do interesse público, cujo espectro, queira-se ou não, paira soberano entre os vértices da atividade administrativa.

*78.* Pretende-se, com o dispositivo em comento, impedir o surto de dispêndio de dinheiro público que usualmente toma os espíritos dos mandatários de cargos políticos nos últimos meses de mandato. A tradição nacional é prenhe de casos nos quais aquele que se despede do poder, antes de deixá-lo, contrai todo o tipo de obrigação, agradando a gregos e troianos, tudo por antever que as contas não baterão às portas de seu gabinete, mas na de seu futuro sucessor. Trata-se, é oportuno dizer, do apogeu da irresponsabilidade.

### *11. Considerações finais*

*79.* Reafirma-se que a Lei de Responsabilidade Fiscal produz reflexo sistêmico no regime da licitação pública e do contrato administrativo.

Já é costume que as licitações e os contratos sejam feitos com a mais absoluta irresponsabilidade, contraindo a Administração

Pública obrigações sem disponibilizar recursos apropriados para saldá-las, esquivandose das leis orçamentárias. Isso provocou a desconfiança daqueles que se dispunham a firmar contratos administrativos, forçandoos, muitas vezes, a aumentarem os preços de suas propostas, o que implica prejuízo ao Erário.

A Lei de Responsabilidade Fiscal quer inverter essa lógica, exigindo, sobretudo, que a Administração arque com suas obrigações, recuperando, por conseqüência, sua credibilidade. Nessa linha, há verdadeira imbricação entre as normas da Lei de Responsabilidade Fiscal e as de licitação pública e contrato administrativo.

***80.*** Entre tantas relações e interferências produzidas pela Lei de Responsabilidade Fiscal no regime da licitação pública e do contrato administrativo, frisa-se, objetivamente, as seguintes:

*80.1* Todos os entes da administração direta e indireta, inclusive as entidades controladas direta ou indiretamente pelo Poder Público, sujeitam-se às normas da licitação pública e contrato administrativo. A Lei de Responsabilidade Fiscal, por sua vez, tem campo de abrangência mais reduzido, incidindo apenas sobre a administração direta, autarquias, fundos, fundações e empresas estatais dependentes.

*80.2* A atividade de planejamento revela os pilares da Lei de Responsabilidade Fiscal. Sob esse prisma, a lei de diretrizes orçamentárias deve prescrever o equilíbrio entre receita e despesa, quais os critérios para limitação de empenho, controle de custos e resultados, todos assuntos que interferem na licitação pública e no contrato administrativo.

*80.3* No âmbito da atividade de planejamento, também ganha ressonância a lei orçamentária anual, prevendo as receitas e as despesas para o exercício financeiro. Entre outras coisas, deve constar, na lei orçamentária, reserva de contingência, visando a atender situações anômalas e imprevistas. Ainda, deve haver remissão à duração dos investimentos, e, por suposto, dos contratos, que, conforme o § 1º do art. 167 da Constituição Federal e dos dispositivos da Lei 8.666/1993, são limitados a um só exercício financeiro. Recebe ênfase o enunciado do art. 45 da Lei de Responsabilidade Fiscal, que veda a inclusão de novos projetos na lei orçamentária, enquanto não forem atendidos os que se acham em andamento.

*80.4* A Lei de Responsabilidade Fiscal não se limitou a prescrever normas para as leis orçamentárias; mais do que isso, preocupou-se com a execução orçamentária, determinando que o Poder Executivo estabeleça programação financeira e cronograma de execução mensal de desembolso e que os recursos legalmente vinculados a uma finalidade específica sejam utilizados exclusivamente para atender ao objeto de sua destinação. Tais normas fazem com que o sujeito que contrata com a Administração Pública tenha maiores probabilidades de receber efetivamente a contraprestação que lhe é devida, já que a importância reservada para tal não poderá ser desviada. Nesse contexto, também ganha importância a reserva de contingência, cujo valor deve ser suficiente para atender a possíveis ocorrências de demandas não previstas no orçamento, vedando que se desvincule verba antecedentemente destinada a outra finalidade.

*80.5* A Lei de Responsabilidade Fiscal cria duas novas formalidades que atingem a fase interna das licitações e empenhos que impliquem criação, expansão ou aperfeiçoamento de ação governamental, quais sejam, a estimativa do impacto orçamentário-financeiro no exercício em que deva entrar em vigor e nos dois subseqüentes, bem como a declaração do ordenador de despesas de que o aumento tem adequação orçamentária e financeira com a lei orçamentária anual, assim como compatibilidade com o plano plurianual e com a lei de diretrizes orçamentárias.

*80.6* Os contratos de terceirização de serviços passam a ser computados nas despesas de pessoal, sujeitando-se aos limites constitucionais e legais de controle dela. Entretanto, nem todos os contratos de terceirização se acham abrangidos pela Lei de Responsabilidade Fiscal, mas só aqueles em que houver substituição de empregado ou servidor público. Soma-se a isso que a terceirização não pode recair sobre serviços previstos no plano de cargos e que sejam abrangidas pela atividade-fim do órgão ou entidade pública.

*80.7* A dívida pública consolidada ou fundada, que alberga a decorrente de obrigações contratuais não quitadas pela Administração Pública, não poderá ultrapassar os limites fixados pelo Senado Federal, sob pena de: (a) limitação de empenho; (b) proibição de nova operação de crédito; e (c) vedação de recebimento de transferências voluntárias. Compete à Administração Pública controlar o montante de sua dívida, pagando o devido aos contratados.

*80.8* As operações de crédito por antecipação de receita serão contratadas através de nova modalidade de licitação pública, a ser realizada pelo Banco Central, de forma eletrônica. Conquanto a intenção possa ser boa, retirar dos entes da Federação a faculdade de fazerem as licitações para as suas operações de crédito por antecipação de receita frustra a capacidade de autogoverno que lhes é própria, violando a Constituição Federal.

*80.9* Nos últimos dois quadrimestres antecedentes ao fim de mandato, os titulares de poderes ou órgãos estão proibidos de contrair obrigações sem que haja disponibilidade de caixa para saldá-las. Intenta-se, com isso, moralizar os períodos de transição de mandatos políticos, até então gizados pela irresponsabilidade.

## *12. Referências bibliográficas*


BAZILLI, Roberto Ribeiro, e MIRANDA, Sandra Julien. *Licitação à Luz do Direito Positivo*. São Paulo, Malheiros Editores, 1999.

CASTRO, Flávio Régis Xavier de Moura e (org.). *Lei de Responsabilidade Fiscal. Abordagens Pontuais*. Belo Horizonte, Del Rey, 2000.

DALLARI, Adilson Abreu. *Aspectos Jurídicos da Licitação*. 4ª ed., São Paulo, Saraiva, 1997.

FERNANDES, Jorge Ulisses Jacoby. *Responsabilidade Fiscal*. Brasília, Brasília Jurídica, 2001.

JUSTEN FILHO, Marçal. *Comentários à Lei de Licitações e Contratos Administrativos*. 7ª ed., São Paulo, Dialética, 2000.

OLIVEIRA, Régis Fernandes. *Responsabilidade Fiscal*. São Paulo, Ed. RT, 2001.

QUADROS, Cerdônio (org.). *Responsabilidade Fiscal. Estudos e Orientações: Uma Primeira Abordagem*. São Paulo, NDJ, 2001.

# IMPORTÂNCIA DA NOÇÃO DE PARTE PARA O CONCEITO DE FUNÇÃO ADMINISTRATIVA[1]

LETÍCIA QUEIROZ DE ANDRADE

Mestre em Direito pela Pontifícia Universidade Católica de São Paulo — PUC/SP

*1. Introdução. 2. Conteúdo jurídico do conceito de função. 3. A função administrativa. 4. Posição da administração pública e dos administrados nas relações jurídicas estabelecidas para o exercício da função administrativa. 5. Direitos subjetivos. 6. Os direitos subjetivos públicos. 7. Conclusão.*

## *1. Introdução*

O direito administrativo é o conjunto de normas jurídicas que tem por objeto a disciplina da função administrativa do Estado, das relações jurídicas que decorrem ou concorrem para o exercício dessa função, bem como daquelas relações jurídicas necessárias para o aparelhamento e funcionamento dos órgãos que desempenham as demais funções estatais.

A enunciação desse conceito no início do trabalho objetiva esclarecer, desde já, que não consideramos ser a função administrativa o objeto exclusivo do Direito Administrativo, até porque, como se verá adiante, apresentamos dela um conceito mais restrito do que o usual, o que não significa, bem ao contrário, que menosprezemos a importância capital dessa noção, em torno da qual gravita todo o direito administrativo.

Sob o rótulo *relações jurídicas que decorrem ou concorrem para o exercício da função*, incluímos as que se referem a normas postas no interesse público secundário da administração pública e relativas às atividades "adjetivas" que realiza para a prática da função administrativa, e, também, aquelas que decorrem do exercício dessa função, como, por exemplo, as relações jurídicas cujo objeto é a reparação dos danos causados pelo Estado por conduta a ele imputável.

Sob o rótulo *relações jurídicas necessárias para o aparelhamento e funcionamento dos órgãos que desempenham as demais funções estatais*, incluímos as mesmas atividades "adjetivas" de organização interna, realizadas pelos órgãos legislativo e judicial para a consecução de suas atividades fim.

Pois bem. Embora tenhamos deixado o cerne do conceito acima exposto para explicação posterior, sua enunciação serve pa-

1. O conteúdo desse artigo corresponde, com algumas modificações, ao trabalho elaborado por ocasião da conclusão do Curso Direito Administrativo I, do Programa de Pós-Gradução/Mestrado em Direito da Pontifícia Universidade Católica — PUC/SP, em junho de 1999.

ra adiantar que partimos da premissa de que a atividade adjetiva (ou atividade de estrita organização interna, como sendo aquela disciplinada por normas, e realizada através de relações jurídicas, que foram ditadas no denominado interesse público secundário) desempenhada pela própria administração pública ou pelos órgãos legislativo e jurisdicional, não constitui para nós parte do que denominamos função administrativa, em razão da importância e específico conteúdo jurídico que atribuímos à noção de função, bem como das conseqüências que para nós decorrem da caracterização de uma dada atividade como função.

É certo que o desempenho da função administrativa é, antes de tudo, uma atribuição administrativa, contudo, o significado jurídico de função é o de uma atribuição de conteúdo bastante específico, qual seja, o de *atividade desempenhada em nome de interesse alheio*.

É por essa razão e para a finalidade de conservar o poder evocativo das palavras que restringimos o uso do vocábulo *função* para aqueles casos em que se quer suscitar na mente do interlocutor as *idéias de dever, de controle, de indisponibilidade*, e não a idéia genérica de atividade e atribuição.

Desprezar o rigor do conteúdo jurídico de função, banalizando sua utilização nos sentidos vagos de atribuição, atividade, atuação, distanciando-a de sua acepção jurídica, é correr o risco de obscurecer características que fundam a construção do direito administrativo: de um lado, a indisponibilidade dos interesses públicos pela administração e, de outro lado, o necessário manejo de poderes pela administração pública, no exercício da parcela mais importante e significativa da atuação administrativa.

## 2. *Conteúdo jurídico do conceito de função*

Conforme ensina o Professor Celso Antônio Bandeira de Mello, existe função quando alguém está investido no dever de satisfazer dadas finalidades em prol do interesse de outrem,[2] necessitando para tanto, manejar os poderes necessários para supri-la.

O instituto jurídico da função não é, portanto, exclusivo do Direito Administrativo, sendo aplicável, como categoria da Teoria Geral do Direito, à qualquer atividade desenvolvida em interesse alheio, como é por exemplo aquela atividade empreendida pelo administrador contratado pelos sócios de uma empresa para gerir seus negócios.

O importante é ressaltar que o exercício de uma função traz sempre consigo a idéia de vinculação a uma finalidade, de indisponibilidade por parte do exercente e, portanto, da ampla possibilidade de controle por parte do tutelado. Como asseverado por Massimo Severo Giannini, em trecho que ora se transcreve, "la ragione per cui una norma 'funcionaliza' un'atividade di una qualsiasi figura soggetiva, sta nella esigenza di controllare".[3]

Trata-se, de acordo com a fórmula sintética de Renato Alessi,[4] do *desempenho de um poder dirigido a um dever*, pela qual se ressalta a idéia de que os poderes que são manipulados pelo exercente de função lhe foram outorgados para a realização de certos fins, sendo ilegítima sua utilização para finalidades diversas daquelas que lhe foram incumbidas.

É por essa razão que se diz que os poderes do exercente de função são instrumentais, configurando-se como verdadeiros *poderes-deveres*, como quer a expressão de Santi Romano, uma vez que tais e quais poderes foram outorgados para possibilitar o cumprimento de um dever previamente demarcado. É, aliás, para ressaltar essa ordem de subordinação (dos poderes aos deveres)

2. *Curso de Direito Administrativo*, 12ª ed., Malheiros Editores, p. 34.

3. *Diritto Amministrativo*, v. 2, 3ª ed., Milão, Dott. A. Giuffrè Editore, p. 8.

4. *Sistema Istituzionale del Diritto Amministrativo*, Milão, Dott. A. Giuffrè Editore.

que o Professor Celso Antônio Bandeira de Mello inverte o "binômio da função" acima enunciado, caracterizando-a como o exercício de um *dever-poder*.

Pois bem. Decorre do caráter de dever da atividade correspondente a uma função, a necessidade de se outorgar a possibilidade de controle o quanto mais amplo possível, àqueles em nome de quem esses deveres são assumidos.

### *3. A função administrativa*

O intento de isolar o complexo heterogêneo da atividade administrativa em uma categoria abstrata, para o fim de delimitar o objeto formal do direito administrativo, tem sido um dos esforços mais árduos e prolongados da história da ciência jurídico-administrativa, "y también uno de los más baldíos", na opinião de Eduardo García de Enterría.[5]

Com efeito, a tarefa de homogeneizar sob um único critério o total da atividade multiforme da administração pública acabou por resultar em conceitos de pouca operatividade, muitas vezes fundados em critérios que não revelavam a natureza jurídica da função administrativa.

Como noticia o autor acima mencionado, o conteúdo do que se entendeu por função administrativa variou na história, desde *ação* (em oposição à declaração, própria das funções legislativa e judicial) à *ação singular e concreta*, à *ação organizada*, *ação de conformação social* e *gestão de serviços públicos*, até chegar a conteúdos exclusivamente negativos que negam à função administrativa um conteúdo próprio e se restringem a dizer o que ela não é.

Contudo, apesar dessas dificuldades, da diversidade de critérios e conseqüente variedade de conclusões e das possíveis críticas que se possa fazer acerca dos conceitos oferecidos pela doutrina administrativa, o esforço desses autores não foi assim *tan baldío*, pois trouxeram à evidência importantes aspectos da função administrativa, sobretudo se atentarmos para o fato de que aludem a algumas notas características comuns, conforme se pode verificar de algumas definições que serão brevemente referidas abaixo.

Na opinião de Guido Zanobini,[6] função administrativa é a atividade prática que o Estado realiza, para atingir de um modo imediato, os interesses públicos que assume para cumprimento de seus fins. Para esse autor a "imediatividade" e a "praticidade" da atuação do Estado-Administração são as notas características da função administrativa. A imediatividade refere-se à *atuação direta* da administração para satisfação dos interesses coletivos, que *age como sujeito da atividade* de realização dos fins que lhe foram assinalados pela lei. A praticidade é decorrência do caráter imediato da função administrativada e refere-se à característica dessa atuação como introdutora de modificações nas situações de fato existentes.

Marcelo Caetano[7] ressalta a "iniciativa" e "parcialidade" como características especificadoras da função administrativa. Ao contrário da atividade relacionada ao exercício da função jurisdicional, a atuação qualificada como função administrativa notabiliza-se por executar as leis independentemente de conflito, por iniciativa própria. A parcialidade dessa atividade estaria configurada na atuação da administração pública como titular dos interesses que a lei quer ver em ação, consubstanciada em sua *atuação como parte nas relações que estabelece para o exercício de sua função*. O autor chama atenção para o fato de que a administração pública assume a posição de parte nas relações jurídicas que estabelece, mas se tra-

5. *Curso de Derecho Administrativo*, v. 1, 5ª ed., Madri, Ed. Civitas, p. 24.

6. Ob. cit., v. 1, 5ª ed., Buenos Aires, Arayú, pp. 19-25.

7. *Manual de Direito Administrativo*, v. 1, 10ª ed., Coimbra, Almedina, pp. 6-8.

ta de parte titular de um poder, assim entendido como a possibilidade atribuída a alguém de eficazmente impor aos outros o respeito à própria conduta, ou, ainda, de determinar a conduta alheia.

Calcado na semelhança ou distinção do objeto essencial visado pelas diferentes funções estatais, Oswaldo Aranha Bandeira de Mello[8] diz ser função administrativa aquela referente aos atos de estabelecimento do programa de ação do Estado e de sua efetivação. Referida função manifesta-se por meio da ação legislativa e executiva do Estado-poder, que constituem, em razão de sua finalidade comum, momentos sucessivos de uma mesma função. Para esse autor, as funções tradicionalmente conceituadas como legislativa e executiva devem ser igualadas e agrupadas sob o rótulo de função administrativa, tendo em vista que ambas objetivam o oferecimento de utilidades públicas ao cidadão, mediante a *atuação direta do Estado como parte*, isto é, em "obra própria, espontânea, através da função pública que lhe compete". Essas atividades seriam opostas à ação judicial, pertinente à função jurisdicional, na qual o *Estado atua como terceiro*, com a finalidade de preservar a ordem jurídica, sendo a utilidade pública conseguida como mera conseqüência da atividade-fim dessa função, que é o próprio direito.

Baseados em critérios negativos, Otto Mayer e Augustín Gordillo não atribuem à função administrativa um conteúdo próprio. Esse último, rejeitando as classificações baseadas em critérios estritamente materiais ou orgânicos, conceitua residualmente a função administrativa como a totalidade da atividade realizada pelos órgãos administrativos, mais a atividade que realizam os órgãos legislativo e jurisdicional, excluídos, respectivamente, os fatos e os atos materialmente legislativos e jurisdicionais.[9]

8. *Princípios Gerais de Direito Administrativo*, v. 1, 1ª ed., Rio de Janeiro, Forense, pp. 35-42.

9. *Tratado de Derecho Administrativo*, v. 1, Buenos Aires, Ediciones Macchi.

Otto Mayer diz ser função administrativa toda atividade que o Estado desenvolve para a realização de seus fins, que não seja nem justiça e nem legislação. À essa definição negativa o autor acrescenta que as funções do Estado distinguem-se pela forma através da qual se dá a realização dos fins que lhes são assinalados, caracterizando a administração (tomada aqui em senso objetivo) como a atividade do Estado, para a realização de seus fins, "sob sua ordem jurídica", diferentemente da função legislativa cuja atuação está "acima dessa ordem jurídica", e da justiça, na qual tudo se faz "para essa ordem jurídica".[10] Agregando um pouco mais de materialidade à atividade administrativa, o autor refere em uma nota de rodapé que "Oposta assim à essas duas outras atividades do Estado, de formas bem determinadas, a administração tem qualquer coisa de móvel e variável" e, que, "Não é senão na administração que se vê agir o Estado".[11]

Santi Romano[12] define a função administrativa como aquela função pública do Estado, realizada debaixo da lei e *na condição de parte*, sujeito, de uma relação jurídica, para cumprir as finalidades assinaladas no ordenamento. Ressalta o autor tratar-se de atividade verdadeira e efetiva, concreta e prática, sobre a qual a lei previamente estabeleceu o fundamento jurídico, ao determinar as condições, os limites e o procedimento necessário para sua legítima execução. Chama atenção para o fato de que, em relação à satisfação dos interesses públicos, a lei nada mais faz do que tornar juridicamente possível e necessária sua satisfação, mas que a efetiva execução desses interesses é da esfera prática da administração. Assim, enquanto a função legislativa caracteriza-se por ser objetiva e imparcial, no sentido de que o Estado-legislador não estabelece rela-

10. *Droit Administratif Allemand*, Paris, V. Giard et E. Brière, Librairies-Editeurs, p. 13.

11. Ob. cit., p. 9.

12. *Corso di Diritto Amministrativo*, Milão, Dott. A. Giuffrè Editore, pp. 1-4.

ções jurídicas concretas nas quais ele, enquanto legislador, seja parte; *a função administrativa é notabilizada pela presença do Estado como parte na relação jurídica de concreção dessa norma abstratamente posta, personificado na figura da administração pública.* O autor completa dizendo que enquanto para as funções jurisdicional e legislativa o ordenamento jurídico objetivo é um fim, para a administração, é mais um dos meios que emprega na satisfação dos interesses coletivos, que é, esse sim, o fim da função administrativa.

Alessi[13] adverte para o fato de que a função administrativa é comumente definida com base em critérios mais técnicos-administrativos que jurídicos, como sendo aquela dirigida à realização de interesses coletivos mediante uma atividade concreta. Juridicamente, contudo, função administrativa é aquela caracterizada pela emanação de comandos complementares aos comandos abstratos contidos na norma, comandos esses que são postos para a *administração pública na condição de parte à qual os comandos se referem.* Assim, a posição do órgão estatal nas relações jurídicas necessárias ao cumprimento da função administrativa é a de *sujeito* dessas relações, da mesma forma que o sujeito privado é parte nas relações de direito privado, com a diferença de que os sujeitos privados não têm o poder, conferido pela norma, de influir mediante ato unilateral para fora de sua própria esfera jurídica. Diferentemente do sujeito privado, o Estado, personificado na figura da administração pública, é agente investido de poder soberano, e assim, *é parte na relação*, embora nela figura em posição de superioridade, o que faz com que as relações decorrentes do exercício da função administrativa sejam postas sob um plano vertical.

Para Celso Antônio Bandeira de Mello[14] função administrativa é a atividade exercida pelo Estado (ou por quem lhe esteja fazendo as vezes), no exercício de suas prerrogativas de autoridade, como *parte* diretamente interessada numa relação jurídica, debaixo da lei e em obediência a ela, a fim de cumprir as finalidades assinaladas no ordenamento normativo. Tal definição — acrescenta o autor — leva em conta unicamente a posição da administração dentro do sistema, que é aquela de *parte* "em um dos pólos de uma relação, sujeito, portanto, de um vínculo, em contraposição à outra parte", e, ressalta, parte "no exercício de suas prerrogativas de autoridade", isto é, na sua qualidade de Poder Público.

Enterría[15] começa por alertar para inutilidade de procurar-se um conteúdo material ou objetivo da administração pública (entendida em senso objetivo), isto porque, as atividades realizadas pela administração são puramente contingentes, e historicamente variáveis de acordo com a demanda social, que é, por sua vez, distinta para cada órbita cultural e contexto socioeconômico em que se produz. Também as técnicas formais de administrar são circunstanciais, sendo inútil isolar uma única técnica como definitiva. Para esse autor, o único fator estável em relação à atuação administrativa é a *personificação dos órgãos* aos quais ela é atribuída, fator, aliás, que faz possível o direito administrativo. Todas as relações jurídico-administrativas são personificadas pela administração pública como *parte*, isto é, como *sujeito de direito* que emana declarações de vontade, celebra contratos, é titular de um patrimônio, é responsável e judicável, nota que basta para individualizá-la em relação aos órgãos que atuam outras funções públicas.

A despeito da diversidade dos critérios adotados pelos autores acima mencionados é possível notar que há em todas as definições referidas, ao menos, duas notas características comuns.

A primeira característica comum a todas as definições arroladas é a de que a fun-

13. Ob. cit., pp. 2-6.

14. *Prestação de Serviços Públicos e Administração Indireta*, 2ª ed., São Paulo, Ed. RT, pp. 10-14.

15. Ob. cit., v. 1, pp. 24-26.

ção administrativa é aquela *atividade desenvolvida com vistas a finalidades assinaladas no ordenamento jurídico*. É a noção de que a função administrativa (por meio de sua ação executiva, no caso da definição de Oswaldo Aranha Bandeira de Mello) está vinculada a uma *finalidade cogente*, expressa em lei.

Sendo assim, os interesses em prol dos quais a administração pública realiza sua atividade, são aqueles assinalados em lei, à qual a administração pública está submetida não apenas em senso negativo, impedida de fazer o que a lei proíbe, mas também em senso positivo no sentido de que só lhe é lícito fazer aquilo que a lei permite. Isso quer dizer que a administração pública atua para a concreção dos fins assinalados no ordenamento jurídico, emanando, para tanto, *comandos jurídicos que são complementares à lei, nunca superiores a ela.*

A segunda característica constante em todos os conceitos apresentados é a de que a administração pública *atua como parte nas relações jurídicas por meio das quais desempenha sua função*, o que caracteriza a função administrativa como sendo aquela parcela da atuação do Estado para a concretização do interesse público (tal como abstratamente posto no ordenamento jurídico), na qualidade de *parte interessada nessas relações jurídicas*.

Tal característica da *função administrativa* conjugada com outra que resulta do conteúdo jurídico atribuído ao conceito de *função*, qual seja, a de que se trata do desempenho de finalidades cogentes em nome de *interesse alheio*, serve para isolar uma parcela da atuação administrativa em que *o Estado comparece como titular de direitos e deveres concretos frente àqueles em nome dos quais atua*, os cidadãos, que, nessa condição, detêm o *direito subjetivo público* de exigir comportamentos específicos da administração pública.

Conquanto seja certo que a reserva do conceito de função administrativa a essa parcela da atuação administrativa em que o Estado comparece como titular de direitos e deveres concretos frente àqueles em nome dos quais atua não serve para sistematizar o complexo heterogêneo das atividades administrativas sob um único critério — intento de utilidade duvidosa e que até hoje não se logrou — também é certo que serve para destacar uma parcela da atuação administração peculiar com relação à qual se proporciona ao administrado o mais amplo controle possível, além de preservar a acepção jurídica do conceito de *função*.

### *4. Posição da administração pública e dos administrados nas relações jurídicas estabelecidas no desempenho da função administrativa*

Conforme exposto, reservamos o rótulo de função administrativa à parcela da atuação administrativa em que o Estado comparece como titular de direitos e deveres concretos *frente àqueles em nome dos quais atua*, que, acrescentamos agora, figuram nas relações jurídicas derivadas dessa atuação, em sua condição genérica de cidadãos.

Trata-se, portanto, de parcela da atuação administrativa da qual pode derivar relações jurídicas entre o Estado, personificado pela administração pública ou por quem lhe faça as vezes, e o administrado, não na sua condição de indivíduo especialmente vinculado à administração pública, mas, sim, em sua condição genérica de cidadão, vinculado à administração pública por meio do que se denomina *relação genérica* de poder e sujeição, em contraposição à denominada *relação especial* de poder e sujeição.

A diferença entre ambas é que as relações especiais de poder e sujeição, nas quais o Estado comparece no exercício da denominada *supremacia especial*, decorrem de título jurídico especial que relacione o Estado e o administrado, que comparece na relação não como cidadão, mas como indivíduo, isoladamente considerado; já as relações genéricas de poder e sujeição, em que o Estado comparece no exercício da denominada *supremacia geral*, decorrem da lei, e os indivíduos são afetados indistintamente, em sua condição genérica de cidadão.

Confiram-se as palavras de Celso Antônio Bandeira de Mello a esse respeito:[16] "De acordo com tal formulação doutrinária, que a doutrina brasileira praticamente ignora, a Administração, com base em sua supremacia geral, como regra não possui poderes para agir senão extraídos diretamente da lei. Diversamente, assistir-lhe-iam poderes outros, não sacáveis diretamente da lei, *quando estivesse assentada em relação específica que os conferisse*. Seria esta relação, portanto, que, em tais casos, forneceria o fundamento jurídico atributivo do poder de agir, conforme expõe na Itália, Renato Alessi, entre tantos outros".

E, prossegue o autor, mais adiante:[17] "É inequivocamente reconhecível a existência de *relações específicas intercorrendo entre o Estado e um círculo de pessoas que nelas se inserem*, de maneira a compor situação jurídica muito *diversa da que atina à generalidade das pessoas*, e que demandam poderes específicos, exercitáveis, dentro de certos limites, pela própria Administração. Para ficar em exemplos simplicíssimos e habitualmente referidos: é diferente a situação do servidor público, em relação ao Estado, da situação das demais pessoas que com ele não travaram tal vínculo; é diferente, em relação à determinada Escola ou Faculdade pública, a situação dos que nela estão matriculados e o dos demais sujeitos que não entretém vínculo algum com as sobreditas instituições; é diferente a situação dos internados em hospitais públicos, em asilos ou mesmo em estabelecimentos penais, daquel'outra das demais pessoas alheias às referidas relações (...)".

Para estabelecer com precisão os limites do conceito de função administrativa, desenvolvido neste trabalho, cabe ainda referir mais uma distinção: quando se diz que a administração pública é parte interessada nas relações jurídicas que estabelece no desempenho da função administrativa, quer-se fazer referência ao que a doutrina italiana denomina de interesse público primário, que são aqueles interesses próprios da coletividade e referidos imediatamente à ela.

Com efeito, a administração pública atua, também como parte, na consecução de seus "próprios interesses", que são os denominados interesses secundários. Tais interesses, que só podem ser titularizados pela administração se compatíveis com o interesse público primário, possuem caráter patrimonial (aqui entendido "patrimônio" em sentido lato) e, portanto, apenas mediatamente referidos à coletividade.

É claro que o interesse público secundário, apesar de secundário, é, antes de qualquer coisa, interesse público. Assim, quando se diz que o interesse secundário é interesse próprio da administração, não se quer dizer que sejam interesses autônomos, dos quais ela possa dispor livremente. Da mesma forma que os interesses privados, os interesses secundários da administração cedem à supremacia do interesse público.

É certo também que a gestão desses interesses públicos secundários está sujeita aos princípios de direito administrativo, assim para adquirir um prédio que sirva para a instalação de uma repartição pública a administração está obviamente obrigada a realizar o devido processo licitatório.

O que não se pode dizer é que tais interesses recebam o mesmo tratamento jurídico daqueles que são imediatamente referidos à coletividade, ligados a seus interesses primários.

Exemplo do que se acabou de afirmar é a diferença entre o regime jurídico dos bens ditos de uso comum e especial para os bens dominicais. Não que a Administração possa livremente alienar os bens dominicais, pois tais bens, antes de serem dominicais e tradicionalmente definidos como bens

16. In *Curso de Direito Administrativo*, 17ª ed., p. 720.

17. Ob. cit., p. 721.

que são "próprios" da administração, são públicos. Mas, para tanto, a Administração terá que seguir um procedimento específico determinado em lei, mas poderá realizar sua alienação; ao contrário do que sucede com os bens de uso comum ou especial que, para serem alienados, devem ser desafetados do uso público a que estavam destinados, passando a ser um bem dominical.

O mesmo se diga das atividades referentes à organização interna administrativa, assim entendida como aquela por meio da qual a administração atua na gestão dos bens, pessoais ou materiais, necessários para a consecução de suas finalidades. É certo que a administração não pode agir em desconformidade com a lei, assim como não pode também agir fora dos limites por ela previstos, contrariando o interesse público primário, mas é certo que a ninguém é dado o direito de exigir, a título de uma prestação jurídica, que a administração contrate, que realize concurso de tanto em tanto tempo, que se organize em um número determinados de órgãos, em tais e quais departamentos, que deverão se relacionar de uma tal ou qual maneira, que adquira este ou aquele bem.

*Nesses casos em que atua no interesse público secundário, embora seja parte, não se pode dizer que a administração pública esteja no desempenho de função administrativa, pois não está atuando no desempenho de interesse alheio, mas em interesse próprio, com as peculiaridades que já expusemos acima.* É também por essa razão que em relação a essas atividades não se pode falar em direito subjetivo público do administrado, nessa sua condição genérica de membro da coletividade, conforme a diferenciação que será desenvolvida adiante.

Em suas relações com a administração pública o administrado pode ser titular de uma série de situações jurídicas, que são convencionalmente agrupadas em duas grandes categorias, segundo comportem uma ampliação ou uma limitação de sua esfera jurídica. Conforme noticia Eduardo García de Enterría,[18] na primeira categoria são habitualmente incluídas três classes diferentes, quais sejam, as potestades, os direitos subjetivos e os interesses legítimos; na segunda, é habitual a inclusão da sujeição, dos deveres e das obrigações.

Conquanto referida classificação seja bastante expressiva da realidade, a mesma não deve autorizar a conclusão, demasiado simplista, de que nas situações de vantagem (correspondentes à primeira categoria) o administrado figuraria como sujeito ativo e nas situações de desvantagem (correspondentes à segunda), como sujeito passivo.

Isto porque, no que se refere ao exercício da função administrativa, a administração pública está sempre no exercício de deveres-poderes, assim, quando realiza uma dada atividade pertinente a essa função, é a um só tempo titular do direito de exigir dados comportamentos, mas, também, titular do dever de prestar adequadamente aquela atividade, o que a coloca como sujeito ativo e passivo com relação a um mesmo objeto, qual seja, as atividades que o ordenamento jurídico lhe assinala como fim.

Feitos esses esclarecimentos iniciais, passemos a especificação de cada uma dessas situações jurídicas passivas do administrado com relação à administração pública (sujeição, dever e obrigação).

A sujeição é a relação de reconhecimento da condição de superioridade da administração pública (que é na verdade decorrência da supremacia dos interesses cuja tutela lhe foi designada). E, nesse ponto, lembre-se a distinção feita entre estar o administrado relacionado com a administração na sua qualidade genérica de cidadão, ou estar figurando no pólo de uma relação jurídica que o liga à administração de uma maneira específica, como é o caso do preso, do soldado, e do funcionário. No primeiro caso diz-se haver uma relação geral de sujeição (ou supremacia geral, pelo ângulo da adminis-

18. Ob. cit., v. 2, pp. 32-35.

tração); enquanto no segundo, fala-se em uma relação especial de poder (ou de supremacia especial). Essa distinção nos vai ser de grande utilidade no tópico em que cuidaremos do significado dos direitos públicos subjetivos.

Diz Eduardo García de Enterría que "Dever e obrigação pertencem ao gênero comum dos deveres em sentido amplo, enquanto comportamentos, positivos ou negativos, impostos a um sujeito em consideração a interesses que não lhe são próprios".[19] Distinguem-se, contudo, quanto ao grau de concreção, pois os deveres têm origem direta da norma, independente de relação jurídica, de maneira que "o sujeito gravado por um dever não tem frente a si um sujeito determinado que seja titular de um direito subjetivo de exigir dele o comportamento em que o dever consiste, mas um poder destinado a atuar como garantia do cumprimento do dever que é o de respeitar o poder do sujeito ativo nos termos da lei".[20]

Já a obrigação decorre da subjetivação da norma, isto é, da existência de uma relação jurídica concreta, na qual um sujeito está obrigado a cumprir uma dada prestação específica, à qual o outro passa a ter direito, sob pena de responsabilidade do sujeito obrigado.

Entre o dever e a obrigação há uma gradação que vai da prescrição genérica e objetiva da lei ou do costume (se o admitirmos como fonte objetiva do direito) à determinação de um dado comportamento à um sujeito específico, individualizado por uma relação jurídica concreta. Conforme bem explicado por Oswaldo Aranha Bandeira de Mello, o dever, enquanto indeterminado, "atribui aos sujeitos passivos o dever de respeitar o poder do sujeito ativo, nos termos da lei ou do costume, segundo a interpretação oferecida pela jurisprudência. E o titular desse poder exerce livremente as faculdades conferidas pela ordem jurídica normativa. Já quando determinado atribui ao sujeito passivo o dever de satisfazer o poder do sujeito ativo, na conformidade do liame a que ficam reciprocamente presos".[21]

Contudo, sem prejuízo de ser destinatário dessas situações jurídicas passivas, o administrado é também titular de situações jurídicas ativas frente a administração, o que, aliás, é pressuposto do direito administrativo.

A primeira dessas categorias de situações jurídicas ativas do administrado é a potestade. Potestades são poderes genéricos e abstratos que apenas após seu exercício concretizam-se no poder (concreto) de exigir uma dada conduta de um sujeito determinado. Em relação à administração pública, a potestade consubstancia-se no poder outorgado ao administrado de exigir o cumprimento da lei pela administração pública, para o que lhe é dada a faculdade de movimentar o aparato judiciário em defesa de seus direitos.

Tal potestade é outorgada ao administrado diretamente pela lei, isto é, independentemente, de relação jurídica, e manifesta-se em dois sentidos. O primeiro refere-se à limitação positiva que o ordenamento jurídico impõe à administração, como decorrência de ser exercente de uma função, marcando-lhe não só os fins que necessariamente deve perseguir, como também os meios através dos quais passará à sua realização. Nesse sentido, a potestade assume a significação de outorgar ao administrado o poder objetivo de exigir da administração pública o cumprimento de seus deveres e a estrita utilização de seus poderes instrumentais de autoridade para a realização dos deveres que lhe foram incumbidos. No segundo sentido, a potestade advém da limitação negativa da administração pública em relação à Lei, segundo a qual a administração pública não pode fazer, assim como os entes privados, o que a Lei proíbe, o que outorga ao administrado a prerrogativa de exigir que a atuação

19. Ob. cit., v. 2, p. 34.
20. Ob. cit., v. 2, p. 35.
21. Ob. cit., v. 1, p. 197.

da administração pública não contrarie os termos da Lei.

Na mesma medida em que as obrigações correspondem à subjetivação dos deveres objetivos, a concreção e a individualização da potestade genérica e abstrata corresponde à segunda das categorias relativas às situações jurídicas ativas do administrado em relação à administração pública, que são os direitos subjetivos.

À eles vamos nos referir em tópico isolado, em razão da importância que assumem para a conclusão desse trabalho.

Aos interesses legítimos, correspondentes à terceira categoria das situações jurídicas ativas dos administrados, nos referiremos mais adiante apenas para mencionar que a importação desse conceito da doutrina italiana para o ordenamento jurídico brasileiro serve apenas como fonte de confusão.

### 5. *Direitos subjetivos*

Os direitos subjetivos decorrem necessariamente de uma relação jurídica concreta cujo objeto é a exigência do cumprimento de uma determinada prestação por parte de um sujeito passivo individualizado.

Como afirma Oswaldo Aranha Bandeira de Mello, "com o estabelecimento da relação jurídica surge o direito subjetivo daquele em contraposição à obrigação deste, de caráter individuado, caracterizado pela prerrogativa da exigência de seu respeito devidamente garantido pelo Estado".[22]

Dessa forma, em razão da submissão da administração pública à lei, os administrados lesados em sua esfera privada por conduta a ela imputável possuem o direito subjetivo de exigir judicialmente a reparação do prejuízo ao seu patrimônio, aqui entendido no sentido lato conferido ao termo.

São os direitos subjetivos denominados perfeitos, comuns ao direito administrativo e privado, e que correspondem à proteção aos direitos patrimoniais dos administrados, de natureza obrigacional (contratual e extracontratual) e real; aos direitos criados, declarados ou reconhecidos por atos administrativos singulares, em favor de uma pessoa determinada; e aos decorrentes do respeito a suas liberdade individuais, conforme a enumeração de Eduardo García de Enterría.[23]

Pois bem. Embora constitua categoria pertinente à Teoria Geral do Direito, o conceito tradicional de direito subjetivo foi elaborado para teoria do direito privado, com base na prática e vivência desse campo específico do direito. Acrescentou-se à essa noção o adjetivo "público" apenas para fazer referência aos direitos relacionados à esfera privada dos administrados, conforme acima enumerados, que são oponíveis ao poder público, mantendo-se, entretanto, o mesmo conteúdo do conceito tradicionalmente aplicado à teoria do direito privado.

Ocorre que uma tal definição mostrouse insuficiente para resolver os problemas típicos do ordenamento jurídico administrativo, deixando a descoberto toda uma série de interesses que, embora conformes com o ordenamento jurídico, ficavam sem proteção jurisdicional por não se encaixarem na classificação dos ditos direitos subjetivos perfeitos. Trata-se dos casos em que as normas, como a esmagadora maioria das normas de direito administrativo, eram postas no interesse geral da coletividade, criando situações jurídicas de "titularidade indeterminada".

Para resolver a questão, a França criou o que denominou de "recursos objetivos", do que é exemplo o recurso contra excesso de poder, e a Itália, a figura do interesse legítimo. Na Alemanha, em razão do ordenamento jurídico prever proteção judicial exclusiva às lesões que os cidadãos sofram em seus direitos subjetivos (aliás, à semelhança do nosso ordenamento), a solução encontrada

22. Ob. cit., v. 1, p. 196.

23. Ob. cit., v. 2, pp. 37-38.

foi redimensionar o conteúdo tradicional desses direitos, para incluir exatamente o que a doutrina italiana denomina interesse legítimo e a francesa, como situações protegidas mediante recursos objetivos.

Assim, de acordo com a definição de Ihering, referida por Eduardo García de Enterría,[24] existe direito reflexo quando "as normas jurídicas de Direito público prescrevem uma determinada ação ou omissão dos órgãos do Estado no interesse geral, pode ocorrer que o resultado dessa ação ou dessa omissão favoreça a determinados indivíduos, sem que por isso o ordenamento, ao estabelecer a norma de que se trata, se tenha proposto a ampliar a esfera jurídica própria dessas pessoas. Em tais casos de pode falar em um efeito reflexo do Direito objetivo".

O que ocorre é que, em tais casos, o cidadão como membro da coletividade, lesado nessa sua condição, possui o direito subjetivo decorrente de uma relação jurídica concreta, na qual a Administração figurará no pólo oposto e na condição de sujeito passivo, de exigir que a mesma exercite sua função nos termos da lei, ou seja, desempenhe os deveres que lhe foram incumbidos, da maneira como foram assinalados.

A existência de tais direitos subjetivos decorre, abstratamente, da conjugação das normas jurídicas que estabelecem as obrigações da administração pública no exercício de sua função administrativa, e, da qualificação desta como parte, sujeito de direitos e deveres; e concretamente, de uma lesão ocasionada ao indivíduo em sua condição de cidadão.

Por força de tais direitos é que, da mesma forma que à administração é lícito exigir dados comportamentos individuais dos administrados, em razão de serem integrantes do corpo social, poderão os administrados, nessa mesma qualidade de integrantes do corpo social, exigir, também individualmente, que a administração pública atue nos termos da lei, nos casos em que a administração com sua ação ou inação esteja lhe ocasionando uma lesão concreta.

Em tais situações não há como negar que se conjugam o interesse subjetivo (lesão ao interesse individual do cidadão) e a proteção objetiva do ordenamento jurídico (regras objetivas que assinalam determinadas finalidades à administração pública e que ditam o procedimento de sua atuação), na formação de verdadeiro direito subjetivo da titularidade do cidadão.

Nesses casos não se poderá falar que o cidadão particularmente atingido mova-se por um abstrato interesse pela legalidade, como age através da ação popular, mas pelo interesse concreto, protegido juridicamente, de obter uma determinada prestação à qual a administração está obrigada, como parte individualizada.

Assim é que poderá exigir individualmente a prestação adequada (aos termos da lei) de um determinado serviço do qual a administração pública está incumbida, e do qual o indivíduo, na sua condição de cidadão, é usuário; assim também é que poderá exigir que se realize a fiscalização da higiene pública de local que aquele determinado indivíduo, como membro da coletividade, freqüenta assiduamente.

Conforme afirma Eduardo García de Enterría, "quando um cidadão se vê prejudicado em seu âmbito material ou moral de interesses por atuações administrativas ilegais adquire, pela conjunção dos dois elementos de prejuízo e ilegalidade, um direito subjetivo à eliminação dessa atuação ilegal, de modo que se defenda e restabeleça seus interesses", fazendo-se presente a figura do que o autor denomina de direitos subjetivos reacionais.[25]

Assim, para que por meio da titularidade de um direito subjetivo, outorgue-se, no campo do direito administrativo, proteção compatível àquela que lhe corresponde

24. Ob. cit., v. 2, p. 43.

25. Ob. cit., v. 2, pp. 54-55.

no campo do direito privado, faz-se necessário o redimensionamento do conceito de direito subjetivo público, com o que não se terá mais razões para supor que um indivíduo não possa colocar em movimento uma norma objetiva para a proteção de seu "interesse", pelo motivo de se tratar de uma norma posta no interesse da coletividade, da qual faz parte.

Isto porque, no ordenamento jurídico administrativo, os interesses individuais não se resumem aos interesses privados dos administrados, como ente partido ao meio, considerado em apenas uma de suas esferas de interesse. Aqui, os interesses individuais alcançam também a dimensão social do indivíduo, que compõem também a sua esfera de interesses.

Dessa forma, dizer que uma norma posta no interesse da coletividade não autoriza a individualização da proteção jurídica outorgada aos *interesses do indivíduo, que faz parte desta coletividade* — como se esses fossem completamente alheios aos interesses dessa coletividade que, então, não os abrangeria — é partir de uma noção equivocada do significado do interesse público ou coletivo, para acabar em reduzir o sistema de proteção dos administrados, fazendo com que o mesmo, não obtenha a reparação do prejuízo concreto que lhe foi ocasionado pela ação ou inação da administração pública.[26]

### *6. Os direitos subjetivos públicos*

Na definição de Rudolf Von Ihering, referida por Eduardo García de Enterría, direitos subjetivos são interesses juridicamente protegidos. Assim, para apresentarmos uma definição de direito subjetivo público impõe-se esclarecer o que se entende por interesse público.

O interesse público é tradicionalmente definido pela doutrina como a somatória ou síntese dos interesses particulares que, harmonizados pelo fim comum, passam a compor um todo transcendente em relação a esses interesses individuais isoladamente considerados. Exemplo dessa definição é aquela clássica, da autoria de Perrot, segundo a qual o interesse público é a entidade geral e abstrata que absorve e transcende a soma dos interesses individuais de seus membros.

O Professor Celso Antônio Bandeira de Mello, nas lições proferidas sobre o tema em suas aulas expositivas, alertando para a impropriedade lógica de afirmar a existência de um todo estranho às partes que o compõe, diz ser interesse público aquele que aproveita ao indivíduo em sua dimensão social. Aquele interesse individual que decorre da condição social do indivíduo, isto é, de sua qualidade de membro da coletividade.

Embora também se insiram na esfera individual, os interesses públicos podem ser distintos dos interesses particulares dos indivíduos. Exemplifica o Professor com a seguinte situação: um cidadão tem o interesse individual em que exista o instituto da desapropriação, para que o Estado adquira os bens necessários para a construção de uma rodovia, hospital, museu etc. Contudo, certamente não possui interesse, particularmente considerado, de ser expropriado de seus bens.

Tal perspectiva, ditada pela habitual lucidez do Mestre, traz grandes vantagens para o sistema de garantias do administrado, especialmente quando transportado para o conceito de direito subjetivo público.

Isto porque, mentando o direito subjetivo público com olhos postos na noção de interesse público supramencionada, chegamos ao redimensionamento que se faz necessário. Direito subjetivo público é a prote-

26. Isto porque, tanto na França quanto na Itália, embora esses interesses sejam primeiramente apreciados pelo contencioso administrativo, o administrado particularmente lesado terá direito à reparação do prejuízo na justiça comum, enquanto através de ação popular o administrado não fará jus a qualquer reparação patrimonial direta.

ção outorgada pelo ordenamento jurídico objetivo ao interesse que aproveita o indivíduo enquanto membro de uma coletividade.

Não se trata, contudo, de afirmar que todas as normas de direito administrativo conferem ao administrado um direito subjetivo público, nem tampouco, de dizer que os direitos subjetivos se originem de desrespeito abstrato à norma.

Os direitos subjetivos decorrem de prejuízo pessoal concreto ao cidadão. Antes da infração não existe um direito subjetivo, mas um simples dever imposto pela lei ao outro sujeito, cujo desrespeito poderá ser atacado por ação popular, mas não por ações impugnatórias fundadas na existência de um direito subjetivo.

E as normas que outorgam ao administrados direitos subjetivos são aquelas postas em proveito da coletividade como um todo, mas que atingem individualmente os membros dessa coletividade. O que faz com que se possa acrescentar à definição acima exposta que o direito subjetivo é a pretensão do particular administrado, na sua condição genérica de cidadão, a um dado comportamento do poder público, garantido por uma norma jurídica objetiva posta no interesse da coletividade como todo.

Assim, como nem todas as normas de direito administrativo são postas no interesse da coletividade como um todo, não são todas as normas de direito administrativo suscetíveis de conferir ao cidadão um direito subjetivo. Isto porque, no ordenamento jurídico administrativo há normas postas no interesse de particulares, que são aquelas referentes às garantias do administrado com relação à administração; normas postas no interesse geral da coletividade; e, por fim, normas postas no interesse secundário da administração.

Em relação às primeiras, eventual lesão receberá a proteção garantida pelos direitos subjetivos tradicionais, comuns ao direito público e ao privado; em relação às segundas, a existência de um direitos subjetivos decorrerá de alguma lesão individual ocasionada pela administração pública no descumprimento das normas que regem sua função administrativa, dará origem aos direitos subjetivos públicos dos quais tratamos agora; em relação às terceiras, não se poderá falar realmente em direitos subjetivos públicos, pois a norma é dirigida a atuação da administração como corporação e não como entidade exercente de função administrativa, na qual se relaciona com a coletividade como um todo.

Explicando melhor, queremos dizer que quando individualiza as normas que são postas no interesse público secundário, a administração pública estabelece relações específicas com os indivíduos e não com indivíduos na sua condição social. É o que ocorre naquilo que denominamos acima de estrita atividade de organização — assim entendida como a atividade regida por normas postas no interesse público secundário e que se refere ao aparelhamento e funcionamento da máquina burocrática, na qual a administração pública e também os órgãos legislativo e jurisdicional, atuam na gestão do pessoal e dos bens aplicados à sua função principal.

Quando age na estrita atividade de organização,[27] eventuais lesões causadas pelo comportamento ilegal da administração pública não geram direitos subjetivos públicos, porque não dão nascimento a um poder individual do cidadão de exigir uma dada prestação de conteúdo específico.

Assim é que não poderá exigir individualmente e na condição genérica de cidadão que a administração se organize em tais e quais órgãos, que discipline seus órgãos de tal ou qual maneira, que reparta as atribui-

27. Não consideramos ser atividades de estrita organização, aquelas que, embora a ela referidas, lhe são anteriores e paralelas, e cuja a disciplina provém de normas postas no interesse geral, como, por exemplo, as normas de licitação que outorgam a todos o direito de concorrer para travar relações jurídicas negociais com a administração pública.

ções de seus agentes para esse ou aquele indivíduo, que preencha um tal número de cargos, que não realize contratos de trabalho temporários, que não exonere aquele funcionário por tais e quais motivos.

Esse poderá ser o campo de atuação das ações populares ou de ações que decorram do desrespeito ao interesse individual daqueles que se relacionam com a administração pública, não na sua qualidade de cidadão (no que denominamos acima de relação genérica de poder), mas sim, na qualidade de indivíduo particularmente considerado, em relação especial de poder que o vincula à administração pública (como é, por exemplo, o funcionário público), da qual poderá exigir o respeito aos seus direitos subjetivos, tal como se dá no direito privado.

O que queremos dizer é que o desempenho de função gera para o administrado uma espécie de direito subjetivo, que parte do reconhecimento do estado como uma entidade serviente ao administrado, cuja atuação está submetida à lei, e que estará, portanto, subjetivamente obrigada à realização de certos deveres que poderão ser individualmente exigidos pelos membros da coletividade, através da figura dos direitos subjetivos públicos.

Um tal redimensionamento do conceito de direito subjetivo público, de forma a precisar seu conteúdo para a resolução dos problemas no campo do direito público, resolve toda a problemática gerada com relação à possibilidade de legitimação individual do cidadão para obter a reparação de prejuízos referentes aos denominados *direitos difusos*, que traz consigo a discussão acerca dos interesses legítimos, como sendo os interesses originários dessa espécie de direito dito difuso.

Isto porque, na Itália, local de onde toda a teoria dos direitos difusos foi importada, os interesses legítimos são objetivamente protegidos pelo ordenamento jurídico. Assim, um determinado indivíduo, titular de um interesse legítimo, poderá socorrer-se da jurisdição administrativa para o fim de obter a declaração de nulidade do ato administrativo atacado, com o que poderá, se for o caso, obter uma reparação aos prejuízos que lhe foram causados, junto à jurisdição comum.

Ao contrário, a figura do interesse legítimo simplesmente não existe no ordenamento jurídico brasileiro, isto porque, a proteção judicial do indivíduo para a recomposição dos danos sofridos por atuação estatal ilegal é restrita aos direitos subjetivos, conforme resulta das regras que vedam a lei de excluir da apreciação do Poder Judiciário qualquer lesão ou ameaça a direito, e não a interesse (art. 5º, XXXV); que estatuem que a ninguém é dado pleitear, em nome próprio, direito alheio, salvo quando autorizado em lei (art. 6º, CPC); que reservam ao Ministério Público, aos Estados e Municípios e a União, e entidades da administração indireta constituídas a mais de um ano, a legitimação para propor ação civil pública (art. 5º, Lei 7.347/1985); que reservam aos partidos políticos e organizações sindicais, entidades de classe ou associação legalmente constituída há pelo menos um ano, a prerrogativa de impetrar mandado de segurança coletivo, para a defesa de seus membros ou associados (art. 5º, LXX); autorizam a concessão de mandado de segurança para proteger direito líquido e certo de ilegalidade ou abuso de poder (art. 5º, LXIX).

Por essa razão, denominar certos tipos de interesse como legítimos para o fim de lhes estender maior proteção judicial, é dar um tiro que sai pela culatra. Pois, como restou demonstrado, os interesses — sejam simples ou legítimos — estão realmente à margem de proteção objetiva.

O "acertamento" do conteúdo do conceito de direito subjetivo impõe-se, portanto, como medida de ampliação do acesso à justiça e legitimação dos indivíduos para proteção de seus direitos de cidadão, solução cogitada por Rodolfo de Camargo Mancuso, no trecho que ora se transcreve: "para legitimar o interesse individual de agir nesses casos há duas possibilidades: (a) ou se alarga o conceito de direito subjetivo; ou

(b) ou se admite que a tutela jurisdicional deve recair não somente sobre esses direitos, mas também sobre os tais interesses legítimos, nesse caso, deve admitir-se que a tutela jurisdicional não teria mais por base a titularidade, mas a relevância social do interesse não contrário ao direito".[28]

No entanto, tal redimensionamento é desaconselhado pelo autor, pois "no estágio atual da evolução do tema examinado, cremos que não seria útil ou conveniente tentar justificar a necessidade de tutela dos interesses difusos, aproximando-o da categoria dos direitos subjetivos: não é útil, porque, como visto hoje já se aceita que o universo jurídico não é só formado por direitos subjetivos, mas por interesses legítimos; não é conveniente porque importaria num retrocesso no âmbito de uma evolução".[29]

## *7. Conclusão*

Com isso tudo se quer dizer que decorre da qualificação de algumas atividades como função administrativa a possibilidade alargada de controle, que poderá ser feita também individualmente pelos cidadãos, como titulares de direitos subjetivos públicos, para o fim de que não se restrinja sua possibilidade de controlar o exercente de atividades que são realizadas em seu nome.

Em relação à atividade de estrita organização administrativa, assim entendida como aquela regida por normas postas no interesse público secundário, e realizada tanto pela administração pública quanto pelos órgãos legislativo e judiciais, usualmente consideradas como função administrativa, não há direito subjetivo público, porque a atuação administrativa, nesse caso, é dirigida a sua esfera privada de ente coletivo, na medida em que constituem um meio para a realização da verdadeira função administrativa. Assim, eventual lesão causada nessa atividade de estrita organização administrativa será contrastável por ação popular, uma vez que o só fato de ser a mesma realizada com recursos públicos, traz, ainda que mediatamente, conseqüências jurídicas para os administrados; assim como, poderá ser contrastada também individualmente pela pessoa lesada, mas aí, não como membro da coletividade, mas como indivíduo relacionado de uma maneira específica com a administração pública.

28. *Interesses Difusos — Conceito e Legitimação para Agir*, 4ª ed., São Paulo, Ed. RT, p. 31.

29. Ob. cit., p. 35.

# O REGIME JURÍDICO DA REMUNERAÇÃO DO SERVIÇO CONCEDIDO DE ABASTECIMENTO DE ÁGUA E ESCOAMENTO DE ESGOTO

MARCUS VINÍCIUS FILGUEIRAS JÚNIOR*

Professor de Direito Administrativo e Coordenador de Pesquisa Jurídica da Universidade Estácio de Sá — *Campus* 7. Assistente Jurídico da FENORTE — Fundação do Norte Fluminense.
Mestrando em Direito Administrativo pela Pontifícia Universidade Católica de São Paulo — PUC/SP.
Advogado em Campos dos Goytacazes/RJ

*I — Introdução. II — Do regime tributário da remuneração: 1. Da configuração da taxa; 2. Da compatibilidade entre o regime tributário e o de concessão: 2.1 Da compatibilidade jurídica; 2.2 Da compatibilidade material; 3. Da ideologia constitucional; 4. Da inadequação do critério da compulsoriedade; 5. Sujeito ativo da taxa: o poder concedente. III — Conclusões. IV — Bibliografia.*

## *I — Introdução*

O presente ensaio tem a finalidade de elucidar alguns pontos controversos no que tange à identificação do regime jurídico da remuneração dos serviços concedidos de fornecimento de água e escoamento de esgoto.

O tema, em debate de longa data, permanece controvertido, entre doutrinadores e na jurisprudência. A busca de esclarecimentos mais precisos torna-se especialmente momentosa, quando se considera a maciça implementação da desestatização dos serviços públicos e a conseqüente prestação dos mesmos por meio de concessão.

O objeto do presente estudo adquire relevo, sobretudo, sob o ponto de vista do usuário, seja na condição de consumidor, que paga efetivamente pela utilização dos serviços, ou na qualidade de cidadão, consciente de que a não fruição de serviços da espécie, por qualquer razão, poderá causar danos sociais irreparáveis. A esse respeito, é ponto pacífico que o abastecimento de água e o escoamento de esgoto guardam relação direta com a prevenção e manutenção da boa saúde pública.

O ponto de maior divergência em relação ao assunto parece repousar sobre a aplicabilidade do regime tributário a essa remuneração; por tal motivo, nos restringiremos a enfrentá-lo nos limites deste breve trabalho.

Em linhas gerais, a polêmica apresenta-se do seguinte modo: enquanto a corrente favorável à aplicação do regime tributário argumenta que estamos em face de *taxa*; a outra corrente inclina-se para o regime ta-

* *E-mail*: <filgueiras@censanet.com.br>.

rifário, regido pelo direito privado. Isso porque a *tarifa* constitui preço fixado a partir de cláusula contratual, instituto próprio do direito privado.

Com o foco da reflexão nos propósitos do estudo, num primeiro momento, tomaremos como referência o argumento principal, de base constitucional, que sustenta a aplicabilidade do regime de direito tributário para tal remuneração, para, em seguida, examinar os argumentos habitualmente utilizados pela doutrina para defender o regime tarifário. Assim procedendo, esperamos apresentar sólidos fundamentos à ratificação da tese defendida pela primeira corrente citada.

## *II — Do regime tributário da remuneração*

### *1. Da configuração da taxa*

O fornecimento de água e escoamento de esgoto configura *serviço público,* nos termos do § 1º, do art. 9º, da Constituição Federal e da Lei 7.783/89 (usualmente conhecida como *Lei de greve*), que regulamentou o referido § 1º. O art. 10 do diploma legal citado elencou os serviços considerados essenciais à sociedade, incluindo "o tratamento e abastecimento de água" (inc. I) e a "captação e tratamento de esgoto" (inc. VI).

Ora, se tais serviços são definidos pela ordem jurídica como inadiáveis, essenciais, imprescindíveis, emerge cristalina a inferência de que os mesmos não podem sofrer solução de continuidade, característica jurídica própria dos serviços públicos. Por essa razão, a ordem constitucional determina sejam prestados sob o controle estatal, de modo direto ou mesmo indireto; no último caso, mediante concessão (art. 175, CF).

Considerando que se trata de serviço público, a Constituição *determina* seja estabelecida taxa (tributo vinculado à prestação de serviço) como forma de remuneração para viabilizar a sua prestação. É o que se extrai do art. 145, II, CF, formulado nos seguintes termos: "A União, os Estados, o Distrito Federal e os Municípios poderão instituir os seguintes tributos: I — (...); II — taxas, em razão do exercício do poder de polícia *ou pela utilização, efetiva ou potencial, de serviços públicos específicos e divisíveis, prestados ao contribuinte ou postos a sua disposição*".

Salvo melhor juízo, esse dispositivo não deve ser interpretado de outro modo, pois admitir que o *caput* estabelece mera possibilidade, em lugar de determinar o emprego de taxa, restaria situação absolutamente ineficaz, para não dizer absurda. Como exercício imaginativo, perguntamos: que pessoa política ou concessionária optaria pela instituição de taxa, podendo escolher a tarifa, que permite mais flexibilidade e mobilidade? Em outras palavras, essa seria disposição inócua, inefetiva, que jamais produziria todos os seus efeitos, vez que ninguém optaria por um regime mais rigoroso — o da taxa — se lhe fosse dada a possibilidade de escolher alternativa mais flexível e maleável.

Nesse passo, revela-se indispensável trazer a lume as lições majestosas de Roque Antonio Carrazza acerca do assunto: "Se entendermos — como fazem muitos — que serviços públicos e atos de polícia podem ensejar a instituição e a cobrança de 'tarifas', estaremos implicitamente admitindo que o art. 145, II, da Lei Maior faz uma mera exortação às pessoas políticas. É como se nele estivesse estatuído: se a União, os Estados, os Municípios e o Distrito Federal quiserem colocar-se sob a égide do sistema constitucional tributário brasileiro, remunerem-se, pelos serviços públicos prestados ou pelos atos de polícia realizados, por meio de taxas; se, porém, quiserem operar com inteira liberdade, remunerem-se por meio de 'tarifas' (...)".[1]

1. Roque Antonio Carrraza, *Curso de Direito Constitucional Tributário*, 16ª ed., p. 459, nota de rodapé n. 63.

Trilhando a mesma senda de entendimento, o saudoso publicista Geraldo Ataliba, de forma sintética, assim elucidou: "Se se tratar de atividade pública (art. 175, CF) o correspectivo será taxa (art. 145, II, CF); se se tratar de exploração de atividade econômica (art. 173, CF) a remuneração far-se-á por preço".[2]

Juristas do porte de Hugo de Brito Machado,[3] Marco Aurélio Greco e H. Dias de Souza,[4] Benedicto Porto Neto[5] alinham-se nessa corrente interpretativa, que se converteu em uma das conclusões do X Simpósio Nacional de Direito Tributário, cujo teor foi assim expresso: "a natureza jurídica da remuneração decorre da essência da atividade realizadora, não sendo afetada pela existência da concessão. O concessionário recebe remuneração da mesma natureza daquele que o Poder Concedente receberia, se prestasse diretamente o serviço".[6]

No plano da doutrina estrangeira, notadamente da italiana (cujo sistema jurídico de direito positivo tributário guarda muitas semelhanças com o brasileiro), Achille Donato Giannini também leciona que é o regime tributário aplicável às relações da espécie. Suas palavras não deixam sombra de dúvida: "(...) devendo, portanto encontrar o fundamento na natureza da relação da qual têm origem, não posso formular estas duas hipóteses: ou se trata de uma relação contratual, em cuja obrigação do pagamento do montante devido ao ente público tem a sua base na vontade das partes, ou, pelo contrário, se trata de uma relação que surge em virtude da lei, não tendo a vontade do particular outra função que não aquela de colocar em movimento o mecanismo legislativo; no primeiro caso se tem uma remuneração de direito privado; no segundo, uma taxa"[7] (tradução nossa).

Quanto ao posicionamento dos tribunais, há também decisões nesse sentido. Entre outros, merece relevo o acórdão unânime da 1ª Turma do Superior Tribunal de Justiça, em recurso especial 167.489-SP, publicado em 24.8.1998, cujo Relator, Ministro José Delgado, entendeu que a remuneração relativa ao fornecimento de água tem natureza tributária. Como fundamento de seu acórdão utilizou a doutrina de Hugo de Brito Machado há pouco referida (nota de rodapé 3 deste trabalho).

Em nosso sentir, os argumentos jurídicos até aqui alinhados seriam suficientes para justificar a aplicação do regime jurídico tributário à remuneração dos serviços de abastecimento de água e escoamento de es-

2. Geraldo Ataliba, *Hipótese de Incidência Tributária*, 6ª ed., 2ª tir., p. 170.

3. Hugo de Brito Machado, "Regime tributário da venda de água", in *Revista Jurídica da Procuradoria-Geral da Fazenda Estadual Minas Gerais* 5/11: "Se a ordem jurídica obriga a utilização de determinado serviço, não permitindo o atendimento da respectiva necessidade por outro meio, então é justo que a remuneração correspondente, cobrada pelo Poder Público, sofra limitações próprias do tributo".

4. *Apud* Geraldo Ataliba, ob. cit., pp. 169-170. "Portanto, toda a discussão doutrinária a respeito da distinção entre taxa e preço público não pode mais calcar-se na compulsoriedade ou facultatividade da figura, pela simples razão que a discussão tinha origem num dispositivo constitucional que não mais existe. Aquilo que, em 1946, era tratado de forma separada (taxa e outras rendas), hoje é englobado no art. 18, I, que prevê as taxas por serviço posto à disposição e efetivamente utilizado".

5. Benedicto Porto Neto, *Concessão de Serviço Público no Regime da Lei 8.987/1995*, p. 102.

6. *RF* 2.999/4, jul.-set. 1987.

7. Texto original: "Dovendo quindi ricercare il fondamento nella natura dei rapporto, dal quale hanno origine, non posso che formulare queste due ipotesi: o se tratta de un rapporto contratuale, in cui l'obbligo del pagamento della somma dovuta all'ente pubblico ha la sua base nella volontà delle parti, o si tratta invecce di un rapporto che sorge in virtù della legge, non avendo la volontà del privato altro ufficio se non quello di mettere in motto il mecanismo legislativo; nel primo caso si ha un'entrada di diritto privato; nel secando una tassa" (*Trattato di Diritto Tributario*, v. I, Editrice Torinense, 1956, p. 111, *apud* Carrazza, ob. cit., p, 457).

goto, mediante a instituição de taxa. Essa conclusão submeteria a remuneração ao princípio da legalidade estrita, da anterioridade, da tipicidade fechada, da igualdade tributária, entre outras normas jurídico-tributárias.

Porém, como advertimos inicialmente, há muitos argumentos arrolados pela doutrina, com o intuito de rejeitar a aplicabilidade do regime tributário a essa espécie de remuneração, em favor do tarifário.

Na continuidade do trabalho, apresentaremos e submeteremos a exame algumas dessas teses jurídicas.

## *2. Da compatibilidade entre o regime tributário e o de concessão*

Muitos administrativistas[8] têm admitido a aplicação do regime tarifário à remuneração das concessões, sob o argumento de que o art. 145, II, da CF, deve ser interpretado conjuntamente com o art. 175, III, CF. Com base nesses fundamentos concluem que tal remuneração de serviços constitui exceção ao regime tributário, pois o referido inc. III fala em política *tarifária.*

Outro argumento aduzido em reforço à tese em exame é que não faria sentido submeter esse tipo de remuneração ao regime tributário (notadamente ao princípio da legalidade estrita e da anterioridade), pois tal decisão inviabilizaria a eficiente manutenção ou restabelecimento do equilíbrio econômico-financeiro do contrato de concessão. Nessa ordem reflexiva, a remuneração desse tipo de serviço deve estar pronta a ser alterada a qualquer tempo, para preservar estável a equação fixada no contrato de concessão, independentemente de alteração legislativa.

8. A rigor, a maioria dos administrativistas não aborda a questão. Apenas reconhecem o regime jurídico tarifário como o aplicável sem discutir a interpretação constitucional que envolve o tema.

Não obstante a fácil acolhida dessa tese no seio do ideário neoliberal, não subsiste incompatibilidade jurídica (nem material), entre a taxa e o regime das concessões. Trataremos do assunto com mais vagar na continuidade do trabalho.

### 2.1 Da compatibilidade jurídica

Salvo melhor juízo, numa perspectiva de abordagem sistemática, não é a mencionada tarifa que deve constituir exceção ao regime tributário; ao contrário, é o dito regime tarifário, previsto no art. 175, III, CF, que deve ser ajustado ao tratamento jurídico conferido às taxas pelo art. 145, II, CF. Ele se torna, aí sim, exceção dentro do sistema de preços, peculiar ao direito privado. Portanto, não é o rigoroso sistema tributário que deve ceder espaço para admitir a tarifa, mas o sistema tarifário de origem contratual (de direito privado) deve ceder espaço, de maneira a adaptar-se ao regime jurídico público de remuneração, que é o tributário.

Observa-se, subjacente ao caso sob análise, nítida tensão entre os princípios de direito privado e os de direito público. Em outras palavras: há evidente dissonância do regime da taxa, em face do tarifário. Não se pode perder de vista que o regime de direito público (taxa) prepondera sobre o privado (preço), uma vez que, no direito brasileiro, vigora o princípio da supremacia do interesse público sobre o privado.

Do exposto, deduzimos que a remuneração em tela situa-se no âmbito de taxa — que depende de lei — cuja composição é excepcionalmente complementada pelo ajuste entre o poder concedente e a concessionária; em lugar de uma tarifa remuneratória dos serviços públicos. Temos, em última análise, uma *taxa atípica* e não uma *tarifa atípica*.

A racionalidade jurídica acima apontada tem ainda outro fundamento: a tributação constitui exceção ao princípio fundamental da propriedade. Essa se revela, de modo inequívoco, num valor vigorosamente protegido pelo sistema constitucional. Por isso, as obrigações pecuniárias — que afetam diretamente o patrimônio — só poderão ser instituídas, quando cercadas de todas as garantias possíveis, de modo a evitar a transferência indevida de recursos dos contribuintes ao Estado.

Por isso mesmo, a criação de obrigações pecuniárias em favor do Estado deve passar pelo crivo dos representantes da sociedade no parlamento (Poder Legislativo). Não é por outra razão que, no Direito Tributário, o princípio da legalidade tem tipicidade mais rigorosa e inflexível do que a desenvolvida pelo direito penal.[9]

Por seu turno, a característica de rigidez do sistema constitucional tributário brasileiro traduz, em verdade, uma posição ideológica do legislador constituinte, contra a qual não podemos nos insurgir, sob pena de violar os mais elementares princípios do Estado Democrático de Direito. Sobretudo, é inaceitável admitir-se insurgência contra a Lei Maior, sob o argumento de tornar mais prático (ou mais cômodo) o restabelecimento do equilíbrio econômico-financeiro do contrato de concessão, em favor da concessionária.

Por tudo isso e considerando que o *nomen iuris* de um instituto não poderá condicionar a sua natureza, a interpretação mais adequada à expressão *política tarifária* constante do art. 175 da CF é a que se traduz na soma de critérios estabelecidos em lei e complementados por elementos extraídos do contrato de concessão, para compor o sistema de remuneração dos serviços concedidos; ou seja, a taxa desses serviços. Vale consignar que um dos elementos extraídos do contrato é obrigatoriamente o lucro da concessionária, que detém personalidade jurídica de direito privado.

Cumpre esclarecer que não estamos negando a finalidade de lucro; própria da atividade empresarial. Todavia, é preciso levar em conta que, ao prestar serviço público, a atividade da concessionária submete-se a finalidade maior, que é o interesse coletivo, manifestado, entre outras, pela obrigação de manter o fornecimento dos serviços continuamente. Sob esse ângulo, resta evidente a supremacia do interesse público em relação à prioridade do lucro, que é da ordem da atividade privada.

Essa inferência encontra respaldo no inciso II, § 3º, da Lei 8.987/1995, quando autoriza a interrupção do fornecimento do serviço, sem que isso signifique prejuízo ao interesse coletivo. Independente do teor desse dispositivo é forçoso ter em mente postulado axiomático de que o direito administrativo repousa sobre o princípio da supremacia do interesse coletivo.

Por fim, é importante assinalar que a imposição do regime tributário não implica a negação do direito subjetivo de a concessionária preservar o equilíbrio econômico-financeiro do contrato; porém, o resguardo a esse intento deve ser cumprido nos estritos limites dos princípios do direito tributário.

### 2.2 Da compatibilidade material

Para evitar mal-entendidos, é pertinente esclarecer que a aplicação do regime de taxa à remuneração em pauta não inviabiliza a recomposição da equação econômico-financeira contratual, do ponto de vista prático ou material. Para que se alcance tal propósito, alterando a remuneração pela via legal — por meio do regime de direito tributário, portanto — basta comprovar a existência de motivos que impliquem o comprometimento dessa equação do contrato. Decorre dessa circunstância a obrigação de o Poder Legislativo produzir a lei[10] necessária à majoração da taxa, dando ensejo à recompo-

9. Mizabel de Abreu Machado Derzi, *Direito Tributário, Direito Penal e Tipo*, pp. 51-53.

10. É lamentável a interpretação que o Supremo Tribunal Federal vem dando ao instituto do

sição do equilíbrio econômico-financeiro no exercício financeiro seguinte.

No que tange à periodicidade, é de se consignar que o reajuste dos contratos administrativos comuns dá-se também anualmente, segundo o direito positivo vigente (legislação regulatória do plano real). Assim, qualquer alteração fica sujeita ao respeito do lapso de tempo anual, previsto no respectivo contrato administrativo, e nem por isso se questiona a inviabilidade ou a impossibilidade de manutenção do equilíbrio econômico-financeiro desses contratos.

Por isso, não é aceitável o argumento de que a dependência de documento legal que autorize majorar a remuneração da espécie configura obstáculo à recomposição do equilíbrio econômico-financeiro do contrato de concessão.

Enfim, o entendimento de que é viável a recomposição do equilíbrio econômico-financeiro por via do regime tributário revela-se ainda mais acertado em face da vigência da estabilidade monetária, o que permite submeter a remuneração em debate ao atual princípio da anterioridade, sem traumas para a concessionária. Decorre da interpretação exposta, que o § 4º do art. 9º da Lei 8.987/1995 revela-se inconstitucional, ao prever a recomposição imediata da aludida remuneração.

### *3. Da ideologia constitucional*

Do ponto de vista político-econômico, pode-se até sustentar ser mais vantajosa para a gestão do Estado a implementação do sistema tarifário, que proporciona maior liberdade para o poder concedente e para o concessionário.

Muito embora tenhamos sérias dúvidas com relação à comprovabilidade dessa assertiva, defendida entusiasticamente pelos mentores do denominado Estado Moderno, é de se consignar que tal compreensão, circunscrita ao campo puramente político-econômico, não pode ser tomada para respaldar uma solução no âmbito jurídico. Cumpre identificar o regime da remuneração a ser implementado nas normas que a sociedade brasileira elegeu para tanto: a Constituição Federal e não os manuais de economia ou de política.

Por tudo isso, como já se afirmou, a voz que se extrai da ordem jurídica não é compatível com a opinião político-econômica de que o sistema tarifário deve preponderar. Decorre daí que a implantação do regime tarifário para as concessões, tal como pretendido por boa parte da doutrina administrativista, depende de alteração de preceitos constitucionais.

### *4. Da inadequação do critério da compulsoriedade*[11]

Outro argumento utilizado por alguns doutrinadores e, não raro, pelos tribunais, para dar fundamento à admissão do regime tarifário (em vez do tributário) assenta-se na alegação de que o serviço é facultativo. Somente sendo obrigatório, poderia configurar a taxa, sustenta a doutrina.

Ainda que se queira utilizar esse critério para resolver a polêmica,[12] a conclusão

Mandado de Injunção. O STF vem se manifestando no sentido de que a sentença decorrente da referida ação não tem força vinculante para com o Poder Legislativo, o que torna o Mandado de Injunção mero ornamento, não se prestando verdadeiramente a nada.

11. O STF adotou esse critério para verificar se se trata de taxa ou tarifa (in Porto Neto, ob. cit., p. 103).

12. Registre-se, para evitar incompreensões, que entendemos o critério em comento como inadequado. O regime jurídico da remuneração dos serviços públicos deverá ser dado a partir da interpretação sistemática da Constituição Federal, tendo como suporte a racionalidade da supremacia do interesse coletivo sobre o privado, tal como inicialmente exposto.

não poderia ser outra senão a de que a remuneração em tela caracteriza-se como *taxa*.

Em primeiro lugar, extrai-se do próprio art. 145, II, da CF, que, para a configuração de taxa, não é necessário que a utilização dos serviços seja obrigatória. Para tanto, basta que seja obrigatório ao poder público colocá-los à disposição do usuário, que poderão utilizá-los (ou não). De igual forma, não se exige que seja consumido, bastando que seja de utilização *potencial*.[13] Decorre do preceito constitucional ora analisado que, mesmo os serviços denominados *facultativos*, devem ter o regime jurídico-tributário, no caso específico, o regime da taxa.

Não obstante, a ordem jurídica, por meio de normas cogentes e de ordem pública, determina a ligação de toda construção considerada habitável à rede pública de abastecimento de água e aos coletores públicos de esgoto. É o que se depreende da leitura do art. 11, da *Lei Federal 2.312, de 3 de setembro de 1954*, que dispõe sobre *Normas Gerais sobre a Defesa e Proteção da Saúde Pública*, bem como da sua respectiva regulamentação, mediante o *Decreto Federal 49.974, de 21 de janeiro de 1961*, notadamente em seu art. 36. *In verbis*, Lei 2.312/1954: "Art. 11. É obrigatória a ligação de toda construção considerada habitável à rede de canalização de esgoto, cujo efluente terá destino fixado pela autoridade sanitária competente".

Decreto 49.974/1961: "Art. 36. É obrigatória a ligação de toda construção considerada habitável à rede pública de abastecimento de água e aos coletores públicos de esgoto".

Não parecem restar dúvidas a respeito da compulsoriedade de utilização dos serviços pelo administrado, "porque neste caso está em jogo a saúde pública, um dos valores que a Constituição Brasileira prestigiou";[14] e não a facultatividade do administrado de se abster da utilização do serviço domiciliar de fornecimento de água e de coleta de esgotos.

Mesmo que, em princípio, se questione que os limites do poder regulamentar do referido Decreto Federal foram exorbitados, a conclusão continua a apontar para a aplicação do regime tributário. Observe-se que o art. 36 do citado Decreto determina que a construção seja ligada também à rede pública de abastecimento de água, enquanto o dispositivo legal somente faz referência à obrigatoriedade de ligação da unidade habitacional à rede de esgoto.

O regime da taxa é inafastável, pois a cobrança do fornecimento de água e de esgoto ocorre conjuntamente, em função de sua interdependência. A remuneração dos serviços de escoamento de esgotos tem a base de cálculo fixada de acordo com a água consumida. Normalmente, aplica-se alíquota próxima a 100% sobre a água consumida, para obter o valor correspondente ao esgoto. Portanto, se o escoamento de esgoto é obrigatório e depende do consumo de água, a remuneração cobrada (a de água mais a de esgoto) torna-se integralmente obrigatória.

Ademais, a água é essencial à vida, de maneira que não há como refugir à premência de manter-se conectado à rede de escoamento de esgoto e à de abastecimento de água. Aliás, admitir a não obrigatoriedade do consumo de água tratada equivaleria a conspirar contra a vida; o que seria comparável a uma violação à Constituição Federal.

Portanto, o regime jurídico aplicável à remuneração em questão é o tributário, decorrente da taxa, mesmo quando se admite o critério da facultatividade/compulsoriedade.

13. "Art. 145. A União, os Estados, o Distrito Federal e os Municípios poderão instituir os seguintes tributos: I — (...); II — taxas, em razão do exercício do poder de polícia *ou pela utilização, efetiva ou potencial*, de serviços públicos específicos e divisíveis, prestados aos contribuintes ou postos a sua disposição" (destaque nosso).

14. Roque Antonio Carrazza, ob. cit., p. 453.

*5. Sujeito ativo da taxa: o poder concedente*

Outro argumento lançado por alguns doutrinadores para defender a aplicabilidade do regime tarifário às remunerações das concessões é a de que a concessionária jamais poderia exigir o pagamento de taxa decorrente da prestação dos serviços públicos concedidos, por força do art. 119, do Código Tributário Nacional.[15]

Contudo, a questão deixa de ser polêmica, quando se considera o poder concedente como o sujeito ativo dessa obrigação e não a concessionária. Não será por essa razão que se poderá negar o regime jurídico tributário — o das taxas — conferido à remuneração em análise, para justificar a aplicação do regime jurídico das tarifas.

Por outro lado, a Lei 8.987/1995 (Lei de Concessões) confere ao concedente atribuições que se limitam à delegação da prestação do serviço público ao concessionário. Essa é tão-somente uma das obrigações que compõem a relação jurídica das concessões. Em momento algum, o diploma legal referido atribui poderes à concessionária para a exigência de tal obrigação. O fato de a concessionária ter o dever de *captar os recursos financeiros* necessários à prestação dos serviços (art. 31, VIII, da Lei 8.987/1995) não pode significar que possa também exigir ou deter qualquer espécie de competência para a efetivação de cobrança dos recursos da espécie.

## *III — Conclusões*

Os argumentos expostos ao longo do trabalho constituem alicerces suficientes para as seguintes considerações finais:

15. "Art. 119. Sujeito ativo da obrigação é a pessoa jurídica de direito público titular da competência para exigir o seu cumprimento."

a) a prestação do serviço de abastecimento de água encontra-se no escopo do que se designa como *serviço público* (art. 9º, § 1º, da CF e art. 10 da Lei 7.783/1989) e a remuneração dessa espécie de serviço configura *taxa* (art. 145, II, CF);

b) o art. 175, parágrafo único, III, da CF, requer interpretação harmônica com o art. 145, II, também da CF. Decorre daí que a política tarifária referida por aquele artigo (175) deve ser entendida como exceção ao regime de tarifas (preços), vez que deverá submeter-se ao regime de direito tributário, previsto pelo art. 145, o qual prepondera sobre aquele, pois se trata de direito público, com supremacia sobre o privado;

c) o critério da facultatividade (tarifa) ou compulsoriedade (taxa) para identificar o regime jurídico aplicável à remuneração é insubsistente. Porém, ainda que fosse aplicado, ensejaria a inferência de que tal remuneração caracteriza-se como taxa, em razão de ser obrigatória a ligação das construções à rede de água e esgoto, sendo certo que o que está em jogo no caso é a saúde pública (art. 11 da Lei 2.312, de 3 de setembro de 1954, e art. 36 do Decreto Federal 49.974, de 21 de janeiro de 1961);

d) o sujeito ativo da obrigação tributária em análise é o poder concedente, não havendo violação, por isso, ao art. 119 do Código Tributário Nacional, quando o serviço público é prestado por concessionária.

## *IV — Bibliografia*

ATALIBA, Geraldo. *Hipótese de Incidência Tributária*. 6ª ed., 2ª tir., São Paulo, Malheiros Editores, 2001.

CARRAZZA, Roque Antonio. *Curso de Direito Constitucional Tributário*. 16ª ed., São Paulo, Malheiros Editores, 2001.

CARVALHO FILHO, José dos Santos. *Manual de Direito Administrativo*. 8ª ed., Rio, Lumen Juris, 2001.

DERZI, Mizabel de Abreu Machado. *Direito Tributário, Direito Penal e Tipo*. São Paulo, Ed. RT, 1998.

DI PIETRO, Maria Sylvia Zanella. *Direito Administrativo*. 13ª ed., São Paulo, Atlas, 2001.

______. *Parcerias na Administração Pública*. 3ª ed., São Paulo, Atlas, 1999.

MACHADO, Hugo de Brito. "Regime tributário da venda de água", in *Revista Jurídica da Procuradoria-Geral da Fazenda Estadual/Minas Gerais* 5.

PORTO NETO, Benedicto. *Concessão de Serviço Público no Regime da Lei 8.987/1995*. São Paulo, Malheiros Editores, 1998.

*RF* 2.999/4, jul.- set. 1987.

# A PROBLEMÁTICA DOS ATESTADOS DE CAPACIDADE TÉCNICA PARA FINS DE HABILITAÇÃO NOS PROCEDIMENTOS LICITATÓRIOS

Cynara Monteiro Mariano

Membro da Comissão de Defesa do Consumidor da OAB/CE.
Advogada

*A) Breves comentários sobre a questão das exigências indispensáveis ao cumprimento das obrigações. B) Da exigência dos atestados de capacidade técnica em quantidades, características e prazos idênticos aos do objeto da licitação. Violação às normas constitucionais e legais. Bibliografia.*

É comum nos atos convocatórios das licitações públicas o elencamento de exigências pormenorizadas e excessivas, quanto à idoneidade financeira e capacidade técnica e operacional das empresas licitantes.

A Administração Pública, ao elaborar os editais, segue fielmente os termos da Lei 8.666/1993, cujos dispositivos, no tocante a essas exigências, são de duvidosa constitucionalidade.

É sabido, inclusive, que, não raras vezes, as licitações públicas são notadamente destinadas apenas às empresas de grande porte ou mais antigas no ramo de prestação de serviços, quando não às detentoras de relações de amizade ou parentesco de seus sócios-gerentes com os agentes públicos.

Assim é que, em repúdio às licitações "dirigidas", por abrigarem uma série de requisito de capacidade técnica e financeira que somente as grandes empresas podem satisfazer, alijando-se do certame licitatório, portanto, as empresas de pequeno e médio porte ou as iniciantes no ramo de prestação de serviços, comentaremos alguns aspectos relativos à uma das exigências mais comuns nos editais de convocação, a saber, os atestados de capacidade técnica.

Importa esclarecer que nosso objeto de estudo, limitar-se-á às licitações para contratação de empresas especializadas no ramo da prestação de serviços.

### *A) Breves comentários sobre a questão das exigências indispensáveis ao cumprimento das obrigações*

Os editais convocatórios, via de regra, exigem, como critério para auferir a capacidade técnica das empresas, atestados fornecidos por pessoas de direito público ou privado para os quais o licitante esteja prestando ou tenha prestado serviço compatível em características, quantidades e prazos do o objeto da licitação, com conformidade com o que preconiza a Lei 8.666/1993 (art. 30, II).

*Ab initio*, cumpre esclarecer que o edital, destinado a normatizar o desenvolvimento e o regime da futura relação contratual, deve estabelecer, de fato, as condições a serem preenchidas pelos licitantes para a participação no certame, indicando os elementos a serem apresentados para a demonstração de seu atendimento.

Todavia, sucede que, levando-se em conta que o edital é um ato administrativo normativo e, portanto, infralegal, não possui, pois, o condão de estabelecer restrição não levada a termo pela Constituição Federal, sob pena de subverter inteiramente a ordem jurídica vigente, pelo o que resta indubitável a inconstitucionalidade das normas que consignam exigências dessa espécie.

A Carta Magna de 1988 dispõe, incisivamente, em seu art. 37, XXI, que: "ressalvados os casos especificados na legislação, as obras, serviços, compras e alienações serão contratados mediante processo de licitação pública que assegure igualdade de condições a todos os concorrentes, com cláusulas que estabeleçam obrigações de pagamento, mantidas as condições efetivas da proposta, nos termos da lei, o qual somente permitirá as exigências de qualificação técnica e econômica indispensáveis à garantia do cumprimento das obrigações".

De sorte que, pela leitura do dispositivo constitucional supra-aludido, chega-se facilmente à ilação de que há, no nosso ordenamento jurídico, expressa previsão proibitiva quanto ao estabelecimento de exigências de qualificação técnica e econômica que não sejam indispensáveis à garantia do cumprimento das obrigações.

Logo, quando a norma editalícia impõe, como requisitos de qualificação técnica ou econômica para fins de habilitação dos licitantes, exigências outras que não as indispensáveis à garantia do cumprimento das obrigações, as disposições contidas no ato convocatório eivam-se de notória inconstitucionalidade.

Isso porque tais exigências podem consistir num rigorismo excessivo, inconsentâneo, portanto, com a fase de habilitação, que é um procedimento sumário, no qual, como a própria Constituição Federal determina, somente poderão ser exigidas as condições indispensáveis à garantia do cumprimento das obrigações da futura relação contratual.

Nessa fase (da habilitação), deve ser exigida apenas a documentação estritamente necessária para a comprovação da qualificação técnica e econômica, de modo a propiciar a participação de um maior continente de proponentes e, conseqüentemente, selecionar, com maior segurança, a proposta que mais atenda ao interesse público.

Caso contrário, ou seja, se a Administração exceder os requisitos de habilitação, exorbitando sua faixa discricionária, estará ilegalmente restringindo a possibilidade de ofertar.

Portanto, imposições editalícias excessivas afrontam o princípio basilar do procedimento licitatório, qual seja, o da universalidade, isto é, o de possibilitar a participação do maior número de licitantes, agredindo ainda o princípio da igualdade, como se demonstrará a seguir.

### *B) Da exigência dos atestados de capacidade técnica em quantidades, características e prazos idênticos aos do objeto da licitação. Violação às normas constitucionais e legais*

Quando o edital exige, na fase de habilitação, para fins de apuração da capacidade técnica dos licitantes, atestados que comprovem a prestação de serviço anterior nas mesmas quantidades, características e prazos do objeto da licitação, costuma indicar em anexos uma série de categorias de profissionais a serem atendidas, as respectivas quantidades e a necessária comprovação de experiência de mão-de-obra a ser contratada.

Entretanto, admitir-se que os atestados de capacidade técnica, para fins de habilitação, comprovem a prestação de serviço em tais moldes significa atribuir à lei interpretação diversa do fim almejado pelo legislador.

Com efeito, a Lei 8.666/1993, em seu art. 30, II, estatui que:

> A documentação relativa à qualificação técnica limitar-se-á:
>
> I — *omissis*;
>
> II — comprovação de aptidão para desempenho de atividade pertinente e compatível em características, quantidades e prazos com o objeto da licitação, e indicação das instalações e do aparelhamento e do pessoal técnico adequados e disponíveis para a realização do objeto da licitação, bem como da qualificação de cada um dos membros da equipe técnica que se responsabilizará pelos trabalhos.

Como o próprio texto da lei diz, no tocante à qualificação técnica dos licitantes, dever-se-ia exigir atestados que comprovem apenas a aptidão das empresas para o desenvolvimento de atividades pertinentes e compatíveis ao objeto da licitação, ou seja, atividades similares.

Similaritude, por certo, não significa perfeita identidade de quantidade, como assim deseja grande parte dos atos convocatórios.

Ademais, aptidão significa habilidade técnica para o desempenho de atividade pertinente e compatível com o objeto da licitação, e não a execução anterior de objeto idêntico, ou seja, de serviço prestado por todos aqueles profissionais porventura enumerados em norma editalícia.

Tanto é assim que a Lei 8.666/1993, em seu § 3º, estabelece que "sempre será admitida a comprovação de aptidão através de certidões ou atestados de obras ou serviços similares de complexidade tecnológica e operacional equivalente ou superior".

Isso quer dizer que, na fase habilitatória do certame, os atestados que comprovem a prestação de serviço similar ao do objeto da licitação são suficientes para auferir a capacidade técnica dos licitantes, notadamente quando o objeto licitatório consiste na prestação de serviços de pequena monta, uma vez que à mão-de-obra a ser contratada, não se exige grande especialização técnica, nem mesmo formação superior, diversamente do que é exigido para as obras de engenharia, por exemplo.

Sobre o assunto, o jurista Marçal Justen Filho ensina que: "Vale insistir acerca da inconstitucionalidade de exigências excessivas, no tocante à qualificação técnica. Observe-se que a natureza do requisito é incompatível com disciplina precisa, minuciosa e exaustiva por parte a Lei. É impossível deixar de remeter à avaliação da Administração a fixação dos requisitos de habilitação técnica. Essa competência discricionária não pode ser utilizada para frustrar a vontade constitucional de garantir o mais amplo acesso de licitantes, tal como exposto acima. A Administração apenas está autorizada a estabelecer exigências aptas a evidenciar a execução anterior de objeto similar, Vale dizer, sequer se autoriza exigência de objeto idêntico. Um exemplo serve para esclarecer o problema. Se pretende contratar obra consistente em edifícios de dez andares, a Administração não poderá excluir licitante que já tenha executado edifício de nove andares. É que a qualificação para edificar prédios com dez andares não é substancialmente diversa daquela exigida para prédio de nove andares (...)".[1]

Por outro lado, vale ressaltar que a prestação de serviço nas mesmas quantidades e características do objeto da licitação não se presta para auferir a capacidade técnica dos licitantes, posto que, segundo Carlos Ari Sundfeld, "a simples reunião caótica de

1. Marçal Justen Filho, *Comentários à Lei de Licitações e Contratos Administrativos*, 5ª ed., p. 311.

profissionais, mesmo altamente especializados, não oferece garantia de que a empresa seja capaz de operar eficientemente, pois nada diz respeito quanto a sua estrutura administrativa, seus métodos organizacionais, seus processos internos de controle de qualidade, o entrosamento da equipe etc".[2]

Assim, é de se assinalar que o edital somente pode exigir, segundo a exegese da própria Lei 8.666/1993, atestados de comprovação de serviço semelhante, similar, ao do objeto a ser contratado, sendo, portanto, a exigência de perfeita identidade de características e quantidades um rigorismo inconsentâneo com a natureza da fase habilitatória que visa, conforme já dito em linhas anteriores, a participação do maior número de licitantes.

Nesse sentido, faz-se mister transcrever-se, mais uma vez, os ensinamentos de Carlos Ari Sundfeld, *in litteris*: "O edital não pode, em relação aos atestados desses profissionais, fazer exigências de quantidades mínimas ou prazos máximos (art. 30, § 1º, I), bem assim de época ou local de execução (art. 30, § 5º, I). Em outros termos: importa apenas que eles já tenham se responsabilizado por obras ou serviços de natureza semelhante, pouco interessando a época, prazo ou local em que realizados, tampouco sua dimensão".[3]

Por outro lado, a Administração, ao exigir a comprovação de realização de serviços semelhantes, deve ficar ainda submissa ao princípio da razoabilidade, como enfatiza o eminente José Theophilo Fleury:

"Há de se ter presente que o fator de se permitir a exigência de comprovação de realização de obras semelhantes com a do objeto de licitação não se confunde com a exigência de quantitativos mínimos ou máximos.

"Realmente, uma coisa é a exigência de que a empresa comprove tenha realizado obra similar à licitada, o que é legal; outra, completamente diversa, é a exigência de a empresa comprovar haver realizado um número *x* de obras semelhantes à licitada, o que é ilegal.

"Caberá, portanto, ao Administrador, dentro de seu poder de discricionariedade, fixar os requisitos necessários para a comprovação por parte das empresas licitantes, da capacitação técnico-operacional necessário para a participação no certame. Essas exigências, contudo, conforme já ressaltados, deverão ser pautadas de razoabilidade e necessidade.

"As exigências deverão, pois, guardar correlação lógica com o objeto licitado, devendo com o mesmo ser pertinentes e compatíveis, atendendo-se assim a finalidade do ato sob pena do ato discricionário converter-se em arbitrário.

"(...).

"Necessário, pois, que tais exigências sejam compatíveis com o vulto e complexidade da obra licitada, sendo, ao nosso ver, demasiadas as exigências no sentido de que as empresas tenham executado exatamente o mesmo serviço objeto da licitação, mas plenamente razoáveis as exigências de que as empresas licitantes tenham executado serviços semelhantes ao objeto do certame."[4]

Assim, vê-se que a exigência de atestados que comprovem, nas mesmas características e quantidades indicadas em norma editalícia, a prestação de serviço compatível com o objeto do certame, agride o preceito constitucional do art. 37, XXI ("ressalvados os casos especificados nas legislação, as obras, serviços, compras e alienações serão contratados mediante processo de licitação pública que assegure igualdade de condições a todos os concorrentes, com cláusu-

2. Carlos Ari Sundfeld, *Licitações e Contratos Administrativos*, p. 101.

3. Carlos Ari Sundfeld, *Licitação e Contrato Administrativo*, 2ª ed., São Paulo, Malheiros Editores, 1995, p. 125.

4. José Theophilo Fleury, *Licitações e Contratos Administrativos: Temas Atuais e Controvertidos*, pp. 246-247.

las que estabeleçam obrigações de pagamento, mantidas as condições efetivas da proposta, nos termos da lei, o qual somente permitirá as exigências de qualificação técnica e econômica indispensáveis à garantia do cumprimento das obrigações"), afigurando-se, ainda exegese equivocada da lei.

Quanto à questão dos prazos que a norma editalícia venha a indicar, como comprovação da experiência anterior da mão-de-obra a ser contratada, observa-se que a exigência é feita, muitas vezes, mediante a obrigatoriedade da apresentação de *curriculum* detalhado dos profissionais, a indicar o período de experiência em serviço anterior igual ao do objeto da licitação.

Ora, a exigência quanto a períodos mínimos de experiência é manifestamente ilegal, pelo o que se pode observar no art. 30, § 5º da Lei 8.666/1993, *in verbis*: "É vedada a exigência de comprovação de atividade ou de aptidão com limitações de tempo ou de época ou ainda em locais específicos, ou quaisquer outras não previstas nesta Lei, que inibam a participação na licitação".

Em relação à obrigatoriedade de apresentação do *curriculum* de todos os profissionais indicados pelo edital, esta é inadequada para a fase de habilitação, pois se apresenta como rigorismo excessivo, que diz respeito somente à fase de contratação da licitante vencedora, e não à sua simples participação no certame.

Isso porque, nos moldes como exige norma editalícia, depreende-se que o administrador deseja que as empresas licitantes possuam todos esses profissionais no seu quadro permanente de empregados.

Entretanto, seria um absurdo admitir-se que a empresa deva ter como empregados os profissionais indicados pelo objeto da licitação, pois sua contratação, se for o caso, dar-se-á posteriormente à fase de habilitação, quando, após ultrapassadas as demais fases do procedimento licitatório, a licitante seja a vencedora no certame.

Ademais, não faz sentido também a empresa manter uma espécie de "reserva remunerada", ou seja, um contingente de empregados, gerando despesas com salários e encargos sociais, apenas para poder se habilitar na licitação.

Por outro lado, observa-se que a Administração Pública, ao exigir a apresentação de *curriculum* dos profissionais, de acordo com as especificações que indica nas normas editalícias, na verdade, pretende escolher o pessoal para executar o serviço objeto da licitação.

Ora, a escolha do pessoal cabe à empresa vencedora. Não se trata, pois, de concurso público de provas e títulos, onde a Administração escolhe o mais apto. Permitir o contrário importa em afronta ao princípio da moralidade administrativa, uma vez que se transfere para o Poder Público função própria da licitante contratada, qual seja, a de escolher seu pessoal.

À Administração cabe apenas exigir a qualificação profissional imposta por lei.

E é justamente a lei, no caso a de n. 8.666/1993, que estabelece a vedação à Administração em escolher os profissionais que vão executar o objeto do certame, senão, vejamos: "Art. 7º. (...). § 5º. É vedada a realização de licitação cujo objeto inclua bens e serviços sem similaridade ou de marcas, características e especificações exclusivas, salvo nos casos em que for tecnicamente justificável, ou ainda quando o fornecimento de tais materiais e serviços for feito sob o regime de administração contratada, previsto e discriminado no ato convocatório".

Esclareça-se, ainda, que nem as compras a Administração pode escolher a marca do bem (art. 15, § 7º, I da Lei 8.666/1993), o que não dizer, então, de escolher pessoas.

Na verdade, o que se verifica em exigências como a que se está a comentar é uma tentativa da Administração Pública em frustrar o caráter competitivo da licitação.

Ao exigir que se apresente atestados de serviços prestados nas mesmas quantidades e categorias de profissionais indicados e o *curriculum* de todos eles, inclusive com limitação de experiência profissional, percebe-se que a licitação está destinada somente às empresas de grande porte, pois, às de pequeno porte, como é óbvio, é impossível o atendimento dessas exigências.

Ora, em prosperando tais exigências nos atos convocatórios, estar-se-á permitindo a desnaturação do procedimento licitatório, mormente de sua fase de habilitação, que visa a participação do maior número de licitantes com vistas à seleção da proposta mais vantajosa ao interesse público.

Vale lembrar que todas as empresas têm o direito subjetivo público de participar de licitações, em igualdade de condições; é que prega o princípio da isonomia ou igualdade, inserto no art. 5º, *caput*, da Carta Política de 1988.

O princípio, já dos tempos do filósofo Aristóteles, significa que os iguais devem ser tratados de modo igual, e os desiguais, de modo desigual.

Nessa linha é que, por exemplo, a CF/1988 estabelece, no art. 170, IX, "tratamento favorecido para as empresas de pequeno porte constituídas sob as leis brasileiras e que tenham sua sede e administração no País".

Assim, se a Administração pretendeu que as exigências dos atestados fossem atendidas nos termos em que os atos convocatórios estão a estabelecer nos dias atuais — quantidades, características e prazos idênticos aos do objeto da licitação —, e como tais requisitos somente podem ser cumpridos pelas empresas de grande porte, ela deve sempre tratar no edital, de modo diverso e específico, as condições a serem preenchidas pelas empresas de menor porte.

De sorte que, quanto às empresas iniciantes, que não pudessem comprovar, por exemplo, a apresentação de Balanço Patrimonial e Demonstração de Resultados do exercício do ano em que se constituíram, como também exigem os editais, deveria ser dispensado a elas tal documentação.

Isso porque, consoante o princípio da igualdade, essas empresas fazem jus a um tratamento jurídico diferenciado, que não se confunde, esclareça-se, com tratamento jurídico privilegiado.

É de se ressaltar ainda outra disposição da Constituição de 1988, que diz respeito ao tratamento diferenciado às micro, pequenas e médias empresas, preconizado pelo art. 179: "A União, os Estados, o Distrito Federal e os Municípios dispensarão às microempresas e às empresas de pequeno porte, assim definidas em lei, tratamento jurídico diferenciado, visando a incentivá-las pela simplificação de suas obrigações administrativas, tributárias, previdenciárias e creditícias, ou pela eliminação ou redução destas por meio de lei".

Assim, pela interpretação sistemática de nossa Lei Maior, vê-se que o que pretendeu o constituinte foi mesmo simplificar as obrigações das pequenas empresas. E quanto aos procedimentos licitatórios, a simplificação fica por conta da habilitação dessas empresas, vez que, não raro, fica inviabilizada pela impossibilidade de atender às inúmeras exigências das normas editalícias.

Um exemplo da simplificação da participação das pequenas empresas em licitações foi a previsão, no art. 225 da Constituição do Estado do Rio de Janeiro, que, em seu inciso III, estabelece "habilitação sumária e procedimentos simplificados para participação em licitações públicas, bem como 'preferência' na aquisição de bens e serviços de valor compatível com o porte das micro e pequenas empresas".

De fato, admitir que apenas empresas de grande porte participem de um procedimento licitatório atenta contra os princípios que regem a atividade econômica, mormente o da livre iniciativa e o da livre concorrência, expressos no art. 170, IV, da Constituição Federal de 1988, *verbis*: "A ordem econômica, fundada na valorização do trabalho humano e na livre iniciativa, tem por fim assegurar a todos existência digna, conforme os ditames da justiça social, observados os seguintes princípios: (...) IV — livre concorrência".

Parece forçoso concluir que não há como se garantir a livre concorrência entre as empresas quando uma licitação pública se encontra destinada a determinados candidatos.

Nossos tribunais, inclusive, de há muito, combatem a discricionariedade e a arbitrariedade utilizadas nos processos licitatórios que visam um esvaziamento do número de participantes, de modo a privilegiar a participação das grandes empresas em detrimento as pequenas e médias, mantendo mansa e pacífica jurisprudência sobre a matéria, *exempli gratia*:

"Nulo é o edital omisso em pontos essenciais ou que contenham condições discriminatórias ou preferenciais que afastem determinados interessados e favoreçam outros" (TFR, *RT* 228/549, *RDA* 37/298, *STF* 57/306, *RDA* 26/235 e 32/224)

"Não se compadece com o princípio de igualdade entre os licitantes, a exigência em edital de processo licitatório, que vise a restringir o número de concorrentes" (Ementa 7893353, Ap. em MS 111.638-RN, *DJU* 25.9.1986, Rel. Min. Costa Lima).

Vê-se, então, de forma clara, as exigências estabelecidas nas normas editalícias, quanto aos atestados de capacidade técnica, de quantidades, características e prazos idênticos aos do objeto da licitação, agridem frontalmente o princípio da igualdade, uma vez que, ao contemplar as já multireferidas exigências, o administrador exclui todas as empresas de médio e pequeno porte, inclusive as que estão ingressando no campo da prestação de serviços, sem lhes dar a menor possibilidade de concorrerem com licitantes de maior porte ou mais antigas nesse ramo.

Por isso é que, justamente no intuito de evitar essa discriminação e assegurar o cunho competitivo das licitações, a própria Lei 8.666/1993, em seu art. 3º e § 1º, I, estabelece o seguinte:

> Art. 3º. A licitação destina-se a garantir a observância do princípio constitucional da isonomia e a selecionar a proposta mais vantajosa para a administração e será processada e julgada em estrita conformidade com os princípios básicos da legalidade, da impessoalidade, da igualdade, da publicidade, da probidade administrativa, da vinculação ao instrumento convocatório, do julgamento objetivo e dos que são correlatos.
>
> § 1º. É vedado aos agentes públicos:
>
> I — admitir, prever, incluir ou tolerar, nos atos de convocação cláusulas ou condições que comprometam, restrinjam ou frustrem o seu caráter competitivo e estabeleçam preferências ou distinções em razão da naturalidade, da sede ou do domicílio dos licitantes ou de qualquer outra circunstância pertinente ou irrelevante para o específico objeto do contrato.

Portanto, o legislador, tanto o constitucional quanto o ordinário, ao repudiar exigências desnecessárias à comprovação da capacidade técnica dos licitantes, para fins de habilitação, assim o fez com vistas à propiciar a ampla participação das empresas, em igualdade de condições.

Segundo o Mestre do Direito Administrativo pátrio, Hely Lopes Meirelles, "o que o princípio da igualdade entre os licitantes deva é a cláusula discriminatória ou julgamento faccioso que desiguala os iguais ou iguala os desiguais, favorecendo a uns e prejudicando a outros, com exigências inúteis para o serviço o público, mas com destino certo a determinados candidatos".[5]

Em conclusão, pode-se inferir que as normas editalícias que abrigam as exigências objeto de nosso estudo contrariam garantias fundamentais asseguradas às empresas (livre concorrência) e aos cidadãos (igualdade) pela Constituição da República e o conteúdo finalístico das normas que regem o procedimento das licitações públicas, e por isso merecem ser expurgadas da

5. Hely Lopes Meirelles, *Direito Administrativo Brasileiro*, 18ª ed., p. 67.

corriqueira prática da elaboração de editais que se vê nos dias de hoje.

*Bibliografia*

FLEURY, José Theophilo. *Licitações e Contratos Administrativos: Temas Atuais e Controvertidos*. São Paulo, Ed. RT, 1999.

JUSTEN FILHO, Marçal. *Comentários à Lei de Licitações e Contratos Administrativos*. 5ª ed., São Paulo, Dialética, 1998.

MEIRELLES, Hely Lopes. *Direito Administrativo Brasileiro*. 18ª ed., São Paulo, Malheiros Editores, 1993.

SUNDFELD, Carlos Ari. *Licitações e Contratos Administrativos*. São Paulo, Ed. RT, 1999.

# O CONTRADITÓRIO PRELIMINAR NA LEI DE IMPROBIDADE ADMINISTRATIVA

FRANCISCO OCTAVIO DE ALMEIDA PRADO FILHO

Aluno do Curso de Especialização em Processo Civil da PUC/SP. Advogado em São Paulo

*1. O contraditório preliminar na legislação brasileira. 2. A Medida Provisória 2.225-45: 2.1 Constitucionalidade. 3. O contraditório preliminar na Lei de Improbidade: 3.1 Sistemática para o recebimento da inicial; 3.2 Conseqüências da não concessão. 4. Contraditório preliminar e indisponibilidade de bens. 5. Conclusão.*

## *1. O contraditório preliminar na legislação brasileira*

O contraditório preliminar como forma de proteção ao agente público[1] contra ações vazias e infundadas há muito está presente no ordenamento jurídico brasileiro.

Os arts. 513 e 514 do Código de Processo Penal, ao tratarem do processo para apuração dos crimes de responsabilidade dos funcionários públicos estabeleceram a exigência de defesa preliminar, nos seguintes termos:

> Art. 513. Nos crimes de responsabilidade dos funcionários públicos, cujo processo e julgamento competirão aos juízes de direito, a queixa ou a denúncia será *instruída com documentos ou justificação que façam presumir a existência do delito ou com declaração fundamentada da impossibilidade de apresentação de qualquer dessas provas.*
>
> Art. 514. Nos crimes afiançáveis, estando a denúncia ou queixa em devida forma, *o juiz mandará autuá-la e ordenará a notificação do acusado, para responder por escrito, dentro do prazo de quinze dias.*
>
> Parágrafo único. Se não for conhecida a residência do acusado, ou este se achar fora da jurisdição do juiz, ser-lhe-á nomeado defensor, a quem caberá apresentar a resposta preliminar (destacamos).

Além do Código de Processo Penal, a defesa preliminar também está prevista no Decreto-lei 201,[2] de 27.2.1967, que determina em seu art. 2º:[3]

1. De acordo com o Professor Celso Antônio Bandeira de Mello, "Esta expressão — *agentes públicos* — é a mais ampla que se pode conceber para designar genérica e indistintamente os sujeitos que servem ao Poder Público como instrumentos expressivos de sua vontade ou ação, ainda quando o façam apenas ocasionalmente ou episodicamente" (*Curso de Direito Administrativo*, 14ª ed., São Paulo, Malheiros Editores, 2002, p. 219).

2. Dispõe sobre a responsabilidade dos Prefeitos e Vereadores.

3. Sobre a defesa preliminar prevista no Decreto-lei 201 escreveu o Eminente Jurista Tito Costa: "Se o juiz acolher as razões da defesa prévia

Art. 2º. O processo dos crimes definidos no artigo anterior é o comum do juízo singular, estabelecido pelo Código de Processo Penal, com as seguintes modificações:

I — *Antes de receber a denúncia, o Juiz ordenará a notificação do acusado para apresentar defesa prévia, no prazo de cinco dias*. Se o acusado não for encontrado para a notificação, ser-lhe-á nomeado defensor, a quem caberá apresentar a defesa, dentro do mesmo prazo.

II — Ao receber a denúncia, o Juiz manifestar-se-á, obrigatória e motivadamente, sobre a prisão preventiva do acusado, nos casos dos itens I e II — do artigo anterior, e sobre o seu afastamento do exercício do cargo durante a instrução criminal, em todos os casos (destacamos).

## *2. A Medida Provisória 2.225-45*

Na Lei de Improbidade Administrativa o contraditório preliminar foi originalmente instituído pelo art. 3º da MP 2.088-35, de 27.12.2000, que incluiu os §§ 6º a 12 no art. 17 da Lei 8.429/1992. O novo procedimento veio em perfeita consonância com a idéia, já presente no ordenamento jurídico brasileiro, de proteger os agentes públicos de ações vazias e/ou infundadas que, pela sua simples existência, causar-lhes-iam enormes prejuízos.

Após inúmeras reedições — e algumas modificações no texto — daquela primeira medida provisória, foi editada a MP 2.225-45, de 4.9.2001 (ainda em vigor por força do art. 2º da EC 32) que em seu art. 4º dispunha:

Art. 4º. O art. 17 da Lei 8.429, de 2 de junho de 1992, passa a vigorar com as seguintes alterações:

"Art. 17. (...).

"§ 6º. A ação será instruída com documentos ou justificação que contenham indícios suficientes da existência do ato de improbidade ou com razões fundamentadas da impossibilidade de apresentação de qualquer dessas provas, observada a legislação vigente, inclusive as disposições inscritas nos arts. 16 a 18 do Código de Processo Civil.

"§ 7º. Estando a inicial em devida forma, o juiz mandará autuá-la e ordenará a notificação do requerido, para oferecer manifestação por escrito, que poderá ser instruída com documentos e justificações, dentro do prazo de quinze dias.

"§ 8º. Recebida a manifestação, o juiz, no prazo de trinta dias, em decisão fundamentada, rejeitará a ação, se convencido da inexistência do ato de improbidade, da improcedência da ação ou da inadequação da via eleita.

"§ 9º. Recebida a petição inicial, será o réu citado para apresentar contestação.

"§ 10. Da decisão que receber a petição inicial, caberá agravo de instrumento.

"§ 11. Em qualquer fase do processo, reconhecida a inadequação da ação de improbidade, o juiz extinguirá o processo sem julgamento do mérito.

"§ 12. Aplica-se aos depoimentos ou inquirições realizadas nos processos regidos por esta Lei o disposto no art. 221, *caput* e § 1º, do Código de Processo Penal."

Como se pode perceber a sistemática estabelecida pela referida medida provisória é bastante similar àquela prevista no Código de Processo Penal e, ainda, à defesa preliminar prevista pelo Decreto-lei 201. É dessa defesa preliminar, prevista na Lei de Improbidade Administrativa, que trata o presente artigo.

### *2.1 Constitucionalidade*

Antes de qualquer análise sobre a sistemática prevista para a defesa preliminar, faz-se necessário tecer algumas considerações a respeito da EC 32, de 11.9.2001.

A referida emenda criou uma série de restrições para a edição de medidas provisórias, vedando, expressamente, as relativas a

poderá determinar o arquivamento do processo, sem receber a denúncia; se acolher o requisitório do Ministério Público, ordenará o prosseguimento do feito marcando dia e hora para o interrogatório do réu. E, daí por diante, o processo caminhará nos termos do Código de Processo Penal" (*Responsabilidade dos Prefeitos e Vereadores*, 4ª ed., São Paulo, Ed. RT, 2002, p. 137).

direito penal, processual penal e processual civil, entre outras.

Com base nessas vedações, houve quem sustentasse a inconstitucionalidade da MP 2.225-45 por tratar de direito processual civil. Ocorre, no entanto, que o § 2º da referida Emenda não deixa dúvidas quanto à constitucionalidade da referida norma já que, com relação às medidas provisórias já editadas e ainda em vigor, caso da MP 2.225-45, dispôs:

> Art. 2º. As medidas provisórias editadas em data anterior à da publicação desta emenda continuam em vigor até que medida ulterior as revogue explicitamente ou até deliberação definitiva do Congresso Nacional.

Como se vê, referido artigo determina, explicitamente, sejam mantidas as medidas provisórias já editadas, independente das matérias por elas reguladas.[4]

### 3. *O contraditório preliminar na Lei de Improbidade*

Apesar de ter causado certa estranheza a introdução do contraditório preliminar pela MP 2.225-45, ao contrário do que se pensou, não constitui um privilégio dos agentes públicos, uma forma de se dificultar o processamento da ação, beneficiando aqueles que agem em descompasso com os interesses da administração. Ao contrário, é uma forma de se proteger o agente íntegro que age de acordo com o interesse público. Dificulta o uso da ação como forma de perseguição política,[5] inibindo o trâmite de ações que tem como único objetivo prejudicar esta ou aquela pessoa.

Como é sabido, a simples existência de uma ação por atos de improbidade em face de determinada pessoa implica, automaticamente, em uma "condenação moral" por parte da sociedade. O agente público, principalmente aqueles que ocupam cargos eletivos tem como um de seus maiores patrimônios a imagem pública e, nesse caso, a prova da inocência após um longo e desgastante processo está longe de devolver ao réu a credibilidade perdida. Ainda que o Estado, aplicando de forma plena o princípio da presunção de inocência, só venha a considerar determinada pessoa culpada após os fatos terem sido devidamente apurados, a sociedade não age da mesma forma.

Nesse sentido, em brilhante artigo intitulado "Limites à atuação do Ministério Público na ação civil pública" deixou escrito o Professor Adilson Abreu Dallari: "Muitas vezes o agente público, o agente do Executivo, o funcionário, o prefeito (que é o agente público mais vulnerável), recebe uma pressão direta da coletividade, e tem que tomar uma atitude que não é muito ortodoxa,

4. Nesse sentido já decidiu o Egrégio Tribunal de Justiça de São Paulo: "Não colhe o argumento da resposta de inconstitucionalidade do art. 4º da Medida Provisória 2.225-45, de 4.9.2001, que introduziu modificação ao art. 17 da Lei 8.429/1992, pois a vedação de edição de medidas provisórias só alcança aquelas editadas após a promulgação da Emenda Constitucional 32, de 11.9.2001, tanto que mantidas as anteriores à publicação dessa emenda (art. 2º)" (agravo de instrumento 278.598.5/0, Rel. Desembargador Celso Bonilha, acórdão de 6.11.2002).

5. Expressando preocupação com um possível desvirtuamento da lei, escreveu Flávio Luiz Yarshell: "Mesmo à mingua de dados estatísticos que respaldem a assertiva, não se pode pôr em dúvida o relevante papel que o Ministério Público tem desempenhado na defesa da moralidade e da probidade administrativa (...). Contudo, é precisamente pela relevância dessa atuação, pela intensidade dos poderes atribuídos ao *Parquet* e pelas importantes conseqüências que o exercício desses mesmos poderes pode ter — e tem — sobre a vida dos indivíduos que se justifica e se impõe reflexão contínua e cuidadosa sobre o tema, para que, de um lado, não se tolere a violação àqueles princípios e para que, de outro, não se faça da lei um desvirtuado instrumento de perseguição política, de ataque moral ou de ruína patrimonial de quem quer que seja" ("Lei 8.429, de 1992: ação cautelar sem correspondente ação principal", in *Improbidade Administrativa. Questões Polêmicas e Atuais*, São Paulo, Malheiros Editores, 2001, pp. 187-188).

da qual acaba tendo como resultado a propositura de uma ação civil pública, que seria perfeitamente evitável se ele fosse pelo menos ouvido, se ele fosse consultado, se houvesse um mínimo de verificação preliminar".[6]

É exatamente essa oportunidade do agente público ser ouvido que pretendeu garantir o legislador com o contraditório preliminar. É a garantia de que haverá o mínimo de verificação preliminar a que se refere o ilustre Professor.

### *3.1 Sistemática para o recebimento da inicial*

Demonstrada a adequação da MP 2.225-45 com o texto constitucional e sua perfeita harmonia com o ordenamento jurídico pátrio cumpre analisar, exatamente, como se desenrola a defesa preliminar e o recebimento da inicial nas ações que visam a responsabilização por atos de improbidade administrativa.[7]

De acordo com a Lei, para receber a inicial o magistrado deverá:

a) Verificar se a inicial está "instruída com documentos ou justificação que contenham indícios suficientes da existência do ato de improbidade ou com razões fundamentadas da impossibilidade de apresentação de qualquer dessas provas" (art. 17, § 6º).

b) Estando a inicial devidamente instruída e havendo indícios suficientes da existência do ato de improbidade deverá o magistrado determinar seja o requerido notificado para que apresente defesa preliminar no prazo de 15 dias. Tendo o requerido sido regularmente notificado, são duas as hipóteses em que o juiz poderá receber a inicial. 1) Se depois de apresentada e analisada a defesa preliminar persistirem dúvidas quanto a existência dos atos de improbidade descritos na inicial. 2) Se, tendo sido regularmente notificado, o requerido deixar de apresentar a defesa no prazo previsto.

Como se vê, a lei estabelece uma espécie de "duplo filtro" para as ações de improbidade: um primeiro, previsto no § 6º do art. 17, feito pelo juiz e consistente na análise dos documentos e fundamentos expostos na inicial. Passada essa primeira etapa, deverá o juiz dar à parte requerida oportunidade de apresentar defesa preliminar, confrontando os fatos apresentados na inicial. Assim, a inicial só poderá ser recebida se contiver indícios suficientes da existência do ato de improbidade que subsistam quando confrontados com os argumentos apresentados pela parte em sua defesa preliminar, em uma cognição sumária.

Em outras palavras, não há margem para que se faça qualquer análise tendente ao recebimento da inicial sem que se tenha dado à parte a oportunidade de apresentar defesa preliminar. Isso porque, por mais conclusivas que sejam as provas e por mais graves que sejam os fatos narrados na inicial,

6. In *Improbidade Administrativa. Questões Polêmicas e Atuais*, Cassio Scarpinella Bueno e Pedro Paulo de R. Porto Filho (coords.), São Paulo, Malheiros Editores, 2001, p. 21.

7. "O objetivo do novo procedimento, que a princípio pode parecer repetitivo, é o de filtrar as ações que não tenham base sólida e segura, obrigando o juiz — com a possibilidade de recurso ao tribunal — a examinar efetivamente, desde logo, com atenção e cuidado, as alegações e os documentos da inicial, somente dando prosseguimento àquelas ações que tiverem alguma possibilidade de êxito e bloqueando aquelas que não passem de alegações especulativas, sem provas ou indícios concretos. O instituto da defesa preliminar, existente no direito penal para os funcionários públicos (CPP, art. 514), como antecedente ao recebimento da denúncia, funciona como proteção moral para o agente público acusado, para quem o simples fato de ser réu pode já implicar mancha na sua reputação. Abre-se a possibilidade de uma defesa antes de a ação ser recebida, de molde a cortar pela raiz aquelas ações que se mostrem levianas ou totalmente sem relação com a realidade dos fatos" (Hely Lopes Meirelles, *Mandado de Segurança*, 24ª ed., atual. Arnoldo Wald e Gilmar Ferreira Mendes, Malheiros Editores, p. 210).

deverão ser confrontados com os fatos e argumentos apresentados na defesa preliminar para que se decida a respeito do recebimento da inicial, é o que diz a lei de forma bastante clara. É um direito do réu.[8]

Com tais inovações a lei não dificulta a tramitação de ações sérias e bem fundamentadas, mas apenas pretende eliminar, na origem, ações mal fundamentadas, desprovidas de argumentos satisfatórios ou baseadas em fato que, apesar de aparente ilegalidade, possam ter sua legitimidade demonstrada através de simples manifestação.

O novo procedimento é bastante lógico estando em perfeita sintonia com os princípios da economia processual, presunção de inocência e efetividade do processo. Sendo o processo um instrumento para a aplicação do direito material é bastante razoável que se criem mecanismos para evitar ações sem a menor probabilidade de êxito, especialmente quando a simples existência dessa ação, independente do direito material, pode causar danos irreparáveis ao réu.

Importante salientar que o juízo quanto ao prosseguimento ou não da ação não é meramente subjetivo, devendo a decisão que rejeita a ação após análise da defesa preliminar ser fundamentada nos termos do art. 17, § 8º, da Lei de Improbidade. Tal decisão — que deixa de receber a inicial — pode se dar com julgamento de mérito, o que acontecerá quando, após a análise da defesa preliminar, o magistrado se convencer da inexistência dos alegados atos de improbidade; ou sem julgamento de mérito, quando, apesar de restarem dúvidas a respeito da existência dos atos de improbidade, for a inicial inepta ou faltar alguma de suas condições.

Vale ressaltar, ainda, que não se exige para o prosseguimento da ação que seja ela procedente — o que seria impossível de se exigir — nem que apresente provas cabais da existência do ato de improbidade. O que se exige, não é demais repetir, é que ela, apresentando indícios razoáveis da existência do ato de improbidade, subsista ao confronto com os argumentos e documentos apresentados em defesa preliminar.

Nesse caso faz-se um paralelo entre a defesa preliminar e a chamada objeção de pré-executividade nas execuções. Apesar das diferenças, por trás de ambas as defesas, está a idéia de que, havendo a possibilidade do réu comprovar, através de simples manifestação, de forma definitiva, que o autor não tem razão, não há porque esperar que ele sofra algum prejuízo — penhora no caso da execução e recebimento da inicial no caso da ação de improbidade — antes de extinguir a ação.

### *3.2 Conseqüências da não concessão*

Estabelecida a obrigatoriedade de abertura de prazo para apresentação da defesa preliminar, resta saber, na prática, quais as conseqüências do recebimento da inicial sem que se tenha dado referida oportunidade de defesa prévia.

Não há dúvida de que a simples supressão da oportunidade de defesa preliminar constitui prejuízo irreparável ao réu, ofendido no seu direito de defesa, em agravo direto à garantia do contraditório e ampla defesa além do princípio constitucional do devido processo legal.

8. Sobre o tema, trecho do voto do Exmo. Desembargador Rui Stoco, do E. Tribunal de Justiça de São Paulo: "Portanto é direito dos acusados ou réus apresentar defesa preliminar para, só então, a petição inicial ser recebida ou não. Essa garantia não se encontra estabelecida na Ação Civil Pública e na Ação Popular, de modo que não se pode subsistir um procedimento por outro. Calha encerrar obtemperando que a suposta gravidade dos atos praticados e suposta e eventual nulidade do ato administrativo (questões relativas ao mérito e que não se aprecia nem antecipa) não podem servir de supedâneo para que se faça *tabula rasa* de princípios asseguradores da ampla defesa, da formalidade dos atos processuais, olvidando-se do caráter de ordem pública dos procedimentos, fazendo surgir a iniqüidade e o desmando" (apelação cível 182.264-5/1-00, Rel. Desembargador Rui Stoco, j. 21.5.2002).

Sendo assim, suprimida a defesa preliminar será nulo o despacho que receber a inicial bem como todos os demais atos processuais subseqüentes, inclusive a citação, por ofensa ao direito de defesa do réu e, conseqüentemente, à garantia constitucional do contraditório e ampla defesa. Tal nulidade, absoluta, independe da caracterização de prejuízo que, como já demonstrado, advém do desrespeito a direitos e garantias fundamentais.[9]

Acrescente-se, ainda, que a supressão da defesa preliminar sob qualquer argumento, como a gravidade dos fatos ou verossimilhança das alegações, implicaria em ofensa direta à garantia constitucional da presunção de inocência,[10] além das já citadas garantias.

### *4. Contraditório preliminar e indisponibilidade de bens*

Ainda com relação ao contraditório preliminar, necessário alguns breves comentários sobre sua influência no procedimento para decretação de indisponibilidade de bens.

O art. 16 da Lei de Improbidade Administrativa prevê a possibilidade, havendo fundados indícios de responsabilidade, de se requerer a decretação da indisponibilidade dos bens do réu.

Não há dúvida que tal dispositivo representa importante ferramenta para se assegurar o resultado final pretendido na ação, impedindo, de forma eficaz, a dilapidação do patrimônio. Ressalte-se, no entanto, que tal medida é de extrema gravidade,[11] só podendo ser determinada quando presentes certos requisitos legais,[12] como a configuração do *periculum in mora*, a adequação entre o valor do possível dano e os bens tornados indisponíveis e a restrição da indisponibilidade aos bens adquiridos posteriormente aos supostos atos de improbidade.

Com relação ao procedimento judicial, ressalta-se o disposto no art. 16, § 1º, da Lei 8.429/1992, determinando, expressamente, que para se requerer a decretação da indisponibilidade de bens seja utilizado procedimento cautelar específico:

> § 1º. O pedido de seqüestro será processado de acordo com o disposto nos arts. 822 e 825 do Código de Processo Civil.

9. Com relação à nulidade do processo em razão da supressão da defesa preliminar, ficou decidido pelo STJ no julgamento do REsp 1.769-SP, de 10.9.1991: "Na esteira da melhor doutrina e jurisprudência da Suprema Corte, a omissão do Contraditório preliminar, onde se assegura ampla defesa ao réu, a ponto de elidir a denúncia, dá causa à nulidade absoluta e insanável do processo, ainda que não tenha sido por ele argüida, ou demonstrado o prejuízo da defesa, ou que tenha sido já exonerado. É que a ofensa atinge à Constituição Federal, no que concerne aos princípios do devido processo legal e do contraditório e ampla defesa" (Rel. Ministro José Cândido).

10. Sobre a violação da garantia constitucional da presunção de inocência, segue trecho do voto do Exmo. Sr. Ministro do STF Sepúlveda Pertence, proferido no julgamento do HC 80949/9-RJ: "26. Mas, como observa Magalhães Gomes Filho, por sua natureza, as restrições que estabelecem são taxativas: delas, não se podem inferir, portanto, exceções à garantia constitucional — qual, a da vedação da prova ilícita — estabelecida sem limitações em função da gravidade do crime investigado. 27. De resto, graduar a vedação da admissibilidade e valoração da prova ilícita, segundo a gravidade da imputação, constituiria instituir a sistemática violação de outra garantia constitucional — a presunção de inocência — em relação a quantos fossem acusados ou meramente suspeitos da prática de determinados crimes".

11. "A indisponibilidade dos bens *inaudita altera parte*, constitui medida de excepcional gravidade, onerando os bens dos administradores públicos, impondo-lhes pesados ônus morais e sociais" (trecho do voto do Exmo. Desembargador Soares Lima no julgamento do agravo de instrumento 173999-5/4-00, TJSP, j. 26.10.2000).

12. V.: STJ, ROMS 6.182-DF, Rel. design. Ministro Adhemar Maciel, *DJ* 1.12.1997; AGREsp 422.583-PR, Rel. design. Ministro José Delgado, *DJ* 9.9.2002; TJSP, 1ª Câm. Dir. Públ., agravo de instrumento 100.419-5-Urupês, Rel. Desembargador Demóstenes Braga, 9.8.1999, v.u.

Apresentado o texto do citado dispositivo, cumpre esclarecer que, ainda que se entenda possível a decretação da indisponibilidade de bens nos autos da ação principal, o uso da cautelar será sempre mais interessante. A uma porque é o meio expressamente previsto na lei e, portanto, de incontestável adequação. A duas porque, com a introdução do contraditório preliminar, a indisponibilidade de bens nos autos principais só poderia ser determinada depois de recebida a inicial e, portanto, depois de ser ouvido o réu em defesa preliminar.

O que se pretende aqui demonstrar é que, nos autos principais, a decretação de indisponibilidade de bens só seria possível depois de ser ouvido o réu em defesa preliminar. Não há, pois, como admitir que o magistrado atenda pedido da inicial sem antes tê-la recebido. Assim, fica vedada a decretação de indisponibilidade de bens, *inaudita altera parte*, nos autos principais da ação prevista na Lei 8.429/1992. Tal decretação, *inaudita altera parte*, é, no entanto, perfeitamente possível em sede de medida cautelar, presentes os demais requisitos estipulados em lei e consolidados pela jurisprudência.

Vale, ainda, acrescentar que eventual decretação de indisponibilidade de bens, determinada em procedimento cautelar, estará sempre condicionada à propositura e existência da ação principal, tornando-se insubsistente se acolhida a defesa preliminar para determinar o não recebimento da ação.

### *5. Conclusão*

De todo o exposto conclui-se que:

*1.* A simples existência de uma ação por atos de improbidade administrativa é capaz de causar grande prejuízo ao réu.

*2.* A abertura de oportunidade para oferecer defesa preliminar é uma forma de dificultar o trâmite de ações vazias e/ou infundadas, protegendo, assim, quem age de acordo com os princípios da administração pública.

*3.* É um direito do réu, em perfeita consonância com o texto constitucional e com o ordenamento jurídico pátrio.

*4.* A não concessão de prazo para apresentação da citada defesa implica em ofensa à garantia constitucional do contraditório e ampla defesa, causando a nulidade de todos os atos subseqüentes do processo, independente da caracterização de prejuízo.

*5.* Com a introdução do contraditório preliminar na Lei de Improbidade Administrativa resta claro que o único meio hábil para se determinar a indisponibilidade de bens *inaudita altera parte* é a ação cautelar.

# JURISPRUDÊNCIA

## SUPREMO TRIBUNAL FEDERAL

***Mandando de Segurança 22.148-8-Distrito Federal***

***Impetrante: Maria Cristina Navia Arzua***

***Impetrado: Tribunal de Contas da União***

*Ementa: Administrativo. Servidor público. Cargo público: provimento: transferência. Lei 8.112, de 11.12.1990, art. 8º, IV, art. 23, §§ 1º e 2º. Constituição Federal, art. 37, II.*

*I — A transferência — Lei 8.112/1990, art. 8º, IV, art. 23, §§ 1º e 2º — constitui forma de provimento derivado: derivação horizontal, porque sem elevação funcional (Celso Antônio Bandeira de Mello). Porque constitui forma de provimento de cargo público sem aprovação prévia em concurso público de provas ou de provas e títulos, é ela ofensiva à Constituição, art. 37, II.*

*II — Inconstitucionalidade dos dispositivos da Lei 8.112/90, que instituem a transferência como forma de provimento de cargo público: inciso IV do art. 8º e art. 23, §§ 1º e 2º.*

*III — Mandado de segurança indeferido.*

ACÓRDÃO

Vistos, relatados e discutidos estes autos, acordam os Ministros do Supremo Tribunal Federal, em sessão Plenária, na conformidade da ata do julgamento e das notas taquigráficas, por unanimidade, indeferir o mandado de segurança e declarar a inconstitucionalidade do art. 8º, IV e art. 23 e seus §§, da Lei 8.112, de 11.12.1990. Ausentes, ocasionalmente, os Ministros Néri da Silveira e Marco Aurélio.

Brasília, 19 de dezembro de 1995.

Sepúlveda Pertence, Presidente. Carlos Velloso, Relator.

RELATÓRIO

***O Sr. Ministro Carlos Velloso:*** Trata-se de mandado de segurança impetrado por Maria Cristina Navia Arzua contra ato do Tribunal de Contas da União, consistente em declarar nulo o ato de transferência da impetrante, técnico judiciário, classe A, padrão NS III, do Tribunal Regional do Trabalho da 14ª Região (Rondônia), para o quadro de Pessoal Permanente do Tribunal Regional do Trabalho da 9ª Região (Paraná), objeto da Portaria 089, de 23.3.1994, publicado no *Diário da Justiça* do Estado do Paraná, em 4.4.1994, em vaga criada pela Lei 8.432/1992.

Sustenta a impetrante que o ato impugnado viola direito líquido e certo seu, amparado pelos arts. 8º, IV, e 23 da Lei 8.112, de 11.12.1990, que cuidam da transferência de servidores públicos.

A decisão do Tribunal de Contas se baseou na Decisão TCU 183/1993 — Plenário e no entendimento do STF na ADIn 231-RJ, Relator Ministro Moreira Alves, acórdão que foi assim ementado:

*Ementa*: *Ação direta de inconstitucionalidade. Ascensão ou acesso. Transferência e aproveitamento no tocante a cargos ou empregos públicos.* O critério de mérito aferível por concurso público de provas ou de provas e títulos é, no atual sistema constitucional, ressalvados os cargos em comissão declarados em lei de livre nomeação e exoneração, indispensável para cargo ou emprego público isolado ou em carreira. Para o isolado, em qualquer hipótese; para o em carreira, para o ingresso nela, que só se fará na classe inicial e pelo concurso público de provas ou de provas e títulos, não o sendo, porém, para os cargos subseqüentes que nela se escalonam até o final dela, pois, para estes, a investidura se fará pela forma de provimento que é a *promoção*.

Estão, pois, banidas das formas de investidura admitidas pela Constituição a ascensão e a transferência, que são formas de ingresso em carreira diversa daquela para a qual o servidor público ingressou por concurso, e que não são, por isso mesmo, ínsitas ao sistema de provimento em carreira, ao contrário do que sucede com a promoção, sem a qual obviamente não haverá carreira, mas, sim, uma sucessão ascendente de cargos isolados.

O inciso II do art. 37 da Constituição Federal também não permite o "aproveitamento", uma vez que, nesse caso, há igualmente o ingresso em outra carreira sem o concurso exigido pelo mencionado dispositivo.

Ação direta de inconstitucionalidade que se julga procedente para declarar inconstitucionais os arts. 77 e 80 do Ato das Disposições Transitórias do Estado do Rio de Janeiro.

Sustenta a impetrante que o TCU interpretou equivocadamente a decisão da Suprema Corte, pois ela não é contrária ao instituto da transferência, como deixou claro o Dr. Ricardo Sampaio, Juiz do Tribunal Regional do Trabalho da 9ª Região, em estudo que fez sobre o tema.

Por entender que preenche todos os requisitos legais para sua transferência, requer "a concessão de liminar, *inaudita altera pars*, para que seja suspensa a determinação do TCU que deu origem *à anulação do ato de transferência da impetrante, permanecendo ela a serviço do TRT da 9ª Região* até decisão final do presente *mandamus*".

Negada a medida liminar (fls. 122/122-v), foram requisitadas informações, que vieram a ser prestadas pela eminente Presidente do Tribunal de Contas da União (fls. 127/149), com os seguintes esclarecimentos:

4. Este Tribunal, apoiando-se na Decisão do eg. STF, entendeu que:

4.1 a emenda da ADIn 231-RJ "declara, de maneira inequívoca, o banimento da Ascensão e da Transferência daquelas formas de investidura admitidas pela Constituição Federal";

4.2 o voto do Exmo. Sr. Ministro-Relator da Suprema Corte "não deixa dúvida sobre o seu pensamento acerca da incompatibilidade do questionado instituto com a Constituição Federal (...), embora versando tema não diretamente relacionado com a Transferência";

4.3 o fato de o eg. STF ter definido a transferência como forma de ingresso em carreira diversa para a qual o servidor foi admitido por concurso, não significa que existam formas diferentes de transferência, uma vez que o referido instituto é um só;

4.4 assim, desde que "a carreira de determinado Tribunal não faz parte da Carreira de outro Tribunal, mesmo que se tratem de cargos que tenham a mesma denominação", cada um deles possuindo seu quadro próprio, entendido este como sendo o conjunto de carreiras, considerou esta Corte não ser possível "transferir servidor do quadro pessoal de um órgão para outro, sem transferi-lo de uma carreira para a outra".

5. Especificamente quanto ao caso da impetrante, verifica-se, dos termos do Relatório de Auditoria a que se refere o proc. TC — 550.100/94-6, e ainda dos dados funcionais da mesma solicitados junto ao eg. TRT-9ª Região, ora anexados por cópia, o seguinte:

5.1 entrou em exercício no TRT-14ª Região em 4.5.1987, sob o regime celetista;

5.2 foi colocada, na mesma data, ou seja, 4.5.1987, à disposição do TRT-9ª Região;

5.3 a partir de 14.5.1987 foi designada para exercer o encargo de assistente administrativo do Gabinete do Diretor-Geral do TRT-9ª Região;

5.4 a contar de 1.8.1987, foi designada para exercer o cargo de Secretária de Gabinete de Juiz do Trabalho da 9ª Região;

5.5 passou à condição de estatutária ("Regime Jurídico Único") a partir de 3.12.1993;

5.6 a servidora continuou permanecendo à disposição do TRT da 9ª Região até ser transferida, do TRT-14ª Região, para o quadro de Pessoal Permanente do TRT-9ª Região, a contar de 1.4.1994.

6. De acordo com o relato da Equipe de Inspetores desta Secretaria, que procedeu ao trabalho de Auditoria junto ao TRT-9ª Região, "observa-se que, apesar de existirem candidatos habilitados em concurso público às vagas existentes no Quadro de Pessoal (...), a Presidência do TRT-9ª Região optou por deixar expirar o prazo de validade do concurso público realizado em 1989 de forma a possibilitar o deferimento do pedido de transferência de servidores que já estavam à disposição deste Tribunal do Trabalho".

7. Assim, diante do que ficou expresso acima, subitens 5.1 a 5.6, configurou-se, claramente, procedimento irregular na transferência da servidora, tendo esta Corte, considerando o entendimento firmado pelo Colendo Supremo Tribunal Federal, determinado a insubsistência do referido ato.

8. A preocupação manifestada por este Tribunal, através de sua Decisão 183/93, TCU, Plenário (proc. TC-004.446/93-3, Ata 59/1993, in *DOU* de 21.12.1993), e aplicada à situação da impetrante, teve como base, fundamentalmente, trecho do voto proferido pelo Exmo. Sr. Ministro Moreira Alves, Relator da ADIn 231/7, o qual elucida, *verbis*:

"De qualquer sorte, ainda que se tratasse tecnicamente do instituto da transferência, também ele — como já salientei não mais é admissível em face do inciso II do art. 37 da atual Constituição. Até o elemento histórico da formação desse dispositivo, com a retirada do adjetivo 'primeiro' ('primeira' investidura), indica que *isso se fez, e não há outro texto constitucional que afaste essa interpretação, que, ao contrário, é corroborada pelo elemento sistemático, indica, repito, que isso se fez para impedir que alguém ingresse por concurso em um órgão 'x', para onde não há grande concorrência, e isso sirva como justificativa para admissão em outro órgão sem qualquer concurso*" (grifamos).

Em conclusão, entendemos que este Tribunal, amparando-se na decisão exarada pela Suprema Corte, deu interpretação adequada aos dispositivos legais aplicáveis ao caso, sem lesar qualquer direito da impetrante (fls. 129/131).

O Ministério Público Federal, oficiando às fls. 152/161, pelo parecer da ilustre Subprocuradoria-Geral Anadyr de Mendonça Rodrigues, aprovado pelo não menos ilustre Procurador-geral Dr. Aristides Junqueira Alvarenga, opina no sentido do indeferimento do *mandamus*, por entender que a impetração está fundamentada nos argumentos do trabalho do Dr. Ricardo Sampaio, juiz-presidente do TRT-9ª Região, sobre a matéria (*A Transferência dos Servidores nos Tribunais do Trabalho: Legalidade*), trabalho que "está alicerçado na premissa de que a interpretação a ser conferida ao art. 37, II, da Constituição Federal houvera de ter levado em conta o regramento instituído pela Lei 8.112, de 1990".

É patente o equívoco, continua o parecer, "pois não é o texto constitucional que se deve amoldar à disciplina da lei ordinária, mas, sim, esta é que só sobreviverá, se guardar conformidade com as balizas traçadas pela Carta Magna".

O parecer recebeu a seguinte ementa:

*Ementa*: Lei 8.112, de 1990: se a estrutura que criou se contrapuser, em mínima parte que seja, ao ordenamento que a Constituição Federal traçou, então simplesmente tal estrutura desmoronará, não havendo, pois, por que cuidar de se harmonizar a interpretação da Lei Máxima com o que dispõe aquela lei ordinária, e, por isso, as incompatibilidades entre o texto constitucional e a Lei 8.112, de 1990, que tenham resultado do julgamento da ADIn 231-7-RJ, em face da exegese encontrada para a Constituição Federal, pela Suprema Corte — sua única intérprete autorizada (art. 102, *caput*) —, obviamente hão de ser removidas mediante o reconhecimento de que não têm qualquer eficácia, porque inconstitucionais, as disposições daquela lei ordinária que não se coadunem com os mandamentos da Lei Máxima. Mandado de Segurança insuscetível de deferimento (fl. 152).

É o relatório.

VOTO

***O Sr. Ministro Carlos Velloso (Relator):*** A Lei 8.112, de 11.12.1990, art. 8º, IV, estabelece, como forma de provimento de cargo público, a transferência:

Art. 8º. São formas de provimento de cargo público:

(...);

IV — transferência;

No art. 23, a Lei 8.112, de 1990, conceitua o instituto da transferência e estabelece os casos em que ela ocorrerá:

Art. 23. Transferência é a passagem do servidor estável de cargo efetivo para outro de igual denominação, pertencente a quadro de pessoal diverso, de órgão ou instituição do mesmo Poder.

§ 1º. A transferência ocorrerá de ofício ou a pedido do servidor, atendido o interesse do serviço, mediante o preenchimento de vaga.

§ 2º. Será admitida a transferência de servidor ocupante de cargo de outro órgão ou entidade.

A transferência constitui, pois, forma de provimento derivado. Trata-se de derivação horizontal, porque sem elevação funcional. É, pois, na lição de Celso Antônio Bandeira de Mello, "a passagem horizontal — quer-se dizer, sem elevação funcional — do titular de um cargo para outro cargo. (...) Portanto, transferência se define como a mudança horizontal do ocupante titular de um cargo para outro cargo. Na União só há transferência, na hipótese de mudança de quadro" (Celso Antônio Bandeira de Mello, *Regime dos Servidores da Administração Direta e Indireta*, 2ª ed., Ed. RT, 1991, p. 37).

A Constituição Federal estabelece, no inciso II do art. 37, de forma a não ensejar dúvida, que "a investidura em cargo ou emprego público depende de aprovação prévia em concurso público de provas e de provas e títulos, ressalvadas as nomeações para cargo em comissão declarado em lei de livre nomeação e exoneração". Quer dizer, não há investidura em cargo público — cargo isolado ou em carreira — sem aprovação prévia em concurso público. A transferência, conforme vimos, constitui forma de provimento ou de investidura em cargo público — provimento derivado. Como ela prescinde do concurso público, tem-se, com ela, provimento ou investidura em cargo público sem concurso público. Dir-se-á que o servidor prestou, para ingresso no cargo de onde vem transferido, o concurso público. Isto só não basta. Permiti-lo, seria exigir o concurso para a primeira investidura, apenas — o que a Constituição pretérita permitia — quando a Constituição vigente estabelece que a investidura em cargo público somente se faz mediante concurso público.

O instituto da transferência, por outro lado, se permitido, poderia ensejar fraude à Constituição, ou, noutras palavras, poderia ensejar o descumprimento da finalidade maior do princípio constitucional do concurso público inscrito no art. 37, II, da Constituição. A finalidade deste é tornar realidade, no que tange ao serviço público, o preceito isonômico inscrito no art. 5º, I. Registre-se, aliás, que mencionado preceito está repetido, na Constituição, várias vezes: p. ex., arts. 5º, *caput*; 5º, I; 150, II; 151, II; 7º, XXX, XXXI, XXXII, XXXIV; 3º, III; 43; 170, VII. Isto se explica: é que o princípio da igualdade é inerente ao regime democrático e à república.

Ora, com a transferência, seria possível tangenciar o princípio: o candidato prestaria concurso público num determinado Estado onde a disputa não seria maior ou onde o meio intelectual fosse mais pobre, e por isso as provas seriam mais fáceis, e obteria, depois, transferência para igual cargo noutro Estado, onde o concurso, observadas as peculiaridades locais, fosse mais difícil, com ofensa, assim, ao princípio da igualdade em relação aos que estivessem disputando o concurso público mais difícil. O juiz não pode ignorar o fato, sob pena de fazer justiça de laboratório. E se temos presente que são vários os Brasis, é de todo necessário que o jurista e o juiz não percam de vista a sociologia jurídica.

O Supremo Tribunal Federal, no julgamento da ADIn 231-RJ, Relator o Sr. Ministro Moreira Alves, deixou expresso que o provimento de cargo público mediante transferência é ofensivo à Constituição (*RTJ* 144/24). No julgamento da mencionada ADIn 231-RJ, não estava em causa a transferência da Lei 8.112, de 1990, art. 8º, IV, art. 23, tanto que na ementa do acórdão chega-se a dizer que a transferência é forma "de ingresso em carreira diversa daquela para a qual o servidor público ingressou por concurso", quando a transferência da Lei 8.112/1990 constitui forma de provimento derivado, já vimos, mas de derivação horizontal, em que há passagem do servidor estável de cargo efetivo para outro de igual denominação do mesmo Poder. Isto, entretanto, não altera a decisão — a decisão proferida na ADIn 231-RJ — no ponto em que ela entende banida das formas de investidura, segundo a Constituição, a transferência. É que a premissa básica do mencionado acórdão é esta: a investidura em cargo público depende de concurso e a transferência investe alguém em cargo público sem concurso público.

O argumento básico da inicial, ao sustentar a constitucionalidade do instituto da transferência, quer interpretar a Constituição, bem registra a Procuradoria-Geral da República, no parecer, no rumo da lei ordinária, quando o contrário é que deve ser observado: as normas infraconstitucionais interpretam-se no rumo da Constituição. Com propriedade, escreveu a Dra. Anadyr de Mendonça Rodrigues, no parecer:

> (...).
>
> 8. Afigura-se patente o equívoco, pois não é o texto constitucional que se deve amoldar à disciplina da lei ordinária, mas sim, esta é que só sobreviverá, se guardar conformidade com as balizas traçadas pela Carta Magna.
>
> 9. Assim, pouco importa o que haja estatuído a Lei 8.112, de 1990: se a estrutura que criou se contrapuser, em mínima parte que seja, ao ordenamento que a Constituição Federal traçou, então simplesmente tal estrutura desmoronará, não havendo, pois, por que cuidar de se harmonizar a interpretação da Lei Máxima com o que dispõe aquela lei ordinária (fl. 160).

Tenho como inconstitucionais, portanto, as disposições da Lei 8.112, de 1990, que consagram a transferência como forma de provimento de cargo público: inciso IV do art. 8º e art. 23, §§ 1º e 2º. Em conseqüência, indefiro o *writ*.

# JUSTIÇA FEDERAL

SENTENÇA

*Ação Civil Pública*

*Autos 2000.61.11.003142-9*

*Autor: Ministério Público Federal*

*Réus: União Federal — Instituto Nacional de Colonização e Reforma Agrária — INCRA*

"A morte que eu vi no campo
Encontrei também no mar
Boiadeiro e jangadeiro iguais no mesmo esperar
Que um dia se mude a vida
Em tudo e em todo lugar"
(Geraldo Vandré).

Vistos etc.

Trata-se de ação civil pública, com pedido de liminar, proposta pelo Ministério Público Federal, em face da União Federal e do Instituto Nacional de Colonização e Reforma Agrária — INCRA. Sustenta, em síntese, que no início do século, com o intuito de receber imigrantes, a União Federal adquiriu fazendas nas regiões em que, atualmente, existem os municípios de Iaras, Águas de Santa Bárbara, Agudos, Lençóis Paulista, Cerqueira César e outros. O Governo Federal teria titulado diversas propriedades, ao longo do tempo; porém, em determinado momento, deixou de fazê-lo, e os ocupantes das terras continuaram a deter somente a posse delas, em perspectiva de obter o domínio.

O Movimento dos Trabalhadores Sem Terra — MST, ao ter conhecimento da grande extensão de terras pertencentes ao Governo Federal — apesar de estarem na posse de outras pessoas — dirigiu-se ao local, acampando na margem das estradas. O INCRA promoveu o assentamento do referido grupo, o que proporcionou a outros "semterra" irem ao local. Dezenas de famílias teriam sido transferidas, pela INCRA, à região, sem, contudo, realizar o devido assentamento.

Requereu, o Ministério Público Federal, a condenação dos réus na obrigação de fazer, consistente em destinar, de forma adequada, os imóveis rurais remanescentes do Antigo Núcleo Colonial Monções, promovendo um projeto de reforma agrária, dentro de prazo a ser fixado na sentença, sob pena de multa diária e responsabilidade pessoal das autoridades omissas.

Deferiu-se a liminar (fls. 51/55), para que o INCRA não pudesse mais transferir famílias ao local.

Citada, a União Federal apresentou a defesa (fls. 68/81), aduzindo, preliminarmente, a ilegitimidade de partes ativa e passiva. No mérito, pugnou pela improcedência da ação, eis que descaberia ao Judiciário intrometer-se nos assuntos internos do Poder Executivo, sob pena de afronta à separação dos poderes, ditada pelo Texto da República.

Contestação do INCRA às fls. 83/92. Em preliminar, assevera a inépcia da inicial e a ausência de interesse de agir. Quanto ao mérito, alega que o pedido inicial não pode prosperar, em face do princípio da separação dos poderes e da impossibilidade do controle judicial dos atos administrativos discricionários.

Réplica do autor (fls. 95/102).

Instadas a indicarem quais provas pretendem produzir, as partes nada requereram.

É o relatório.

Decido.

Presentes os pressupostos do art. 330, I, do CPC, é o caso de julgar-se antecipadamente a lide.

***I — Das preliminares***

*Inépcia da inicial*

O INCRA alega a inépcia da petição inicial, por faltar o requisito constante no art. 282, III, do CPC: a causa de pedir.

Improcede tal afirmativa. Nossa lei processual civil adota a teoria da substanciação, no que diz respeito à *causa petendi*. Esta compreende o fato ou o complexo de fatos que levam a uma conclusão, qual seja, o pedido formulado na inicial.

Nesse sentido, a exordial traz a exata exposição do fato, bem como a conseqüência jurídica que o autor pretende atingir através da lide.

Destarte, rejeito a preliminar.

*Ilegitimidade de parte ativa e ausência do interesse de agir*

A União invoca a inviabilidade jurídica de a ação civil pública ser instrumento para obrigar alguém a promover um projeto de reforma agrária, ante a ausência de interesses indivisíveis, que atingem um número indeterminado de pessoas (direitos difusos).

Contudo, o art. 127, do Texto Constitucional, determina ao Ministério Público a defesa da ordem jurídica e dos interesses sociais; e o inciso III, do art. 129, estabelece como dever do Ministério Público, promover a "ação civil pública, para proteção do patrimônio público e social, do meio ambiente e de outros interesses difusos e coletivos".

Ao discorrer sobre a ação civil pública e sua finalidade, Hely Lopes Meirelles expõe:

"Na realidade, as várias novas técnicas processuais surgiram em virtude da necessidade de atender determinados imperativos sociais ou corrigir certas situações fáticas. Assim, encontram a sua razão de ser:

"a) na desigualdade das partes (enquanto o processo tradicional pressupõe a sua igualdade — que, em certos casos, se torna não mais uma presunção, mas uma ficção);

"b) na necessidade de criação de mecanismo para defesa dos grupos sociais (corpos intermediários), que são cada vez mais importantes na sociedade contemporânea, com substituição dos indivíduos pelos grupos e respectivas entidades representativas;

"c) no papel que o processo assume como 'instrumento de participação popular' na fiscalização da aplicação do Direito;

"d) na necessidade de atendimento eficaz e rápido à justiça social.

"Assim sendo, e em virtude da sua finalidade, a ação civil pública já foi definida como sendo um 'instrumento avançado da tutela jurisdicional'."[1]

Com efeito, pelo que foi mencionado na inicial, ficou claro que a conduta do INCRA trouxe uma série de malefícios aos trabalhadores rurais sem-terra e às próprias pessoas que residem na região, cujos danos sociais se estenderam para além das famílias que se deslocaram para o local.

Assim, o Ministério Público Federal visou resguardar direitos difusos e coletivos, e não só os direitos individuais das famílias que desejam um pedaço de terra para cultivar.

1. Hely Lopes Meirelles, *Mandado de Segurança*, 27ª ed., São Paulo, Malheiros Editores, 2004, pp. 229-230.

E mesmo que se entenda, como deseja a ré, cuidar-se de direitos individuais homogêneos, a competência ministerial permanece, por conta do interesse público, objeto desta ação, como já decidiu o Supremo Tribunal Federal, a respeito da possibilidade de o Ministério Público promover ação civil pública, referente às mensalidades escolares:

> (...) Cuidando-se de tema ligado à educação, amparada constitucionalmente como dever do Estado e obrigação de todos (CF, art. 205), está o Ministério Público investido da capacidade postulatória, patente a legitimidade *ad causam*, quando o bem que se busca resguardar se insere na órbita dos interesses coletivos, em segmento de extrema delicadeza e de conteúdo social tal que, acima de tudo, recomenda-se o abrigo estatal. Recurso extraordinário conhecido e provido, para afastada a alegada ilegitimidade do Ministério Público, com vistas à defesa dos interesses de uma coletividade, determinara a remessa dos autos ao Tribunal de origem, para prosseguir no julgamento da ação (RE 173.231-SP, Pleno, Rel. Ministro Maurício Corrêa, *DJU* 29.6.2001, j. 26.2.1997).

Com efeito, é cediço que, no País, milhares de pessoas vivem sem ao menos ter uma moradia; pululam grupos de pessoas pelos arredores das urbes, em busca de um lar, de um canto para morar. Trata-se de problema gravíssimo, pois atinge toda a sociedade. A tendência natural do ser humano, uma vez sem emprego, educação e assistência médica, e, sobretudo, sem um pedaço de terra para construir o futuro, é o ingresso na órbita do crime. Não se pode deixar de lado essa realidade brasileira.

A legitimidade do Ministério Público está no plano da proteção dos direitos difusos da comunidade; ou, se desejar, no plano da proteção dos direitos individuais homogêneos, com amplo lastro social.

Rejeito, portanto, a preliminar.

*Ilegitimidade passiva da União*

As autarquias são pessoas jurídicas de direito público interno, criadas por lei (art. 37, CF); possuem autonomia financeira e capital próprio, e respondem, pessoalmente, por seus atos. Apesar disso, a União é parte legítima para figurar no pólo passivo da lide, juntamente com o INCRA: os imóveis rurais pertencem à União, o que justifica a permanência dela na lide (art. 109, I, da CF).

Dessa forma, rejeito a preliminar.

***II — Do mérito***

O art. 2º, § 1º, do Estatuto da Terra (Lei 4.504, de 30.11.1964) dispõe que "a propriedade da terra desempenha integralmente a sua função social quando, simultaneamente: a) favorece o bem-estar dos proprietários e dos trabalhadores que nela labutam, assim como de suas famílias; b) mantém níveis satisfatórios de produtividade; c) assegura a conservação dos recursos naturais; d) observa as disposições legais que regulam as justas relações de trabalho entre os que a possuem e a cultivam".

É de se observar que a propriedade rural somente cumprirá sua função social, quando houver um projeto que vise à adequação do homem ao solo, cultivando-o, retirando dele o sustento de sua família. E a conduta do INCRA, consistente em transferir famílias para terras de propriedade da União, sem um efetivo projeto de reforma agrária, acarreta problemas sociais para a região, como realçou o autor. A autarquia deveria atuar na forma estabelecida na Carta Magna de 1988, a qual prevê a reforma agrária, em seu Título VII, Capítulo III.

A atitude dos réus evidencia, acima de tudo, um desrespeito ao princípio constitucional da dignidade da pessoa humana. Ao discorrer sobre o tema, Celso Ribeiro Bastos chega às seguintes conclusões: "Embora dignidade tenha um conteúdo moral, parece que a preocupação do legislador constituinte foi mais de ordem material, ou seja, a de proporcionar às pessoas condições para uma vida digna, principalmente no que tange ao fator econômico. Por outro lado, o termo 'dignidade da pessoa' visa a condenar práticas como a tortura, sob todas as suas modalidades, o racismo e outras humilhações tão comuns no dia-a-dia de nosso país. Este foi, sem dúvida, um acerto do constituinte, pois coloca a pessoa humana como fim último de nossa sociedade e não como simples meio para alcançar certos objetivos, como, por exemplo, o econômico".[2]

Ora, os indivíduos devem ser tratados com respeito pelo aparelho estatal; o Estado existe para satisfazer as pessoas componentes dele, e não o contrário. O particular não é instrumento ou meio para a existência do Estado; este tem existência para cumprir e satisfazer as necessidades daquele. Numa palavra, o Estado é meio e não fim (a respeito: Ataliba Nogueira, *O Estado é Meio e não Fim*, São Paulo, Saraiva, 1955).

Invocam, os réus, o argumento de que os tribunais não poderiam compelir o Estado a proceder à reforma agrária, visto que se trata de um "Programa Governamental", um "Plano de Estado", encerrando "*evidente componente político em sua definição*" (fl. 76). O Judiciário não poderia manifestar-se acerca dos critérios de conveniência e oportunidade, ditados pela administração pública.

Contudo, o Judiciário exerce também uma "função política", no sentido preconizado por Dalmo de Abreu Dallari: "No momento em que foram superados o feudalismo e o absolutismo, os juízes deixaram de ser agentes do rei ou de aristocratas poderosos para se tornarem agentes do povo. Isso ficou definitivamente claro com o aparecimento das Constituições escritas, no século dezoito. Foi transferida para o Estado a soberania, que antes era um atributo pessoal do rei, e se consagrou a tripartição de poder do Estado, entregando-se à magistratura uma parcela desse poder soberano, essencialmente político. Esse é um ponto importante, que não tem sido suficientemente considerado e que pode explicar, inclusive, certas divergências teóricas: as decisões judiciais fazem parte do exercício da soberania do Estado, que, embora disciplinada pelo direito, é expressão do poder político".[3]

Os agentes públicos, incluindo-se os agentes políticos, exercem função, cujo conteúdo é um dever, estabelecido em benefício do interesse alheio. As potestades ou poderes existem para o exercício dos deveres dos servidores do Estado. Nesse sentido, o eminente Celso Antônio Bandeira de Mello: "Deveras na esfera do Direito Público os poderes assinados ao sujeito não se apresentam como situações subjetivas a serem consideradas apenas pelo ângulo ativo. É que, encartados no exercício de funções, implicam dever de atuar no interesse alheio — o do corpo social —, compondo, portanto, uma situação de sujeição. Vale dizer, os titulares destas situações subjetivas recebem suas competências para as exercerem em prol de um terceiro: a coletividade que representam".[4]

O exercício de função requer do agente atuar de acordo com a finalidade da norma jurídica. Para cumpri-la, necessita satisfazer, inteiramente, o interesse público, pois não basta a escolha média ou ruim. A respeito, Guido Falzone acentua: "Allorchè si sostiene quindi la necessità di una 'buona amministrazione', non si vuole far riferimento ad un criterio medio, ne precisare che, nello svolgimento di una funzione, di qualunque natura essa sia, il relativo titolare deve uniformarsi ad un prototipo di buon amministratore ed agire come questo si comporterebbe normalmente; ma si vuole sostenere che quello deve, attraverso la sua attività, perseguire i fini che della funzione formano oggetto ed ancora che ciò deve realizzare

2. Celso Ribeiro Bastos, *Curso de Direito Constitucional*, 20ª ed., São Paulo, Saraiva, 1999, pp. 158-159.

3. Dalmo de Abreu Dallari, O *Poder dos Juízes*, São Paulo, Saraiva, 1996, p. 8.

4. Celso Antônio Bandeira de Mello, *Curso de Direito Administrativo*, São Paulo, Malheiros Editores, 2001, p. 108.

in maniera quanto più e quanto meglio possibile. Si intende cioè affermare che quell'attività deve svolgersi nel modo più congruo, più opportuno, più adeguato al fine da raggiungere, attraverso la scelta dei mezzi e del tempo di usarli che siano ritenuti i più idonei".[5]

O argumento de que o Judiciário não pode interferir nas escolhas de direção superior do Governo — os denominados atos políticos — pode refletir o pensamento de antanho; hoje, sabe-se, nos povos democráticos, todos os atos, em princípio, devem ser contrastados nos tribunais.

O insuperável Alessi, analisando a legislação, da época, na Itália, concluiu: "Ora, poi, la Legge 1.034 non contiene alcuna norma del genere, si che possiamo ritenere caduta la categoria degli atti politici intesi come atti inoppugnabili".[6]

O art. 5º, XXXV, do Texto Constitucional, dispõe: "a lei não excluirá da apreciação do Poder Judiciário lesão ou ameaça a direito". Adota-se o princípio da inafastabilidade do controle jurisdicional quando houver lesão ou ameaça a direito de outrem. A norma jurídica não trouxe qualquer ressalva; deve-se interpretá-la no sentido amplo, isto é, admitir-se o contraste de atos de quaisquer espécies perante os tribunais.

Gordillo, ao analisar a Constituição argentina (cujo art. 18 estabelece: "es inviolable la defensa en juicio de la persona y de los derechos"), tem o mesmo pensamento: "Ese principio constitucional de tan clara formulación no es exceptuado en norma expresa constitucional ni supraconstitucional alguna: se confieren facultades amplias al Poder Ejecutivo, se niega incluso acceso a la justicia por no haber caso, tratarse de un amparo, etc., pero nunca se afirma que el acto del Poder Ejecutivo está intrínsecamente exento de revisión judicial".[7]

Todo ato do Poder Executivo poderá ser apreciado pelo magistrado. Somente o Texto Constitucional, mediante a manifestação do Poder Constituinte Originário, pode disciplinar relações entre os Poderes da República, como ocorre, por exemplo, com as competições esportivas, cujas ações judiciais serão apreciadas apenas depois de esgotadas as instâncias da justiça desportiva (art. 217, § 1º). No caso de punições militares, embora não caiba *habeas corpus* (art. 142, § 2º), poderá o ato ser impugnado, em juízo, por meio de outras espécies de ações, como o mandado de segurança, se presentes seus pressupostos.

Deve-se destacar um aspecto de fundamental importância: as áreas em que o autor pede sejam desapropriadas remontam ao início do século, período no qual a União adquiriu várias fazendas, agrupadas no Núcleo Colonial Monções, e que se destinavam aos imigrantes, os quais, vindos de outros países, receberam terras para se estabelecerem e produzirem. Assim, a área ou parte dela, como menciona o autor, já tem destino específico, de interesse social, fato que não demanda, por parte do Poder Judiciário, indagações aprofundadas a respeito.

A Lei 8.629, de 25.2.1993, estabelece, no art. 13, quanto às terras rurais de domínio dos entes políticos, o destino, preferencial, da execução do plano de reforma agrária.

5. Guido Falzone, *Il Dovere di Buona Amministrazione*, Milão, A. Giuffrè, 1953, p. 64: "Quando se sustenta a necessidade de uma 'boa administração', não se deseja fazer referência a um critério médio, nem precisar que, no desenvolvimento de uma função, de qualquer natureza, o titular deve adequar-se a um protótipo de bom administrador e agir como este se comportaria, normalmente; mas sim deseja-se sustentar que ele deve, na sua atividade, perseguir os fins que da função formam objeto, e, ainda, que isso deve realizar-se da maneira melhor possível. Pretende-se afirmar que a atividade deve desenvolver-se no modo mais côngruo, mais oportuno, mais adequado ao fim perseguido, por intermédio da escolha dos meios e do tempo de usá-los, que sejam os mais idôneos".

6. Renato Alessi, *Principi di Diritto Amministrativo*, v. II, Milão, A. Giuffrè, 1974, p. 832.

7. Agustín Gordillo, *Tratado de Derecho Administrativo*, t. 2, 3ª ed., pp. VIII-17, Buenos Aires, Fundación de Derecho Administrativo, 1998.

Ora, o autor menciona o fato de o INCRA, autarquia encarregada de promover o procedimento desapropriatório, transferir famílias para o local, com promessa de assentá-las, o que causou transtornos na região. Alude, ainda, à existência de diversas outras famílias, que teriam se dirigido para lá na esperança de também serem assentadas.

O art. 3º, do Texto Constitucional, estabelece os objetivos fundamentais da República, cujos mandamentos, longe de serem sem aplicabilidade, servem de fonte de interpretação das normas jurídicas e de determinação da conduta dos entes administrativos e políticos.

Em que pese a competência da União para figurar na lide, como se frisou, em virtude de atingir seus bens, a promoção e coordenação do projeto de reforma agrária é da autarquia federal, nos termos do art. 16, parágrafo único, da Lei 8.629, de 25.2.1993, c/c o Decreto-lei 1.110, de 9.7.1970. Logo, o cumprimento do julgado compete apenas ao INCRA.

Em face do exposto, julgo procedente a ação, e condeno o Instituto Nacional de Colonização e Reforma Agrária — INCRA na obrigação de fazer, consistente em destinar, de forma adequada, os imóveis rurais remanescentes do antigo Núcleo Colonial Monções, ao projeto de reforma agrária, promovendo-o no prazo de 2 (dois) meses e concluindo-o no prazo máximo de 3 (três) anos (art. 16, da Lei 8.629/1993), sob pena de multa diária, que fixo em R$ 50.000,00 (cinqüenta mil reais), sem prejuízo de outras penalidades.

Sem custas e honorários.

Sentença sujeita ao recurso necessário (art. 475, I, do CPC).

P. R. I. C.

Marília/SP.

Heraldo Garcia Vitta, Juiz Federal.

# JUSTIÇA ESTADUAL

*Mandado de Segurança 357/98*

*Impetrantes: José Bernardino de Campos Filho e outros*

*Impetrado: Prefeito Municipal de Paranapanema*

Vistos

José Bernardino de Campos Filho, Juvercino Gualberto, Gelciran Adélio dos Santos, Fernando Aparecido Gimenez, Eduardo Santos Malafaia, Raffaele Passaro, Márcia Porto da Silva, Marcos Baisso, Claudinei Mendes Manso, Isaudite Dias de Lima, Romualdo Zani Marquesini, Uilto Profeta Santana, Maicson de Souza Sorti, Laércio Felipe Santiago, Maria do Carmo Mendes, Ademiro Teixeira Barbosa, Raimundo Antônio Primo, José Rubens Lombardi da Silva, Lúcia Helena Ramos da Silva, Ana Clara Buquetti, Sebastião de Azevedo Balbino, Mizael José Domingues Massa, Josefa Luíza da Silva, Marlene Lessa Vergilio Borges, Maria Aparicida Bueno Teixeira, José Roberto Favaro, Cláudio Kobashi, Maria Helena Gagliazzo Macedo, Luciana Gagliazzo Macedo, Carlos Eduardo Vieira, José Aureliano de Lima Júnior, Margarete Nunes Pereira, Estefano Lysy, Júlio Cesar Tomás Alves, Terezinha Ribeiro da Silva, Joana Lúcia de Oliveira, Josefino Antônio de Oliveira, João Teixeira Lopes, Hilário Ferreira dos Santos, Pedro Klemes, Antônio Felinto de Souza, Devânia Lísia Rodrigues da Silva, Marilene Fernandes, Paulo Lourenço Filho, Antônia Colon Fernandes, Luiz Carlos Barbosa da Silva, Maria Olívia Conceição da Silva, Adílson da Silva Camilo, Luiz Antônio Reda Pio, Antônio Rodrigues da Silva, Luis Robson Muniz, Gentil Guilhernina Ferreira da Silva, Valentin Bonini, Thereza de Oliveira Silva, Hortêncio Lopes da Silva, Beatriz Gomes, Pedro dos Santos Redondo, Odair Alves de Macedo, Cecília Rodrigues dos Santos, Ariomar Santos Rodrigues, João Batista Firminiano, Antônio dos Santos Filho, Wilson Gonçalves de Oliveira, Cleriston de Andrade Silva, José Joaquim da Silva, Irani Cerqueira Lopes, Hamilton Cagliumi, Gessy Carvalho dos Santos, Neide Tavares de Amorim Fernandes, Edina Maria da Silva, Orivaldo Ribeiro da Cruz, José Nunes da Silva, Paulo Celso Mascarenhas Carvalho, Jailson Alves da Silva, José Ary Barbosa, Francisco José de Morais, Josilene Leite Galvão, Lígia Barberino de Oliveira, Katsuo Amano, Douglas Cursino, Antônio Valter dos Santos, Loris lzar, Giselda Domingos Silva de Azevedo, Francisco Alves de Oliveira, Cícero Gomes da Silva, Cícera Gonçalves Leite, Elisabete Gomes da Silva, Miguel Leme, Waldemir Cardoso Pereira, Jonas Gomes de Souza, Débora Maria de Oliveira, Thereza de Jesus Costa, Hilmar Hermann Haverstreng, José Soares Correia, Neli Almeida Gomes Lucatto, Waldemar Montagnini, José Carlos Haussauer, Dartagnan Barros de Lima, Rita Algusta da Silva Moraes, Antonina Correa da Cruz Silva, Osvaldo Correa de Moraes, Milton Belarmino, Antônio Passos dos Santos, José Otávio da Silva, Benedita Bueno Maronese, Severina de Araújo Gomes, Carmo da Conceição, Ana Alice Rodrigues, Álvaro Miranda Pereira Coelho, Osvaldo Shiguer Assao, Oscarlino Pereira de Andrade, Marilene de Souza e José Marques de Souza impetraram *mandado de segurança* contra ato do Sr. Prefeito Municipal da cidade de Paranapanema, Estado de São Paulo, referente à exigência do Imposto sobre a Propriedade Predial e Territorial Urbana — *IPTU — exercício de 1998*, entendendo, em síntese, inconstitucional a *Lei Municipal 375*, de 22.9.1997, publicada em 30 de setembro do mesmo ano.

Alegam os impetrantes que são proprietários ou compromissários compradores de imóveis consistentes em lotes de terreno situados nos loteamentos denominados Terras de Santa Cristina, glebas V, VI e VII, zona urbana do Município de Paranapanema.

A Lei Municipal 34/1996 teria elevado o valor venal dos imóveis, sem que nenhuma alteração houvesse ocorrido no mercado imobiliário, sendo que o valor venal dos imóveis de propriedade dos impetrantes foi elevado de 4,50 UFIR/m$^2$ para 12 UFIR/m$^2$, mantendo-se, entretanto, a alíquota de 2%.

Com o advento da impugnada Lei Municipal 375/1997, foi criada a "Zona Especial 1", composta pelos loteamentos Terras de Santa Cristina V, VI e VII e Enseada Azul, tendo sido elevado o valor venal desses terrenos para 12,56 UFIR/m$^2$.

A mesma lei também elevou as alíquotas do imposto, fixando--as em 5% para os imóveis sem edificação localizados na referida "Zona Especial 1", mantendo a alíquota de 2% para os terrenos já edificados e alíquota de 1% para a área construída.

Desta forma, a lei instituiu alíquotas progressivas de IPTU, sendo que as zonas 1, 2 e 3 são tributadas pela alíquota de 2% e a zona especial pelas alíquotas de 1%, 2% ou 5%, conforme sejam "área construída", "terrenos já edificados" ou "terrenos não edificados", respectivamente.

Essas alterações estariam em desconformidade com a CF, uma vez que:

1º. O valor venal é irreal, representando cerca de 232,72% do preço real, porquanto o valor médio é de 5,31 UFIR/m$^2$, conforme anúncios publicados no periódico *Primeira Mão*;

2º. A Lei Municipal 375/1997 infringiria o art. 150, V, da Constituição da República, uma vez que a alíquota de 5% seria confiscatória;

3º. A cobrança progressiva do IPTU somente seria possível nos termos de lei federal, por descumprimento da função social da propriedade, o que reclama a existência de Plano Diretor, nos termos da posição já manifestada pelo Supremo Tribunal Federal;

4º. Não haveria previsão constitucional para se estabelecer a progressividade de alíquotas com base exclusivamente na existência ou não de edificação no imóvel, notadamente em face da ausência de Plano Diretor e de Lei Federal;

5º. Haveria ofensa ao princípio da igualdade, já que para as demais zonas foi estabelecida alíquota única de 2%; e

6º. O IPTU deveria ser calculado proporcionalmente ao valor do imóvel, a fim de resguardar o tratamento igualitário dos contribuintes.

Com base nessa argumentação, pedem os impetrantes a concessão de liminar, para suspender a exigibilidade do crédito tributário, e, ao final, a concessão da segurança para declarar nulos os lançamentos do IPTU, realizados com base na Lei Municipal 375/1997, desconstituindo-se as relações jurídicas por eles engendradas.

Negada a liminar, foram prestadas informações, nas quais a digna autoridade apontada como coatora, pleiteando a denegação da segurança, fez as seguintes alegações:

a) falta de interesse de agir dos impetrantes que possuem apenas compromisso de compra e venda dos imóveis;

b) falta de direito líquido e certo, uma vez que não haveria comprovação de que os valores cobrados são superiores ao valor de mercado dos imóveis;

c) decadência do direito de impetrar o remédio heróico, tendo em vista o escoamento do prazo de 120 dias já que a lei municipal foi publicada em 30.9.1997 e a impetração ocorreu em 30.4.1998;

d) inadequação da via eleita, uma vez que não poderia ser declarada a inconstitucionalidade da impugnada lei no mandado de segurança;

e) inexistência de ilegalidade, pois ao Município compete legislar sobre os tributos de sua competência, podendo, inclusive, atualizá-los, desde que o faça por meio de lei;

f) o Município tem Plano Diretor de Desenvolvimento Integrado, instituído pela Lei Municipal 46/1972; e

g) os documentos trazidos aos autos não representariam o valor venal real dos imóveis.

O Ministério Público opinou pelo afastamento da matéria preliminar e pela denegação da segurança.

Foram solicitadas informações complementares, que foram prestadas oportunamente pela autoridade apontada como coatora.

É o relatório.

Decido.

***I — Matéria preliminar***

*I.1 Legitimidade ativa "ad causam"*

Estabelece o art. 34 do CTN que são contribuintes do imposto incidente sobre a propriedade predial e territorial urbana *o proprietário do imóvel, o titular do seu domínio útil, ou o seu possuidor a qualquer título.*

Assim, não só o proprietário, com título registrado, pode ser o contribuinte do tributo, mas também qualquer outra pessoa que tenha qualquer direito inerente à propriedade do imóvel.

A própria Constituição da República, no art. 150, § 3º, *in fine*, estabelece que a imunidade das autarquias não exonera o promitente comprador da obrigação de pagar o imposto relativamente ao bem imóvel. Embora esse dispositivo não tenha aplicação direta ao caso, percebe-se que a própria Constituição inclui no rol dos possíveis contribuintes do imposto o promitente comprador.

De se lembrar, ainda, que o CC conceitua que possuidor é a pessoa que tem, de fato, o exercício, pleno ou não, de algum dos poderes inerentes ao domínio ou propriedade. Também que o ordenamento jurídico garante ao promitente comprador, quitada a dívida, o direito de adquirir a propriedade, e, uma vez adquirida a propriedade, passam os adquirentes a figurar como responsáveis pelo pagamento do imposto, inclusive dos tributos vencidos antes da aquisição.

Desta forma, os impetrantes que apenas possuem contrato de compromisso de compra e venda do imóvel *são partes legítimas, pois têm legítimo interesse* em discutir a questão em Juízo, primeiro, porque a legislação civil já lhes garante o direito de ver reconhecida a propriedade do imóvel com base no referido contrato; segundo, porque o Código Tributário Nacional, e a Constituição da República, não os excluem da possibilidade de virem a ser considerados contribuintes do tributo em tela; terceiro, porque, uma vez adquirida a propriedade, os adquirentes são responsáveis tributários pelos tributos incidentes sobre o imóvel, inclusive os vencidos (CTN, arts. 130 e 131, I).

*I.2 Direito líquido e certo. Carência de ação*

A preliminar referente à inexistência de direito líquido e certo, em face de serem os fatos controvertidos, também não merece guarida.

É que o fato — elevação da base de cálculo do tributo — está documentalmente comprovado, e consta da redação da própria lei municipal impugnada. Os impetrantes também apresentam documentos visando comprovar que o aumento da base de cálculo do IPTU acarreta por estabelecer valor venal irreal, ou seja, valor não condizente com a realidade do mercado imobiliário.

Então, existe a *plausibilidade* de que o direito líquido e certo dos impetrantes exista, o que por si só já satisfaz a exigência constitucional para o conhecimento da impetração.

Se os documentos são suficientes para o êxito da pretensão, isso será discutido no mérito, e ensejará a extinção do processo *com julgamento de mérito*.

Sérgio Ferraz (*Mandado de Segurança, Individual e Coletivo*, 3ª ed., Malheiros Editores), assim se posiciona:

"O mandado de segurança é uma ação, e ação de conhecimento. (...) desfruta ela de berço constitucional, encartada entre as garantias fundamentais e direitos individuais e metaindividuais. Esse nascimento nobre determina a compreensão do instrumento processual também com nobreza, amplitude e generosidade.

"(...). Por isso, ao juiz, em caso de dúvida, impõe-se optar sempre pelo entendimento que prestigie e assegure a utilização do *writ* e sua utilidade.

"(...) no mandado de segurança, o direito líquido e certo é, a um só tempo, condição da ação e seu fim último (na primeira fase, como juízo provisório; na segunda, como objetivo da tutela jurisdicional). Assim, a sentença que negue, ou afirme, o direito líquido e certo realiza o próprio fim da ação; trata-se de uma decisão de mérito, que exaure o campo da indagação, próprio do mandado de segurança. (...) Por tudo isso, a sentença que nega a existência do direito líquido e certo é verdadeira decisão de mérito, e não, apenas, declaratória de inexistência de uma condição da ação. (...)

"Em verdade, bem restritas são as hipóteses de carência da ação de segurança, de sua extinção sem julgamento do mérito ou de indeferimento da inicial" (pp. 24 e 25).

### *I.3 Prazo para impetração da segurança*

Diz a autoridade apontada como coatora que já transcorreu prazo superior a 120 dias, o que inviabilizaria o conhecimento da impetração. É que a lei impugnada, de efeitos concretos no entender da autoridade municipal, foi publicada em 30.9.1997, mas a impetração somente ocorreu em 30.4.1998.

Embora a lei impugnada tenha sido publicada na data indicada, não há que se falar em escoamento do prazo para utilização do remédio constitucional.

É que, com a publicação da lei, os interessados, sentindo-se lesados, já poderiam impetrar a segurança visando afastar a *ameaça* trazida pela lei. Nessa circunstância, o mandado de segurança seria *preventivo*, e não se cogitaria de prazo para impetração.

Ou seja, com a publicação da lei, os eventuais direitos dos contribuintes já teriam sido ameaçados. Apenas isso. Concretamente, a lesão somente ocorreu com o lançamento fiscal, pois é a partir desse momento que o contribuinte passa a conhecer a verdadeira extensão da lesão ao seu direito.

Com efeito, a maior parte da doutrina classifica o lançamento como sendo ato administrativo meramente declaratório. Entretanto, esse ato, embora declaratório, é fundamental para que o contribuinte tome conhecimento sobre o valor a ser pago e sobre o prazo de pagamento.

Somente após o contribuinte ter ciência do valor e do prazo do pagamento é que, concretamente, seu direito foi lesado. Agora a impetração será repressiva, e o prazo para impetração começa a fluir.

Hugo de Brito Machado (*Mandado de Segurança em Matéria Tributária*, 2ª ed., Ed. RT, pp. 58-59), discorrendo sobre o assunto, assim se manifestou: "Em matéria tributária geralmente não se cogita de ameaça, no sentido de um ato anunciador da prática lesiva ao direito do contribuinte. O justo receio decorre da própria existência de lei inconstitucional, ou de norma infralegal contrária à lei. Nestes casos há um *estado de ameaça permanente*, que tem início com o surgimento da situação de fato que enseja a incidência da lei, ou outra norma desprovida de validade jurídica, e vai até a prática efetiva da lesão, ou, em outras palavras, até a aplicação da norma inválida. Não se há cogitar de decadência antes de consumada a lesão ao direito do contribuinte. E esta em regra somente acontece com o lançamento, ou, para ser mais exato, com a inscrição do crédito tributário como dívida ativa. Essa tese já foi acolhida pelo Tribunal Regional Federal da 5ª Região, em julgado cuja ementa diz: 'Em mandado de segurança preventivo, fundado em justo receio do contribuinte em sofrer ação do fisco, que reputa abusiva, inexistindo o lançamento ou qualquer ato que lhe seja equiparado, que concretize a ofensa a direito líquido e certo do impetrante, não se pode falar em início do prazo decadencial, previsto no art. 18, da Lei 1.533/1951' (1ª T., AMS 2.014-SE, Rel. Juiz Francisco Falcão, *DJU*-II 12.10.1990, p. 23.932)".

*I.4 Declaração de inconstitucionalidade de lei municipal. Cabimento da via eleita*

A Constituição da República, no que tange ao controle jurisdicional da constitucionalidade das leis, adota o critério do controle difuso — por via de exceção — e o controle concentrado — por via de ação direta.

No primeiro, é o interessado quem deve argüir a inconstitucionalidade da lei que lhe atinge *concretamente* e *qualquer juiz* pode conhecer a matéria, em *qualquer via processual.*

Já no controle concentrado, a Constituição da República determina que somente alguns órgãos jurisdicionais podem conhecer a matéria, tais sejam os Tribunais de Justiça, em alguns casos, e, em última instância, o Supremo Tribunal Federal, desde que provocados por alguém especificamente legitimado (art. 103 da CF).

No presente caso, não estamos diante de pretensão que ataca lei em tese — que seria tema a ser apreciado pela via de ação direita, pelo controle concentrado — mas sim de pretensão que visa a proteção de direito que concretamente teria sido afetado.

Assim, o jurisdicionado, entendendo que seu direito foi atingido, pode postular a declaração da inconstitucionalidade da lei em todos os graus de jurisdição como questão prejudicial da sua pretensão, não obstante a via eleita. Sobre o tema, já se decidiu:

> *Competência. Declaração de inconstitucionalidade de lei municipal. Juízo de Primeiro Grau competente para julgamento. Método difuso de controle da constitucionalidade. Atração da competência pela forma incidental. Sistema concentrado. Preliminar rejeitada. Recurso não provido.* Nenhum poder é ilimitado e o da Municipalidade não poderia fugir a essa regra, pelo que submetem-se as leis locais ao controle da constitucionalidade, pelo método difuso que permite exame do vício, *incidenter tantum*, em todos os níveis, como requisito de solução da lide e pelo sistema concentrado, executado por um único órgão (apelação cível 228.133-1, Taquarituba, v.u., 3ª C.Civ., Rel. Ênio Zuliani, 27.6.1995).
>
> *Controle de constitucionalidade.* Temos o controle direto mediante ação de inconstitucionalidade intentada perante o Colendo STF, e o controle incidental (sistema difuso), cabendo a qualquer órgão do Poder Judiciário exercê-lo. Pode, pois, o juízo do primeiro grau declarar a inconstitucionalidade de lei ou ato normativo do Poder Público, ao conhecer incidente e prejudicialmente a questão (TRF-1ª R., 3ª T., AC 90.01.12415, v.u., Rel. Juiz Tourinho Neto, j. 27.8.1990, *DJU* 17.9.1990, p. 21.196).
>
> *Mandado de segurança. Administrativo. Ato de autoridade. Competência do Juízo de 1º grau para declarar a inconstitucionalidade "incidenter tantum".*
>
> 2. O controle da constitucionalidade das normas, adotado pelo constituinte de 1988, foi o difuso, quando em análise de lesão concreta de direito. Logo, não se pode negar a qualquer um dos membros do Judiciário, seja qual for a instância, a competência para analisar, *incidenter tantum*, a constitucionalidade das normas (TRF-5ª R., 2ª T., AMS 96.05.55655, v.u., Rel. Juiz Petrúcio Ferreira, j. 5.11.1996, *DJU* 20.12.1996, p. 99.100).

Rejeito, pois, a matéria preliminar argüida pela autoridade apontada como coatora.

### *II — Mérito*

De início, mister se faz delinear quais pontos estão sendo impugnados pelos contribuintes neste mandado de segurança.

Insurgem-se os contribuintes contra a Lei Municipal 375/1997 na parte em que foi elevado o valor venal dos imóveis e na parte em que foram estabelecidas diferentes alíquotas do IPTU (parágrafo único do art. 2º), sempre referente à Zona Especial 1.

A argumentação dos impetrantes referente à legislação anterior, que já teria elevado indevidamente o valor venal dos imóveis, não tem relevo para o deslinde da questão ora posta em Juízo, porquanto, se o valor venal estabelecido na Lei Municipal 375/1997 for irreal, deverá ser reduzido para o patamar real.

Deixo assente também que, pelas informações complementares, percebe-se que não existe Plano Diretor que *discipline o desenvolvimento urbano* da região hoje denominada Zona Especial 1. Com essa premissa em mente é que passo a analisar a questão posta em Juízo.

### *II.1 IPTU. Disciplina normativa*

A CF (Seção V, *Dos Impostos dos Municípios*), distribuiu a competência tributária para instituir o IPTU, por meio do art. 156, I.

No § 1º do mesmo artigo, possibilitou a instituição de alíquotas progressivas, com a seguinte redação:

> § 1º. O imposto previsto no inciso I poderá ser progressivo, nos termos da lei municipal, de forma a assegurar o cumprimento da função social da propriedade.

Já no Capítulo II (*Da Política Urbana*) estabeleceu o seguinte:

> Art. 182. A política de desenvolvimento urbano, executada pelo Poder Público municipal, conforme diretrizes gerais fixadas em lei, tem por objetivo ordenar o pleno desenvolvimento das funções sociais da cidade e garantir o bem-estar de seus habitantes.
>
> § 1º. O plano diretor, aprovado pela Câmara Municipal, obrigatório para cidades com mais de vinte mil habitantes, é o instrumento básico da política de desenvolvimento e de expansão urbana.
>
> § 2º. A propriedade urbana cumpre sua função social quando atende às exigências fundamentais de ordenação da cidade expressas no plano diretor.
>
> (...).
>
> § 4º. É facultado ao Poder Público municipal, mediante lei específica para área incluída no plano diretor, exigir, nos termos da lei federal, do proprietário do solo urbano não edificado, subutilizado ou não utilizado, que promova seu adequado aproveitamento, sob pena, sucessivamente de:
>
> I — parcelamento ou edificação compulsórios;
>
> II — imposto sobre a propriedade predial e territorial urbana progressivo no tempo;
>
> III — desapropriação com pagamento mediante títulos da dívida pública de emissão previamente aprovada pelo Senado Federal, com prazo de resgate de até dez anos, em parcelas anuais, iguais e sucessivas, assegurados o valor real da indenização e os juros legais.

Também prevê a Constituição da República, no art. 145, § 1º, ao mencionar os Princípios Gerais do Sistema Tributário Nacional:

> § 1º. Sempre que possível, os impostos terão caráter pessoal e serão graduados segundo a capacidade econômica do contribuinte, facultado à administração tributária, especialmente para conferir efetividade a esses objetivos, identificar, respeitados os direitos individuais e nos termos da lei, o patrimônio, os rendimentos e as atividades econômicas do contribuinte.

O CTN, por sua vez, menciona qual a hipótese de incidência, quem são os possíveis contribuintes e qual é a base de cálculo do imposto em questão (arts. 32 e ss.).

Finalmente, a Lei Municipal 375/1997, após criar a Zona Especial 1, compreendendo os imóveis localizados nos loteamentos Enseada Azul e Terras de Santa Cristina V, VI e VII, estabeleceu:

> Art. 2º. Fica estabelecido para incidência de lançamento e cobrança do Imposto

Predial e Territorial Urbano os seguintes valores: (...).

Zona Especial 1

R$ 12,56 (doze reais e cinqüenta e seis centavos) por metro quadrado de terreno.

R$ 205,29 (duzentos e cinco reais e vinte e nove centavos) por metro quadrado de área construída.

Parágrafo único. Para a Zona Especial 1 os terrenos serão tributados da seguinte forma: I — terrenos não edificados — 5% (cinco por cento); II — terrenos já edificados — 2% (dois por cento); III — área construída — 1% (um por cento).

*II.2 Base de cálculo do tributo*

A base de cálculo do imposto sobre a propriedade predial e territorial urbana é o valor venal do imóvel (CTN, art. 33), ou seja, o valor que o imóvel alcançaria se, *em condições normais*, fosse posto à venda.

Dizem os impetrantes que a base de cálculo imposta na Lei Municipal 375/1997 é em muito superior ao valor venal dos imóveis, cerca de 232,72% do valor real.

Fosse verdade essa argumentação, a base de cálculo deveria ser reduzida ao valor real, uma vez que, na parte em que ultrapassasse o valor real, o legislador Municipal estaria criando um novo tributo, já que estaria tributando o patrimônio, invadindo a competência da União e afrontando o disposto no art. 154 da CF.

Entretanto, não podemos nos esquecer que estamos diante de mandado de segurança, no qual não se apresenta possível dilação probatória, pois os fatos devem estar comprovados com a inicial.

Visando demonstrar que os imóveis foram supervalorizados pelo legislador municipal, trouxeram os impetrantes pesquisa realizada por meio do periódico *Primeira Mão*, além de tabela demonstrando a elevação do tributo nos últimos cinco anos.

O percentual de elevação do tributo de nenhum relevo é para os contribuintes. O importante é saber se, hoje, a base de cálculo representa, ou não, o verdadeiro valor venal do imóvel.

O percentual de aumento da base de cálculo somente teria relevo caso fosse o aumento determinado por decreto municipal, por percentual superior à correção monetária. Nesse caso, haveria flagrante ilegalidade, uma vez que se estaria majorando o tributo por meio de decreto (cf. Súmula 160 do C. Superior Tribunal de Justiça). Mas não é esse o caso, uma vez que o aumento da base de cálculo foi trazido pela lei e antes do exercício fiscal de 1998.

Agora, para se saber qual o efetivo valor venal dos imóveis, imprestáveis são os "recortes" extraídos de periódico, por ausência de critério técnico, sendo indispensável a realização de perícia.

É que os imóveis mencionados nos referidos "recortes" podem ter sido postos à venda por diversos motivos que não podem ser levados em consideração quando da fixação do valor venal, para fins tributários.

Assim, não lograram demonstrar os impetrantes que o valor venal instituído pela Lei Municipal 375/1997 não é o real. A matéria deveria ser enfrentada em ação com cognição plena, com possibilidade de dilação probatória, na qual se poderia determinar a realização de perícia.

Optaram, entretanto, pela via estreita do mandado de segurança, e, por não demonstrada a irrealidade do valor venal, de forma concreta e técnica, se impõe, nesta parte, a denegação da ordem.

*II.3 IPTU. Capacidade contributiva sob aspecto objetivo. Alíquotas progressivas*

Como vimos no art. 145, § 1º, da CF, os impostos devem, na medida do possível, ser graduados de acordo com a capacidade contributiva do contribuinte, ou seja, devem prever alíquotas progressivas na medida em que o contribuinte demonstre maior capacidade contributiva.

Mas, de que forma se expressa a capacidade contributiva do contribuinte do IPTU?

Tenho para mim que a capacidade contributiva no tributo em questão se expressa por *critério objetivo*, e não subjetivo. É dizer, não se deve levar em conta a capacidade econômica ou financeira do contribuinte, mas sim, no dizer de Alfredo Becker, os *fatos-signos presuntivos de riqueza*.

Ou seja, nos impostos incidentes sobre a propriedade, como o IPTU, a capacidade contributiva é extraída em função do próprio bem, em si mesmo considerado, sendo de nenhum relevo a capacidade econômica do contribuinte, é dizer se rico, se aposentado, se desempregado etc.

Por exemplo, o proprietário de carro marca Ferrari, deve pagar IPVA em alíquota superior ao contribuinte proprietário de veículo nacional, independentemente da situação pessoal de cada um. O primeiro — o proprietário da Ferrari — pode ter adquirido o veículo em sorteio pela televisão e apenas receber minguada aposentadoria do INSS. O segundo pode ser abastado empresário. Pouco importa.

A progressividade em casos tais visa dar plenitude ao princípio da igualdade e é mecanismo eficaz para alcançar a "justiça fiscal".

No caso do IPTU, o mesmo ocorre. Ou seja, o proprietário de imóvel situado em local de alto luxo — e por isso o valor venal do bem é maior — deve pagar o imposto por alíquota superior ao proprietário de imóvel situado em região pobre, independentemente da situação econômica do contribuinte.

Não basta que pague mais, em termos absolutos.

Por exemplo. Se fosse estabelecida alíquota única, o proprietário do imóvel luxuoso pagaria mais imposto, pois a alíquota incidiria sobre uma base de cálculo maior.

Entretanto, fosse assim, estar-se-ia tratando igualmente contribuintes em situação desigual, ou seja, haveria ofensa ao princípio da igualdade, pois o proprietário do imóvel de alto luxo, considerando o bem em si, expressa maior capacidade contributiva do que o proprietário de imóvel situado em região carente.

Sobre o tema, indispensável a leitura do que escreveu Roque Antonio Carrazza (*Curso de Direito Constitucional Tributário*, 8ª ed., Malheiros Editores):

"(...) as leis que criam *in abstracto* os impostos devem estruturá-los de tal modo que suas alíquotas variem para mais, à medida que forem aumentando suas bases de cálculo. Assim, quanto maior a base de cálculo do imposto, tanto maior deverá ser sua alíquota. (...).

"A capacidade contributiva à qual alude a Constituição e que a pessoa política é obrigada a levar em conta, ao criar, legislativamente, impostos de sua competência, é *objetiva* e, não, *subjetiva*. É *objetiva* porque se refere, *não* às condições econômicas reais de cada contribuinte, individualmente considerado, mas às suas *manifestações objetivas de riqueza* (...).

"Pouco importa se o contribuinte que praticou o *fato imponível* do imposto não reúne, por razões personalíssimas (*v.g.*, está desempregado), condições para suportar a carga tributária.

"Aliás, nos impostos sobre a propriedade (como o IPVA, o IPTU, o ITR, o imposto sobre grandes fortunas etc.), a capacidade contributiva revela-se com o próprio bem.

"Em suma, a nosso ver, não fere o princípio da capacidade contributiva a *lei impositiva* que levar em conta a aptidão abstrata de suportar a carga financeira. Em termos mais práticos, pensamos que nenhum contribuinte poderá obter proteção judicial, demonstrando, por exemplo, que, embora proprietário de imóvel luxuoso, não tem, em razão de sua situação pessoal, aptidão econômica para suportar o IPTU que lhe foi lançado. Sendo a capacidade contributiva objetiva, ele terá que pagar o IPTU referente a seu imóvel ou será executado, correndo, até mesmo, o risco de perdê-lo, apesar da Lei 8.009/1990, que dispõe sobre a impenhorabilidade do bem de família e visa garantir abrigo ao executado e sua família.

"Exige obediência ao princípio da capacidade contributiva o IPTU (imposto predial e territorial urbano). Agora, com a vigência da nova Carta, o proprietário de amplo e luxuoso imóvel, situado em bairro residencial, deve proporcionalmente ser mais tributado, por via de IPTU, do que o proprietário de casa modesta, localizada em bairro fabril.

"Quando dizemos 'deve proporcionalmente ser mais tributado', queremos significar que deve ser submetido a uma alíquota maior. Assim, se o imóvel urbano de 'A' vale 1.000 e o imóvel urbano de 'B' vale 10.000 e o primeiro paga 1 e o outro, 10, ambos estarão pagando, proporcionalmente, o mesmo imposto, o que fere o princípio da capacidade contributiva. A Constituição exige, *in casu*, que 'A' pague 1 e 'B' pague, por hipótese, 30, já que, só por ser proprietário do imóvel mais caro, revela possuir maior capacidade contributiva do que 'A'" (pp. 60 e ss.).

Quanto ao ponto referente ao critério objetivo, parece que no mesmo sentido decidiu o C. STF, no recurso extraordinário 153.771-0-MG (*Boletim AASP* 2.060/129), quando entendeu que o IPTU é um imposto real e não seria possível estabelecer-se alíquotas progressivas em decorrência da capacidade econômica do contribuinte, concluindo que é inconstitucional a progressividade fiscal do IPTU com base exclusiva no art. 145, § 1º, da Constituição da República.

Partido dessa premissa ouso concluir de modo diferente: não se considera a capacidade econômica do contribuinte, mas se pode estabelecer alíquotas progressivas em face da capacidade contributiva manifestada pelo bem em si mesmo considerado.

Essa progressividade é chamada pela doutrina de *progressividade fiscal*, uma vez que visa arrecadar recursos para os cofres públicos de acordo com a capacidade contributiva. Para a instituição dessa progressividade, basta que seja imposta em decorrência de lei pelo ente com competência tributária e que seja respeitado o princípio da anterioridade (ou seja, estabelecida antes do início do exercício fiscal na qual será exigida).

Relembro que essa forma de progressividade foi tida como inconstitucional, por maioria de votos, pelo C. Supremo Tribunal Federal no julgamento supra-indicado, realizado em 20.11.1996. Entretanto, ainda não existe no nosso sistema jurídico a vinculação dos juízes de órgãos inferiores às decisões da Excelsa Corte. Ademais, desde o referido julgamento houve alteração na composição da Corte, o que pode trazer como conseqüência a alteração do entendimento sobre o tema.

Ao lado da *progressividade fiscal*, existe, como vimos na redação dos artigos da Constituição (art. 156, § 1º, e §§ 2º e 4º do art. 182), uma outra forma de progressividade chamada *extrafiscal*, que não visa arrecadar recursos aos cofres públicos, mas sim assegurar o cumprimento da função social da propriedade. É, na verdade, verdadeira sanção ao proprietário relapso ou ao que detém o imóvel apenas para fins especulativos, nada produzindo no local.

Já para a implantação dessa forma de progressividade, além das exigências rotineiras do Direito Tributário, o texto constitucional parece exigir mais o seguinte: lei federal disciplinando a matéria; Plano Diretor de desenvolvimento urbano e lei específica municipal.

### *II.4 A progressividade da Lei Municipal 375/1997*

O critério utilizado pelo legislador para estabelecer as alíquotas de forma diferenciada foi o seguinte: imóveis situados na Zona Especial 1 e ser o terreno edificado ou não.

Ao que se me apresenta, o legislador municipal tanto utilizou a fiscalidade (ao tributar com alíquota maior os imóveis situados em zona de maior valorização imobiliária) quanto a extrafiscalidade (ao estabelecer alíquota maior para imóvel não edificado). Por isso que analisarei a questão sob os dois enfoques.

A Zona Especial 1 é a que possui os imóveis de maior valor venal, ou seja, de maior base de cálculo. Assim, a alíquota superior à dos imóveis situados nas outras zonas preserva o princípio da igualdade, porquanto, como já vimos acima, os proprietários desses imóveis manifestam maior capacidade contributiva.

Também não vejo, na alíquota de 5%, que o tributo esteja sendo utilizado de forma confiscatória, uma vez que não faz desaparecer o direito de propriedade.

Embora pesada a carga tributária, somente após decorridos 20 anos é que o valor do imóvel seria atingido, o que demonstra que a alíquota é perfeitamente possível (sobre o tema, cf. Aires Barreto, Conferência Magna do VIII Congresso Brasileiro de Direito Tributário, realizado em 14.9.1994, publicado na *RDT* 64/96 e ss.).

Sobre o aspecto fiscal, é constitucional a progressão trazida na impugnada lei.

Bastaria isso para reconhecer a constitucionalidade da exigência fiscal. Mas, prossigamos.

Como dito, o IPTU da cidade de Paranapanema também traz caráter nitidamente *extrafiscal*, uma vez que levou em consideração o fato de o terreno ser ou não edificado.

Aqui a argumentação dos impetrantes sobre não ser possível tal forma de tributação peca porque existe previsão constitucional possibilitando a progressividade, que, no caso, seria sancionatória, como já vimos. Aliás, o próprio Supremo Tribunal Federal reconheceu, na decisão supra-referida, ser possível a imposição da sanção, bastando para tal o cumprimento das disposições constitucionais.

Mister se faz, então, verificar se o comando constitucional foi cumprido.

II.4.1 Lei Federal. Desnecessidade

A República Federativa do Brasil, constituindo-se em Estado Democrático de Direito, é formada pela união indissolúvel dos Estados, *Municípios* e do Distrito Federal (art. 1º da Constituição da República).

Percebe-se, de pronto, que a nossa estrutura federativa, nos termos trazidos pela Constituição da República, *é anômala*, sem símile no Direito Comparado, porquanto inclui o Município como ente participante da Federação, embora não dotado de todas as prerrogativas do Estado, como, por exemplo, representação no Senado Federal.

Tal anomalia também é constatada no art. 18 da CF, que assim dispõe:

> a organização político-administrativa da República Federativa do Brasil compreende a União, os Estados, o Distrito Federal e os Municípios, todos autônomos, nos termos desta Constituição.

Como entidade estatal integrante da Federação, o Município foi dotado, pela Constituição da República, de *autonomia política*, *administrativa* e *financeira*. Essa concessão feita pela Constituição, aliás, é conseqüência da inclusão do Município como participante da Federação, porquanto, nessa qualidade, necessita de capacidade de *auto-organização*, como, por exemplo, liberdade para editar sua Lei Orgânica, somente limitada por normas da própria Constituição da República, e competências exclusivas, competências essas também distribuídas pela mesma Constituição.

José Afonso da Silva, ao discorrer sobre a "Autonomia Municipal", assim se manifesta:

"A *autonomia municipal* é assegurada pelos arts. 18 e 29, e garantida contra os Estados no art. 34, VII, *c*, da Constituição. *Autonomia* significa capacidade ou poder de gerir os próprios negócios, dentro de um círculo prefixado por entidade superior. E é a Constituição Federal que se apresenta como poder distribuidor de competências exclusivas entre as três esferas de governo.

"A autonomia municipal, assim, assenta em quatro capacidades:

"(a) *capacidade de auto-organização*, mediante a elaboração de lei orgânica própria;

"(b) *capacidade de autogoverno*, pela eletividade do Prefeito e dos Vereadores às respectivas Câmaras Municipais;

"(c) *capacidade normativa própria*, ou capacidade de autolegislação, mediante a competência de elaboração de leis municipais sobre áreas que são reservadas à sua competência exclusiva e suplementar;

"(d) *capacidade de auto-administração* (administração própria, para manter e prestar os serviços de interesse local).

"Nessas quatro capacidades, encontram-se caracterizadas a *autonomia política* (capacidade de auto-organização e de autogoverno), a *autonomia normativa* (*capacidade de fazer leis próprias sobre matéria de sua competência*), a *autonomia administrativa* (administração própria e organização dos serviços locais) e a *autonomia financeira* (capacidade de decretação de seus tributos e aplicação de suas rendas, que é uma característica da auto--administração)" (*Curso de Direito Constitucional Positivo*, 12ª ed., Malheiros Editores, pp. 590 e ss. — destaquei).

Pois bem. As competências exclusivas dos Municípios, arroladas no art. 30 da Constituição da República, são para: *legislar sobre assuntos de interesse local* (inciso I); *suplementar a legislação federal e a estadual no que couber* (inciso II); e *instituir e arrecadar os tributos de sua competência* (inciso III).

Ou seja, o Município tem competência para legislar sobre seus tributos e sobre assuntos de seu interesse, podendo, quando necessário, lei federal suplementá-la.

Ao que parece, então, a reclamada lei federal muito pouco viria disciplinar, pois a União não poderia imiscuir-se na seara legislativa de outro ente da federação, *sob pena de violação ao princípio federativo*.

Assim, entendo ser necessária a lei federal *apenas* para disciplinar o inciso III do § 4º do art. 182 da Constituição da República, pois, nesse caso, decorre do próprio comando do art. 22, II, também da Constituição, que estabelece competência privativa da União para legislar sobre *desapropriação*. Aqui, as normas constitucionais estão em sintonia.

Talvez também fosse necessária a lei federal para disciplinar a progressividade *no tempo* (art. 182, § 4º, II), já que a progressividade poderia implicar a perda por completo da propriedade, ou seja, em desapropriação, e aqui cairíamos no que foi dito no parágrafo anterior.

Já para instituir a progressividade disciplinada pelo § 1º do art. 156 da Constituição da República, que visa apenas coibir a não realização da função social pela propriedade, sem implicar a perda dessa, totalmente dispensável a lei federal.

José Souto Maior Borges, ao discorrer sobre o assunto, assim se posicionou:

"Agora: pretender que, *em qualquer hipótese*, o IPTU somente pode ser progressivo se incluso no plano diretor *mais* lei específica *mais* lei federal é brigar até com a interpretação literal. É contrariar a formulação expressa do art. 182, § 4º, II, que só cogita de IPTU progressivo *no tempo*. (...).

"Essa conclusão não escapou à argúcia de Geraldo Ataliba: 'Mas, a circunstância de o próprio art. 182 prever que pode ser estimulada, induzida — se não mesmo forçada — a edificação e a adequada utilização de imóveis urbanos, mediante a aplicação de um IPTU progressivo no tempo, já mostra que as demais razões de progressividade (razões que não dizem respeito à disciplina urbana), bem como outros critérios (que não sejam o tempo) são perfeitamente tolerados'" (*RDT* 59/87 e 60/65 e ss.).

É de se concluir ser dispensável a reclamada lei federal, notadamente quando a progressividade encontra respaldo no art. 156, § 1º, da Constituição da República.

II.4.2 Plano Diretor.
Lei Municipal específica

A lei municipal previu que os terrenos não edificados deveriam ser tributados de forma mais rigorosa.

Será que seria necessária a existência de um Plano Diretor para dizer que um terreno não edificado não cumpre sua função social?

A mim me parece tão evidente que o imóvel não edificado não cumpre sua função social que entendo totalmente dispensável a prévia existência de um Plano Diretor que apenas viria para dizer o óbvio.

O Plano Diretor somente é necessário quando, por exemplo, em uma área estritamente residencial, quisesse o legislador dificultar a instalação de indústrias na mesma área. Aqui o Plano Diretor disciplinaria quais são as áreas residenciais, e quais são as diretrizes de desenvolvimento, tanto para a área residencial como para a industrial.

Entretanto, no caso, o legislador municipal entendeu apenas por sancionar aqueles que não edificaram no terreno, ou seja, sancionou apenas aqueles que possuem os imóveis com fins aparentemente especulativos, nada trazendo de útil à sociedade local.

Dispõe o art. 5º, em seus incisos XXII e XXIII que *é garantido o direito de propriedade*, mas *a propriedade atenderá sua função social*. Mais à frente, ainda no art. 5º, já no seu § 1º, determina a Constituição a *aplicação imediata das normas definidoras de direitos e garantias*, ou seja, o legislador municipal, para sancionar o não atendimento da função social da propriedade, não está vinculado a nenhuma lei anterior que diga qual a função social a ser atendida, desde que, é claro, o não atendimento da função social da propriedade seja evidente e que a sanção venha estabelecida em lei.

A expressão "função social" pode ser classificada como fluida, ou indeterminada. Acontece que mesmo esses conceitos indeterminados possuem zonas de certeza, ou seja, são determináveis em situações nas quais facilmente se verifica a subsunção do fato à norma, embora a norma, aparentemente, fosse carente de complemento.

É dizer, existem situações nas quais facilmente se verificará que um determinado imóvel não atende a função social.

Da mesma forma, também ocorrem situações nas quais, num primeiro olhar, já se verifica o adequado atendimento da função social da propriedade, sendo desnecessária qualquer norma para dizê-lo (p. ex., alguém poderia dizer que o imóvel que abriga gratuitamente crianças carentes não atende a função social?).

Assim, somente naquelas situações nebulosas, é dizer, naquelas situações nas quais há dúvida sobre o atendimento da função social pela propriedade é que necessitaria o legislador municipal disciplinar por meio do Plano Diretor de Desenvolvimento.

Lúcia Figueiredo, ao discorrer sobre os conceitos determinados e indeterminados relacionados à discricionariedade do ato administrativo, ensina-nos:

"García de Enterría e Ramón Fernández aceitam o pensamento da moderna Escola Alemã, contrapondo conceitos indeterminados aos determinados. Vão asseverar, todavia, que não se encontra nos conceitos indeterminados o abrigo da discricionariedade.

"Tais conceitos, ainda consoante os brilhantes Administrativistas, são passíveis de condução à zona de certeza, onde *tertium no datur*: ou há, p. ex., a urgência, ou não há; ou existe a insalubridade ou não existe; ou há a boa-fé, ou não. (...).

"Temos de concluir, com eles, que todo conceito é finito e, por assim ser, há, nele, núcleo de certeza positiva como, também, ao contrário, há núcleo de certeza negativa (isto é, determinada coisa não pode ser) e há ainda zona intermediária, faixa cinzenta, diante da qual vai se colocar o problema.

"(...) Sainz Moreno, em sua preciosíssima monografia, deixa claro que os conceitos indeterminados vão, afinal, ensejar o que denominará *decisão política* do administrador. Mas deixa claro também que, por possuírem os conceitos indeterminados zona de dúvida ineliminável, nesta zona residiria a opção do administrador.

"'(...) a discricionariedade pura só existe *quando o critério da decisão deixa de ser jurídico para converter-se em político.* Os atos de discricionariedade administrativa somente se justificam pela natureza política da decisão, que é tomada. Isto não significa que se confundam com os atos políticos de governo, que não são, naturalmente, atos administrativos, senão que se surpreende neles uma essência política, por ser manifestação direta do poder público. A competência regulamentária, a competência organizatória, as competências diretivas da economia são discricionárias, à medida que as opções só são resolvidas por critérios políticos.

"'Contrariamente, quando o critério da decisão é um critério expressado por um conceito jurídico (qualquer que seja a indeterminação deste, inclusive quando se trata de interesse público), tal decisão é ajuizável para controle, de tal arte que somente é válida se se ajustar à idéia veiculada, pelo conceito.

"'A dificuldade maior de medir cada decisão, por esse critério jurídico, ampliará ou reduzirá a margem de liberdade, que se reconhece à autoridade administrativa que o aplica; mas em nenhum caso esta hipótese traz consigo o reconhecimento de uma faculdade discricionária'. (...).

"Consoante entendemos, a discricionariedade consiste na competência-dever de o administrador, no caso concreto, após a interpretação, valorar, dentro de critério de razoabilidade e afastado de seus próprios *standards* ou ideologias — portanto, dentro de critério da razoabilidade geral — dos princípios e valores do ordenamento, qual a melhor maneira de concretizar a utilidade pública postulada pela norma" (*Curso de Direito Administrativo*, 3ª ed., Malheiros Editores, pp. 166-172).

Deixo assente que a ilustre publicista não comunga do mesmo entendimento manifestado na presente sentença sobre o IPTU.

E, sobre a aplicabilidade imediata da norma, assim escreveu José Afonso da Silva: "A norma que contém o princípio da função social da propriedade incide imediatamente, é de aplicabilidade imediata, como o são todos os princípios constitucionais. A própria jurisprudência já o reconhece. Realmente, afirma-se a tese de que aquela norma 'tem plena eficácia, porque interfere com a estrutura e o conceito da propriedade, valendo como regra que fundamenta um novo regime jurídico desta, transformando-a numa instituição de Direito Público, especialmente, ainda que nem a doutrina nem a jurisprudência tenham percebido o seu alcance, nem lhe dado aplicação adequada, como se nada tivesse mudado'" (ob. cit., pp. 273-274).

No caso de área não edificada, todos os requisitos para aplicação imediata do tributo estão previamente fixados na própria Constituição da República, pois ela própria estabelece que ao Poder Público é facultado — e aqui a faculdade é lida como *dever* — *exigir* do proprietário do solo urbano *não edificado...* (art. 182, § 4º).

Poderia o Plano Diretor estabelecer que o proprietário do solo urbano não edificado cumpre a função social? Parece-me que se tal ocorresse a inconstitucionalidade seria flagrante, pois a própria Constituição já estabelece que o solo urbano não edificado não cumpre a função social.

Então, o Plano Diretor apenas viria para disciplinar outras formas de cumprimento da função social, de acordo com as necessidades locais, ou para disciplinar o que se entenderia por solo urbano subutilizado ou não utilizado.

Para ser sancionado o proprietário de imóvel não edificado, basta a edição da lei municipal instituindo a sanção, por meio de alíquota diferenciada, observadas as normas tributárias.

A Lei Municipal 375/1997 nesta parte é constitucional, pois estabeleceu que o terreno situado na Zona Especial 1 não edificado não cumpre a função social, determinando a incidência de alíquota diferenciada, visando coibir a especulação imobiliária, tal como determinado expressamente na Constituição.

Não nos esqueçamos que toda norma jurídica tem em mira uma finalidade social que deve ser perseguida pelo aplicador do direito. Por isso que a interpretação teleológica deve preferir a qualquer outra quando aquela melhor abrigar a finalidade social buscada pela norma. Sobre esse ponto vejamos o que nos ensina Carlos Maximiliano:

"Toda prescrição legal tem provavelmente um escopo, e presume-se que a este pretenderam corresponder os autores da mesma, isto é, quiseram tornar eficiente, converter em realidade o objetivo ideado. A regra positiva deve ser entendida de modo que satisfaça aquele propósito; quando assim se não procedia, construíram a obra do hermeneuta sobre a areia movediça do processo gramatical.

"Considera-se o Direito como uma ciência primariamente normativa ou *finalística*; por isso mesmo a sua interpretação há de ser, na essência, *teleológica*. O hermeneuta sempre terá em vista o fim da lei, o resultado que a mesma precisa atingir em sua atuação prática. A norma enfeixa um conjunto de providências, protetoras, julgadas necessárias para satisfazer a certas exigências econômicas e sociais; será interpretada de modo que melhor corresponda àquela finalidade e assegure plenamente a tutela de interesse para a qual foi regida. (...).

"Quando as palavras forem suscetíveis de duas interpretações, uma estrita, outra ampla, adotar-se-á aquela que for mais consentânea com o fim transparente da norma positiva" (in *Hermenêutica e Aplicação do Direito*, 13ª ed., Forense, pp. 151-152 e 314).

Aliás, é Canotilho quem diz, *a uma norma constitucional deve ser atribuído o sentido que maior eficácia lhe dê* (*Direito Constitucional*, 6ª ed., Coimbra, Livraria Almedina, 1993, p. 227).

De se ter em mente ainda que a própria Constituição da República dispensa a edição do Plano Diretor para as cidades com mesmo de 20 mil habitantes. No caso, a cidade de Paranapanema conta com pouco mais 12 mil habitantes.

Assim, por todos os ângulos analisados, não há nenhuma mácula na exigência fiscal da Administração.

Posto isso, rejeitada a matéria preliminar, *denego a segurança*, facultando aos impetrantes a possibilidade de analisar a questão referente ao valor venal em ação apropriada.

Condeno os impetrantes no pagamento das custas e despesas processuais.

Incabíveis honorários advocatícios, a teor das Súmulas 512 do STF e 105 do STJ.

P.R.I.C. Ciência ao Ministério Público.

Itaí, 13 de julho de 1998.

Marcelo Sergio, Juiz de Direito.

# JUSTIÇA FEDERAL

*Embargos à Execução Fiscal*

*Autos 2001.61.11.000677-4*

*Embargante: T&L Viagens e Turismo Ltda.*

*Embargado: União Federal – Fazenda Nacional*

RELATÓRIO

Trata-se de Embargos à Execução 2000.61.11.006512-9, propostos por "T&L Viagens e Turismo Ltda.", sucessora da empresa "Toca Turismo Ltda.", referente a omissão de receitas, para efeito de apuração do lucro real nos exercícios 1992-1996, da qual resultou no débito de Imposto de Renda de Pessoa Jurídica.

Segundo a petição inicial, depósitos bancários não-contabilizados (objeto de apuração pela Receita) foram pagos. Contudo, a embargante deixou de recolher imposto sobre a distribuição de lucros, na medida em que o dinheiro teria permanecido na empresa. O fato de constar no contrato social a previsão para distribuir lucros não comprova que ela tenha sido realizada.

A embargante refuta a presunção legal de omissão de receita, realizada pelo Fisco, no valor de R$ 52.484,84. É que a infração teria sido descaracterizada, devido à prova da origem do numerário, ou seja, os depósitos bancários já referidos, parcelados e pagos.

Também rechaça a omissão de receita quanto à compra e venda de dólares. De acordo com a embargante, essas atividades eram feitas por Márcia Levorato, parente do sócio da empresa da antecessora, isto é, cunhada de Roberto de Melo. Márcia Levorato exercia essas atividades, como pessoa física, sem qualquer relação com a empresa.

É necessário comprovar o nexo causal entre os depósitos e o fato que representa a omissão de rendimentos, pois seria ilegítimo arbitrar imposto de renda com base em depósitos bancários.

No tocante ao limite de 30% (trinta por cento) da compensação do lucro líquido ajustado a cada período (art. 42 da Lei 8.981/1995, e arts. 15 e 16 da Lei 9.065/1995), aduz que os prejuízos sofridos ocorreram sob regime jurídico anterior, no qual permitia a compensação até quatro períodos-base, admitindo a integralidade do lucro verificado no período (RIR, art. 382; Decreto-lei 1.598/1978 e Lei 8.383/1991). Trata-se de direito adquirido da embargante, pois a legislação não poderia ter efeitos retroativos.

Idênticos fundamentos jurídicos ocorrem com referência à Lei 9.065/1995, que não retroage para alcançar fatos passados. É o que estabelece o art. 150, III, letras *a* e *b*, da Constituição.

As mudanças introduzidas no ordenamento jurídico pela Medida Provisória 812/1994, convertida na Lei 8.981/1995, ferem os princípios constitucionais da irretroatividade e segurança jurídica.

A embargante refuta a imposição tributária mediante presunção, eis que deveria haver efetiva aquisição de renda, para que houvesse o fato gerador do tributo.

Os princípios da legalidade e da tipicidade da tributação existem para manter o equilíbrio e a segurança jurídicas.

Nos termos do art. 133, do Código Tributário Nacional, os sucessores respondem pelos tributos devidos pela antiga empresa; mas, cuidando-se de penalidades, não têm qualquer responsabilidade, que é pessoal.

De modo que a Certidão de Dívida Ativa é nula, pois contém vícios intrínsecos (fls. 02/90; fls. 94/99).

Os embargos foram recebidos (fls. 100).

A União Federal, por intermédio da Procuradoria da Fazenda, impugnou-os.

Segundo a requerida, o lançamento está respaldado em provas que não podem ser confundidas com meras presunções. Diversos indícios levaram à conclusão de que houvera omissão de receitas pela empresa "Toca Turismo Ltda.". A atividade informal teria sido tributada com base na aplicação do índice médio, por período de apuração, da margem de lucro entre as cotações de compra e venda de dólares no mercado paralelo sobre os valores depositados nas contas, chegando-se ao valor executado.

A omissão de receita operacional teria sido apurada com base em adiantamentos de clientes contabilizados, mas sem comprovação. Caberia ao contribuinte comprovar as obrigações mantidas no passivo, o que deixou de ocorrer.

Quanto ao limite de 30% (trinta por cento) referente à redução do lucro real por compensações de prejuízos fiscais (Leis 8.981/1995 e 9.065/1995), a embargada entende não existir ofensa a direito adquirido, nem mesmo retroatividade da lei.

Com referência à absorção de prejuízos de 1992, mantendo-se as infrações por omissão de receitas, o procedimento fiscal de compensá-las com os prejuízos fiscais existentes encontra-se correto.

A respeito do imposto incidente sobre a distribuição dos lucros, teria ocorrido com fundamento na cláusula 11, do contrato social da empresa.

No tocante à responsabilidade por sucessão, o art. 133, do Código Tributário Nacional, especificamente o inciso I, determina a responsabilidade integral do sucessor.

Finalmente, assevera a certeza e liquidez da certidão da dívida ativa (fls. 102/136).

A embargante manifestou-se a respeito da impugnação, juntando documentos (fls. 141/294).

As partes solicitaram o julgamento antecipado.

É o relatório. Decido.

O caso comporta julgamento antecipado da lide, pois não há necessidade de outras provas, além das já produzidas nos autos.

## SENTENÇA

### *I – Compra e venda de dólares*

Houve comprovação da atividade informal de compra e venda de dólares, sob a batuta de Márcia Levorato, pessoa que tinha estreitas relações com a antecessora da embargante.

Em que pesem os argumentos contrários da embargante, a diligência fiscal obteve êxito de demonstrar, de maneira concatenada, a atividade ilícita praticada pela Toca Turismo. Os fatos largamente salientados pela embargada (fls. 109/110) os quais tornam-se desnecessários repetir, evidenciam o firme propósito do uso de pessoa física, no caso Márcia Levorato, como objeto ou instrumento dos negócios realizados pela empresa Toca Turismo, atividades essas consistentes na compra e venda de dólares.

As instalações da empresa, como câmeras de vídeo, segurança e sala com trava eletrônica na porta, evidenciam um sistema de segurança próprio das empresas que manipulam valores, ou bens; também ressoa contra a tese da embargante o fato de Márcia Levorato deixar cheques de sua emissão assinados em branco, evidentemente para dar seguimento às atividades da empresa, na sua ausência. O cheque, emitido por Márcia, em valor considerável, e destinado ao sócio-majoritário da empresa, Roberto Melo, é outro indício que perfaz a certeza de que a Toca Turismo atuava, sob os auspícios de Márcia Levorato, na compra e venda de dólares. Basta observar que a movimentação do período, mencionada pelo Fisco, equivale a vultosas quantias em dinheiro, por volta de oito milhões de dólares.

Nos Autos 99.0630-2, 2ª Vara de Marília, houve o depoimento de Roberto Hizukuri, conforme se observa na sentença anexa. Referida pessoa procurou a Toca Turismo, pois haviam-lhe indicado a empresa como local onde se trocavam dólares. A mesma decisão indica outros depoimentos, no mesmo sentido do de Roberto. A final, os réus foram condenados.

É evidente, diante de tais elementos, a presença de nexo causal entre o comércio de dólares efetuado e a empresa. A essa conclusão não chegou o Fisco baseado apenas nos depósitos realizados na conta de pessoa física; antes, diversas circunstâncias, conclusivas e sérias, levaram ao entendimento, ora ratificado por este Juízo, de que a pessoa jurídica omitiu rendimentos decorrentes da atividade de compra e venda de dólares.

Agiu, com acerto, a fiscalização, ao tributar a atividade informal, como omissão de receita da empresa, cujas bases foram determinadas por conta da aplicação do índice médio, por cada período de apuração, da margem de lucro entre as cotações de compra e venda de dólares no mercado paralelo sobre os valores depositados naquelas contas.

### *II – Passivo fictício*

A antecessora da embargante ficou inerte, apesar de devidamente intimada, quanto à comprovação dos valores no passivo circulante, na conta contábil adiantamento de clientes, na medida em que, em 31.12.1994, teria apresentado o saldo de R$ 52.424,84.

Trata-se de despesas não comprovadas, fato que originou a omissão de receita, nos termos da legislação que rege a matéria. O ordenamento jurídico determina a comprovação desses valores, sob pena de ser caracterizada omissão de receita.

Mas, especificamente quanto aos depósitos bancários não contabilizados, a embargante informa o pagamento total das parcelas, nos respectivos vencimentos, reconhecendo falha contábil. Aduz, com razão, que o pagamento do débito resulta em suprimento de numerário, regularizando as obrigações.

Apesar dos argumentos contrários da embargada (não se juntaram documentos que pudessem demonstrar o recolhimento do tributo em nome da empresa Toca Turismo), na impugnação a embargante juntou documentos, os quais comprovam o pagamento de parcelas devidas ao Fisco, em nome da empresa.

Quanto à cláusula 11, do contrato social da empresa, segundo a qual existe a distribuição de lucros, salvo deliberação da sociedade, urge esclarecer que a mera previsão contratual não pode levar à presunção da efetiva distribuição desses lucros. Deveria o Fisco comprovar a realidade empírica, o fato material que origina o tributo.

### *III – Compensação de prejuízo fiscal e o limite de 30% do lucro real*

A embargante refuta os limites impostos pelo art. 42, da Lei 8.981/1995, e arts. 15 e 16, da Lei 9.065/1995, que limitaram em 30% (trinta por cento) a compensação do lucro líquido ajustado a cada período.

Em que pesem as opiniões contrárias, e a despeito da decisão do E. Supremo Tribunal Federal (AGRG no RE 232.713-6-SP, Rel.

Ministro Maurício Correia, *DJ* 14.11.2002), não se pode conceber modificação do conceito de renda e/ou lucro por meio de lei ordinária.

A Constituição Federal estabelece e delimita os conceitos jurídicos de renda e/ou lucro (arts. 145, § 1º, 153, § 2º, e 195, I). A renda e o lucro são hipóteses materiais para incidência do imposto de renda pessoa jurídica e da contribuição social sobre o lucro líquido; como esses conceitos advêm do texto constitucional, não podem ser alterados por meio de lei ordinária.

À incidência do imposto de renda, deve haver, com efeito, riquezas novas, acréscimos patrimoniais. De maneira que se cuida de um fato ou acontecimento do mundo exterior, amoldado ao arquétipo jurídico-constitucional.

À configuração do efetivo lucro ou renda para fins de imposto de renda e contribuição social sobre o lucro líquido, deve-se considerar o patrimônio inicial e os aumentos e decréscimos ocorridos posteriormente, a fim de aquilatar-se, com certeza, a hipótese material originadora do tributo.

Como bem expõe Mary Elbe Queiroz: "A incidência do IRPJ e da CSSL somente poderá ocorrer sobre expressão econômica que corresponda a efetivo acréscimo, sob pena de desnaturar o conceito constitucional, pois a renda/lucro tem significação jurídica própria – o resultado positivo obtido em um período. E somente haverá acréscimo/lucro se forem considerados as perdas e os prejuízos anteriores; do contrário, é mera recuperação do patrimônio".[1]

Na verdade, o limite imposto pela legislação configura verdadeiro confisco, pois incide no patrimônio de pessoa jurídica, e não sobre o lucro. Atinge a capacidade contributiva do particular, eis que o limite imposto pela legislação não corresponde à realidade material, fática, do contribuinte.

O direito existe para garantir às pessoas o mínimo de estabilidade e segurança jurídicas. Infelizmente, esses dogmas, próprios do regime democrático de direito, não vêm sendo observado pelo legislador.

Portanto, assiste razão à embargante, ao insurgir-se contra os limites impostos pelas combatidas leis, ofendendo princípios jurídicos constitucionais, estabelecidos para o bem-estar social. Eventuais prejuízos podem ser compensados, tal qual permitia a legislação anterior.

## *IV – Compensação de prejuízos fiscais absorvidas pelas infrações*

Uma vez apuradas as infrações por omissão de receitas, é perfeitamente correto o procedimento fiscal de compensá-las com prejuízos fiscais antes existentes.

Apurou-se que, no ano-calendário de 1992, a empresa Toca Turismo teve prejuízo fiscal de CR$ 20.050.927,56, e apresentava, corrigidos até 31.12.1992, o prejuízo de Cr$ 6.636.018,87, relativo ao ano-base de 1990, e o prejuízo de Cr$ 2.552.281,26, relativo ao ano-base de 1991. Esses prejuízos foram absorvidos pelas infrações de omissões de receitas do ano-calendário de 1992, de acordo com o trabalho realizado pelos agentes fiscais.

Como a antecessora da embargante utilizou esses prejuízos para compensar lucros futuros, a fiscalização determinou a glosa dessas compensações, nos seus respectivos meses.

Refuta-se, portanto, esse item impugnado pela embargante.

## *V – Responsabilidade por sucessão*

Nos termos do art. 133, do Código Tributário Nacional, a responsabilidade por sucessão pode ser integral ou subsidiária. Estabelece o dispositivo: "A pessoa natural ou

1. *RDT* 79/209.

jurídica de direito privado que adquirir de outra, por qualquer título, fundo de comércio ou estabelecimento comercial, industrial ou profissional, e continuar a respectiva exploração, sob a mesma ou outra razão social ou sob firma de nome individual, responde pelos *tributos* relativos ao fundo ou estabelecimento adquirido, devidos até à data do ato (...)".

A responsabilidade administrativo-tributária de pessoas jurídicas decorre da distinção entre a pessoa que realiza a conduta material, pessoa física, incumbida de determinado dever, e a pessoa responsável, isto é, a que sofre eventual penalidade por decorrência da violação daquele dever. Distinguem-se autor da conduta que origina a sanção e responsável, que sofre a sanção imposta por autoridade. É a lição de Hans Kelsen.[2]

As penalidades fiscais recaem na pessoa jurídica, responsável, em face da lei, pela violação de deveres jurídicos, praticada pelos respectivos representantes legais. Numa palavra: os infratores são as pessoas físicas; já o ente responsável é a pessoa jurídica.

As penalidades administrativas podem ser pessoais, reais e pecuniárias. As primeiras recaem sobre a *pessoa do infrator*, e não sobre bens, diante do caráter pessoal. As sanções pessoais não admitem a responsabilidade de terceiros, a transmissão aos herdeiros ou sucessores e nem a solidariedade, na medida em que elas têm um caráter pessoal.

Isso não significa que o representante legal de pessoa jurídica sempre responda por ilícito, no caso de penalidade pessoal.

Os representantes legais agem em nome da pessoa jurídica, por atribuição legal: as pessoas jurídicas podem sofrer penalidades pessoais. O ordenamento atribui à pessoa jurídica a responsabilidade de atos praticados por pessoa física. Ainda que haja pena pessoal, ela poderá ser imposta à pessoa jurídica, por ato do representante legal dela.

2. *Teoria Geral do Direito e do Estado*, pp. 73-74.

Já as *sanções reais* recaem sobre objeto, coisa, instrumento ou fruto do ilícito, e podem ser transferidos aos herdeiros ou sucessores, bem como pode haver a responsabilidade de terceiros, *na forma da lei*.

Essa interpretação decorre do art. 5º, XLV, da Constituição: "Nenhuma pena passará da pessoa do condenado, podendo a obrigação de reparar o dano e a decretação de perdimento de bens, nos termos da lei, ser estendidas aos sucessores e contra eles executadas, até o limite do valor do patrimônio transferido".

No tocante às *penalidades pecuniárias*, objeto dos autos, distinguem-se das reais apenas pelo fato de se concretizarem em quantificação monetária. Tudo o mais, identifica-se com as sanções reais. Logo, as penalidades pecuniárias – assim como as reais – admitem responsabilidade de terceiros; porém, nos termos da lei, isto é, deve haver norma legal, expressa, determinando tal responsabilidade.[3]

Ora, o art. 133 do Código Tributário Nacional, refere, expressamente, à responsabilidade por tributos, não se referindo à responsabilidade por infrações. No caso, a interpretação do dispositivo legal não pode ser extensiva, por ser mais gravosa ao contribuinte. As normas que regulam a liberdade ou que restrinjam o patrimônio ou direitos dos particulares devem ser interpretadas de maneira restritiva.

Nada indica que o legislador, exprimindo o seu pensamento, introduziu elemento que designa espécie, quando queria aludir ao gênero. Ao contrário, a responsabilidade por *infrações tributárias* encontra-se na *Seção IV*, do Capítulo V, do Título II, Livro II, do referido código, enquanto o art. 133, ao referir-se à responsabilidade dos *sucessores*, encontra-se na *Seção II* dos mesmos capítulo, título e livro.

3. Argumentos tirados do livro *A Sanção no Direito Administrativo*, Heraldo Garcia Vitta, São Paulo, Malheiros Editores, 2003 (Dissertação de Mestrado, PUC/SP).

O conceito de sanção administrativa, no qual se inclui a de natureza tributária, é diferente do conceito de tributo. Tributo, nos termos do art. 3º, do Código Tributário Nacional, é toda prestação pecuniária compulsória, em moeda ou cujo valor nela se possa exprimir, que não constitua sanção de ato ilícito, instituída em lei e cobrada mediante atividade administrativa plenamente vinculada.

De outro lado, sanção administrativa (tributária) decorre do ilícito, ou seja, de descumprimento de dever legal: "Sanção administrativa é a conseqüência repressiva, estipulada pela ordem jurídica, imposta por autoridade administrativa, no exercício da função administrativa, desfavorável ao sujeito (infrator ou responsável), com a finalidade de desestimular as pessoas a descumprirem as normas do ordenamento normativo, em virtude de conduta (comissiva ou omissiva), praticada em ofensa ao mandamento da ordem jurídica".[4]

Portanto, como a lei não determina, de maneira expressa, objetiva e clara, a responsabilidade da sucessora de pessoa jurídica, deve-se acolher os argumentos expendidos pela embargante, para rechaçar a responsabilidade da embargante, relativamente às penalidades pecuniárias.

### *VI – Iliquidez da CDA*

Quanto à iliquidez da certidão, as mudanças determinadas na decisão afetam, *substancialmente*, os valores a serem pagos pela embargante, atingindo a CDA. Novos cálculos devem ser feitos, já com projeção sobre o patrimônio da embargante.

Posto isso, julgo os embargos procedentes, para desconstituir o título executivo extra-judicial.

Os honorários advocatícios são devidos pela embargada, no valor de 10% do valor da causa, atualizado.

Sem pagamento de custas, na forma da lei.

Sentença sujeita a reexame necessário.

Determino a juntada de cópia da sentença proferida nos A. 99.61.11.000630-3, proferida na 2ª Vara Federal de Marília.

P.R.I.

Marília,

Heraldo Garcia Vitta, Juiz Federal.

4. Heraldo Garcia Vitta, ob. cit., p. 66.

# REVISTA
## TRIMESTRAL DE
# DIREITO PÚBLICO

***DOUTRINA:*** RESPONSABILIDAD EXTRACONTRACTUAL DE LOS CONCESIONARIOS Y DEL ESTADO – Augusto Durán Martínez • CONCESSÕES URBANÍSTICAS – Adilson Abreu Dallari • A ÉTICA NA ADMINISTRAÇÃO PÚBLICA E OS DIFERENTES MODELOS DE ESTADO – Cármen Lúcia Antunes Rocha • SUPREMO TRIBUNAL FEDERAL: DESCOMPASSO SOCIAL E ILEGITIMIDADE – Francisco Gérson Marques de Lima • A RELAÇÃO JURÍDICO-ADMINISTRATIVA – Toshio Mukai • REFLEXÕES DA TEORIA DA EMPRESA E DO DIREITO PÚBLICO NO CÓDIGO CIVIL BRASILEIRO – Heraldo Garcia Vitta • A MITIGAÇÃO DO FORMALISMO NO JULGAMENTO DA HABILITAÇÃO E DAS PROPOSTAS EM LICITAÇÕES – Fábio Barbalho Leite • O PROCESSO DE LICITAÇÃO, A LEI 9.784/1999 E O PRINCÍPIO DA LEGALIDADE – Egon Bockmann Moreira • CONTRADITÓRIO E INVALIDAÇÃO ADMINISTRATIVA NO ÂMBITO DA ADMINISTRAÇÃO PÚBLICA FEDERAL – Vladimir da Rocha França • ***PARECERES:*** LEI ESTADUAL QUE AUTORIZA A VENDA DAS AÇÕES REPRESENTATIVAS DA TOTALIDADE DAS AÇÕES REPRESENTATIVAS DO CAPITAL SOCIAL DE EMPRESA ESTATAL ESTADUAL – ELETROBRÁS, BNDES – INVALIDADE DE NEGÓCIO SIMULADO – Eros Roberto Grau • EMPRESA DE TELECOMUNICAÇÕES – PASSAGEM DA INFRA-ESTRUTURA – USO DO SOLO URBANO – Lúcia Valle Figueiredo • SERVIDOR PÚBLICO – GRATIFICAÇÃO DE DESEMPENHO – NECESSIDADE DE QUE SEJA REGULADA EM LEI DE MODO COMPLETO – Celso Antônio Bandeira de Mello • ***ESTUDOS E COMENTÁRIOS:*** REFLEXOS DA LEI DE RESPONSABILIDADE FISCAL NA LICITAÇÃO PÚBLICA E NO CONTRATO ADMINISTRATIVO – Joel de Menezes Niebuhr • IMPORTÂNCIA DA NOÇÃO DE PARTE PARA O CONCEITO DE FUNÇÃO ADMINISTRATIVA – Letícia Queiroz de Andrade • O REGIME JURÍDICO DA REMUNERAÇÃO DO SERVIÇO CONCEDIDO DE ABASTECIMENTO DE ÁGUA E ESCOAMENTO DE ESGOTO – Marcus Vinícius Filgueiras Júnior • A PROBLEMÁTICA DOS ATESTADOS DE CAPACIDADE TÉCNICA PARA FINS DE HABILITAÇÃO NOS PROCEDIMENTOS LICITATÓRIOS – Cynara Monteiro Mariano • O CONTRADITÓRIO PRELIMINAR NA LEI DE IMPROBIDADE ADMINISTRATIVA – Francisco Octavio de Almeida Prado Filho • ***JURISPRUDÊNCIA***

MALHEIROS EDITORES